प्रवासी भारतीयों में हिंदी की कहानी

[मॉरीशस, गयाना, त्रिनिदाद, सूरिनाम, फ़ीजी, दक्षिण अफ्रीका, आस्ट्रेलिया, ब्रिटेन, अमेरिका, कनाडा, न्यूज़ीलैंड, यू.ए.ई, नेपाल]

ज्ञान शांति मैत्री

महात्मा गांधी अंतरराष्ट्रीय हिंदी विश्वविद्यालय, वर्धा

श्रेष्ठ भारतीय साहित्य

भारतीय ज्ञानपीठ

हिन्दी विश्व

प्रवासी भारतीयों में हिंदी की कहानी

[मॉरीशस, गयाना, त्रिनिदाद, सूरिनाम, फ़ीजी, दक्षिण अफ़्रीका, आस्ट्रेलिया, ब्रिटेन, अमेरिका, कनाडा, न्यूज़ीलैंड, यू.ए.ई, नेपाल]

संपादक

डॉ. सुरेन्द्र गंभीर

यूनिवर्सिटी ऑफ़ पेन्सिलवेनिया

सहायक संपादक

डॉ. वशिनी शर्मा

केंद्रीय हिंदी संस्थान

भारतीय ज्ञानपीठ

लोकोदय ग्रन्थमाला : ग्रन्थांक 1321

ISBN 978-93-263-5580-3

प्रवासी भारतीयों में हिंदी की कहानी
(संचयन)
संपादक : डॉ. सुरेन्द्र गंभीर; सहायक संपादक : डॉ. वशिनी शर्मा

प्रकाशक : भारतीय ज्ञानपीठ
18, इन्स्टीट्यूशनल एरिया, लोदी रोड, नयी दिल्ली–110 003

मुद्रक : विकास कम्प्यूटर्स ऐंड प्रिन्टर्स, दिल्ली–32

आवरण : महेश्वर

in collaboration with
Mahatma Gandhi Anatarrashtriya Hindi Vishwa Vidyalaya, Wardha (Maharashtra)

PRAVASI BHARATIYON MEIN HINDI KI KAHANI
(*Mauritius, Guyana, Trinidad, Surinam, Fiji, South Africa, Australia, Britain, America, Canada, Newzeeland, UAE, Nepal*)
Editor : Dr. Surendra Gambhir; Assistant Editor : Dr. Vashini Sharma

Published by
Bharatiya Jnanpith
18, Institutional Area, Lodi Road, New Delhi-110 003
Ph. : 011-24698417, 24626467; 23241619 (Daryaganj)
Mob. : 9350536020; e-mail : bjnanpith@gmail.com
sales@jnanpith.net; website : www.jnanpith.net

First Edition : 2017
Price : Rs. 400

हिंदी की कहानी

यह पुस्तक शोध पर आधारित सोलह लेखों का संग्रह है। इसमें तेरह देशों की हिंदी की कहानी है। कहानी में हिंदी का ऐतिहासिक पक्ष भी है, शैक्षिक पक्ष भी है, और भाषा के संरक्षण और अनुरक्षण का पक्ष भी है। लेखकों ने अपनी अपनी रुचि और प्रवीणता के अनुसार उन पक्षों पर प्रकाश डाला है। भाषा के संरक्षण और अनुरक्षण का विषय सब लेखकों ने अपने शोधपरक लेखों में सम्मिलित किया है। लेखकों के साथ विचार-विमर्श, परिवर्तन और स्पष्टीकरण की प्रक्रिया में बीते तीन वर्षों के परिश्रम का सुखद परिणाम यह पुस्तक है। यहां प्रस्तुत लेखों का अंतिम रूप लेखकों से अनुमत है।

प्रवासी भारत में हिंदी भाषा के विभिन्न पक्षों पर पिछले पैंतीस वर्षों से शोधपरक लेखन हो रहा है। तब से शोधकर्ता निरंतर लिखते चले आ रहे हैं। यह कार्य शुरू हुआ गिरमिटिया देशों में भारत से गई हिंदी की सहचरी भोजपुरी, अवधी आदि भाषाओं के साथ। किसी ने उसके ऐतिहासिक पक्ष पर लिखा तो किसी ने सामाजिक भाषाविज्ञान की दृष्टि से उनके सामाजिक पक्ष पर अपने शोधपत्र प्रकाशित किए। सब लेखक संसार के विभिन्न देशों में बसे प्रतिष्ठित विद्वान, शोधकार्य में लगे भाषा-चिंतक हैं। इनके लेखों के माध्यम से भाषाविज्ञान में कुछ नई अवधारणाएं सशक्त हुई हैं।

भारत से बाहर के देशों में हिंदी की पूरी कहानी सब लेखों के समुच्चयात्मक अध्ययन से ही स्पष्ट होती है।

परिशिष्ट में भारत में हिंदी की स्थिति पर तीन विख्यात भाषा-चिंतकों के विचारों का संग्रह है। हिंदी की संवैधानिक स्थिति से बात शुरू होती है और आज के वैश्विक संदर्भ में व्यावसायिक जगत में हिंदी के

बढ़ते चरणों का वर्णन और अंत में प्रौद्योगिकी के विकासशील पर्यावरण में हिंदी के अस्तित्व का विश्लेषण है।

कुछ लेख मूल रूप में अंग्रेज़ी में लिखे गए थे और उनके हिंदी में अनुवाद का कठिन कार्य भारत से हिंदी अनुवाद में सिद्धहस्त कुसुम झा, राघवेन्द्र पांडेय और सुनीता पहूजा ने किया।

महात्मा गांधी अंतर्राष्ट्रीय हिंदी विश्वविद्यालय, वर्धा के कुलपति डॉ. गिरीश्वर मिश्र जी द्वारा इस पुस्तक के प्रकाशन के लिए दी हुई स्वीकृति का परिणाम है कि यह पुस्तक आज पाठकों तक पहुंच पाई है।

—डॉ. सुरेन्द्र गंभीर

पुरोवाक्

हिंदी की विश्व-यात्रा को उकेरती डॉ. सुरेन्द्र गंभीर तथा डॉ. वशिनी शर्मा द्वारा सम्पादित 'प्रवासी भारतीयों में हिंदी की कहानी' हिंदी-अध्ययन के लिए एक प्रामाणिक दस्तावेज़ है जिसमें विश्व के विभिन्न क्षेत्रों में हिंदी की उपस्थिति की वास्तविकता प्रकट होती है। इस प्रकार की पुस्तक चिरप्रतीक्षित थी और उससे एक बड़े अभाव की पूर्ति हो रही है । डॉ. गंभीर संयुक्त राज्य अमेरिका में हिंदी की ध्वजा फहराने वाले प्रख्यात भाषाविद् हैं। वे आधुनिक संदर्भ में हिंदी के उपयोग की संभावना तलाशने और उसे व्यवहार की दृष्टि से अधिकाधिक समृद्ध करने का सराहनीय प्रयास वर्षों से करते आ रहे हैं।

आज वैश्वीकरण समकालीन जीवन का यथार्थ बन रहा है। इसके अंतर्गत देश-काल के अनुभव की दृष्टि से विश्व सिकुड़ता सा लग रहा है ऐसे प्रयास विशेष रूप से सार्थक हैं। एक अर्थ में आज विश्व-ग्राम की कल्पना साकार होती सी लग रही है। बदलती आर्थिक और राजनैतिक प्रक्रियाओं द्वारा वैश्वीकरण आज भाषा, कला, ज्ञान और संस्कृति के विभिन्न पक्षों को सतत प्रभावित कर रहा है। अब वैश्वीकरण द्वारा राष्ट्रों के बीच क्षेत्रीय और वैश्विक स्तर पर न केवल राजनयिक अपितु सामाजिक, सांस्कृतिक, आर्थिक और ज्ञान-विज्ञान के क्षेत्रों में भी पारस्परिक सहयोग के नए आयाम खुल रहे हैं। ऐसे में संवाद की परिधि विस्तृत हो रही है और उसके नए तौर-तरीक़े निर्धारित किए जा रहे हैं। अब तकनीकी विकास और उसकी उपलब्धियों को प्राप्त करने के लिए विभिन्न देशों के बीच परस्पर-निर्भरता अनिवार्य सी हो चली है। वैश्विक स्तर पर व्यापार और कारोबार के नियमन में अब विश्व बैंक, अंतरराष्ट्रीय मुद्रा कोष तथा विश्व व्यापार संगठन जैसी संस्थाओं की भूमिका निर्णायक होती जा रही है। राष्ट्रों के स्तर पर सार्क, यूरोपियन यूनियन, जी-ट्वेंटी तथा ब्रिक्स जैसे अनेक क्षेत्रीय और उपक्षेत्रीय संगठन अस्तित्व में आ रहे हैं जो क्षेत्रीय सहयोग, सद्भाव और साझेदारी के मुद्दों और प्रश्नों पर विचार और कार्य कर रहे हैं। विभिन्न राष्ट्रों के सहयोग और समर्थन को लेकर देशों के आपसी समीकरण

भी बदल रहे हैं। अब अंतरराष्ट्रीय स्तर पर वाणिज्य के लिए बहुराष्ट्रीय उपक्रम व्यापार को नई ऊँचाइयाँ दे रहे हैं । विभिन्न देशों के बीच राजनैतिक और सांस्कृतिक दृष्टि से आपसी समझौते, क़रार और संधियाँ भी हो रही हैं। रोज़गार के अच्छे अवसरों की तलाश में देश से बाहर आव्रजन की भी प्रवृत्ति बढ़ रही है। कहना न होगा कि ज्ञान-विज्ञान और प्रौद्योगिकी के क्षेत्र में अंतरराष्ट्रीय सहयोग और विश्व बंधुत्व अब एक आधारभूत आवश्यकता बन गए हैं। इन सबके मूल संयोजक के रूप में भिन्न-भिन्न भाषा-भाषी समुदायों के बीच प्रभावी संचार की महत्वपूर्ण भूमिका है।

भाषा असंदिग्ध रूप से संचार का सबसे सशक्त माध्यम है जिसका भौगोलिक-सांस्कृतिक परिवेश से गहरा रिश्ता होता है और उस पर उस परिवेश की गहरी छाप पड़ती है। इस तरह भाषा एक गतिशील या कहें प्रवहमान व्यवस्था का रूप ले लेती है जिसमें परिवर्तन एक सहज स्वाभाविक घटना होती है। जब किसी एक भाषा-समुदाय का भिन्न समुदायों के साथ सम्पर्क होता है तो भाषा में परिवर्तन की गति तीव्र और स्वरूप जटिल होने लगता है। भिन्न संस्कृतियों के साथ सम्पर्क में आने के क्रम में शब्द-भंडार, वाक्य-रचना और व्याकरण आदि विभिन्न भाषाई पक्षों में बदलाव आता है। इस परिप्रेक्ष्य में प्रस्तुत पुस्तक द्वारा वैश्विक क्षितिज पर हिंदी की उपस्थिति के कई नए आयाम उद्घाटित हो रहे हैं। आज हिंदी का अध्ययन-अध्यापन विश्व के अनेक देशों में हो रहा है। साथ ही अनेक देशों में भारतवंशी और आप्रवासी भारतीय मौजूद हैं जो दैनन्दिन कार्यों में, सांस्कृतिक उत्सवों और त्योहारों के अवसर पर हिंदी और अन्य भारतीय भाषाओं का उपयोग करते हैं।

हिंदी को विश्व-भाषा का दर्जा दिलाने में प्रवासी भारतीयों की महत्वपूर्ण भूमिका रही है। वैसे तो भारत से बाहर जाने की परम्परा का लम्बा इतिहास है जिसका परिचय इस पुस्तक में दिया गया है परंतु अंग्रेजों की उपनिवेशवादी प्रवृत्ति की चपेट में उन्नीसवीं शताब्दी में उत्तर और दक्षिण भारत के लोग अच्छे भविष्य की साध लिए देश छोड़ त्रिनिदाद, फ़ीजी, गयाना, सूरीनाम, मारिशस और दक्षिण अफ्रीका जैसे सुदूर देशों में श्रमिक के रूप में जा पहुँचे थे। उनके साथ भारत की भाषाएँ और संस्कृति के विविध पक्ष भी उन उन देशों में पहुँचे। आरंभ में इन भारतीयों ने बड़े संघर्ष और यातना के साथ जीवन बिताया। हिंदी उनकी पीड़ा, दु:ख-दर्द, सांस्कृतिक एकता और प्रतिरोध की अभिव्यक्ति की वाहिका बनी थी । बड़े संघर्ष के बाद ये गिरमिटिया जन धीरे धीरे हाशिए से आगे बढ़ते हुए मुख्य धारा में पहुँच रहे हैं। इस क्रम में उनकी अपनी भाषा में भी बड़ा बदलाव आया है। ऐसा होना स्वाभाविक भी था क्योंकि भाषा-प्रयोग के अवसरों और प्रयोजनों में बड़ी विविधता थी। उनकी भाषा को सरकारी प्रयोग, शिक्षा और अन्य जीवन-क्षेत्रों में

अपेक्षित स्थान नहीं मिल सका था। ऐसे में भाषा की रक्षा करना कठिन हो गया। इन भारतवंशियों की भाषागत समस्याएँ उनके नए परिवेश की चुनौतियों के साथ अलग अलग रही हैं। सम्प्रति बड़ी संख्या में लोग जीविका और कार्य के अधिक संतोषदायी अच्छे अवसरों को पाने के लिए विदेश की ओर आँख टिकाए बैठे हैं। उपभोक्तावाद के कारण यह प्रवृत्ति निरंतर बढ़ रही है। इस तरह विकसित देशों में बस रहे भारतीयों के बच्चों की भाषा की भिन्न प्रकार की समस्याएँ हैं। भारत से बाहर रह रहे प्रवासी और आप्रवासी भारतीयों के लिए हिंदी उनकी सांस्कृतिक पहचान का माध्यम भी है। इन सभी आयामों को प्रस्तुत पुस्तक में अधिकारी विद्वानों द्वारा विस्तार में निरूपित किया गया है।

उल्लेखनीय है कि हिंदी और अन्य प्राच्य भाषाओं के अध्ययन की परम्परा रूस, फ्रांस, ब्रिटेन, चीन, जापान और अमेरिका आदि देशों में काफ़ी दिनों से चली आ रही है। अब जब भारत एक समर्थ देश के रूप में अंतरराष्ट्रीय क्षितिज पर उभर रहा है तो हिंदी तथा अन्य भारतीय भाषाओं में अध्ययन और अनुसंधान की गतिविधि बढ़ी है। 'भारतीय सांस्कृतिक सम्बन्ध परिषद' भी इस दिशा में सक्रिय है। उसके द्वारा हिंदी-अध्यापन के लिए न केवल विदेश में प्राध्यापक भेजे जाते हैं बल्कि विदेशी छात्रों को भारत में अध्ययन हेतु अध्येता-वृत्ति भी दी जाती है। हिंदी और अन्य भारतीय भाषाओं के अध्ययन में चीन, जापान, बल्गेरिया, रूस, जर्मनी, इटली, दक्षिण कोरिया आदि देशों के युवा छात्र काफ़ी रुचि ले रहे हैं। भारत के बाहर विदेशों में सौ से अधिक विश्वविद्यालयों में हिंदी समेत अन्य भारतीय भाषाओं का अध्यापन हो रहा है। बांग्लादेश, पाकिस्तान, नेपाल, भूटान, श्रीलंका आदि पड़ोसी देशों में भी हिंदी तथा अन्य भारतीय भाषाओं का जन-सामान्य द्वारा प्रयोग किया जाता है। हिंदी के प्रसार में विश्व हिंदी सम्मेलनों की भूमिका भी महत्वपूर्ण है। अब तक भारत और अन्य देशों में दस ऐसे विश्व सम्मेलन आयोजित हो चुके हैं। इनके माध्यम से भारत और हिंदी के अध्ययन के प्रति लोगों की अभिरुचि बढ़ी है और अनेक सम्बन्धित विषयों को लेकर महत्वपूर्ण विमर्श शुरू हुए हैं।

भाषा से जुड़ी तकनीकी सुविधाओं में क्रांतिकारी प्रगति हो रही है। मशीनी अनुवाद की पद्धति, शब्द संसाधन के लिए यूनीकोड का प्रयोग कार्य को आसान बना रहा है। संचार, मीडिया, विज्ञापन और प्रकाशन की दुनिया में भी तेज़ी से बदलाव आ रहा है। भाषा-प्रयोग के अवसर और क्षेत्रों में भी बदलाव आ रहा है। भाषाओं का मिश्रण भी हो रहा है। उदाहरण के लिए अब 'हिंगलिश' को भी एक भाषा-रूप माना जा रहा है। इस प्रसंग में हिंदी भाषा के संरक्षण का प्रश्न भी खड़ा होता है।

किसी भी भाषा का महत्व इस पर निर्भर करता है कि उसे कितना बड़ा

समुदाय कितने ज़्यादा जीवन-संदर्भों में प्रयोग कर रहा है। आज अंतरजाल (इंटरनेट) के विलक्षण विस्तार और भाषा प्रौद्योगिकी में हो रहे विकास के साथ भाषा के उपयोग के अन्यान्य नए क्षेत्र उभर रहे हैं। इस सुविधा के साथ बड़े तीव्र वेग से और परिशुद्धता के साथ सूचना का एक स्थान से दूसरे स्थान पर निर्बाध आवागमन सम्भव हो पा रहा है। इन सब परिवर्तनों के साथ हमारे भाषिक अनुभव की शैली भी बदल रही है । वस्तुतः हमारे लिए देश और काल दोनों की सीमाएं टूट रही हैं। हमें इस विस्तृत हो रहे सूचना-क्षितिज पर भाषा-प्रयोग के प्रसंग में शायद नए नियम और मानक भी बनाने होंगे । अभिव्यक्ति के कई नए माध्यम जैसे ब्लॉग और ट्विटर भी अब प्रचलित हो रहे हैं। हाथ में रखा छोटा सा मोबाइल संचार, गणना तथा अन्य अनेक प्रकार के कामों को करने में सक्षम है। लघुता, संक्षिप्तीकरण तथा उपलब्धता की दृष्टि से हमारा भाषा-प्रयोग अद्‌भुत रूप से नया संस्कार ले रहा है।

भाषा और संस्कृति के बीच अभिन्न सम्बन्ध होता है। अतः किसी भी समाज की पहचान के निर्माण में भाषा की उपेक्षा नहीं की जा सकती। भारत के औपनिवेशिक इतिहास को देखने से पता चलता है कि यहाँ भारतीय भाषाओं को परे हटा कर अंग्रेज़ी को राजकीय भाषा बनाया गया। उसे ज्ञान की भाषा भी बनाया गया। यही नहीं ज्ञान के विविध अनुशासन भी आयातित हुए और भारत की ज्ञान-परम्परा से जान बूझ कर दूरी बढ़ाई गई और उसे निम्न स्तर का और अप्रामाणिक क़रार दिया गया। उसकी उपादेयता को ले कर भारतीय मानस में संदेह पैदा किया गया। दुर्भाग्यवश वह परिपाटी स्वतंत्रता मिलने के बाद भी कमोबेश बनी रही। राष्ट्रभाषा और राजभाषा के सवाल को राजनैतिक सुविधा की दृष्टि से टाला जाता रहा। इसके बावजूद वास्तविकता में भारत के अधिकांश भागों में आम जनता द्वारा सम्पर्क-भाषा के रूप में हिंदी का प्रयोग तेज़ी से बढ़ा है। फ़िल्म, टीवी, समाचारपत्र आदि के माध्यम से इसका निरंतर प्रचार-प्रसार हो रहा है।

सरकारी नीति के चलते औपचारिक क्षेत्रों में भारतीय भाषाओं का प्रयोग बाधित हुआ। दूसरी ओर ज्ञान-विज्ञान, क़ानून, शिक्षा और राजकीय कार्यों में अंग्रेज़ी का वर्चस्व बना रहा। अब स्थिति यह है कि भारतीय भाषाएँ अनौपचारिक बातचीत में तो प्रयुक्त होती हैं परंतु जीविका आदि के औपचारिक क्षेत्रों में अंग्रेज़ी का ही प्राबल्य बना हुआ है। प्रतिष्ठा-क्रम में भारतीय भाषाओं का स्थान अभी भी अंग्रेज़ी के नीचे ही आता है। इसका परिणाम यह भी है कि हिंदी आदि में विभिन्न विषयों की स्तरीय पाठ्य-सामग्री नहीं विकसित हुई और इन भाषाओं के छात्रों की शैक्षिक उपलब्धि सीमित होती है। यह स्थिति लगभग नब्बे प्रतिशत ग़ैर अंग्रेज़ी-भाषी भारतीयों को अभिव्यक्ति के अधिकार से वंचित कर रही है और जनतांत्रिक प्रक्रिया में उनकी भागीदारी को सीमित बना रही है। वस्तुतः भाषा हमारे अस्तित्व से जुड़ी

होती है और हमारे कर्तृत्व को समृद्ध करती है। आधुनिक हिंदी के पुरोधा बाबू भारतेंदु हरिश्चन्द्र का दृढ़ संकल्प कि 'निज भाषा उन्नति अहै सब उन्नति को मूल' आज भी प्रासंगिक है। हमें प्रयास करना होगा कि भारतीय भाषाएँ भी आधुनिक ज्ञान और प्रौद्योगिकी की दृष्टि से समर्थ बनें और अन्य भाषाओं के साथ संवाद स्थापित हो।

मुझे पूरा विश्वास है कि 'हिंदी की कहानी' हिंदी के अंतरराष्ट्रीय आयामों और चुनौतियों को समझने और उनके समाधान की दिशा में अध्येताओं का मार्ग प्रशस्त करेगी और भाषा प्रयोग की विभिन्न चुनौतियों के समाधान ढूँढ़ने में सहायक होगी। मैं इस प्रयास के लिए प्रोफ़ेसर गंभीर और सभी सहयोगी विद्वान लेखकों को हार्दिक बधाई देता हूँ। मुझे पूरा विश्वास है कि हिंदी जगत इस कृति का स्वागत करेगा।

—प्रो. गिरीश्वर मिश्र

कुलपति

महात्मा गांधी अंतरराष्ट्रीय हिंदी विश्वविद्यालय, वर्धा

प्रस्तावना

भारत से लोगों का दूसरे देशों में जाकर बसना कम से कम दो हज़ार वर्षों से चला आ रहा है। लगभग आठ समुदाय अलग अलग काल में भारत से जाकर दूसरे देशों में बस गए। ईसा-पूर्व दूसरी शताब्दी में तमिल-भाषी श्रीलंका गए, जिप्सी नाम से विख्यात रोमनी लोग ईसा-पूर्व चौथी शताब्दी और ग्यारहवीं शताब्दी के दौरान अफ़गानिस्तान की तरफ़ से टर्की होते हुए योरोप, अमेरिका, कनाडा, दक्षिण अमेरिका, न्यूज़ीलैंड, आस्ट्रेलिया में फैल गए। भारत मूल के लोग पांचवीं शताब्दी और फिर बीसवीं शताब्दी में इंडोनेशिया गये। उन्नीसवीं शताब्दी में सिंगापुर, मलेशिया, थाईलैंड, बर्मा, हांगकांग आदि, 1834-1917 के दौरान शर्तबंद श्रमिक मॉरिशस, रियूनियन, गयाना, त्रिनिदाद, सूरिनाम, ग्वाडालूप, फ़ीजी, दक्षिण अफ्रीका आदि, उन्नीसवीं शताब्दी में पूर्वी अफ्रीका, उन्नीसवीं और बीसवीं शताब्दी में नेपाल, और बीसवीं शताब्दी में योरोप, अमेरिका, कनाडा, ब्रिटेन, न्यूज़ीलैंड, आस्ट्रेलिया आदि देशों में भारतीयों का भारत से विदेश-गमन और प्रवासन हुआ।

सभी समुदायों ने अपनी संस्कृति के कुछ अवयवों का पीढ़ी-दर-पीढ़ी संरक्षण किया है। इन संरक्षित उपकरणों में हैं धर्म, खाना और मनस्पटल पर अंकित कुछ संस्कार। परंतु भाषा का उपकरण वे हर जगह नहीं बचा पाए। भाषा कुछ ही समुदायों में बची है—श्रीलंका के तमिल-भाषी प्रवासियों में, जिप्सी लोगों में, नेपाल में, और यू.ए.ई में। जहां नहीं बची वे देश हैं— गयाना, त्रिनिदाद और मॉरिशस। और जहां भाषा आज ह्रासोन्मुख है वे देश हैं— फ़ीजी और सूरिनाम। जहां तक पश्चिमी सभ्यता वाले देश हैं, जैसे अमेरिका, कनाडा, ब्रिटेन, न्यूज़ीलैंड और आस्ट्रेलिया, वहां पहली पीढ़ी में भारतीय मूल की भाषाओं का और विशेषकर हिंदी का प्रयोग निश्चित रूप से प्रचुर है, परंतु दूसरी और तीसरी पीढ़ियों में विरासती भाषाएं उत्तरोत्तर ह्रास की ओर बढ़ती हुई धीरे धीरे लुप्त हो रही हैं। वहां तीन पीढ़ियों तक संप्रेषण में विरासती भाषा लगभग समाप्त सी हो जाती है। कुछ अवशेष रह जाते हैं—धर्म-संबंधी कुछ शब्द, भोजन-संबंधी शब्द, रिश्तेदारी के कुछ शब्द, आदि।

इस पुस्तक की तेरह देशों की कहानी में एक विषय ऐसा है जिसका विवरण न्यूनाधिक मात्रा में लगभग सब लेखों में हुआ है। वह विषय है युवा पीढ़ी में हिंदी की वर्तमान स्थिति। इन लेखों में भाषा के विविध प्रयोग-क्षेत्रों (domains of language use) में हिंदी के प्रयोग का विवरण उपलब्ध है। भाषा-पक्ष के अतिरिक्त, मॉरिशस, अमेरिका, कनाडा, आस्ट्रेलिया, फ़ीजी, दक्षिण अफ़्रीका वाले लेखों में प्रवासी भारतीयों की लिखी साहित्यिक कृतियों की रचनाओं का वर्णन है। अनेक देशों में हास्य रस की हिंदी कविताओं के रसास्वादन के लिए कवि-सम्मेलन होते आए हैं, विश्व हिंदी सम्मेलन भी होते हैं, लेकिन इन सभी कार्यक्रमों में युवाओं की प्रतिभागिता नहीं होती और इस प्रकार ये गतिविधियां पहली पीढ़ी तक ही सीमित रहती हैं। नेपाल और यू.ए.ई. इस स्थिति के अपवाद हैं जहां भारत से भौगोलिक निकटता, भारत के साथ नियमित संप्रेषण, और बॉलीवुड तथा भारतीय टीवी कार्यक्रमों की लोकप्रियता के कारण वहां सभी पीढ़ियों में हिंदी का अस्तित्व कमोबेश कुछ प्रयोग-क्षेत्रों में बना हुआ है।

प्रवासी समुदायों में अपनी विरासती (हेरिटेज) भाषा का पीढ़ी-दर-पीढ़ी अनुरक्षण एक बहुत बड़ी चुनौती है। देश हो या परदेश, भाषा का संरक्षण तभी संभव होता है जब उस भाषा का प्रसारण अगली पीढ़ी में हो। शैशव में अपने माता-पिता और बाल्यावस्था में अपने हमउम्र साथियों से बोलचाल की भाषा का अधिग्रहण, और बाद में विद्यालय के औपचारिक वातावरण में औपचारिक भाषा का सीखना एक सार्वत्रिक प्रक्रिया है। जब एक से अधिक भाषा के प्रयोग का विकल्प सामने हो तो समाज के सदस्यों के सामने भाषा-चुनाव की स्थिति उपस्थित होती है। यदि एक भाषा सामाजिक दृष्टि से अधिक प्रतिष्ठित हो तो वह प्राय: औपचारिक संदर्भों पर अधिकार जमा लेती है, और अनौपचारिक प्रयोग-क्षेत्रों में दोनों भाषाओं के सम्मिश्रण की संभावना बढ़ जाती है। ऐसी स्थिति आज भारत में है।

प्रवासी समुदायों में एक से अधिक भाषा का विकल्प होता ही है, परंतु उसमें स्थानीय परिस्थितियों के अनुसार भाषा-चुनाव के दो अलग मार्ग विकसित होते हैं। अगर आप्रवासियों की दृष्टि में स्थानीय भाषा उनकी अपनी भाषा की तुलना में अधिक प्रतिष्ठा वाली है और व्यावसायिक/आर्थिक दृष्टि से अधिक उपयोगी है तो तीसरी पीढ़ी तक आते आते विरासती भाषा लुप्त-प्राय होने के सुस्पष्ट प्रमाण हैं, जैसे अंग्रेज़ी, फ्रैंच के सामने मॉरीशस में और अन्यत्र भी भारत-मूल की भाषाएं नहीं टिक पाईं। परंतु यदि आप्रवासी अपनी भाषा को और अपने समुदाय को अपने नए सामाजिक परिवेश में अधिक प्रतिष्ठित मानते हैं तो परिवार में और समुदाय की अंदरूनी भाषा के रूप में विरासती भाषा का अस्तित्व बना रहता है और समुदाय के बाहर के लोगों के साथ स्थानीय भाषा में व्यवहार होता

है। ऐसी स्थिति युगांडा आदि देशों में हुई। यही लोग जब 1972 में युगांडा से अमेरिका, कनाडा और इंगलैंड आदि देशों में आने शुरू हुए तो उनकी विरासती भाषाएं कुछ ही वर्षों में अंग्रेज़ी के प्रभाव में अदृश्य होने लगीं। एक और परिस्थिति है जिसके कारण विरासती भाषा बची रहने के प्रमाण हैं। यदि स्थानीय समाज में किसी कारण से प्रवासी समुदाय का समावेश और समीकरण नहीं हो पाता तो विरासती भाषा अपने समुदाय की भाषा बनकर समुदाय को एकजुट रखने का काम करती है। जैसे श्रीलंका में राजनीतिक कारणों से दो हज़ार से भी अधिक वर्ष के बाद आज भी तमिल का अस्तित्व बना हुआ है और इसी तरह सामाजिक व सांस्कृतिक कारणों से स्थानीय समाजों में स्वांगीकरण और समीकरण के अभाव में रोमनी (जिप्सी) लोगों की भाषा अंदरूनी संप्रेषण के लिए एक हज़ार साल के बाद आज भी ज़िंदा है (यह ठीक है कि उस पर स्थानीय भाषाओं का प्रभाव हर देश में अलग अलग ढंग से पड़ा है)।

फ़ीजी तथा सूरिनाम जैसे देशों में आज भी भोजपुरी/अवधी/हिंदी किसी न किसी रूप में प्रयोग में आती है। परंतु शोध के परिणामों से स्पष्ट है कि वहां भी ह्रास के लक्षण दृष्टिगोचर हो रहे हैं। यदि किसी भी समाज में निम्नलिखित तीन लक्षण उपस्थित हों तो भाषा-ह्रास की दिशा असंदिग्ध रूप से पता लग जाती है। ये लक्षण हैं—

- यदि युवा पीढ़ी उस भाषा का प्रयोग पहले से कम करे।
- यदि पढ़े-लिखे लोग उस भाषा का प्रयोग पहले से कम करें।
- यदि नगरवासी देहाती लोगों की अपेक्षा उस भाषा का प्रयोग कम करें।

सामाजिक मूल्यों और वरीयताओं में परिवर्तन की भी यही दिशा है। वैसे तो उपर्युक्त लक्षणों में से एक भी उपस्थित हो तो ह्रास की दिशा का निर्देश हो जाता है। परंतु ऐसा देखने में आया है कि यदि एक कारण उपस्थित होता है तो दूसरे दोनों कारणों का साहचर्य स्वभाविक रूप से उपस्थित हो जाता है।

यह कहना ठीक नहीं है कि जब तक भारत में भारतीय भाषाओं की स्थिति नहीं सुधरेगी तब तक प्रवासी भारत में भाषाओं के संरक्षण की संभावना नहीं बढ़ेगी। हां, इतना अवश्य है कि भारत में भारतीय भाषाओं का वर्चस्व यदि बढ़ेगा तो विदेशों में इसका महत्त्व निश्चित रूप से बढ़ेगा और विदेशी भाषा के रूप में हिंदी का अध्ययन विदेशों में अधिक लोकप्रिय हो जाएगा। प्रवासी भारतीयों में हर पीढ़ी के साथ विरासती भाषा उत्तरोत्तर अधिक विदेशी होती चली जाती है और उसमें विरासती भाषा के तत्त्व कम होते चले जाते हैं।

वस्तुस्थिति यह है संसार में प्रवासी समुदायों की भाषाएं आम तौर पर बचती ही नहीं। संस्कृति के अभिन्न अंग के रूप में भाषा के संरक्षण के लिए प्रवासियों

की पहली पीढ़ी विशेष रूप से प्रयत्नशील होती है। ऐसे प्रयत्नों के कारण कोई भाषा दो तीन पीढ़ी ज़्यादा भले ही चल जाए, परंतु अंततोगत्वा उसका लोप निश्चितप्राय है। मॉरिशस जैसा देश जहां 68 प्रतिशत जनसंख्या भारत-मूल के लोगों की है, जहां सरकार भारत-मूल के लोगों के हाथों में है, जो देश भारत के इतना निकट है, जहां भारत के सहयोग से विश्व हिंदी सचिवालय, महात्मा गांधी संस्थान, रबीन्द्रनाथ टैगोर संस्थान हैं, जहां हिंदी साहित्य में योगदान करने वाले लब्धप्रतिष्ठ लेखक हैं, वहां भी हिंदी आज लुप्तप्राय है। युवा लोग इसे न समझते हैं और न इसका प्रयोग करते हैं। अंगेज़ी और फ्रैंच के प्रबल वातावरण में भोजपुरी और हिंदी वहां सामुदायिक स्तर पर पिछड़ गई हैं और स्कूलों का एक छोटा सा विषय बन कर रह गई हैं। प्रवासी समाज के संदर्भ में यह एक कटु परंतु अपरिहार्य सत्य है कि प्रवासी समाज की विरासती भाषा का लोप अंततः अवश्यंभावी है। अमरीका के लेख में देखिए वहां हिंदी के लिए सरकारी नीतियां कितनी हितकर लग रही हैं। आस्ट्रेलिया में भी उत्साहजनक वातावरण का विवरण है, लेकिन सब स्थानों पर युवा-वर्ग का अपनी विरासती भाषा को एक तरफ़ ताक पर रख देना अन्य सभी प्रवासी समाजों की भाषा-स्थिति से भिन्न नहीं है।

जीवित भाषाओं के लिए यह आवश्यक है कि उनके प्रयोग-क्षेत्र सजीव और सशक्त हों। प्रयोग-क्षेत्रों के अभाव में भाषा के प्रयोग का कोई प्रयोजन नहीं बचता। लेकिन यह बात ध्यान देने योग्य है कि भाषाओं के लुप्त होने के बाद भी कई पीढ़ियों तक उन भाषाओं के साथ समुदाय के अनेक लोगों की अस्मिता बनी रहती है। ऐसी अस्मिता के बने रहने का परिणाम है कि बाद की पीढ़ियां भी अपनी भाषा के पुनर्जीवन के लिए कभी कभी काम करती दिखाई देती हैं। आज मॉरिशस, त्रिनिदाद, गयाना देशों में ऐसे कार्यक्रम न्यूनाधिक मात्रा में चलते हैं, बीच में कभी कमज़ोर पड़ जाते हैं और कालांतर में फिर किसी उत्साही स्वयंसेवी संस्था के प्रयत्नों के फलस्वरूप चलने लगते हैं। कैरिबियन मे फ्रांस के ग्वाडालूप द्वीप में तमिल-प्रवासी आज कई पीढ़ियों के बाद तमिल और हिंदी सिखाने के लिए सुनियोजित कार्यक्रमों के साथ आगे बढ़ रहे हैं।

इस प्रस्तावना और इस पुस्तक के लेखों से प्राप्त जानकारी के आधार पर इस महत्त्वपूर्ण विषय पर और अधिक विचार-विमर्श होगा ऐसा मुझे विश्वास है। अस्तु!

—डॉ. सुरेन्द्र गंभीर
प्रधान संपादक
यूनिवर्सिटी ऑफ पेन्सिल्वेनिया (सेवा-निवृत्त)

अनुक्रमणिका

गिरमिटिया शर्तबंद श्रमिकों के देश

डॉ. विनेश हुकूमसिंह (मॉरिशस)

हिंदी की सहचरी के रूप में मॉरिशस की भोजपुरी का अनिश्चित भविष्य

डॉ. विनेश हुकूमसिंह, पीएच.डी. लवाल यूनिवर्सिटी क्वेबैक कनाडा, प्रो.फ़ेसर ऑफ़ लिंगविस्टिक्स, यूनिवर्सिटी ऑफ़ मॉरिशस के भूतपूर्व वाइस-चांसलर, मानद फ़ैलो यूनिवर्सिटी ऑफ़ ऐडनबरा, शेवैल्ये दे पालम अकादेमीक, भाषा संस्कृति अस्मिता तथा बहु-संस्कृति-विषयक प्रवासी समाज के विषयों पर अनेक शोधपरक प्रकाशित आलेखों के प्रणेता।

प्रस्तावना

मॉरिशस के वर्ष 2015 में हुए राष्ट्रीय दिवस समारोह के मुख्य अतिथि के रूप में अपने अल्पकालिक दौरे के दौरान भारत के प्रधानमंत्री नरेन्द्र मोदी ने सहजता से कभी अंग्रेज़ी और कभी हिंदी का प्रयोग करते हुए अनेक औपचारिक और अनौपचारिक भाषण दिए। महात्मा गांधी संस्थान के खचाखच भरे मैदान में आयोजित नागरिक अभिनंदन समारोह में अपने संबोधन की शुरुआत मॉरिशस की क्रियोल भाषा में करके उन्होंने इस प्रगतिशील राष्ट्र का दिल जीत लिया—

मो बन्नसेर, मोबन्न फ़्रेर मोरिस्येन	(मॉरिशस की मेरी बहनो और भाइयो,
कि मानिएर?	कैसे हैं आप?
मो एक्स्त्रा कोनतान मो इसि अर ज़ोट!	आाप लोगों के बीच यहां आकर मैं बेहद खुश हूं!
मो सेंति मवा लाकाज़!	मुझे लगता है कि जैसे मैं अपने घर ही आया हूं!)

एक दिन पहले ही भारत के प्रधानमंत्री ने विश्व हिंदी सचिवालय की इमारत का आधिकारिक उद्घाटन करते हुए, ''हिंदी साहित्य को समृद्ध बनाने में मॉरिशस के योगदान'' और ''मॉरिशस में अपने साथ हिंदी लेकर आने वाले'' हमारे और आपके पूर्वजों की भूरि-भूरि प्रशंसा की।''[1]

उनके इस छोटे लेकिन अहम दौरे के दौरान भोजपुरी का कहीं कोई ज़िक्र नहीं आया, शायद इसलिए क्योंकि उनका ज़्यादा समय राज्य के व्यावसायिक और

सांस्कृतिक-धार्मिक स्थलों का दौरा करने में ही गुज़र गया, या फिर इसकी बस एक सीधी सी वजह यह रही कि हमेशा की तरह इस बार भी [illegible] सामान्य रूप से हिंदी की छाया में खोकर रह गई। वैसे भी मॉरिशस के प्रधानमंत्री, मंत्री और अन्य गणमान्य व्यक्ति शायद ही कभी सार्वजनिक तौर पर भोजपुरी बोलते हैं। हिंदी के मुकाबले तो बहुत ही कम। इस लिहाज़ से तो मोदी जी ने मॉरिशस में अपनेपन के अहसास का जो क्रियोली इज़हार किया वह सियासी नज़रिए से भी बिलकुल सही था।

हालांकि, अगर सामाजिक भाषाविज्ञान के उभरते हुए परिप्रेक्ष्य में देखें तो मॉरिशस में भारतीय भाषाओं का और विशेषकर भोजपुरी का घटता प्रयोग बाहर से आई पुनस्स्थापित भाषाओं के अस्तित्व को बनाए रखने के ऐसे सवालों और मुद्दों की ओर ध्यान खींचता है जिनका समाधान खोजे जाने की ज़रूरत है।

मॉरिशसी भोजपुरी की मिश्रित जड़ें

ओ.डी.आई. (ऑरगनाइज़ेशन फ़ॉर डायस्पोरा इनीशियेटिव्ज़) मॉरिशस के अध्यक्ष चित्त दुखिरा ने स्थानीय प्रेस में प्रकाशित एक लेख में बहुत पुरज़ोर तरीके से यह दावा किया है कि भोजपुरी का उद्गम हिंदी से पहले हुआ था और यह हिंदी से पहले ही ''भारत में और भारत के बाहर व्यापक रूप से प्रचलित हो चुकी थी''। अपने दावे के समर्थन में वे ''20वीं सदी के पूर्वार्ध में मॉरिशस में उदीयमान भोजपुरी भारतीयों'' का उदाहरण देते हैं, विशेष रूप से बलिया के कुछ मूल निवासियों का, जिन्होंने ''मॉरिशस में अपने प्रवास के दौरान सामाजिक, सांस्कृतिक और साहित्यिक क्षेत्रों में काफ़ी योगदान दिया था।''[2]

निस्संदेह यह एक ऐतिहासिक तथ्य है कि मॉरिशस और अन्य ब्रिटिश उपनिवेशों में भोजपुरी बहुत पहले पहुंच चुकी थी। हालांकि यह बातचीत के माध्यम तक ही सीमित रही। 19वीं सदी के उत्तरार्ध में या 20वीं सदी के पूर्वार्ध में उपलब्ध कबीर के अनुयायियों द्वारा लाई गई धार्मिक पुस्तकों के आधार पर इसके लिखित रूप के प्रमाण के लिए हमें और अधिक शोध करना होगा। पारिवारिक विरासत के रूप में प्राप्त हुई कबीर की पांडुलिपियों की कई प्रतियों के आधार पर मैं ऐसी पुस्तकों की मौजूदगी को तो प्रमाणित कर सकता हूँ पर उनमें प्रयुक्त भाषा या भाषिक विविधता को प्रमाणित नहीं कर सकता। वास्तव में भोजपुरी की प्रारंभिक रचनाएं आसानी से उपलब्ध नहीं हैं और इसलिए इस भाषा के इतिहास और विकास का लेखा-जोखा आम तौर पर बड़े-बुजुर्गों द्वारा दिए गए साक्ष्यों के आधार पर बहुत बाद में तैयार किया गया था जिसका उल्लेख रामयाद (1985 :19) में मिलता है। इसी प्रकार 1901 में गांधी जी के मॉरिशस में रुकने का ज़िक्र करते हुए रामयाद (1985 : 40)[3] लिखते हैं कि गांधी ''बहुत से लोगों से मिले, ख़ासकर गांवों और

बागान शिविरों में रहने वाले भारतीयों से'', और रामयाद जी ने यह भी लिखा है कि ''गांधी जी भोजपुरी नहीं जानते थे, इसलिए गांधी जी ने उन्हें खड़ी बोली[4] में संबोधित किया। वे एक दूसरे की बात को भली-भांति समझ लेते थे। हालांकि बहुत संभावना इस बात की है कि खड़ी बोली उनमें से अधिकांश श्रमिकों को अजीबोगरीब लगती होगी[5]। भारत लौटने के बाद गांधी जी ने भारतीय मूल के मॉरिशस-वासियों के भीतर उभरती राजनीतिक और सामाजिक चेतना को और अधिक बढ़ाने के लिए अपने एक प्रतिनिधि मणिलाल डॉक्टर को मॉरिशस भेजा। उनका सबसे पहला काम था—एक भारतीय भाषा में अखबार प्रकाशित करना। 'हिंदुस्तानी' अख़बार शुरू में अंग्रेज़ी और गुजराती में प्रकाशित किया गया, परंतु थोड़े समय के बाद इस अख़बार के प्रकाशन के अंतिम वर्षों में गुजराती की जगह भी हिंदी ने ले ली। इसके 2 मार्च, 1913 के अंक में मॉरिशस में प्रचलित भोजपुरी को 'खिचड़ी-हिंदुस्तानी' बताया गया है —

''इस उपनिवेश में एक ऐसी पीढ़ी पल-बढ़ रही है जो भारत से अनजान है और ये ऐसी खिचड़ी हिंदुस्तानी बोलते हैं जिसमें फ्रेंको-मॉरिशसी या फ्रेंच-क्रियोल के शब्द रच-बस गए हैं।''

मॉरिशस में भारतीय भाषाओं पर जारी होने वाले शुरुआती स्थानीय प्रकाशन पूर्णतः हिंदी को समर्पित थे। इनमें से अधिकांश 1960 दशक के उत्तरार्ध में और 1970 दशक के पूर्वार्ध में प्रकाशित किए गए थे। यह वही समय था जब मॉरिशस को स्वतंत्रता मिली थी। सोमदत्त बुख़ौरी की 'हिंदी इन मॉरिशस' 1967 में प्रकाशित हुई। एल.पी. रामयाद (1985:× XV) के अनुसार जय नारायण रॉय की किताब ''मॉरिशस में हिंदी भाषा का संक्षिप्त इतिहास'' (1970) न केवल हिंदी पर बल्कि मॉरिशस में भारतीयों के सांस्कृतिक इतिहास पर भी प्रकाश डालती है। बुख़ौरी (1967: 9) ने हिंदी-भोजपुरी के संबंध के समानांतर फ्रेंच-क्रियोल का संबंध अपने अध्ययन में इस प्रकार प्रस्तुत किया है—

''भोजपुरी और हिंदी के बीच वही संबंध है जो क्रियोल और फ्रेंच के बीच है। जिस तरह क्रियोल की जानकारी रखने वाला फ्रेंच समझ सकता है और उसमें थोड़ी बहुत बात भी कर सकता है, उसी तरह जिन लोगों को भोजपुरी आती है वे भी हिंदी समझ लेते हैं और काम चलाऊ बोल भी लेते हैं।''

भोजपुरी को विभिन्न भाषाई प्रांतों से आए आप्रवासियों की लोकभाषा (संपर्क-भाषा) भी माना गया है। ''जब यह मॉरिशस पहुंची थी तो एक शुद्ध भारतीय बोली थी'', परंतु अब यह ''निस्संदेह स्थानीय क्रियोली बोली से प्रभावित हो गई है और दो बोलियों का एक अजीबोगरीब मिश्रण बन गई है। क्रियोल शब्दों को आत्मसात् करने की धीमी प्रक्रिया के कारण ''यह मिश्रण बिलकुल स्वाभाविक

लगता है।''

यहां दो मुहावरे चलते हैं कि क्रियोल मेज़बान है और भोजपुरी एक मेहमान (आप्रवासी भाषा) है—और 20वीं सदी के मोड़ पर खड़े इसके अधिकांश अनपढ़ वक्ता ग़ुलामी और गिरमिटिया प्रणाली के शिकार थे और सब प्रकार से उपेक्षित थे। जिसका परिणाम यह हुआ कि मेज़बान भाषा सहज ही भोजपुरी की पोषक भाषा बन गई। जिस समय भाषा-संपर्क की यह गतिशील प्रक्रिया चल रही थी उस समय मॉरिशस में आर्यसमाज के आंदोलन का पदार्पण हो चुका था। उसका श्रेय भी काफ़ी हद तक मणिलाल डॉक्टर को जाता है। हिंदू धर्म का सुधार, हिंदी, तथा इस भाषा में साक्षरता का प्रसार उनका पूर्ण रूप से एक समर्पित मिशन था। पी. सूर्याह (1977)[6] के अनुसार मॉरिशस में आर्यसमाज का प्रभाव दूरगामी रहा जिसके कारण तज्जनित कुछ बड़ी क्षति भी हुई।

एक समय था जब भोजपुरी पूरे द्वीप में क्रियोल के सामने खड़ी एकमात्र प्रमुख भाषा थी। लेकिन फिर भोजपुरी के साथ त्रासदी यह हुई कि इसके अपने भाषा-भाषियों ने ही इसकी उपेक्षा करके इसे अनाथ बना दिया। 20वीं सदी के प्रारंभ में आर्यसमाज के पदार्पण के साथ ही क्रियोल की प्रतिद्वंद्वी भोजपुरी का पतन शुरू हो गया। सबसे पहले तो उन्होंने 'मोटिया' भोजपुरी के बजाय एक प्रतिष्ठित भाषा के रूप में खड़ी बोली हिंदी के प्रयोग की वकालत की जिसके परिणामस्वरूप कई भोजपुरी हिंदुओं ने हिंदी को अपनाकर भोजपुरी से नाता तोड़ लिया। दूसरे, जब ऐसी हिंदी के प्रयोग पर बहुत ज़्यादा ज़ोर दिया जाने लगा, जो बहुत ज़्यादा जानी-पहचानी भी नहीं थी, तो परिणामस्वरूप वहां का अल्पसंख्यक भारतीय समुदाय अपनी अखिल भारतीय एकजुटता की भावना से विमुख हो गया। तीसरे, मुख्य कर्मभूमि भारत पर चल रहे राजनीतिक घटनाक्रम, विशेष रूप से हिंदू-मुस्लिम विभाजन ने और आर्यसमाज के हिंदू-समर्थक रवैये ने, मॉरिशस में भारतीय समुदाय को अपनी काली छाया में घेर कर मुसलमानों को मुख्य धारा से अलग थलग कर दिया। परिणामस्वरूप भोजपुरी मुसलमान उर्दू को अपनाकर भोजपुरी की उपेक्षा करने लगे।

पहली नज़र में तो ये कारण तर्कसंगत लगते हैं, लेकिन सामाजिक-ऐतिहासिक परिदृश्य के संदर्भ में देखने पर ये आधारहीन लगते हैं। निस्संदेह जनसंख्या की दृष्टि से भोजपुरी सबसे ज़्यादा बोली जाने वाली एकमात्र भाषा थी, लेकिन न तो इस भाषा का और न ही इसे बोलने वालों का समाज में कोई प्रभाव नज़र आता था। क्रियोल पहले से ही द्वीप में व्यापक रूप से प्रचलित संपर्क-भाषा थी, अतः भोजपुरी आप्रवासियों की पहली पीढ़ी को भी गैर-भारतीय वक्ताओं के साथ संवाद करने के लिए इस क्रियोल का सहारा लेना ही पड़ा होगा। अलग अलग भाषाई पृष्ठभूमि के भारतीयों के बीच आपसी संवाद के लिए इस्तेमाल की जाने वाली

लोकभाषा के रूप में भोजपुरी का असली महत्त्व तो एक संपर्क-भाषा की भूमिका निभाने के कारण था। इसमें कोई आश्चर्य नहीं है कि भारतीयों की दूसरी पीढ़ी ऐसे माता-पिता की संतान थी जिन्होंने अपने अनुबंध के समाप्त होने पर मॉरिशस में ही बसने का फ़ैसला किया हुआ था। इनमें से अधिकांश ने अपनी दूसरी भाषा के रूप में क्रियोल को अपनाया। 1880 में ही, चार्ल्स बैस्साक (1880: 230) ने एक नाराज़ मूल निवासी क्रियोल व्यक्ति की उस बात को दोहराया है जिसमें उसने भारतीयों पर यह आरोप लगाया है कि उन्होंने क्रियोल में अपनी 'मैना' बात को घुसाकर इसकी शैली को बिगाड़ दिया है। कहा जा सकता है सदी के अंत तक भोजपुरी पर क्रियोल के बढ़ते प्रभाव के चलते, भोजपुरी-क्रियोल द्विभाषिकता ज़ोर पकड़ने लगी, जिसका प्रमाण 1913 में मणिलाल डॉक्टर के दस्तावेज़ों में दिए गए हमारे पिछले उद्धरण में मिलता है।

1900 तक क्रियोल, भोजपुरी और भारतीय भाषाओं की स्थिति के बारे में रामयाद (1988: 31-34) द्वारा दिए गए विवरण का सार इस प्रकार है—

- मॉरिशस में लोकभाषा के रूप में क्रियोल की जड़ें पहले से ही मज़बूत थीं।
- मॉरिशस में प्रचलित भोजपुरी एकरूपता की प्रक्रिया से गुज़रती हुई परिणामस्वरूप कमोबेश मानक भाषा के रूप में सब भाषा-भाषियों द्वारा आसानी से समझी जा सकने वाली एक और ही भोजपुरी बन गई थी[7]।
- मॉरिशसी भोजपुरी ने क्रियोल के बहुत से शब्दों को आत्मसात् कर लिया था, जिनका असर इतना ज़्यादा था कि यह अब 'साफ़ तौर पर मॉरिशस की एक अपनी भाषा बन गई थी और भारत के भोजपुरी-भाषियों के लिए बोधगम्य नहीं रह गई थी'।
- उस समय तक आमतौर पर मॉरिशस में बसने वाले अधिकांश भारतीय क्रियोल में बातचीत करने में सक्षम हो गए थे, हालांकि उनके उच्चारण पर उनकी अपनी अपनी भारतीय भाषा का असर रहता था।
- अल्पसंख्यक भारतीय भाषाएं काफ़ी हद तक मॉरिशसी भोजपुरी में घुलमिल गई थीं और उनका स्वतंत्र अस्तित्व नहीं बचा था।
- स्वयं मॉरिशसी भोजपुरी का स्थान धीरे-धीरे क्रियोल ले रही थी।
- धार्मिक कथा-वाचन के सार्वजनिक आयोजनों में पुजारियों द्वारा खड़ी बोली के यदाकदा उपयोग के कारण भारतीय मूल के मॉरिशसी समुदाय के बीच इस भाषा की एक जगह बन रही थी।

मॉरिशस में मानक हिंदी का प्रतिपादन और विकास

रामयाद के विद्वत्तापूर्ण कार्य को दर्शाने वाली उनकी उपर्युक्त किताब आज भी मॉरिशस में हिंदी के विषय पर एक आधिकारिक स्रोत है। हालांकि उनकी किताब की विषयवस्तु-सूची में प्रमुख अध्याय (2, 3, 4) में खड़ी बोली की स्थापना, विकास और उसमें 1900 से लेकर आज (1980) तक हुई प्रगति के बारे में बताया गया है, जो इस बात का संकेत है कि खड़ी बोली और मानक हिंदी परस्पर पर्याय ही हैं। किसी स्पष्टीकरण के अभाव में इसे (उक्त पार्श्व-टिप्पणी 4 देखें) केवल मॉरिशस में ही नहीं, अन्यत्र भी इसके प्रतिपादित रूप को हिंदी कहना तर्कसंगत ही है।

ऐतिहासिक रूप से इसके प्रतिपादन का समय (1900-1935) और मणिलाल डॉक्टर के इस सर्वप्रथम कार्य का समय संयोगवश एक ही है और भारत-मॉरिशसी अभिजात वर्ग द्वारा भारतीय आप्रवासियों के आगमन की शताब्दी का मनाया जाने वाला उत्सव इसका चरमोत्कर्ष है। इस अवधि की मुख्य विशेषताएं इस प्रकार हैं—

- 1909 में अंग्रेज़ी और एक दूसरी भारतीय भाषा (गुजराती) में पहला द्विभाषी अखबार तैयार करना (दो साल बाद, 1913 से लेकर इसके बंद होने तक गुजराती की जगह हिंदी ने ले ली)।
- 1910 में मॉरिशस में आर्यसमाज की शाखा की स्थापना जिसने हिंदी-शिक्षण का उत्तरोत्तर प्रसार किया।
- हिंदी प्रचारिणी सभा, "12 जून, 1926 को एक धर्मनिरपेक्ष संगठन के रूप में स्थापित हुई" और "26 दिसंबर, 1935 को एक 'आधिकारिक मैत्रीपूर्ण संघ' की घोषणा की गई" (सरिता बुधू, 2015)।
- कैथी लिपि की जगह देवनागरी ने ले ली (रामयाद 1985 : 44)।
- प्रेस से मिले उद्धरण के अनुसार मॉरिशस में हिंदी का प्रयोग, "भारत में द्विवेदी युग की तरह ही, गलतियों और उसके कारण भुगते जाने वाले ख़ामियाज़ों से गुज़रते हुए विकास के दौर में था" (1985: 52)।
- पहले पहल भारत की नाट्य कंपनियों द्वारा मॉरिशस में भारतीय नाटकों का मंचन हुआ, और उससे भी अधिक महत्त्वपूर्ण 1920 के दशक में वहां पहुंचा भारतीय सिनेमा का प्रभाव।
- 1920 के दशक में अनुबंध (गिरमिटिया) प्रणाली का अंत हो गया। स्कूलों में भारतीय भाषाएं पढ़ाए जाने की सिफ़ारिश सरकार द्वारा स्वीकार कर ली गई और इसे लागू भी कर दिया गया (उक्त : 52)।

1920 के दशक में पहली बार औपनिवेशिक विधानसभा के लिए दो भारतीय मूल के मॉरिशस-वासियों का चुना जाना एक नए युग का प्रारम्भ था,

जिसका जश्न 1935 में भारतीय प्रवासियों के आगमन के सौ वर्ष पूरे होने पर मनाया गया। यह भारत–मॉरिशस राष्ट्रवाद के एक उच्चस्तरीय स्वरूप की शुरुआत थी जो आयोजकों के सामाजिक विवरण और इस अवसर पर प्रयुक्त उनके भाषा–चुनाव में स्पष्ट देखी जा सकती थी[8]। उनमें से ज़्यादातर बुद्धिजीवी और व्यावसायिक थे जिनमें से कई उसी समय ब्रिटिश विश्वविद्यालयों से अपनी पढ़ाई पूरी करके लौटे थे। इनमें से एक डॉ. सिउसागर रामगुलाम के 'आप्रवासियों की संतान' नामक शीर्षक वाले भाषण का स्वर और विषय एक घोषणा–पत्र की तरह का था। उस अवसर पर दिए गए ज़्यादातर भाषण अंग्रेज़ी में थे और उन्हें एक साल बाद इंडियन सेंटेनरी बुक में प्रकाशित किया गया।

इस अवसर पर मॉरिशस में भारतीयों के इतिहास का भी विमोचन किया गया। जिसे एक भारतीय–मॉरिशसी औनाथ बीजाधर (1935) ने फ्रेंच भाषा में लिखा था।

इस संभ्रांतवादी दृष्टिकोण के विपरीत, 1940 के दशक में जन–आंदोलन के नाम से एक व्यापक राष्ट्रवादी आंदोलन शुरू हुआ जिसके सूत्रधार बासुदेव बिसूनदयाल थे। इन्होंने अपनी उच्च शिक्षा भारत में पूरी की थी तथा ये महात्मा गांधी और सुभाषचंद्र बोस की विचारधारा और आदर्शों से प्रेरित थे। औपनिवेशिक प्राधिकारियों द्वारा घोषित किए गए संवैधानिक सुधार को देखते हुए भारतीय भाषाओं के माध्यम से साक्षरता फैलाना इस अभियान का एक प्रमुख घटक था। इसका कारण यह था कि भाषा के संबंध में मतदान के अधिकार को व्यापक आधार प्रदान करना इस जन–आंदोलन की एक प्रमुख मांग थी। 1885 से इस अधिकार को प्रमुख औपनिवेशिक भाषाओं, अंग्रेज़ी और फ्रेंच तक ही सीमित रखा गया था। 1947 में किए गए संवैधानिक सुधार के बाद इस प्रतिबंध को हटा लिया गया, जिसके परिणामस्वरूप एक साधारण साक्षरता परीक्षा, जैसे मॉरिशस में बोली या लिखी जाने वाली भाषाओं में से किसी में भी अपना नाम लिख लेना मतदान का अधिकार पाने के लिए पर्याप्त हो गया। इस प्रकार 1944 की जनगणना में क्रियोल सहित सूचीबद्ध सभी भाषाओं को 1947 के संविधान की दूसरी अनुसूची में शामिल कर लिया गया। इनमें शामिल भारतीय भाषाएं थीं—हिंदुस्तानी, उर्दू, गुजराती, तमिल और तेलुगु[9]। हिंदुस्तानी का प्रयोग हिंदी के लिए किया गया था जिसमें निस्संदेह हिंदी के अंतर्गत भोजपुरी भी सम्मिलित थी।

भारतीय भाषाओं का समावेश करने से और विशेष रूप से हिंदी का समावेश करने से मतदाताओं की संख्या 12,000 से बढ़कर 72,000 हो गई। वर्ष 1948 में चुनाव करवाए गए और लोगों की आशा के अनुसार उनकी भाषा के अधिकारों के आधार पर मॉरिशस के इतिहास में पहली बार भारतीय मूल के उम्मीदवारों ने स्पष्ट बहुमत प्राप्त करके एक ऐतिहासिक जीत दर्ज की। तब से लेकर मॉरिशस ने स्वतंत्रता

की दिशा में उत्तरोत्तर प्रगति की और 1968 में राजनीतिक स्वतंत्रता प्राप्त कर ली।

स्वतंत्रता-प्राप्ति के बाद मॉरिशस में हिंदी-भोजपुरी और क्रियोल की स्थिति

स्वतंत्रता मिलने से पहले के वर्षों में तत्कालीन मुख्यमंत्री सिउसागर रामगुलाम ने देश की आज़ादी का मार्ग प्रशस्त करने के लिए की जा रही संवैधानिक वार्ता के सकारात्मक परिणाम की घोषणा करने के लिए लंदन से एक बयान जारी किया था। यह बयान बी.बी.सी. के रेडियो कार्यक्रम 'लंदन कॉलिंग' के माध्यम से जारी किया गया था। क्रियोल में की गई इस अभिव्यक्ति में विभिन्न जाति-समुदायों से एकजुट होकर देश की प्रगति के लिए एक साथ काम करने का आह्वान था (वर्मा 1975:210)। एकजुट होने और नए मॉरिशस राष्ट्र का निर्माण करने की आवश्यकता पर और अधिक बल देने के लिए क्रियोल और भोजपुरी में देशभक्ति गीत की रचना की गई थी। स्वतंत्रता ने गुलामी और अनुबंध (गिरमिटिया) प्रणाली के पूरक इतिहास और कटु स्मृति से उपजी दो भाषाओं के रूप में क्रियोल और भोजपुरी के पारस्परिक संबंध के लिए एक अनुकूल ज़मीन तैयार कर दी थी। स्वतंत्रता-काल की नई पीढ़ी ने इन्हें जातीय पक्षधरता से आगे बढ़कर राष्ट्रीय एकता का प्रतीक माना। यह भावना औपनिवेशिक युग के दौरान भारतीय भाषाओं और संस्कृति को मान्यता दिलवाने के लिए संघर्ष करने वाली पुरानी पीढ़ी की भावनाओं से उलट थी। उनका दृष्टिकोण यह था कि विविधता को बढ़ावा देना राष्ट्र निर्माण के लिए एक पूर्व-शर्त थी और उन्होंने इस इंद्रधनुषी राष्ट्र की समृद्धि के लिए उपयुक्त संस्थागत आधार और तंत्र स्थापित करने के लिए राज्यसत्ता पर भरोसा किया था। आज़ादी मिलने के बाद का पहला दशक परस्पर-विरोधी राष्ट्रवादी आदर्शों और राज्य की रूढ़िवादी नीति और परिप्रेक्ष्य के बीच घमासान का मैदान बनकर रह गया था। इसी के चलते महात्मा गांधी संस्थान बनाया गया और उसे भारतीय भाषाओं और संस्कृति को बढ़ावा देने का मिशन सौंपा गया था और वहां भोजपुरी, लोकगीतों और मौखिक परंपराओं के लिए एक अलग विभाग स्थापित किया गया। इसके बावजूद 1980 के प्रारम्भ तक परिवर्तन की बयार का वेग कम नहीं हुआ और राज्यसत्ता ने रियायत देने के लिए विचार किया।

इसका एक उदाहरण 1982 के निर्णायक वर्ष में प्रकाशित विशेष पत्रिका में महाशिवरात्रि महोत्सव के अवसर पर देखने को मिला। 'गीता नम्बर', नाम की इस पत्रिका में श्रीमद्भगवद्गीता के अंशों का भोजपुरी और क्रियोल में अनुवाद प्रस्तुत किया गया था। इनके अनुवादक डी. वसंतराय उस समय वाणिज्य एवं उद्योग मंत्री, हिंदू महासभा के अध्यक्ष और मॉरिशस सनातन धर्म मंदिर संघ के सचिव थे। हिंदी में दिए गए अपने संदेश में प्रधानमंत्री सर सिउसागर रामगुलाम ने भोजपुरी और

शुभकामना

क्रियोल का उल्लेख निम्नलिखित शब्दों में किया —

"मुझे यह जानकर बहुत प्रसन्नता हुई है कि हिंदू महासभा इस वर्ष अपनी स्मारिका की परंपरा में 'गीता अंक' प्रकाशित कर रही है जिसका अनुवाद भोजपुरी और क्रियोली में होगा। क्योंकि ये दोनों भाषाएं हमारे देश की अन्य भाषाओं के अतिरिक्त प्रमुख लोकभाषाएं हैं अतैव यह अंक जनसमाज के लिए अत्यंत उपयोगी सिद्ध होगा। मैं समझता हूँ कि यह गत वर्ष के हिंदुत्व अंक से ज़रा भी कम लोकप्रिय नहीं होगा। आशा है कि यह भी स्थायी धार्मिक साहित्य में स्थान पाएगा।"

1982 एक दुर्भाग्यपूर्ण साल था क्योंकि भोजपुरी-क्रियोल के संबंध की इस दुर्लभ स्वीकारोक्ति के कुछ समय बाद ही आम चुनाव हुए और इस सरकार का पूरी तरह सफ़ाया हो गया। तत्पश्चात कुछ समय तक राजनीतिक अस्थिरता बने रहने के बाद 1983 में नए सिरे से चुनाव करवाए गए। प्रधानमंत्री अनिरूद जगनाथ और गवर्नर जनरल सर सिउसागर के नेतृत्व में बनी नई सरकार ने क्रियोल और भोजपुरी को दी गई मान्यता को बरकरार रखा। इस प्रकार 1983 में मॉरिशस की जनगणना के इतिहास में पहली बार भोजपुरी और क्रियोल दोनों को ही बाकायदा पूर्ण भाषाओं का दर्जा देते हुए शामिल किया गया[10]। 1983 में की गई जनगणना में किए गए अन्य महत्त्वपूर्ण परिवर्तनों में भाषाओं की सीमित सूची को हटाना शामिल था पर जिनमें से 'पूर्वजों की भाषा' (AL) और 'आम तौर पर बोली जाने वाली घर की भाषा' होम लैंग्वेज (HL) को चुन लिया गया था। इसके बाद प्रासंगिक डाटा उपलब्ध कराने की ज़िम्मेदारी हर घर के मुखिया को सौंप दी गई। 1990 में एक

और नई पहल यह की गई कि दो उपर्युक्त भाषाओं को 1990 से शामिल करने का विकल्प दिया गया।

तालिका 1 : पूर्वजों की भाषा और घर की भाषा

आज़ादी के बाद से क्रियोल के बारे में मिलने वाले जनगणना संबंधी आंकड़े मॉरिशस की अपनी स्थानीय भाषा के रूप में इसकी स्थिति के ऐतिहासिक तथ्यों के अनुकूल हैं। जहां तक भोजपुरी का प्रश्न है यह कहा जा सकता है कि 1983 में इसे शामिल कर लिए जाने से मॉरिशस के बहुभाषी परिदृश्य के दशकीय विकास की रूपरेखा तैयार करने का मार्ग प्रशस्त हो गया, जैसा कि विभिन्न क्रमिक जनगणनाओं को देखने से पता चलता है (हाईलाइट लेखक का है)—

जनगणना	1983	1990	2000	2011
कुल जनसंख्या	966,863	1,022,456	1,178,848	1,236,817
1.	2.	3.	4.	5.
क्रियोल				
(ए.एल.)	280,377 (29%)	345,802 (33.8%)	454,763 (38.6%)	**500,699 (40.5%)**
(एच.एल.)	521,950 **(54%)**	618,226 **(60.5%)**	826,152 (70.1%)	**1,069,874 (86.5%)**
हिन्दी				
(ए.एल.)	**208,450 (21.6%)**	38,142 **(3.7%)**	35,782 (3%)	**13,256 (1.1%)**
(एच.एल.)	**111,134 (11.5%)**	12,845 **(1.2%)**	7,250 (0.6%	**8,690 (0.7%)**
भोजपुरी				
(ए.एल.)	**180,983 (18.7%)**	343,798 **(33.6%)**	361,250 (30.6%)	**238,451 (19.3%)**
(एच.एल.)	**147,050 (15.2%)**	201,616 **(19.7%)**	142,387 (12.1%)	**65,289 (5.3%)**
भोज+क्रियोल				
(ए.एल.)		34,356 (3.4%)	65,868 (5.6%)	**228,729 (18.5%)**
(एच.एल.)		48,574 (4.7%)	64,105 (5.4%)	**7,104 (0.6%)**
भोज+हिन्दी				
(ए.एल.)		32,917 (3.2%)	22,977(1.9%)	**36,505 (3%)**
(एच.एल.)		20,976 (2.0%)	7,298(0.6%)	**238**
हिन्दी+क्रियोल				
(ए.एल.)		2,281	5,222	
(एच.एल.)		3,426	4,572	

जनगणना विवरणियों में हिंदी की जगह भोजपुरी का आना, निस्संदेह ऐतिहासिक और समाजभाषाविज्ञान की दृष्टि से एक यथार्थ है, लेकिन यह भाषा के प्रति रवैये में आए एक बहुत ही महत्त्वपूर्ण बदलाव को भी दर्शाता है।

परंपरागत रूप से भोजपुरी को निचले दर्जे की भाषा के रूप में देखा जाता था और हिंदी को महत्त्वपूर्ण कार्यों को संपन्न करने वाली उच्चस्तरीय भाषा माना जाता था। हिंदी संदर्भ और औपचारिक भाषा के रूप में तो आज भी विद्यमान है, किंतु बहुसंस्कृतियों वाले संदर्भ में यह एक सांस्कृतिक प्रतिरूप एवं अस्मिता की पहचान है जबकि भोजपुरी बहुभाषी समाज में अपने ऐतिहासिक स्वरूप तथा भाषाई गति को लिए हुए पुनः स्थापित हुई है। हिंदी-भोजपुरी की ओर उन्मुखता समाज में आधुनिकता के प्रभाव के कारण भी हो सकती है। हिंदी तथा इसमें निहित मूल्यों को समाज द्वारा नियमित परंपरागत बैठकों तथा सामाजिक सांस्कृतिक संगठनों के माध्यम से पीढ़ी-दर-पीढ़ी आगे बढ़ाया जाता था। आजकल इसे आधुनिक विद्यालयों में औपचारिक रूप में सिखाया जा रहा है और साथ ही साथ दृश्य-श्रव्य माध्यमों, इंटरनेट और बॉलीवुड के द्वारा इसका स्थायित्व सुनिश्चित किया जा रहा है। यद्यपि पहले की तरह अब बैठकें आयोजित नहीं होतीं और हिंदी पूर्वजों की भाषा होने का अपना स्थान लगभग खो चुकी है। लेकिन इस नुकसान को कुछ हद तक साक्षरता/साक्षर भाषा की स्थिति द्वारा प्रतिपूरित किया गया है जिसके बारे में आगे चर्चा की जाएगी।

हिंदी के विषय में देखी गई यह प्रवृत्ति अन्य अल्पसंख्यक भारतीय भाषाओं जैसे उर्दू और गुजराती पर भी लागू होती है। व्यवसायियों और व्यापारियों के एक छोटे समूह की भाषा होने के कारण गुजराती अपना पूर्व उल्लिखित ऐतिहासिक महत्त्व खो चुकी है। प्राचीन अथवा वर्तमान भाषा के रूप में इसका महत्त्व बढ़ने के बजाए लगातार क्षीण हो रहा है। अन्य अल्पसंख्यक भाषाएं जैसे तमिल, तेलुगु और मराठी आदि का प्रयोग घरों में न के बराबर हो रहा है और प्राचीन भाषा के रूप में इन्हें बोलने वालों की संख्या में अत्यधिक कमी आई है। हालांकि सामूहिक अस्मिता की पहचान कायम रखने में आज भी इनका पर्याप्त प्रतीकात्मक महत्त्व है। उर्दू की स्थिति इससे कुछ भिन्न है। ऐतिहासिक परिप्रेक्ष्य में देखा जाए तो बिहार से आए मुसलमानों की भाषा भोजपुरी थी, किंतु हिंदी और हिंदू धर्म के साथ भोजपुरी के जुड़ाव के कारण बिहार से आए मुसलमानों के घरों में बोली जाने वाली भाषा में क्रियोल तथा भोजपुरी के साथ उनकी परंपरागत भाषा उर्दू प्रतिस्थापित हो गई। इसके बाद 1983 में अरबी उनकी परंपरागत भाषाओं में पहले स्थान पर (5.7% उर्दू की तुलना में 6.8% अरबी) काबिज़ हो गई। इस अनपेक्षित बदलाव को केवल उस समय के नए उभरते अंतर्राष्ट्रीय परिदृश्य में अरब देशों द्वारा प्रभावित वैश्विक इस्लामी एकजुटता का संदर्भ देते हुए ही समझा जा सकता है। हालांकि 1990 तथा

विशेषकर 2000 की परवर्ती जनगणना में अरबी पूरी तरह तिरोहित हो गई जिससे स्पष्ट है कि ऐतिहासिक महत्त्व की तुलना में इसकी धार्मिक स्थिति कृत्रिम साबित हुई।

तालिका 2 : पढ़ने-लिखने की भाषाएं

वर्ष 1947 के संविधान में संशोधन के परिणामस्वरूप 1952 की जनगणना में पहली बार साक्षरता के मुद्दे को शामिल किया गया जिसने एक सामान्य साक्षरता परीक्षा के आधार पर लोगों को मतदान का अधिकार प्रदान किया। वर्ष 1990 की जनगणना में भाषिक प्रश्न के रूप में साक्षरता को पुनः प्रस्तुत किया गया और जनगणना-निर्देशिका में दी गई व्याख्या के अनुसार इसका जो उत्तर प्राप्त हुआ वह ''विद्यालय छोड़ने वाले वयस्क तथा अवयस्क दोनों के लिए साक्षरता कार्यक्रमों की आवश्यकता का निर्धारण करने में निश्चित रूप से सहायक होगा।''

जनगणना	**1990** (आयु 12+) (प्राथमिक शिक्षा पूरी होने पर)	**2000** (आयु 12+)	**2011** (आयु 10+) (5-वर्षीय प्राथमिक शिक्षा)
कुल जनसंख्या	**785,063**	**937,520**	**1,074,105**
केवल पूर्वी भाषाएं (ओ.एल.) *	24,257 (3.1%)	22,309 (2.4%)	21,594 (2%)
यूरोपीय भाषाएं (अंग्रेज़ी-फ़ेंच)	**409,396 (52.1%)**	**564,271 (60.2%)**	**638,992 (59.5%)**
यूरोपीय+पूर्वी भाषाएं	**169,723 (21.6%)**	**171,062(18.3%)**	**258,155 (24%)**
क्रियोल	28,632 (3.6%)	30,527 (3.3%)	32,000 (3%)
भोजपुरी	2,938 (0.4%)	2,229 (0.2%)	615
क्रियोल+भोजपुरी	**4,138 (0.5%)**	**3,396 (0.4%)**	**5,115 (0.5%)**
कोई नहीं	144,762 (18.4%)	139,648 (14.9%)	105,521 (9.8%)

* पूर्वी भाषाएं जिनमें भारतीय, अरबी और आधुनिक चीनी भाषाएं शामिल हैं

इसमें कोई आश्चर्य नहीं है कि साक्षरता-दर केवल प्राच्य भाषाओं में ही कम है जोकि विद्यालय-व्यवस्था से अलग पल-बढ़ रही थीं और जो वरिष्ठ आयु वर्ग के लोगों में प्रचलित थीं। भोजपुरी का संबंध निश्चित रूप से साक्षरता से नहीं है जबकि क्रियोल अपने सबसे निचले स्तर पर है, किंतु अगली जनगणना में इस परिदृश्य में बदलाव आएगा क्योंकि मॉरिशस की क्रियोल (Kreol-सरकारी वर्तनी) को अलबत्ता एक वैकल्पिक भाषा के रूप में विद्यालयों में वर्ष 2012 से शुरू कर दिया गया। राजभाषा और शिक्षा के माध्यम के रूप में अंग्रेज़ी का प्रयोग अनिवार्य है

तथा इसके साथ ही वास्तव में अनिवार्य विषय के रूप में फ्रेंच शिक्षा का प्रमुख माध्यम है। यहां उल्लिखित महत्त्वपूर्ण आंकड़ों में यूरोपीय तथा प्राच्य भाषाओं का संयुक्त स्कोर सम्मिलित है जो कि विद्यालय स्तर पर त्रिभाषाई साक्षरता के अधिग्रहण को दर्शाता है, और तदुपरांत प्राचीन/भारतीय भाषाएं जैसे हिंदी एवं अन्य अल्पसंख्यक भारतीय भाषाएं, आधुनिक चीनी भाषा, व अरबी भाषाएं सीखने हेतु प्रमुख एजेंसी के रूप में इसके महत्त्व को प्रगट करता है।

हिंदी और भोजपुरी के संदर्भ में मॉरिशस में भारतीय भाषाओं का भविष्य : मंदिर और विद्यालय का समवेत प्रयास

कुछ जहाजी भाइयों द्वारा अपने मामूली सामान के साथ तुलसीदास विरचित रामचरितमानस की प्रतियां लाना भारतीय गिरमिटिया मज़दूरों के बीच एक संप्रतिष्ठित संदर्भ स्रोत बन गया है। इस पवित्र ग्रंथ की विषय-सामग्री का प्रसारण भाषा के ज्ञान तथा पूजा-पाठ की भावना का द्योतक बन गया।[11] इस क्रम में प्रचारकों और पुजारियों की संख्या बढ़ी, देवी-देवताओं के वास-स्थान के रूप में मंदिरों का निर्माण किया गया तथा शीघ्र ही भारत से आई धार्मिक शाखाएं स्थापित होने लगीं। जैसाकि पहले उल्लेख किया जा चुका है कि मॉरिशस में हिंदी और धर्म के मध्य प्रगाढ़ संबंध बीसवीं शताब्दी के आरंभिक दशकों के दौरान स्थापित हुआ था। सरिता बुधू (2015) के अनुसार ''हिंदी को अपने आगमन के साथ ही आप्रवासियों ने सदैव प्रतिष्ठा प्रदान की। बैठकों में हिंदी सिखाई जाती थी ताकि बच्चे रामायण पढ़ सकें।'' औपनिवेशिक अधिकारियों ने भी अपनी ओर से सन् 1877 में 'भारतीय गांवों की भांति' प्रयोगात्मक लोकभाषा विद्यालय प्रारंभ करके भारतीय माता-पिता के बच्चों को शिक्षा देने का प्रयास किया था जिसका मूल मकसद राजकीय शिविरों में रहनेवाले बच्चों को शिक्षित करना था। इसमें केवल धर्म निरपेक्ष बातें सिखायी जाती थीं और इसकी मुख्य भाषाएं कैथी लिपि में लिखी जाने वाली हिंदी (खड़ी बोली), फ़ारसी लिपि में हिंदुस्तानी, मराठी एवं तमिल थीं (रामयाद, 1985: 22)। यह प्रयोग केवल एक अल्पकालिक प्रयोग सिद्ध हुआ क्योंकि स्टेट लोकभाषा विद्यालयों के संबंध में गठित समिति की मूल्यांकन रिपोर्ट के आधार पर इन विद्यालयों को बंद कर दिया गया। इस योजना के प्रति सकारात्मक रवैया होने के बावजूद समिति सर्वसम्मति से इस निष्कर्ष पर पहुंची कि ''इस प्रयोग को जारी रखने का कोई लाभ नहीं है'', क्योंकि ''भारतीय आप्रवासियों ने क्रियोल को अपने बीच की संपर्क-भाषा के रूप में अपना लिया है।'' अतएव यह आशा की जाती है कि —

''*लगभग सभी हिंदू बच्चे निकट भविष्य में मॉरिशस में बस जाएंगे और समय के*

साथ यहां की आबादी में घुल-मिल जाएंगे। इस स्थिति में उनके लिए अपनी भाषा के प्रयोग के अवसर बहुत कम होंगे और धीरे धीरे लोग उन अपनी भाषाओं का प्रयोग भूल जाएंगे।'' (पूर्वोक्त संदर्भ : 23)

उस समय-विशेष में समिति का यह विचार निश्चित रूप से एक कठोर निष्कर्ष था क्योंकि जैसा कि रामयाद ने इतिहास और ठेका प्रणाली के अंत का हवाला देते हुए उल्लेख किया है कि औपनिवेशिक अधिकारियों ने शासकीय तथा शासकीय सहायता-प्राप्त विद्यालयों में भारतीय भाषाओं को लागू करने हेतु यह प्रयास आरंभ किया गया था। आर्यसमाज, सनातन धर्म, हिंदू महासभा आदि पहले से ही सक्रिय धार्मिक संगठनों ने अपनी शिक्षाओं के माध्यम से हिंदी और हिंदू-धर्म के बीच की कड़ी को मजबूत करने का प्रयास जारी रखा था। बुखौरी और रामयाद ने धर्म-निरपेक्ष दृष्टिकोण को उजागर किया जिसके परिणामस्वरूप वर्ष 1926 में हिंदी के पक्षधर लोगों के सामूहिक प्रयास से शुरू किया गया तिलक महाविद्यालय इसका सशक्त प्रमाण बना। सन् 1933 में आधिकारिक रूप से पंजीकृत हिंदी प्रचारिणी सभा शीघ्र ही हिंदी और हिंदी साहित्य के प्रचार-प्रसार के क्षेत्र में एक प्रमुख संस्था बन गई जिसने बीते 90 वर्षों में दर्जनों कवि, लेखक, विद्वान और शिक्षाविद् तैयार किए। इसमें अंतर्राष्ट्रीय स्तर पर ख्याति-प्राप्त मॉरिशस के लेखक अभिमन्यु अनत भी शामिल हैं (सरिता बुधू, 2015)। हिंदी प्रचारिणी सभा का एक कारपोरेट निकाय के रूप में विधिवत पंजीकरण व गठन वर्ष 2004 में संसद में पारित एक अधिनियम द्वारा किया गया, जिसकी याद मुझे यकायक भारत की आज़ादी के बाद भारतीय भाषाओं एवं संस्कृति के उत्थान के लिए बनाए गए शासकीय संस्थानों के गठन-काल में ले जाती है।

मॉरिशस में स्वतंत्रता प्राप्ति से पूर्व भावी सरकार और औपनिवेशिक अधिकारियों द्वारा मॉरिशस विश्वविद्यालय की स्थापना और स्वतंत्रता-प्राप्ति के पश्चात गठित होने वाली पहली सांस्कृतिक संस्था महात्मा गांधी संस्थान (MGI) थी जिसका गठन मॉरिशस और भारत के संयुक्त तत्वावधान में हुआ था। मॉरिशस में वर्ष 1976 में आयोजित द्वितीय विश्व हिंदी सम्मेलन के दौरान इसका उद्घाटन हुआ था। इससे भारत के साथ मॉरिशस के घनिष्ठ संबंधों और मॉरिशस की भाषाई एवं सांस्कृतिक विविधता के उत्थान हेतु सरकारी नीति का मज़बूत पक्ष परिलक्षित हुआ।

वर्ष 2002 में, प्रदर्शन-कला (परफ़ार्मिंग आट्र्स) के प्रति समर्पित नवगठित रबींद्रनाथ टैगोर संस्थान (RTI) को शामिल करने के लिए MGI अधिनियम में संशोधन किया गया। उच्च शिक्षा एवं संस्कृति के क्षेत्र में कार्यरत MGI-RTI नामक इस शीर्षस्थ संस्था को आज भी डिग्री प्रदान करने का अधिकार नहीं मिला है। परिणामस्वरूप इस संस्था द्वारा संचालित स्नातक एवं स्नातकोत्तर पाठ्यक्रम मॉरिशस

विश्वविद्यालय के संरक्षण में चलाए जा रहे हैं। इस प्रकार संस्कृत सहित विभिन्न भारतीय भाषाओं में संचालित स्नातक/स्नातकोत्तर पाठ्यक्रमों का पूरा विवरण मॉरिशस विश्वविद्यालय के निम्नलिखित लिंक पर उपलब्ध है—

2005-15: http://www.uom.ac.mu/index.php/mgi-undergraduate-run.html
20015-16:http://www.uom.ac.mu/index.php/mgi-undergraduate-programmes-details.html

महात्मा गांधी संस्थान ने वर्ष 1982 के आरंभ में भोजपुरी, लोक-साहित्य (फ़ोकलोर) एवं वाचिक परंपराओं से संबंधित विभाग की शुरुआत भी की थी जिसका प्रमुख उद्देश्य स्वतंत्र मॉरिशस की यादों और वाचिक परंपरा का संग्रहण, संरक्षण, विवेचन व प्रचार-प्रसार था। यद्यपि इस क्षेत्र में काफ़ी कुछ किया जा चुका है, फिर भी विभाग के वेब-पेज पर घोषित भोजपुरी-अंग्रेज़ी-हिंदी शब्दकोश तैयार करने का कार्य अभी भी मूर्त रूप नहीं ले पाया है जोकि दुर्भाग्यपूर्ण है क्योंकि यदि ऐसा हो पाता तो भाषा का सही विवरण एवं उसके मानकीकरण का रास्ता खुल पाता। इस सबके बीच सरकार ने वर्ष 2012 से प्राथमिक विद्यालयों में मॉरिशस की क्रियोल एवं भोजपुरी को वैकल्पिक विषय के रूप में शामिल करने की बहुप्रतीक्षित योजना की घोषणा कर दी। जहां एक ओर मॉरिशस की क्रियोल को पाठ्यक्रम में शामिल किया जाना तो कमोबेश एक सहज प्रक्रिया रही वहीं भोजपुरी-भाषी माता-पिता हिंदी और मॉरिशस की भोजपुरी में से किसी एक के चयन को लेकर पसोपेश की स्थिति में रहे। चयन के इस क्रम में भोजपुरी भाषा को छोड़े जाने की संभावना ने अधिकारियों और संस्थाओं को इस निर्णय के लिए बाध्य किया कि इन दोनों भाषाओं को एकीकृत रूप में सिखाया जाए। हुआ यह कि हिंदी के लिए प्रतिदिन के हिसाब से आबंटित शिक्षण समय में से नाम मात्र कुछ मिनट ही भोजपुरी को मिले।

मॉरिशसी भोजपुरी की स्कूली पाठ्यक्रम में ग़ैर-मौजूदगी इसे एक बार फिर इसकी पहले वाली अस्तित्व-हीन स्थिति में ले जाती है। इसके ठीक विपरीत शिक्षा प्रणाली में पहली बार शामिल की गई मॉरिशसी क्रियोल ने हिंदी के बाद दूसरी प्रमुख वैकल्पिक भाषा का दर्जा प्राप्त कर लिया है, जैसाकि नीचे एक सांख्यिकीय सारणी के माध्यम से दर्शाया गया है। राष्ट्रीय स्तर पर अपनी स्थिति के बावजूद, मॉरिशसी क्रियोल उन भारतीय भाषाओं और पूर्वजों की अन्य भाषाओं का ही हिस्सा बन गई जो पूर्वी भाषाओं की स्वाभाविक समझी जाने वाली श्रेणी में आती हैं। इन पूर्वी भाषाओं को वैकल्पिक भाषाओं का नाम देना बेशक अधिक सार्थक होगा, किंतु यह सत्य है कि उससे इनका पूर्वजोंवाला प्रेमपूर्ण पहलू या नाता टूट जाएगा।

तालिका 3 : (उद्धृत)

वर्ष में प्राथमिक विद्यालयों में पूर्वी भाषाएं सीखने वाले छात्रों की संख्या सभी विद्यालय (सरकारी एवं ग़ैर-सरकारी)

प्राथमिक विद्यालय श्रेणी	श्रेणी I (प्रथम वर्ष)	श्रेणी VI (अंतिम वर्ष) (श्रेणी दोहराने वाले छात्र)
छात्रों की कुल संख्या	**15,923**	**19,285**
हिंदी	**6,129 (38.5%)**	**6,710 (34.8%)**
उर्दू	1,237 (7.8%)	1,673 (8.7%)
तमिल	826 (5.2%)	906 (4.7%)
तेलुगु	200 (1.3%)	314 (1.6%)
मराठी	233 (1.5%)	245 (1.3%)
अरबी	1,102 (6.9%)	1,112 (5.8%)
वर्तमान चीनी	526 (3.3%)	150 (0.8%)
मॉरिशसी क्रियोल (MK)	**2,964 (18.6)**	--- --- 2012 में शुरू किया गया, VI कक्षा में 2017 में MK पढ़ानी शुरू की जा सकेगी
सभी पूर्वी भाषाएं (OL)	**13,217 (83.0%)**	**11,110 (57.6%)**

स्रोत: डाइजेस्ट ऑफ़ एजुकेशन स्टैटिस्टिक्स, तालिका 3.12 स्टैटिस्टिक्स मॉरिशस, 2014

मॉरिशस क्रियोल का पहले ग्रेड में होना ही पहले ग्रेड के 83% से ग्रेड II में 57.6% की गिरावट का कारण है। तुलना के लिए यदि उक्त तालिका में से MK के आंकड़े हटा दिए जाएं तो पहले ग्रेड में स्थापित OL का अध्ययन करने वालों की कुल संख्या 10253 (64.4%) होगी जिससे प्राइमरी स्कूल के अंतिम वर्ष (ग्रेड 6) में विद्यार्थियों की संख्या में 6.8% की गिरावट बहुत अटपटी नहीं लगती।

तालिका 4 के अनुसार प्रवेश और अंतिम ग्रेड में वास्तविक अंतर वस्तुतः माध्यमिक स्तर पर है। यह अंतर ग्रेड 1 में 47.5% से घट कर ग्रेड V में 14.7% तक (UK 'आर्डिनरी लैवल' के बराबर) तथा मुख्य विषय में 5.5% (UK के एडवांस स्तर के बराबर) व सहायक विषय में 3.1% (UK के 'आर्डिनरी लैवल' के बराबर) है। हिंदी केवल थोड़े से अंतर से ही प्रभावशाली पूर्वी भाषा रह गई है। माध्यमिक विद्यालय ग्रेड एक में उर्दू के बजाय अरबी की मजबूत उपस्थिति आश्चर्यजनक है

जिससे एक बार फिर पूर्वजीय ऐतिहासिक महत्त्व की अपेक्षा धार्मिक श्रेष्ठता प्रमाणित होती है।

तालिका 4 (सार संक्षेप)

वर्ष 2014 में माध्यमिक विद्यालयों में OL के शिक्षार्थियों की संख्या

माध्यमिक विद्यालय ग्रेड	I (प्रथमवर्ष)	V (पांचवां वर्ष)	VI से ऊपर (सातवां वर्ष)	
			मुख्य	सहायक
छात्रों की कुल संख्या	**17,086**	**18,915**	**12,180**	
हिंदी	**5,035 (29.5%)**	**1,894 (10.0%)**	**456 (3.7%)**	**266 (2.2%)**
उर्दू	973 (5.7%)	332 (1.8%)	92 (0.8%)	60 (0.5%)
तमिल	403 (2.4%)	162 (0.9%)	34 (0.3%)	14 (0.1%)
तेलुगु	152 (0.9%)	46 (0.2%)	12 (0.1%)	3 –
अरबी	1,244 (7.3%)	286 (1.5%)	25 (0.2%)	32 (0.3%)
मराठी	115 (0.7%)	32 (0.2%)	9 (0. 1%)	4 –
आधुनिक चीनी	198 (1.2%)	26 (0.1%)	39 (0.3%)	4 –
सभी पूर्वी भाषाएं (OL)	**8,120 (47.5%)**	**2,778 (14.7%)**	**667 (5.5%)**	**383 (3.1%)**
			1,433 = 8.6%	

स्रोत : डाइजेस्ट ऑफ़ एजुकेशन स्टेटिस्टिक्स, तालिका स्टैटिस्टिक्स मारिशस, मॉरिशस सरकार।

तालिका 5 उच्चतर माध्यमिक/उच्च शिक्षा स्तर, 2014-15

माध्यमिक से उच्चतर माध्यमिक/ उच्च शिक्षा की ओर बढ़ते हुए हम देखते हैं कि पूर्वी भाषा पाठ्यक्रमों में बहुत ही कम संख्या में विद्यार्थी भर्ती हुए हैं, जो बहुत स्वाभाविक है क्योंकि यहां पर शिक्षा के क्षेत्र में अध्यापक बनने के अवसर अत्यंत सीमित हैं। पूर्वी भाषा शिक्षा के क्षेत्र में तीन सरकारी संस्थाएं कार्यरत हैं। शिक्षक-प्रशिक्षण के क्षेत्र में कार्यरत मॉरिशस इंस्टीट्यूट ऑफ़ एजुकेशन (MIE) में वर्ष 2014-15 के पाठ्यक्रमों में 81 पूर्वी भाषाओं के शिक्षक-प्रशिक्षार्थी उल्लिखित हैं, जैसा कि डाइजेस्ट ऑफ़ एजुकेशन स्टेटिस्टिक्स की तालिका 8.10 में दर्शाया गया है। मॉरिशस विश्वविद्यालय आज भी महात्मा गांधी संस्थान और MIE द्वारा संचालित उच्च-शिक्षा के पाठ्यक्रमों में अध्ययनरत स्नातक एवं स्नातकोत्तर छात्रों को प्रमाणपत्र जारी करनेवाले निकाय के रूप में कार्य कर रहा है।

तालिका 5: महात्मा गांधी संस्थान : पाठ्यक्रम स्तर पर भर्ती छात्रों की स्थिति (कुछ चयनित विषयों में)

स्नातकोत्तर एम ए आनर्स	पूर्ण कालिक	अल्प कालिक	कुल
हिंदी		4	4
उर्दू		4	4
आधुनिक चीनी		5	5
डिग्री बी.ए. आनर्स			
हिंदी	**98**	**6**	**104**
उर्दू	62	1	63
तमिल	31	4	35
तेलुगु	4		4
मराठी	2		2
डिप्लोमा स्तर			
इंडोलॉजिकल स्टडीज			
(संस्कृत तथा भारतीय दर्शन)		9	9
हिंदी, तमिल और तेलुगु		11	11

स्रोत : डाइजेस्ट ऑफ़ एजुकेशन स्टेटिस्टिक्स, तालिका 8 : 11 स्टैटिस्टिक्स मारिशस, 2014

उपर्युक्त तालिका केवल भाषा-संबंधी पाठ्यक्रमों पर प्रकाश डालती है और महात्मा गांधी संस्थान द्वारा संचालित शैक्षणिक कार्यक्रमों के विस्तृत क्षेत्र को नहीं दर्शाती। हिंदी, उर्दू और तमिल विषयों में डिग्री पाठ्यक्रम में नामांकित छात्रों की कुल संख्या केवल प्रथम वर्ष की ही नहीं, बल्कि सभी 4 वर्षों की मिला कर है हालांकि उनमें से अधिकांश छात्र प्रथम एवं द्वितीय वर्ष में ही नामांकित हुए थे। वर्तमान चीनी भाषा, हिंदी तथा उर्दू सभी पाठ्यक्रमों में मास्टर डिग्री में छात्रों की संख्या कम है। तेलुगु और मराठी के संबंध में इतने कम छात्रों के लिए पूर्णकालिक पाठ्यक्रम संचालित करने का निर्णय एक ऐसा सवाल है जिसका उत्तर स्पष्ट नहीं है।

मॉरिशस की भोजपुरी के संबंध में

जैसाकि पहले बताया जा चुका है कि भोजपुरी विभाग तीस से भी अधिक वर्षों से विद्यमान है। लेकिन भोजपुरी अंश स्नातक स्तर पर अभी हाल में ही जोड़ा गया है। MGI के डिग्री कार्यक्रम में भोजपुरी का सर्वप्रथम उल्लेख मिलता है। इसमें हिंदी के परिचय के अंतर्गत भाषाविज्ञान वाले भाग में अन्य तथ्यों के अलावा हिंदी के इतिहास और विकास के विवरण में भोजपुरी, ब्रज और अवधी के विशेष संदर्भ में

शब्दावली और बोलियों की चर्चा है। 2012 के बाद भोजपुरी को एक सामान्य प्रतीक के रूप में सम्मिलित किया गया है और इसके साथ छः और वैकल्पिक विषय दिए गए हैं जिनमें से भारतीय भाषाओं के विद्यार्थियों को एक चुनना है। ये छः वैकल्पिक विषय हैं—

INPH 1130 (1)	-	भारतीय दर्शन के महत्त्वपूर्ण पक्ष
BHLC 1100 (1)	-	भोजपुरी - एक परिचय
INMU 1220 (1)	-	लय - एक परिचय
INMU 1221 (1)	-	भारत का शास्त्रीय नृत्य - एक परिचय
INMU 1223 (1)	-	कर्नाटक संगीत को समझना और सराहना MST
1221 (1)	-	मॉरिशस स्टडीज़ - इतिहास का सिंहावलोकन
MSAN 10 (1)	-	सामाजिक और सांस्कृतिक मानवशास्त्र—एक परिचय

2013 में वैकल्पिक विषय के स्थान पर भोजपुरी का स्वतंत्र अंश एक महत्त्वपूर्ण विषय के रूप में मॉरिशस स्टडीज़ के बी.ए. (आनर्स) में सम्मिलित किया गया है और इस प्रकार यह एक संपूर्णात्मक दृष्टिकोण का दृष्टान्त है।

बी.ए. मॉरिशस स्टडीज़ ''BHS1100 (3 वर्ष)[12] के रूप में तैयार किया गया मॉड्यूल 'भोजपुरी अध्ययन का इतिहास और संस्कृति' है। यह मॉड्यूल छात्रों को मॉरिशस में प्रचलित भोजपुरी की तथा गिरमिटिया आप्रवासन के समय से लेकर आज तक के स्थानीय संदर्भ में इसकी उत्पत्ति और विकास के विषय में जानकारी देने के लिए तैयार किया गया है। इसके अंतर्गत अन्य भाषाओं से शब्दों का ग्रहण, भोजपुरी भाषा में परिवर्तन, लोकगीत और मौखिक परंपराएं, विभिन्न भाषा-प्रयोग के क्षेत्रों में प्रयुक्त भोजपुरी, और इसके अंतर्राष्ट्रीय आयाम का अध्ययन भी कराया जाएगा।

शोध के क्षेत्र में स्नातक और स्नातकोत्तर (मास्टर्ज़) स्तर के अलावा पी-एच.डी का एक शोध-प्रबंध महात्मा गांधी संस्थान के सहयोग से मॉरिशस विश्वविद्यालय द्वारा स्वीकृत हुआ है। इस शोध-प्रबंध की प्रणेत्री सुचिता रामदीन मॉरिशस के लोकगीतों और सपरंपराओं के बारे में अपने योगदान और लेखों के लिए एक जाना-माना नाम है। मॉरिशस के ओपन विश्वविद्यालय (OUM) में पी-एच.डी. के लिए बहुत सी दूसरी परियोजनाओं का भी पंजीकरण हुआ है। मज़े की बात यह है कि ये परियोजनाएं भाषा के पुनरुत्थान के बजाय भाषा के ऐतिहासिक परिवर्तन और ह्रास के विषय पर ज़्यादा केन्द्रित हैं। यह स्थिति मॉरिशस क्रियोल (MK) के ठीक विपरीत है। मॉरिशस स्टडीज़ के अंतर्गत क्रियोल भाषा के अध्ययन में एक विशेष उभार दिखाई दे रहा है। क्रियोल भाषाओं के अध्ययन की शुरुआत तो

कुछ समय पहले महात्मा गांधी संस्थान से हुई थी परंतु अब ये परियोजनाएं मॉरिशस विश्वविद्यालय के फ्रेंच विभाग में स्थित हैं। बी.ए. (आनर्स) का कोर्स जो हाल ही में शुरू किया गया है उसमें फ्रेंच और क्रियोल का अध्ययन देश में संप्रेषण और अभिव्यक्ति के संदर्भ में एक बहुत शक्तिशाली द्विभाषी जोड़ है। हिंदी-भोजपुरी का जोड़ इसके ठीक विपरीत है और उनके विस्तार में अधिक गुंजाइश नहीं है।

प्राइमरी स्कूलों में हिंदी पाठ्यक्रम के अंतर्गत भोजपुरी के नाममात्र वाले अंश की भी वही स्थिति है। महात्मा गांधी संस्थान ने शिक्षा-मंत्रालय के सहयोग से ग्रेड 1 से 5 तक के नए विद्यार्थियों के लिए अभ्यास-पुस्तिकाएं (वर्कबुक) और शिक्षकों के लिए संसाधन-पुस्तिकाएं तैयार की हैं, और उन्हें अपनी वैबसाइट [13] पर अपलोड कर दिया है। हर यूनिट के अंत में बीच बीच में भोजपुरी की प्रस्तुति 'भोजपुरी का समावेश' शब्दों से होती है। प्रस्तावित क्रिया-कलापों के अंतर्गत गीत, लोरी वाले गीत, अन्य बाल-गीत, छोटी कविताएं, और छोटी छोटी कहानियां हैं[14]।

निष्कर्ष

वर्ष 2012 में, 2012 की जनगणना की रिपोर्ट के प्रकाशन के कुछ ही महीने पहले स्टेटिस्टिक्स मॉरिशस नामक संस्था ने इसके मुख्य परिणामों और निष्कर्षों का एक परिचयात्मक सार प्रकाशित किया था। इसके तहत सामने आई मुख्य बातों में एक बात देश की भाषा से जुड़ी थी—''2011 में कुल जनसंख्या में से प्रत्येक 10 मॉरिशस-वासियों में से 8 ने बताया कि वे घर पर केवल 'क्रियोल' में ही बात करते हैं जबकि वर्ष 2000 में यह संख्या केवल 7 थी। वर्ष 2000 में जहां जनसंख्या का 12% हिस्सा भोजपुरी बोलता था वहां 2011 में यह केवल 5% लोगों की भाषा रह गई''। इसमें यह भी बताया गया है कि एशियाई भाषाओं का इस्तेमाल करने वालों की संख्या कम है।

आज़ादी के बाद से लगभग पांच दशक की अवधि में हुआ क्रमिक जनगणनाओं में विकसित भाषाई परिदृश्य आज एक गुणात्मक परिवर्तन की अवस्था तक पहुंच चुका है, जो उस वैश्विक परिवर्तन को प्रतिबिंबित करता है जिसका प्रभाव लगभग पूरे देश पर देखा जा सकता है। अंतर्राष्ट्रीय एजेंसियां इसे मॉरिशस में हुआ चमत्कार या सामाजिक-आर्थिक बदलाव की प्रक्रिया का एक ऐसा परिणाम मात्र मानती हैं जिसके कारण पारंपरिक, जातीय और वर्गीय श्रेणियों में फेरबदल होने लगा है। शिक्षा और प्रगति के साथ एशियाई मूल का एक ऐसा बृहत् मध्यम वर्ग तैयार हुआ है जिसमें भाषा समेत जीवन शैली और मूल्यों की मिली-जुली पद्धति को अपनाने का चलन तेज़ी से बढ़ा है। क्रियोल मॉरिशस की प्रमुख देशी भाषा है, लेकिन यह भी तेज़ी से फलते-फूलते बहुभाषी परिवार का ही हिस्सा है। स्कूलों में अनिवार्य रूप से

पढ़ाए जाने के कारण अंग्रेज़ी और फ्रेंच प्रारंभिक अवस्था में ही बच्चे के परिवेश का हिस्सा बन जाती हैं।

इस त्रिभाषी नींव के बाद स्कूलों में एक मानक भारतीय भाषा सिखाना शुरू किया जाता है; हिंदी के मामले में, जैसाकि पहले ही उल्लेख किया है, भोजपुरी को समायोजित करने के लिए अब एक प्रतीकात्मक सहभागिता का फार्मूला ईजाद किया गया है। यह फ़ार्मूला कैसे काम करेगा यह पता लगाना अभी बाकी है। दो साल बाद, जब 2014 में आम चुनाव होने थे तो शिक्षा और मानव संसाधन मंत्रालय ने अपनी उपलब्धियों पर प्रकाश डालते हुए एक विस्तृत दस्तावेज़ प्रकाशित किया था। प्राथमिक शिक्षा के क्षेत्र में किए गए उल्लेखनीय सुधारों को नीचे सूचीबद्ध किया गया है—

- 2012 में पहली कक्षा में एशियाई भाषाओं/अरबी भाषा के बराबर दर्जा देते हुए वैकल्पिक भाषा के रूप में क्रियोल मोरिसिएन का समावेश
- हिंदी भाषा के सहचरी के रूप में भोजपुरी को पहली कक्षा में शामिल करना

दस्तावेज़ के एक पूरे पृष्ठ पर केवल स्कूलों में मॉरिशसी क्रियोल को शामिल किए जाने के सरकारी फ़ैसले से जुड़ी व्यापक तैयारी और उसके कार्यान्वयन का उल्लेख किया गया है जिसके अनुसार—यह ''एक ऐसा महत्त्वपूर्ण निर्णय था जिसका भरपूर स्वागत हुआ और जिसके पूरे होने का सपना पूरा देश संजोए बैठा था। कि हिंदी भाषा की सहचरी के रूप में भोजपुरी का परिचय'' का तथ्यात्मक उल्लेख संक्षेप में इस प्रकार किया गया है—''कक्षा एक, दो और तीन के सभी विद्यार्थी जो हिंदी सीख रहे हैं उन्हें भोजपुरी ज्ञान भी कराया जा रहा है। भोजपुरी में शैक्षणिक सामग्री तैयार करने का और शिक्षकों के प्रशिक्षण का कार्य महात्मा गांधी संस्थान को सौंपा गया है।'' मॉरिशसी हिंदी मॉरिशस की शिक्षा प्रणाली में अपना स्थान बनाने के लिए एक बहुत लंबा सफ़र तय करते हुए प्राथमिक स्तर से तृतीय स्तर तक पहुंची है। इसने मॉरिशस में एशियाई भाषाओं में अग्रणी स्थान पर अपने महत्त्व को प्रमाणित कर दिया है, लेकिन क्या इसका मतलब यह लगाया जा सकता है कि इसकी 'अनुचर भोजपुरी स्वाभाविक रूप' से इसका अनुसरण करेगी?

मॉरिशसी भोजपुरी की ज़ोरदार वकालत करने वाली सरिता बुधू ने हिंदी-भोजपुरी समीकरण की राजनीति पर अपने नवीनतम लेखों[13] में से एक में बहुत ही माकूल लफ़्ज़ों में इस बहस को अंजाम दिया है—

जहां एक ओर भोजपुरी, इतिहास में लंबे समय तक विस्थापित रहने वाले और अपमान झेलने वाले समुदाय को सामाजिक-सांस्कृतिक संदर्भ प्रदान करने वाली भाषा के रूप में उन्हें सुदृढ़ता या स्थायित्व का अहसास कराती है और उनकी अस्मिता को पहचान देती है वहीं दूसरी ओर हिंदी भाषा ऐसे लोगों की आकांक्षाओं

और संघर्ष का प्रतीक बन गई है जिनकी अभूतपूर्व कर्मठता, भूमिहीन मज़दूरों के स्तर से उठकर सर्वोच्च राजनीतिक और व्यावसायिक पदों तक पहुंचने की यात्रा के रूप में देश में उपलब्धियों का उत्कृष्ट उदाहरण बनकर सामने आई है। इस प्रकार हिंदी सांस्कृतिक लोकाचार और भारतीय गिरमिटिया मज़दूरों के वंशजों की सामाजिक गतिशीलता की परिधि के रूप में कार्य करती है। मल्टीमीडिया के इस प्रगतिशील युग में हिंदी के प्रयोग को व्यापक धरातल देने के लिए ICT का उपयोग किया जाता है।

vinesh.hookoomsing@gmail.com

पार्श्व-टिप्पणी

1. इंडिया टुडे, नई दिल्ली, 12 मार्च, 2015। 15:16 भा.मा.स. को अद्यतन
2. ली मॉरिशियन में 30 अक्तूबर, 2014 को, चित्त दुखिरा द्वारा, 1. "Bhojpuri language precedes Hindi". http://www.lemauricien.com/article/bhojpuri-language-precedes-hindi
3. टिप्पणी 45, पृष्ठ 38 देखें, जिसमें लेखक अपने स्रोत के सही होने का दावा करता है क्योंकि यह स्रोत उसके दादा जी हैं
4. रामयाद ने खड़ी बोली के संक्षिप्त रूप Kh.B. का उपयोग मानक हिंदी के एक पर्याय के रूप में किया है परंतु इसका कोई स्पष्टीकरण कहीं नहीं दिया है। नेट पर उपलब्ध विभिन्न स्रोतों में भी, खड़ी बोली को दिल्ली के आसपास के ग्रामीण क्षेत्रों में, उत्तरी/पश्चिमी उत्तर प्रदेश आदि में बोली जाने वाली हिंदी की एक बोली बताया गया है। यही बोली मानक हिंदी का आधार बनी।

   https://vivekmittal.wordpress.com/2008/09/24/decline-of-%E2% 80% 9Ckhari-boli%E2%80% 9D/
5. अन्य अधिक विश्वसनीय स्रोत, यथा, प्रह्लाद रामसरन 1995 के लेख, इस रूमानी वर्णन की पुष्टि नहीं करते हैं
6. सूर्याह, पी. 'तेलुगु माइग्रेंट्स इन मॉरिशस', 1977, राव, जी. एस. एंड शर्मा, आर, सोशियोलिंगविस्टिक सर्वे ऑफ़ मॉरिशस, 1989, सीआईआईएल, मैसूर में उद्धृत
7. 'समांगीकरण' या 'कोइनाइजेशन' विषय के लिए, एस. गंभीर (1986) देखें
8. इस अवधि के विषय में अधिक जानकारी प्राप्त करने के लिए हुकूमसिंह (2003) देखें
9. मराठी को शामिल नहीं किया गया था क्योंकि यह 1944 की उस जनगणना सूची में शामिल थी, जिसे भारतीय भाषाओं को शामिल करने के किए संदर्भ के रूप इस्तेमाल किया गया था
10. 1983 से पहले क्रियोल के संबंध में जनगणना में निम्नलिखित अनुदेश दिया गया था— केवल जनगणना के प्रयोजन से 'क्रियोली बोली' को एक भाषा माना जाना चाहिए। 1983 की जनगणना में जब भोजपुरी को शामिल किया गया था,तब अनुदेश की सकारात्मक

नज़रिए से यह समीक्षा की गई कि जनगणना के प्रयोजन के लिए भी क्रियोल और भोजपुरी को भाषा माना जा रहा है। (उपर्युक्त 'भी' शब्द का प्रयोग ज़ोर देने के लिए लेखक का है)

11. तुलसीदास की रचनाएं अवधी में हैं जो हिंदी की विभिन्न उपभाषाओं में से एक है
12. मॉरिशस स्टडीज़ कार्यक्रम की नवीकृत सूचना के अनुसार भोजपुरी माज्यूल का नया नाम है—भोजपुरी—हिस्टरी, फ़ोकलोर, हैरीटेज, परंतु उसमें ऐसा कोई संकेत नहीं है कि उसकी विषयवस्तु में कोई परिवर्तन हुआ हो
13. महात्मा गांधी संस्था (www.mgirti.org) के होमपेज पर निचले भाग में नेशनल करीकुलम फ्रेमवर्क (NFC) टैक्स्टबुक्स 2016 के नीचे पाठ्यपुस्तकों का विवरण है
14. शैक्षिक दिशा का आधार है वर्षा बिसेसर का एम.ए. शोध–प्रबन्ध 2014, यूनिवर्सिटी ऑफ़ टेक्नालोजी, मॉरिशस।

संदर्भ-सूची

- Baissac, Charles. 1880. 1976. Etude sur le patois créole mauricien, Berger-Levrault: Nancy
- Beejadhur, Aunath.1935. Les Indiens à l'île Maurice, La Typographie Moderne: Mauritius
- Bhuckory, Somdath. 1967, 1988. Hindi in Mauritius, Royal Printing: Mauritius
- Boodhoo, Sarita. 2015.Hindi Pracharini Sabha Yeoman's Contribution to Hindi.The Mauritius Times, 19 June 2015
- Boodhoo, Sarita. n.d.Bhojpuri, Hindi and Astitwa. Shandana Resource Centre:http://shandanaresourcecenter.com
- Digest of Education Statistics. 2014. Statistics Mauritius, Ministry of finance and Economic Development
- Education Reforms in action:Learning for Life. 2008-2014. Ministry of Education and Human Resources. Government of Mauritius
- Gambhir, Surendra. 1986. Mauritian Bhojpuri: An International Perspective on Historical and Sociolinguistic Processes. in U. Bissoondoyal & S.B.C. Servansing (eds.).Indian Labour Immigration. MGI Press: Mauritius
- Hookoomsing, Vinesh. 2003. Mauritius, Chota Bharat: the myth and the reality. in B. Parekh et al. (eds.), Culture and Economy in the Indian Diaspora, Routledge: London
- Hookoomsing, Vinesh. 2009. Language Loss, Language Maintenance: The Case of Bhojpuri and Hindi in Mauritius. in Kadekar, L. N. &et al. (eds.) The Indian Diaspora: Historical and Contemporary Context.Rawat Publications: New Delhi
- Maha Shivaratri Festival 1982. Gita Number in Creole and Bhojpuri.

Pitambar Publishing Co., Karol Bagh, New Delhi

- Population Census Reports. 1972-2011. Statistics Mauritius, Ministry of finance and Economic Development
- Rai, Jai Narain. 1970. मॉरिशस में हिंदी भाषा का संक्षिप्त इतिहास, दिल्ली
- Ramdin, Suchita. 2007. A Study of Linguistic and Cultural Aspects of Bhojpuri in Mauritius with Special Reference to Work Songs. PhD thesis, University of Mauritius
- Ramsurrun, Pahlad.1995.Mahatma Gandhi and his impact on Mauritius.Sterling Publishers: New Delhi
- Ramyead, L. P. 1985. The Establishment and Cultivation of Modern Standard Hindi in Mauritius. MGI Press: Mauritius
- Ramyead, L. P. 1988. Hindi in Mauritius: A Perspective. in Barz, R. K. & Siegel, J. (eds.) Language Transplanted: The Development of Overseas Hindi, Wiesbaden: Otto Harrassowitz
- Rao, G. S. & Sharma, R. 1989.Sociolinguistic Survey of Mauritius, C.I.I.L Press, Mysore.
- Varma, Moonindranath. 1975.The Struggle of Dr. Ramgoolam. publisher: the author, Quatre Bornes, Mauritius.

डॉ. सुरेन्द्र गंभीर (अमेरिका)

गयाना देश में हिंदी की कहानी

यूनिवर्सिटी ऑफ़ पेन्सिल्वेनिया से सेवा-निवृत्त वरिष्ठ प्राचार्य; भूतपूर्व अध्यक्ष भाषा-समिति अमेरिकन इंस्टीट्यूट ऑफ़ इंडियन स्टडीज़; एम.ए. (संस्कृत) दिल्ली विश्वविद्यालय; पीएच.डी. (भाषाविज्ञान) यूनिवर्सिटी ऑफ़ पेन्सिल्वेनिया; शोध-क्षेत्र— सामाजिक भाषा-विज्ञान, प्रवासी भारत, व्यावसायिक हिंदी, विदेशी भाषा-अधिग्रहण; अनेक पुस्तकें और शोध-पत्र; संप्रति चेयरमैन युवा हिंदी संस्थान (अमेरिका); शोध-कार्य हेतु भारत के राष्ट्रपति और अनेक राष्ट्रीय और अंतर्राष्ट्रीय पुरस्कारों से सम्मानित

गयाना[1] देश की ऐतिहासिक पृष्ठभूमि

गयाना दक्षिणी अमरीका के एकदम उत्तरी सिरे पर कैरिबियन सागर से सटा हुआ एक स्वतंत्र देश है। छोटा सा देश होने के कारण नक्शे पर एक बिंदु सा ही दिखता है। 26 मई, 1966 को यह देश अंग्रेज़ी शासन से मुक्त हुआ। उससे पहले यह ब्रिटिश गयाना कहलाता था, लेकिन अंग्रेज़ों का तंत्र समाप्त होने के बाद ब्रिटिश गयाना केवल गयाना हो गया। गयाना के समाज में संसार के विभिन्न सांस्कृतिक समुदाय एक साथ रह रहे हैं—अमेरि-इंडियन, अफ़्रीका से आए नीग्रो, पुर्तगाली, चीनी और भारतवंशज। इनमें भारतवंशजों की जनसंख्या सबसे अधिक है। वे यहां की वर्तमान जनसंख्या का 41 प्रतिशत हैं। ये लोग वहां कब, कैसे और क्यों गए, वे भारत में किन किन प्रदेशों के थे, ये कौनसी भाषा या भाषाएं बोलते थे और ये भाषाएं कितनी मात्रा में बरकरार हैं—इसकी चर्चा संक्षेप में इस लेख में की जाएगी। लगभग 1980 तक यहां की जनसंख्या में भारत-मूल के लोगों का प्रतिशत लगभग 52 से 55 प्रतिशत था, लेकिन देश की विकट राजनीतिक और आर्थिक परिस्थितियों के कारण बहुत से लोग वहां से कनाडा, अमेरिका और इंगलैंड जाकर बस गए हैं।

गिरमिटिया आप्रवासन

इस देश के मूल निवासी अमेरि-इंडियन हैं। 1612 और 1872 वर्षों के बीच डच लोग अफ्रीका से दासों को भर्ती करके यहां लाए थे और उन्हें अपने तंबाकू और चीनी के कारखानों में काम करने में लगाया था। बाद में डच लोगों ने यह देश अंग्रेज़ों को बेच दिया और अफ्रीकी दासों की पिसाई चलती रही। बीच बीच में दासता-प्रथा के विरुद्ध आवाज़ें उठती रहीं। अंग्रेज़ी संसद ने 1833 में अपने सभी कालोनियों में दासता की प्रथा समाप्त करने के लिए कानून बनाया जिसके परिणाम-स्वरूप उस समय अफ्रीकी मूल के लोग अपनी स्वत्तंत्रता मनाने के लिए चीनी के कारखानों में काम छोड़कर दूसरे व्यवसायों में चले गए। मज़दूरों के इन्हीं रिक्त स्थानों को भरने के लिए अंग्रेज़ों ने अलग अलग देशों में अपनी नज़र दौड़ाई। कुछ शर्तबंद मज़दूर इंग्लैंड, स्काटलैंड, आयरलैंड, जर्मनी, पुर्तगाल, अमरीका, चीन, अफ्रीका, और पास के अन्य द्वीपों से लाए गए, परंतु गयाना के कारखानों की दीर्घकाय खपत तब पूरी हुई जब मज़दूर भारी संख्या में भारत से आने शुरू हुए। उस समय पूर्वी यूनाइटिड प्राविंसिस (वर्तमान उत्तरप्रदेश) और बिहार के हिस्सों में अकाल की स्थिति थी और इस स्थिति का लाभ उठाते हुए वहां से मज़दूरों की भर्ती ज़ोर शोर से शुरू हुई। अंग्रेज़ों द्वारा नियुक्त एजेंटों ने उन मज़दूरों से कई प्रकार के झूठ बोलकर और प्रलोभन देकर ज़रूरतमंद लोगों को दूर-दराज़ के देशों में जाने के लिए भर्ती किया।

जिन इलाकों में अधिकांश मज़दूरों की भर्ती की शुरुआत हुई थी वे थे— छोटा नागपुर, शाहबाद, बांकुरा, बीरभूम और बर्धमान। बाद में भर्ती की यह प्रक्रिया बिहार के पश्चिमी भाग और आधुनिक उत्तर प्रदेश के पूर्वी भाग में फैल गई। कुछ मज़दूर देश के अन्य भागों से भी भर्ती किए गए। ये भाग थे— पश्चिमी उत्तरप्रदेश, महाराष्ट्र, आंध्रप्रदेश, मद्रास। कुछ मज़दूर नेपाल से भी आए। इन प्रवासियों में

अधिकांश मज़दूर सामाजिक दृष्टि से निम्न जातियों के थे और आर्थिक दृष्टि से पिछड़े हुए थे। इनमें अधिकांश हिंदू धर्म को मानने वाले थे। हिंदू धर्मावलंबियों में कुछ ब्राह्मण भी थे, जो नए देश में इन प्रवासियों के लिए बाद में धर्मपालन और कर्मकांड में सहायक हुए। कुछ मुसलमान धर्मानुयायी और कुछ ईसाई भी थे। इन मज़दूरों के साथ एक 'एग्रीमेंट' होता था और वही 'एग्रीमेंट' शब्द मज़दूरों की बोलचाल में धीरे धीरे 'गिरमिट' बन गया और इसी शब्द की नकल के कारण ये मज़दूर 'गिरमिटिया' मज़दूर कहलाने लगे। इन मज़दूरों में आदमी और औरतें दोनों थे। शुरू में स्त्रियों की संख्या अपेक्षाकृत कम थी, परंतु कालांतर में पुरुषों और स्त्रियों की संख्या में उस असंतुलन से उद्भूत सामाजिक और अपराधजन्य परिस्थितियों का निवारण करने के लिए स्त्रियां मज़दूरी के लिए अधिक संख्या में भर्ती की जाने लगीं।

गिरमिटिया मज़दूरों की क्षेत्रीय भाषाएं और गयानी भोजपुरी का उदय

इस लेख का संबंध इन गिरमिटिया मज़दूरों की भाषा से है। स्पष्ट है कि जो मज़दूर अलग अलग प्रदेशों से गए थे वे अपने साथ अपनी भाषाएं साथ ही लेकर गए होंगे। ये भाषाएं थीं— भोजपुरी, अवधी, कन्नौजी, बंगाली, तमिल, तेलगु, मराठी आदि। भोजपुरी-भाषियों का आधिक्य था। इसलिए भोजपुरी का प्रयोग अधिक होने के कारण वही इस मज़दूर समुदाय की संपर्क-भाषा बनी। ग़ैर-भोजपुरी भाषी जब भोजपुरी बोलते होंगे तो निश्चित ही उनकी अपनी भाषाओं का कुछ प्रभाव उनकी भोजपुरी पर पड़ता होगा। सन् 1970-80 के दशक में गयाना की भोजपुरी के जो नमूने मैंने एकत्र किए थे उन नमूनों के विश्लेषण से दो निष्कर्ष स्पष्ट रूप से निकल कर आए। पहला निष्कर्ष था कि संपर्क-भाषा के रूप में समुदित वर्तमान भोजपुरी पर अवधी का कुछ प्रभाव ज़रूर पड़ा परंतु अन्य भाषाओं का कोई प्रभाव देखने में नहीं आया। क्योंकि मानक हिंदी का प्रयोग कम था, इसलिए मानक हिंदी का प्रभाव भी शून्य रहा।

भारत में बोली जाने वाली भोजपुरी और गयाना की भोजपुरी के नमूनों की तुलना करने से यह भी स्पष्ट हुआ कि गयाना की भोजपुरी की संरचना अपेक्षाकृत सरल है। दूसरे शब्दों में गयाना में भोजपुरी का जो रूप समुदित हुआ वह भारत में बोली जाने वाली भोजपुरी का एक सरलीकृत रूप है। गयानी भोजपुरी में सामाजिक वर्ग-लिंग-क्षेत्रगत भिन्नताएं समाप्त हो गईं। इस विभिन्नता की समाप्ति नए देश में जातिगत ऐक्य और आपसी भाईचारे को बढ़ाने वाली एक समान-रूपा लोकभाषा की प्रतीक थी। यह प्रक्रिया पहले पच्चीस तीस वर्षों में पूरी हो गई होगी और बाद में आने वाले आप्रवासियों ने उसी पूर्व-प्रतिष्ठित लोकभाषा को अपना लिया होगा।

आरंभ में ये आप्रवासी आपस में अपनी क्षेत्रीय बोलियों का प्रयोग करते रहे होंगे, परंतु अपने परिवार और लघु-समुदाय से बाहर इसी नई लोकभाषा का ही प्रयोग एक दूसरे के साथ करते होंगे। विश्व में विविध भाषाओं के भाषी जब कहीं मिलते हैं तो उनका प्रयत्न यही होता है कि वे अपनी भाषा में ऐसे भाषाई तत्त्वों का प्रयोग न करें जो दूसरों के लिए दुर्बोध साबित हों। इसलिए ऐसी भाषाएं धीरे धीरे सरलता और सुगमता की दिशा में ही विकसित होती हैं।

गयाना के भारतीय समाज में सांस्कृतिक परिवर्तन

गयाना में भारतीयों की संख्या कुल आबादी का लगभग 44 प्रतिशत है। संख्या की दृष्टि से इतने अधिक होते हुए भी भारतीय मूल के लोग अपनी परंपरागत सभ्यता-संस्कृति के बाह्य उपकरणों की रक्षा करने में बहुत सफल नहीं रहे हैं। राष्ट्रीय तथा अंतर्राष्ट्रीय परिस्थितियों से प्रभावित होकर ये लोग अपने रहन-सहन, अपनी भाषा, अपने पहरावे में काफ़ी परिवर्तन कर चुके हैं। इन सांस्कृतिक उपकरणों में दो जगह परिवर्तन विशेष रूप से शिथिल रहा है। एक है नित्य का भोजन, और दूसरा है सामाजिक एवं धार्मिक रीति-रिवाज। जिन क्षेत्रों में परिवर्तन की प्रक्रिया तेज़ गति से हुई और अब तक लगभग पूरी हो चुकी है उनमें उनकी पैतृक भाषा का उपकरण विशेष रूप से हमारे सामने उभरकर आता है।

वर्तमान भाषिक परिस्थिति

गयाना में भोजपुरी और हिंदी की वर्तमान स्थिति समझने के लिए वहां की संपूर्ण भाषिक परिस्थिति का अवलोकन अनिवार्य है। आज कहीं चले जाइए— राजधानी जार्जटाउन में या अंतरतम ग्रामीण क्षेत्रों में, जनसामान्य की भाषा अंग्रेज़ी का एक रूपान्तर है जिसे क्रियोल कहा जाता है। क्रियोल उस सम्मिश्रित भाषा का नाम है जिसे अफ्रीका से दास रूप में आए नीग्रो लोगों ने अपने यूरोपियन मालिकों की भाषा को टूटे-फूटे रूप में धीरे धीरे सीखा था। इसलिए गयाना में मालिकों की भाषा अंग्रेज़ी होने के कारण वहां की क्रियोल अंग्रेज़ी पर आधारित थी। इसी प्रकार सूरिनाम में क्रियोल का आधार डच बनी और मॉरिशस में क्रियोल का आधार फ्रेंच थी। भाषाविज्ञान की दृष्टि से क्रियोल अपने ही व्याकरणिक नियमों में निबद्ध होने के कारण एक संपूर्ण भाषा है, परंतु सामाजिक महत्त्व की दृष्टि से क्रियोल-भाषियों की अपनी नज़र में और अन्यों की नज़र में क्रियोल अंग्रेज़ी से नीचा स्थान रखती है और व्याकरणिक भी नहीं लगती। परिणामस्वरूप ज्यों ज्यों व्यक्ति की शिक्षा और उसका सामाजिक स्तर बढ़ता जाता है, उसकी क्रियोल में मानक अंग्रेज़ी के भाषिक तत्त्वों का समावेश बढ़ता जाता है।

क्रियोल-अंग्रेज़ी का यह मिला-जुला रूप यहां के समाज में सर्वत्र व्याप्त है। चाहे भारतवंशी हो या नीग्रो, चाहे पुर्तगाली हो, चीनी हो, या अमेरि-इंडियन हो, सभी की लोकभाषा यही है। भारतवंशी किसी दूसरे भारतवंशी से व्यवहार कर रहा हो या किसी इतर जातीय से, गली-कूचे की भाषा यही क्रियोल है। जनसामान्य के संलाप, प्रलाप, विलाप की यही भाषा है। इसी भाषा के माध्यम से दुकानों, दफ़्तरों, स्कूलों, अस्पतालों, अदालतों में काम होता है। लोगों की अपनी रिपोर्ट के अनुसार इसी भाषा में उन्हें सपने आते हैं। इसी भाषा में भावनाओं से उद्वेलित प्रसंगों का निर्वाह होता है—चाहे वे प्रणय-प्रसंग हों या राजनीतिक सरगर्मी के प्रसंग। इसी क्रियोल में उनका दैनंदिन विनोद और हंसी-मज़ाक चलता है।

भोजपुरी और मानक हिंदी

भोजपुरी उस संपर्क-भाषा को नाम दिया गया है जो विभिन्न बोलियों के सम्मिश्रण से पैदा हुई थी। उस सम्मिश्रण में भोजपुरी की प्रधानता होने के कारण उसे भोजपुरी या गयाना की भोजपुरी का नाम दिया गया। गयाना के भारतवंशज भोजपुरी के नाम से शुरू से परिचित नहीं थे। शोधपरक अध्ययनों के कारण और विभिन्न संदर्भों में भोजपुरी शब्द के उल्लेख के कारण कुछ ही लोग अब इस नाम को पहचानने लगे हैं। अधिकांश लोग इसे हिंदुस्तानी, हिंदुस्तनिया या हिंदी के नाम से ही बुलाते रहे हैं। मानक हिंदी से तुलना के संदर्भ में इसे पुरनिया हिंदी कहकर अपनी हिंदी या हिंदुस्तानी को टूटल भाखा की संज्ञा देते थे और खड़ी बोली हिंदी को वे ग्रामाटिकल (= व्याकरण-सम्मत) कहते थे।

गयाना की भोजपुरी और मानक हिंदी में भाषा-द्वैत (डायग्लासिया) का संबंध रहा है। यह सामाजिक भाषाविज्ञान की दृष्टि से एक पारिभाषिक अवधारणा है। संक्षेप में भाषा-द्वैत के अंतर्गत दो भाषाओं में एक भाषा औपचारिक भाषा-प्रयोग के क्षेत्रों में प्रयुक्त होती है तो दूसरी अनौपचारिक भाषा-प्रयोग के क्षेत्रों में प्रयुक्त होती है। मानक हिंदी का अध्ययन औपचारिक शिक्षा के माध्यम से प्राप्त होता था और अब भी होता है। दोनों की व्याकरणिक कोटियों में भी काफ़ी अंतर है। भोजपुरी में भाषिक विभिन्नता (वैरीएशन) मानक हिंदी की अपेक्षा कहीं अधिक है। भोजपुरी में लिखित साहित्य नहीं है, परंतु गयाना के संदर्भ में मानक हिंदी में धार्मिक साहित्य की बहुलता है। दोनों भाषाओं में कुछ भाषिक तत्त्वों में निकटता है, जिसका अर्थ है कि कुछ शब्द दोनों भाषाओं में समान स्रोत से निकले हैं परंतु उच्चारण भेद के कारण अलग दिखते हैं। अनेक ऐसे शब्द भी हैं जो नितांत अलग हैं। निकटता वाले उदाहरण हैं—मंदील/मंदिर, ओइस्नु/विष्णु, सिउ/शिव, लच्छमी/लक्ष्मी, लइका/लड़का आदि। इनके विपरीत अलग शब्दों के उदाहरण हैं—गोर/

पैर, मूरि/सिर, गिरहस्त/किसान, अलबट/हां, फजीरे/सुबह आदि। जहां भारत में भोजपुरी और हिंदी के बीच भाषा-द्वैत पूरी तरह विकसित हुआ वहां गयाना में भाषा-द्वैत का संबंध पूरी तरह विकसित होने से पहले ही भोजपुरी और हिंदी भाषा का लोप शुरू हो गया था।

जो लोग विदेशों में मज़दूरी करने गए थे उनके भाषागत सामर्थ्य के तीन पक्ष थे। उनमें अपनी प्रादेशिक बोली में बोलने की क्षमता थी, मानक हिंदी को न्यूनाधिक मात्रा में समझने की क्षमता थी, और उनकी मानसिकता में मानक हिंदी के लिए औपचारिक और शिक्षित जनों की भाषा होने का भाव था। इन तीनों बातों के लिए कोई प्रत्यक्ष ऐतिहासिक प्रमाण तो नहीं है, परंतु वर्तमान परिस्थितियों से भूतकालिक स्थिति का अनुमान लगाया जा सकता है। इस प्रकार गयाना के भारतीयों में आरंभ से ही मानक हिंदी का एक प्रतिष्ठित स्थान चला आ रहा है। मानक हिंदी के प्रति यह प्रतिष्ठा और आदर की भावना ये प्रवासी-जन भारत से ही अपने हृदयों में संजोकर गए होंगे इसमें संदेह की गुंजाइश नहीं।

मानक हिंदी और उनकी बोलियों में वही संबंध था जो किसी मानक भाषा और उसकी बोलियों के बीच होता है। बोलियों और मानक भाषा में जहां संरचनात्मक दृष्टि से सीमित अंतर होता है वहां सामाजिक प्रतिष्ठा की दृष्टि से बहुत अंतर होता है। इसी प्रतिष्ठा के कारण ही लोगों को लगता है कि मानक भाषा अधिक व्याकरण-सम्मत है। क्योंकि भाषिक दृष्टि से तो हर बोली व्याकरणिक नियमों से ठीक उसी प्रकार शासित होती है जैसे मानक भाषा शासित होती है। भाषिक दृष्टि से दोनों में कोई अंतर नहीं होता। हर बोली और हर भाषा अपने नियमों से ही चलती है। परंतु सामाजिक दृष्टि से लोग बोली को नीचा स्थान देते हैं। लोग बोली को मानक भाषा का टूटा-फूटा रूप मानते हैं। गयानी भारतीय भी अपनी लोकभाषा को मानक हिंदी का टूटल-फूटल रूप मानते आए हैं। जहां हिंदी उनके लिए व्याकरण-सम्मत भाषा थी वहां भोजपुरी उनके लिए व्याकरणिक नियमों से विहीन थी। भोजपुरी के प्रति हीनता का दूसरा कारण यह था कि वह लिखने-पढ़ने की भाषा नहीं थी। किसी भी औपचारिक अवसर पर हिंदी को जो गौरव प्राप्त होता था वह भोजपुरी को नहीं मिलता था।

नीचे कुछ उदाहरण प्रस्तुत हैं जहां गयाना के एक वयोवृद्ध व्यक्ति महादेव भोजपुरी और हिंदी की तुलना करते हुए बोलचाल की भाषा को कैसे तीन हिस्सों में (उत्तम, मधिम, हल्लुक) बांटते हैं। उनकी दृष्टि में भाषा में ज्यों ज्यों हिंदी शब्दों का प्रयोग बढ़ता है त्यों-त्यों भाषा का स्तर ऊंचा होता जाता है। देखिए महादेव अपने ही दिए उदाहरणों का मूल्यांकन कैसे करते हैं—

हम रोज निकेरी जाया करे है — उत्तम

हम रोज निकेरी जाइला	हल्लुक
हम भोजन कर रहल है	उत्तम
हम भोजन करत बाटी	हल्लुक
तु अब जा रहल हो	उत्तम
तु अब जात हो	मधिम
तु अब जात बाटी	हल्लुक
तु सब लोग	उत्तम
तोहनी	हल्लुक

उपर्युक्त उदाहरणों में 'रहल' का प्रयोग मानक हिंदी नहीं है, परंतु महादेव की दृष्टि में हिंदी के 'रहा' का भोजपुरी रूपांतर 'रहल' हिंदी-जैसा ही है और यह भी सत्य है कि भोजपुरी में अपूर्ण काल के क्रियात्मक प्रयोग में 'रहल' का विकास हिंदी के 'रहा' के आधार पर ही हुआ है।

इसी तरह महादेव ने एक और उदाहरण दिया—

ये अच्छा लरका है

ये अच्छा छोरा है

ई अच्छा छोरा है

ई नीमन छोरा है

ई नीमन छोरा बा

महादेव के अनुसार उपर्युक्त उदाहरणों में ज्यों ज्यों भोजपुरी के शब्दों का प्रयोग उत्तरोत्तर बढ़ता जाता है, उनका मूल्यांकन उनकी नज़रों में हल्का होता जाता है। ऐसी मनस्स्थिति बाकी के समाज से भिन्न नहीं है।

इस प्रकार अपने व्यापक जगत में जहां क्रियोल और अंग्रेज़ी उनको एक ओर खींच रही थीं वहां हिंदी का ऊंचा स्थान भोजपुरी को त्याज्य बना रहा था। इस दोहरे खिंचाव में ही भोजपुरी पदच्युत हो गई। लेकिन आश्चर्य की बात यह है कि मानक हिंदी भी नहीं बची। वह तो न लोकभाषा के रूप में विकसित हुई और न ही बाद में किसी गौरव को पा सकी। 1970 के दशक में मेरा अनुमान था कि यदि हिंदी के पठन-पाठन के लिए सरकारी विद्यालयों में पाठ्यक्रम में समुचित व्यवस्था होती तो शायद वह प्राण पाकर घर-द्वार की बोली की रूप में भोजपुरी की जगह गली-कूचे में सुनाई देती। परंतु 1979 में गयाना की सरकार ने सरकारी स्कूलों में हिंदी को एक विदेशी भाषा के रूप में पढ़ाने की योजना बनाई थी। लगभग दस विद्यालयों में हिंदी का अध्यापन शुरू हुआ। लेकिन जहां प्रशिक्षित अध्यापकों का अभाव एक कारण रहा वहां भारत-मूल के समाज में भी हिंदी पढ़ने के प्रति उत्साह की कमी महसूस की गई। स्कूलों में छात्रों की संख्या बहुत कम थी। इन्हीं करणों से यह योजना धीरे धीरे

ठप हो गई और हिंदी के बचने का अनुमान भी उसके साथ समाप्त हो गया।

आरंभ से ही सभी भारत-मूल के प्रवासी समाजों में हिंदी का महत्त्वपूर्ण स्थान रहा है। उस बीजरूप में प्रतिष्ठित हिंदी को पल्लवित करने में धर्म और औपचारिक शिक्षण का सबसे अधिक योगदान रहा है। भारत से गयाना आने वाले संतों और धर्म-प्रचारकों ने भी हिंदी के प्रयोग और प्रतिष्ठा को बल दिया।

भोजपुरी और हिंदी के संबंधों के संदर्भ में एक और तथ्य द्रष्टव्य है। समाज के प्रतिष्ठित लोग जब हिंदी बोलते थे तो उनकी मानक हिंदी में भोजपुरी का सम्मिश्रण भी देखने को मिलता था। ऐसे सम्मिश्रण में आधार-रूप में मानक हिंदी और उसमें भोजपुरी का पुट सहज ही आ जाना स्वाभाविक था। यह स्थिति भारत में हिंदी-भोजपुरी के सम्मिश्रण की स्थिति से भिन्न नहीं है। भारत में जब कोई भोजपुरी-भाषी हिंदी में कहता है कि *हम खाना खा लिए* तो स्पष्ट है कि उसका व्याकरणिक कर्ता *हमने* के स्थान पर केवल *हम* का प्रयोग भोजपुरी व्याकरण से प्रभावित है और फिर *हम* के प्रयोग के कारण क्रिया *खा लिए* हिंदी व्याकरण के अनुसार बहुवचन में हो जाना मानक हिंदी की दृष्टि से व्याकरण-सम्मत है। दूसरे शब्दों में अगर वह शुद्ध मानक हिंदी में कहता तो उसका वाक्य *होता हमने खाना खा लिया है* या *मैंने खाना खा लिया है*। गयाना की मानक हिंदी पर भोजपुरी के प्रभाव का एक उदाहरण देखिए—त हम आपको दिखा सके है, चाहो देखे? इसका शुद्ध मानक हिंदी रूपांतर होता—*तो हम आपको दिखा सकते हैं, चाहते हो देखना?* इस प्रकार का पहली भाषा का हस्तक्षेप सार्वभौमिक है।

भोजपुरी और हिंदी का ह्रास

लोकभाषा भोजपुरी लगभग 1920 ईसवी के दशक तक गयाना के भारतीय समाज की दैनंदिन भाषा रही। सन् 1977-80 के बीच मैंने गयाना में फ़ील्डवर्क किया था। उस दौरान जिस वयोवृद्ध पीढ़ी के 55-60 से अधिक आयु वाले लोगों से मैंने बातचीत की थी उन्होंने पुराने समय में बाज़ारों में लगने वाली बोलियों को याद करके बताया कि फल आदि बेचने वालों की आवाज़ें कैसे लगती थीं—*केला कीनो कलकत्ते वाला, गरी दूधिया नरियर के,* आदि आदि। उनका कहना था कि जब वे अपने युवाकाल में काम-काज में सक्रिय थे तो चीनी के कारख़ानों में, खेतों पर, घर पर, बाज़ारों में, आपसी चर्चाओं में, हंसी-विनोद में भारतीय मूल के लोग अपनी भारतीय भाषा का ही प्रयोग करते थे।

इसी वयोवृद्ध पीढ़ी के लोगों के कथनों के आधार पर यह निष्कर्ष निकला कि ये लोग वे थे जिनका जन्म 1925 से पहले हुआ था। जिन लोगों का जन्म 1925 के बाद हुआ उन लोगों ने यह भाषा सुनी और समझी परंतु बोली नहीं। इस कारण

उन्हें भोजपुरी या हिंदी में बोलने का अभ्यास नहीं हुआ। उन्होंने इस भाषा में बोलना क्यों नहीं सीखा यह अपने आप में एक रोचक प्रश्न है, और इसका उत्तर हमें तत्कालीन सामाजिक परिस्थितियों में और तत्कालीन समाज के मानसिक धरातल में खोजना होगा। 1920 का यह वह समय था जब भारतीय परिवारों के बच्चे सरकारी विद्यालयों में पढ़ने के लिए जाकर अंग्रेज़ी सीख रहे थे और स्कूलों में सीखी अंग्रेज़ी बच्चों के माध्यम से घरों में आनी शुरू हुई थी। 1870 के आसपास इंगलैंड में बच्चों के लिए अनिवार्य शिक्षा के कानून बनने शुरू हुए, परंतु गयाना के लोगों पर असर होते होते कई वर्ष लग गए। परिणामस्वरूप शिक्षा से संबंधित हिंदी का स्थान अब अंग्रेज़ी लेने लगी थी, और शिक्षित कहलाने के लिए हिंदी के स्थान पर अंग्रेज़ी का ज्ञान अधिक महत्त्वपूर्ण समझा जाने लगा था। इस प्रकार हिंदी का संबंध धर्म के साथ, संस्कृति के साथ, पूर्वजों के साथ, और ग्रामीण जीवन के साथ तक रह गया। व्यक्तिगत और भौतिक प्रगति के लिए अंग्रेज़ी का महत्त्व बढ़ गया। यह स्थिति भारत की विगत और वर्तमान स्थिति से बहुत भिन्न नहीं थी।

इस प्रकार मेरे फ़ील्डवर्क समय के वयोवृद्ध पीढ़ी के माता-पिता अपने बच्चों से भोजपुरी बोलते रहे होंगे और बच्चे क्रियोल में जवाब देते रहे होंगे। परिणामस्वरूप दूसरी पीढ़ी के बच्चों की भोजपुरी समझने की शक्ति बराबर बनी रही परंतु उनका बोलने का अभ्यास नहीं हुआ। आगे चलकर इस दूसरी पीढ़ी ने अपने बच्चों से व्यवहार क्रियोल में ही किया। इस प्रकार तीसरी पीढ़ी ने केवल क्रियोल ही सुनी और क्रियोल ही बोली। ऐसा नहीं था कि पहली पीढ़ी के लोग जो अब आजा-आजी और नाना-नानी बन चुके थे वे क्रियोल नहीं समझते थे। उन्होंने भी तीसरी पीढ़ी से अधिकांश व्यवहार क्रियोल में ही किया। वयोवृद्ध वर्ग के ये लोग भोजपुरी भाषा में क्षमता होने पर भी इसका अधिक उपयोग नहीं कर पाते थे। ये वे लोग हैं जिन्होंने अपने बाल और किशोर जीवन में अपनी आजी, नानी और मां से यह भाषा सीखी थी और उनके साथ बोली भी थी। परंतु बाद में अपने बच्चों के साथ व्यवहार में इस भाषा का प्रयोग निरंतर कम होता गया।

परंतु इसी क्रम से शैक्षिक और मनोवैज्ञानिक कारणों के फलस्वरूप भोजपुरी और हिंदी के ह्रास का आरंभ हुआ और क्रियोल उसके प्रयोग-क्षेत्रों में स्थानापन्न होने लगी।

उस समय भाषिक स्थिति यह थी कि साठ वर्ष और उसके ऊपर के लोग भोजपुरी में धाराप्रवाह बातचीत करने की क्षमता रखते थे भले ही उनकी सहज भाषा क्रियोल ही थी। उनके जीवन का कोई पक्ष ऐसा नहीं था जिसे वे अपनी पुरनिया हिंदी में व्यक्त न कर सकें। मेरी सैकड़ों रिकार्ड की गई भेंट-वार्ताओं में से एक नमूना यहां प्रस्तुत है। लगभग 69 वर्षीया निरक्षरा गयाना की एक नानी देखिए क्या

कह रही है—

हिंदुस्तानी में ऊ लोग कहें कि बौखारा लगल है, बौखारा। लरका के अउर थोरा सा ए के बौखारा दे दइ। ओ के ऊसीन के एक बर्तन में कर देवे अउर एक पीढ़ा पर बइठा के अउर एक ओढ़ा के खूब अइसे ब्लांकिट ओढ़ा देवे उपर, अइसे, बस, अइसे तब ऊ गरम त लेवो त पसीना छूटि, त जब ऊ पसीना छूटि त जोन खराब बोखार नस में होइ त सब पसीना में निकर जाइ। त ओकर बाद में ओइसने हि जब उस नलवाला पानी ले के खूब कपरा ले के खूब लोठा मार मार के नहुवा देवे, अउर ज्यादा ई कम्मर करीहांओ पर खूब लोठा मार के झट से पोंछे...

35 और 55 के बीच के लोग जोकि मध्यम पीढ़ी के हैं ऐसी भाषा समझते ज़रूर थे, परंतु उनके बोलने की क्षमता विकसित नहीं हो पाई थी और प्रयत्न करने पर भी स्वाभाविक रूप से भोजपुरी में बातचीत करने में वे अपने आपको असमर्थ पाते थे। मेरे अनुरोध का आदर करते हुए आयासपूर्वक बोलने का प्रयत्न करते थे परंतु जब ये लोग किसी भावुकतापूर्ण विषय पर आ पहुंचते थे तो उन्हें स्वाभाविक अभिव्यक्ति के निमित्त क्रियोल/अंग्रेज़ी की ओर उन्मुख होना पड़ता था। भगवान कृष्ण की भक्ति में अहर्निश सारा समय बिताने वाली 54 वर्षीया सिस्टर केवला कृष्ण के बारे में बोलती बोलती भावुक हो गई और भावुकता के उस आवेश में उन्हें अंग्रेज़ी का सहारा लेना पड़ा—

हमारा हृदय जाने है कि भगवान् एकहिं हैं। उसके नाम है सतनारायन भगवान, ओइस्नु भगवान, कोई कहे ओंकार भगवान, बट हम एक दिन भगवान से पुछली किस कारन से आपके नाम है ओंकार भगवान, आपके नाम है ओम्, बोले— नां, मेरे नाम ओम् नहीं है, मेरे...

इसके बाद स्वर भावुकतापूर्ण हो गया और अंग्रेज़ी शुरू हो गई। सिस्टर केवला की भोजपुरी में हिंदी के इस स्पष्ट प्रभाव (उसके, कोई, किस, आप, मेरे) के दो कारण हैं। एक कारण है धर्म का विषय और दूसरा है उनका अपना आर्थिक और शैक्षिक दृष्टि से ऊंचा स्तर जिस कारण मानक हिंदी की ओर उन्मुखता अधिक थी।

युवा अर्थात् तीसरी पीढ़ी के लोग, जो 35 के नीचे हैं, भोजपुरी या हिंदी न तो बोलते हैं और न ही समझ पाते हैं। समाज के इन तीन आयु-वर्गों में भाषा के क्रमिक ह्रास का यह स्पष्ट चित्रण है। तीन पीढ़ियों में द्रुत गति से भाषा-ह्रास का यह चित्र अनेकानेक प्रवासी समुदायों में मिलता है।

पिछले लगभग साठ वर्षों में भोजपुरी और हिंदी के क्रमिक ह्रास के परिणामस्वरूप आज विश्वास के साथ यह कहा जा सकता है कि गयाना में सामाजिक स्तर पर भोजपुरी और हिंदी लुप्तप्राय हैं। पिछले वाक्य में सामाजिक स्तर का अभिप्राय यह है कि कुछ व्यक्ति ऐसे हैं जिनकी भाषाएं न्यूनाधिक मात्रा में

बरकरार हैं, परंतु सामुदायिक स्तर पर भाषा का अस्तित्व समाप्त हो चुका है।

गयाना में 1977-80 में अपने फ़ील्ड-वर्क के दौरान मैंने पाया था कि जार्जटाउन जैसे शहरी क्षेत्रों में जन्मे-पले पहली पीढ़ी के लोग भोजपुरी के ज्ञान से अनभिज्ञ थे। इससे अनुमान लगा कि ह्रास की यह प्रक्रिया शहरी लोगों में कम से कम एक पीढ़ी पहले शुरू हो गई थी और इसी ह्रास-प्रक्रिया का अनुकरण बाद में ग्रामीण क्षेत्रों में हुआ। शहरी संस्कृति के प्रति ग्रामीण क्षेत्रों की उन्मुखता अनुभव-सिद्ध है। फ़ैशन आदि सामाजिक परिवर्तनों की प्रक्रिया भी शहरों से शुरू होकर छोटे शहरों में और वहां से गांवों की ओर जाती है। इसलिए यह बिलकुल संभव है कि गयाना में भी भाषा-ह्रास की यह प्रक्रिया शहरों से चलकर गांवों की ओर गई थी।

भाषा-ह्रास की इस दिशा-निर्देश के बावजूद यह प्रश्न पैदा होता है कि क्रियोल-अंग्रेज़ी के साथ साथ अपनी पैतृक भाषा भोजपुरी को बनाए रखने का विकल्प इन लोगों को क्यों नहीं जंचा। इस प्रश्न का उत्तर विश्व की अन्य प्रवासी समुदायों के भाषा-संरक्षण संबंधी शोध-परक अध्ययनों में खोजना होगा। अधिकांश प्रवासी समाजों में पैतृक भाषा अंततोगत्वा नहीं बच पायी और विशेषकर उन समाजों में जहां अंग्रेज़ी का प्रधान भाषा के रूप में बोलबाला था। भारत की वर्तमान स्थिति के अध्ययन से भी स्पष्ट होता है कि वहां अंग्रेज़ी के प्रभाव के कारण अपनी पैतृक भाषा के प्रति लोगों के मन में गौरव की भावना क्षीण हो गई थी। इसलिए यह संभव है कि इस भावना के बीज गयानी भारत-वंशज भारत से ही लेकर गए हों।

भोजपुरी/हिंदी को अपदस्थ करने वाले प्रमुख कारण हैं—अंग्रेज़ी का प्रभाव और हिंदी के पठन-पाठन की समुचित व्यवस्था का अभाव। इनके अतिरिक्त कुछ अन्य ऐतिहासिक कारणों की चर्चा भी यहां अप्रासंगिक न होगी। गयाना के इतिहास में भोजपुरी हिंदी को सरकारी मान्यता कभी नहीं मिली और न ही कोई प्रश्रय मिला। हां यह सत्य है कि कैनेडियन प्रैसेबेटेरियन मिशन के स्कूलों में हिंदी पढ़ाई जाती थी, परंतु बहुत माता-पिता अपने बच्चों को वहां भेजने के हक में नहीं थे। वैसे तो शुरू में भारतीय माता-पिता अपने बच्चों को सरकारी या मिशनरी स्कूल भेजने के ही विरुद्ध थे, विशेषकर लड़कियों को। ईसाई शिक्षकों के पास भेजने में उन्हें भय था कि वे कहीं अपना धर्म न खो बैठें। दूसरा कारण यह भी था कि स्कूल जाने के बजाय ये बच्चे मेहनत करके परिवार की आमदनी बढ़ा सकते थे। लड़कियों को विशेषकर इसलिए भी पढ़ने के लिए प्रोत्साहित नहीं किया जाता था कि कहीं वे साक्षर बनकर लड़कों को प्रणय-पातियां न लिखें। इस प्रकार के तथ्य गयानी समाज के लोगों के साथ हुई बातचीत से ही निकलकर आए। परंतु 1920 के बाद एक ऐसा समय आया कि शिक्षा की उपयोगिता सबको अनुभव होने लगी। शिक्षा के अभाव में भारतवंशज गयाना के समाज में अपने आपको बहुत पिछड़ा हुआ अनुभव करने

लगे थे। नीग्रो लोग उच्चशिक्षा प्राप्त करके समाज के सम्मान्य पदों पर प्रतिष्ठित हो रहे थे और भारतवंशी खेती और मज़दूरी में ही मस्ता रहे थे। यह अंतर उन्हें धीरे धीरे खलने लगा। शहरों से शुरू होकर गांवों में शिक्षा का प्रसार होने लगा। शिक्षा के इस विस्तार के साथ अनेक प्रकार की अंग्रेज़ियत और अंग्रेज़ी भी जीवन में घर करने लगी। आधुनिकता की प्रतीक अंग्रेज़ी भाषा और अंग्रेज़ी संस्कृति समाज में आगे बढ़ने का द्वार बन गई। अंग्रेज़ी पढ़े-लिखे व्यक्ति को सम्मान मिलने लगा। अंग्रेज़ी पढ़ा-लिखा व्यक्ति ग्रामीण बोली बोलने वालों से कन्नी काटने लगा। इस प्रकार भारतीय वंशजों के पुरातन मूल्य आधुनिकता से टकराने लगे। पुरातन मूल्य तभी तक कायम रहे जब तक बच्चे स्कूल नहीं गए थे। शिक्षा के प्रसार के साथ अंग्रेज़ी की प्रभुता दृढ़ होती गई। 1946 की जनगणना में 44 प्रतिशत भारतीय साक्षर थे। यह अंग्रेज़ी की साक्षरता सामाजिक और आर्थिक प्रगति का प्रतीक बन गई थी। इस प्रकार धीरे धीरे शिक्षा और शहरी जीवन के संदर्भ में अंग्रेज़ी के सामने भोजपुरी और उसके साथ साथ कुछ मात्रा तक हिंदी भी गंवारू भाषा मानी जाने लगी और उसका महत्त्व लोगों के जीवन में धीरे धीरे घटने लगा था।

यही समय था जब भारत से और आप्रवासी आने भी बंद हो चुके थे। जब तक भारत से आप्रवासी आते रहे, उनके माध्यम से भाषिक और सांस्कृतिक तत्त्वों को बल मिलता रहा। आप्रवास के टूटने से भारत भी उनकी सोच में शिथिल होने लगा और गयाना के भारतीयों की आकांक्षाओं का तादात्म्य गयाना की भूमि के साथ दृढ़ होने लगा। अंग्रेज़ी का ज्ञान नए देश में आगे बढ़ने के लिए महत्त्वपूर्ण साबित होने लगा क्योंकि उसके बिना आगे बढ़ने का कोई अवसर न था। अमरीका और कनाडा भी पास में होने के कारण लोगों की सोच पर अपना प्रभाव डालने लगे। इन देशों में जाकर बसने की महत्त्वाकांक्षा ने भी अंग्रेज़ी के ज्ञान ने भारतीयों की मानसिकता को अवश्य प्रभावित किया होगा। सूरिनाम में अंग्रेज़ी शिक्षा के अभाव में युवक अपने को पिछड़ा समझ रहे थे और अमरीका-कनाडा पहुंचने में बाधा का अनुभव कर रहे थे।

1954 से लगातार गयाना हिंदी प्रचार सभा ने गयाना में हिंदी के प्रचार-प्रसार के लिए निरंतर काम किया है। मानक हिंदी पढ़ाने के लिए कुछ सायंकालीन कक्षाएं मन्दिरों में चलीं। गयाना के बरबीस क्षेत्र में स्थित टैगोर स्कूल और कोव जॉन सेकेंडरी स्कूलों में हिंदी पढ़ाई जारी रही। आर्यसमाज के धर्म-प्रचारकों के कारण भी मानक हिंदी के ज्ञान-ग्रहण को निश्चित रूप से बल मिला। कुछ नवयुवक भारत सरकार की छात्रवृत्ति पर भारत भी हिंदी पढ़ने गए। इन सब प्रयत्नों के बावजूद मानक हिंदी का ज्ञान कुछ व्यक्तियों तक ही सीमित रहा और उसका विस्तार सामाजिक स्तर पर न हो सका।

ह्रासशील भाषा में क्या क्या बचा?

ऐसा नहीं है कि पहली पीढ़ी के लोग भोजपुरी का प्रयोग बिलकुल नहीं करते थे। धार्मिक विषयों की चर्चा में ये लोग प्रायः भोजपुरी और हिंदी पर उतर आते थे। धार्मिक उत्सवों पर भोजपुरी के लोकगीत अभी भी गाए जाते हैं। कभी कभी अपनी बात को दूसरों से छुपाने के लिए भी भोजपुरी का आश्रय लिया जाता रहा। क्रियोल में बात करते करते बीच-बीच में भोजपुरी छुटपुट सुनाई पड़ जाती थी। राजनैतिक सभाओं में भारतीय अस्मिता जागृत करने के लिए और सामाजिक व्यवहार में छोटे छोटे अभिवादन-परक वाक्य और आज्ञा या निवेदन-परक वाक्य भोजपुरी में यदा-कदा सुनने को मिलते थे और संभवतः आज भी मिल जाते होंगे। परंतु इसमें संदेह नहीं कि इस प्रकार के छोटे छोटे वाक्यों और लोकगीतों आदि का प्रयोग भी वहां धीरे धीरे कम होता जा रहा है।

शब्दों के स्तर पर भोजपुरी के सैकड़ों शब्द ऐसे हैं जो वहां के जीवन में घुलमिल गए हैं और उनका प्रयोग बहुत से लोग अभी भी करते हैं या कम से कम समझते तो हैं। ऐसे शब्दों के कुछ वर्ग इस प्रकार हैं—

भोजन संबंधी संज्ञाएं—भात, मीठा भात, सेकवा रोटी, परंठा रोटी, चोंठा रोटी, चोखा, दाल-पूरी, पूरी, चौराई भाजी, पोई, सरसों, गोबी, फुलगोबी, भांता, बइगन, आलू, पियाज, लैसुन, कोहरा, निनवा, बोरा, कटहल, करही, फुलौरी, गुलगुला, पिसल गुलमिर्च, नीमक, हरदी, जइफर, मिठाई, लट्ठो, महनभोग, जिलेबी, बदाम लच्छा, पेरा, खीर, तवा, फूकनी, सील-लोरहा, आदि।

भोजन संबंधी क्रियाएं—छाने, कूटे, घोटे, माजे, बेले, भूजे, चाटे, छौंके, पीसे, आदि

धर्म—सिउ, बिस्नु, गनेस, राम, किसन, पारबती, लच्छमी, सरसुती, झंडीकथा, परसाद, सनातन, भक्ती, पंचमारित, मन्दील, पंडीत, पूजा, जग, काली पूजा, गोवरधन पूजा, तीरथ, भजन, महाबीर, तीरथ-स्थान, दूआ, नमाज, महजिद, आदि।

त्यौहार—फगुआ, दीवाली, राखी आदि।

विवाह—दुलहा, दुलहीन, माटीकोर, दुअरपूजा, कन्यादान, छेके, तीलक, मरउआ, बरिआत, परछे, जरवास, नैछू (= निछवर), भंवर, सतवचन, आदि।

रिश्ते—पा, मा, आजा, आजी, नाना, नानी, चचा, चाची, मामू, मामी, नंदोय, नना, चचा, भनोइ, बरकी, समधी, समधीन, बाई (=भाई), भाउजी, दादा (= बड़ा भाई), लइका, मरद, बीवी, बनोई, पूपा (= फूफा), पोपू (= फूफी) आदि।

आभूषण—हेंगस, छूछी, नथिया, तिल्लरी, आदि।

गाली-गलौच—भरवा, दोगला कहीं के, चमार, और कुछ और भारी भारी गालियां।

लोगों के उपर्युक्त शब्द-भंडार से अनेक शब्द कम उपयोग के कारण धीरे धीरे लुप्त भी हो रहे हैं। अनेक भोजपुरी शब्द ऐसे हैं जो नीग्रो लोगों की क्रियोल में भी पाए जाते हैं। इसके अतिरिक्त कुछ भोजपुरी शब्दों का क्रियोलीकरण हुआ और पाक-क्रिया संबंधी भोजपुरी क्रियाएं सेके (सेंकना), बेले (बेलना), कूटे (कूटना), छाने (छानना) आदि भारतवंशियों की क्रियोल का अभिन्न अंग बन चुकी हैं।

धार्मिक प्रसंगों पर भोजपुरी की अपेक्षा हिंदी का प्रयोग अधिक रहता है। मंदिरों के पंडित लोग अपनी श्रेष्ठता सिद्ध करने के लिए अधिक से अधिक हिंदी का प्रयोग करते हैं। ऐसे धार्मिक अवसरों पर मानक हिंदी का लगभग वही स्थान है जो भारत में संस्कृत का है। संस्कृत की तरह वहां हिंदी में कही बात में औपचारिकता और शास्त्रसम्मत होने का वज़न आ जाता है। गयाना में अपने फ़ील्डवर्क के लिए पंडित-वर्ग के सदस्यों से जो मेरी बात होती थी उसके लिए मेरी ओर से प्रश्न भोजपुरी में होने के बावजूद भी ये लोग अपना उत्तर मानक हिंदी में ही देने के लिए प्रयत्न करते थे। बीच बीच में मेरे विशेष अनुरोध करने पर भी कि वे पुरनिया हिंदी में ही बतियाएं कोई लाभ नहीं होता था। बातचीत करते समय मानक हिंदी भाषा के प्रति सजगता इन लोगों में विशेषकर दृष्टिगोचर होती थी। निस्संदेह, मानक हिंदी का प्रयोग इनकी प्रतिष्ठा और पद की गरिमा को बनाए रखने में सहायक होता था और अब भी होता है।

हिंदी के चलचित्र गयाना के भारतवंशी समाज में अत्यंत लोकप्रिय हैं। इन चलचित्रों को देखने वाले अधिकांश वे युवा हैं जो भोजपुरी और हिंदी से सर्वथा अपरिचित हैं। फ़िल्मों में सब-टाइटल्ज़ होते हैं जिनकी सहायता से कहानी समझने में कोई दिक्कत नहीं होती। ये ही युवा लोग हिंदी फ़िल्मी गाने इधर-उधर गुनगुनाते फिरते हैं। उनमें से कइयों ने मेरे अनुरोध पर मुझे कई फ़िल्मी गाने मूल फ़िल्मी स्वर में गाकर सुनाए। परंतु दो-चार शब्द प्यार, महबूबा आदि छोड़कर ये लोग किसी भी पंक्ति का अर्थ कतई नहीं समझते। उच्चारण की दृष्टि से मूर्धन्य और दन्त्य व्यंजनों में वर्त्स्यता आ गई है। अनेक लोग ये फ़िल्मी गीत और अन्य भजन आदि अपनी कापियों में रोमन लिपि में ही लिखते हैं क्योंकि देवनागरी लिपि से वे अपिरिचित होते हैं। चलचित्रों के अतिरिक्त कुछ रेडियो और टेलीवियन कार्यक्रम भी हैं जहां भोजपुरी और मानक हिंदी के कुछ कार्यक्रम प्रसारित किए जाते हैं। गयाना के वर्तमान पीढ़ी के सदस्य इन कार्यक्रमों का आनन्द तो निश्चित लेते होंगे परंतु इन कार्यक्रमों की भाषा को वे कितना समझते हैं इसका अनुमान लगाया जा सकता है।

sg@gambir.net

पार्श्व-टिप्पणी

1. भारत में अनेक लेखक इसे गुयाना लिखते हैं। स्पष्ट है कि यह अंग्रेज़ी में लिखे इस देश के नाम में अंग्रेज़ी के यू अक्षर से प्रेरित उच्चारण और लेखन है। अमीरकन अंग्रेज़ी में इसका उच्चारण गैयाना जैसा है।

संदर्भ-सूची

- Butisingh, Randall. 2008. The Hindi Language in Multicultural Guyana–1994. Randall Butisingh's Weblog
- https://randallbutisingh.wordpress.com/2008/04/13/thought-for-today-137/
- Chanderbali, David. 2003. The Survival of Hindi in Guyana since 1838.
- http://www.landofsixpeoples.com/news301/ns305058.htm
- Gambhir, Surendra. 1980 जनवरी-मार्च. गयाना में भोजपुरी यानी हिंदी. विश्व हिंदी दर्शन, लल्लनप्रसाद व्यास, सी-13, प्रेस एन्क्लेव, साकेत, नयी दिल्ली-1100017
- Gambhir, Surendra. 1980 अक्तूबर. गयाना में भोजपुरी का क्रमिक ह्रास. विश्व हिंदी दर्शन, लल्लनप्रसाद व्यास, सी-13, प्रेस एन्क्लेव, साकेत, नयी दिल्ली-1100017
- Gambhir, Surendra K. 1981. *The East Indian Speech Community in Guyana: A Sociolinguistic Study with Special Referene to Koine Formation*. Unpublished Phd dissertation, University of Pennsylvania, Philadelphia, PA. 19104
- Gambhir, Surendra K. 1983. *Diglossia in Dying Languages: A Case Study of Guyanese Bhojpuri and Standard Hindi*. Anthropological Linguistics: Spring
- Gambhir, Surendra. 1983. भारतीय मूल के जनसमुदाय में हिंदी का प्रसार, समस्याएं और संभावनाएं, विश्व के मानचित्र पर हिंदी, विज्ञापन और दृश्य प्रचार निदेशालय, सूचना और प्रसारण, मंत्रालय, भारत सरकार द्वारा तृतीय विश्व हिंदी सम्मेलन के अवसर पर आपकल्पित एवं प्रकाशित
- Gambhir, Surendra K. 1988. *The Modern Indian Diaspora and Language*. Proceedings of the South Asia Seminar, University of Pennsylvania. Department of South Asia Regional Studies: Philadelphia.

डॉ. विशम भीमल (त्रिनिदाद)

त्रिनिदाद में हिंदुस्तानी भाषा की यात्रा

डॉ. विशम भीमल पेशे से फ़ैमिली मैडिसन पब्लिक हैल्थ के मैडिकल डॉक्टर; मरीज़ों ने भोजपुरी में विशेष रुचि पैदा की; मरीज़ों के इंटरव्यू लेकर भोजपुरी के नमूने सुरक्षित करने में रत; लेखक के लिए भाषा भारतीय संस्कृति का अभिन्न अंग; भाषा-विज्ञान का गहन अध्ययन; त्रिनिदाद के भाषा-विज्ञानियों में गिनती

ऐतिहासिक परिचय

हिंदुस्तानी भाषा सदियों से एक पहेली बनी हुई है। यह बहुवादी भाषा मुग़ल दरबार की अत्यधिक फ़ारसी-मय 'रेख़्ता', बुलंद मुग़ल फ़ौजी खेमे की 'ज़बान-ए-उर्दू-ए-मौला' और सूफ़ी कवि अमीर ख़ुसरो के कहे मुताबिक़ उत्तरी भारत के लोगों की 'हिंदवी' के तौर पर इतिहास में विभिन्न रूपों में अभिव्यक्त होती रही है। आधुनिक काल में दिए गए तीन नाम हिंदी, उर्दू और हिंदुस्तानी भारतीय जनमानस में और उससे भी ज़्यादा प्रवासी भारतीयों के मन में भ्रम पैदा करते रहे हैं। समान सांस्कृतिक इतिहास को साझा करने वाले दो वर्गों के लिए यह एक कठिन पहेली है। लेकिन इस मुद्दे पर उनकी राय में एक विरोधी दिशा मौजूद है। इस विरोधी दिशा का कारण भारतीय उपमहाद्वीप के इतिहास में आने वाली वह निर्णायक घड़ी है जब ब्रिटिश संसद ने 1947 में हिंदुस्तान कहलाने वाले ब्रिटिश भारत को अपने एक अधिनियम द्वारा भारत और पाकिस्तान[1] के दो नए स्वतंत्र उपनिवेशों में बाँट दिया। इसी घटना से भारत की राष्ट्रवादी दार्शनिकता का जन्म हुआ। स्वतंत्रता मिल जाने और उसके बाद भारतीय उपमहाद्वीप (हिंदुस्तान) के भारत और पाकिस्तान के विभाजन ने मानो आग में घी जैसा काम किया और इन दोनों देशों के बीच मौजूदा हिंदी-उर्दू विवाद शुरू हो गया। इस वाक्कलह का राष्ट्रवादी परिप्रेक्ष्य पूर्वी भारतीयों या प्रवासी भारतीयों के वंशजों को आज भले ही बेमतलब सा लगता हो पर उन दोनों देशों में रहने वाले भारत-मूल के लोगों के पूर्वज भारत के इतिहास में इस महत्त्वपूर्ण मोड़ से सिर्फ़ एकाध सदी पहले के 'हिंदुस्तान' से ही निकलकर बाहर

अन्य देशों मे गए थे। 1833-1920 में पूर्वी भारतीयों की अनुबंध की अवधि के दौरान सैकड़ों हजारों की संख्या में हिंदुस्तानी भारतीय उपमहाद्वीप को छोड़कर विभिन्न ब्रिटिश उपनिवेशों और अन्य प्रदेशों में जा बसे थे। यह घटनाक्रम 1833 में (ब्रिटिश उपनिवेशों में) गुलामी की प्रथा का उन्मूलन होने के बाद तब शुरू हुआ जब इन उपनिवेशों के बागानों में कम मज़दूरी पर काम करने वाले श्रमिकों का मिलना बंद हो गया था। ये पूर्व के उपनिवेश मॉरिशस और फ़ीजी जैसे कुछ तो भारत के बहुत निकट स्थित थे और अन्य त्रिनिदाद, गयाना और सूरिनाम जैसे बहुत सुदूर लगभग आधी दुनिया परे थे।

तो फिर एक भारतीय नागरिक और एक प्रवासी भारतीय की मानसिकता के इस अंतर को कैसे समझा जाए? इस बिंदु पर विचार करते हुए बंगाल के प्रसिद्ध कवि रवींद्रनाथ टैगोर के ये सुंदर शब्द मानसपटल पर बरबस ही उभर आते हैं—

"एक वटवृक्ष को जानने के लिए केवल उस मिट्टी को ही जानना काफ़ी नहीं है जिसमें यह पनपता है, बल्कि इसकी दूरस्थ अधिभूमि में इसकी बढ़ती विशालता को जानना भी ज़रूरी है क्योंकि आप तभी इसकी वास्तविक जिजीविषा को समझ सकते हैं। वटवृक्ष की शीतल छाया की तरह ही भारतीय सभ्यता की परोपकारी छाया भी अपनी जन्मभूमि से बहुत आगे तक जाती है.... भारत परदेसों में भी 'जी' सकता है और 'बढ़' सकता है...राजनीतिक भारत नहीं, बल्कि आदर्श भारत'[2]

टैगोर ने इस अंतर को राजनीतिक बनाम आदर्श के रूप में परिभाषित किया है। एक प्रवासी भारतीय अपने राष्ट्र-रूप-भारत के प्रति निष्ठावान नहीं हो सकता क्योंकि उसे भारतीय नागरिक नहीं बनना है। हालांकि उसमें भारत के लिए अपनत्व और आत्मीयता का भाव ज़रूर पनपता है क्योंकि वह खुद को कहीं न कहीं अपने पूर्वजों के जन्मस्थान से और भारतीय उपमहाद्वीप की महान सभ्यताओं से जुड़ा हुआ महसूस करता है। दूसरी ओर देशभक्ति के गर्व से ओतप्रोत भारतीय नागरिक ऊँचे आसमान में तिरंगा (भारत का राष्ट्रीय ध्वज) फहराते हुए सभ्यता की उस परम विजय का उत्सव मनाता है जो सदियों के संघर्ष और उत्पीड़न के बाद प्राप्त हुई थी। यह राष्ट्रवादी गौरव केवल ब्रिटिश उपनिवेशवाद से आज़ादी का ही नहीं बल्कि हिंदू आदर्शवाद के एक नए दौर की शुरुआत का उत्सव भी था। यह दौर पुराने हिंदुस्तान की प्राचीन वैदिक सभ्यता से जन्मी मानी जाने वाली संस्कृति और परंपरा के उद्धार का दौर था। भारतीय राष्ट्रवाद को एक हिंदू चेहरा देने की यह प्रवृत्ति पाकिस्तान द्वारा अपने राष्ट्रवाद को इस्लाम का जामा पहनाने की कोशिश जैसी ही थी। इस प्रवृत्ति के चलते इस बात का अंदाज लगाया जा सकता है कि दुनिया को यह समझाने में कितनी मुश्किल पेश आती है कि इन दोनों ही देशों की शासन व्यवस्थाएं धार्मिक

नहीं, धर्मनिरपेक्ष हैं। 'हिंदुस्तानी' की पहेली का तोड़ यहां है कि, भारत में चलने वाला यह मौजूदा भाषाई विवाद केवल राजनीतिक, धार्मिक, साहित्यिक और राष्ट्रवादी मुद्दों के तुष्टीकरण के लिए है।

भारत के बाहर बसे औपनिवेशिक प्रवासी भारतीयों के वंशजों के बीच 'हिंदुस्तानी' भाषा द्वारा निभाई जाने वाली भूमिका से इसका कुछ लेना-देना नहीं है। अनुबंध की अवधि के दौरान भारत से गए प्रवासी एक बेहतर जीवन की तलाश में गरीब हिंदुस्तान को छोड़कर औपनिवेशिक बागानों में जा बसे थे। वे हिंदुस्तानी भाषा की टूटी-फूटी बोलियों में बात करते थे, और कहीं-कहीं तो ये भाषाएं पूरी तरह अलग ही होती थीं (Mohan 1978)। हालांकि अनजान माहौल के डर ने और एक साथ होने से मिली ताकत ने 'जहाजी भाई' के मनोभाव को प्रगाढ़ बनाया, जिससे भाषाई दूरियां पूरी तरह खत्म हो गईं। चूंकि ज़्यादातर मजदूर बिहार और उत्तर प्रदेश से थे जहां की सबसे ज़्यादा प्रचलित स्थानीय भाषा भोजपुरी थी, वह ही बागानों की लोकभाषा बन गई और इसे बागानी हिंदुस्तानी कहा जाने लगा। यह स्थिति स्वतंत्र भारत में हुए आंदोलन वाली दिल्ली के आसपास के क्षेत्रों की स्थानीय भाषा खड़ी बोली हिंदी से बिलकुल भिन्न थी। बागानी हिंदुस्तानी में विभिन्न सांस्कृतिक अभिव्यक्तियों का मेल हो जाने से इसे एक नया जीवन मिल गया और गिरमिटिया मज़दूरों के वंशज जातीय और सांस्कृतिक पहचान की भावना से प्रेरित होकर इसकी ओर आकर्षित होते हैं।

औपनिवेशिक त्रिनिदाद में भाषाई परिदृश्य

जैसाकि पहले उल्लेख किया जा चुका है भूतपूर्व त्रिनिदादी उपनिवेश जो कैरिबियन द्वीप समूह के एकदम दक्षिण में स्थित द्वीप है, वहां भारत से जाने वाले बहुत से औपनिवेशिक प्रवासी आकर बस गए। आज त्रिनिदाद, त्रिनिदाद-टोबैगो गणराज्य के द्वीप-द्वय का हिस्सा है। एथ्नोलॉग के 11वें संस्करण के अनुसार इसे एक बहुभाषी देश मानकर वर्गीकृत किया गया है। अंग्रेज़ी और लैसर एंटीलियन अंग्रेज़ी यहां की प्रमुख भाषाएं हैं तथा भोजपुरी, फ्रेंच, क्रियोल और स्पेनिश यहां विभिन्न व्यक्तियों द्वारा कहीं ज्यादा तो कहीं कम बोली जाती हैं तथा उनके बोलने वालों की संख्या भी अलग अलग है (Grimes 1988)। त्रिनिदाद में गिरमिटिया मजदूरों की संस्कृति के अस्तित्व और क्रमिक विकास पर काफ़ी शोध किया जा चुका है। त्रिनिदाद और टोबैगो में प्रवासी भारतीयों की हिंदुस्तानी भाषा की विशिष्टता को उजागर करना इस शोध-पत्र का उद्देश्य है।

त्रिनिदाद के मूल निवासी एमेरि-इंडियन कहलाते थे, जिनमें से अधिकतर कैरिब और आरावक जनजातियों के थे। ये लोग एमारिड भाषा कलिना समूह की

विविध भाषाएं बोलते थे जिनमें से कलिना (कैरिब), लोकोनो (अरावाक) और वाराओ अंतिम जीवित भाषाएं थीं (Adonis & Ferreira 2013-14)। 1498 में, क्रिस्टोफ़र कोलंबस के आगमन के साथ त्रिनिदाद स्पेनिश शासन के अधीन आ गया था। यह मूल निवासियों के अंत की शुरुआत का संकेत था क्योंकि अधिकांश एमेरि-इंडियन का या तो पूरी तरह खात्मा कर दिया गया या वे स्पेनिश त्रिनिदादी समाज में ही मिल गए। दिलचस्प बात यह है कि तीन सौ साल के स्पेनिश शासन के बावजूद स्पेनिश भाषा कभी भी यहां अपना प्रभुत्व नहीं जमा पाई। 1797 में ब्रिटिश लोगों द्वारा त्रिनिदाद को हथिया लेने से सिर्फ़ चौदह साल पहले अठारहवीं सदी के अंतिम समय में रौमे डी सेंट लॉरेंट के फ़रमान, 'सेडुला डी पोब्लासिओं', में फ्रेंच के आगमन की दस्तक सुनाई दी और स्पैनिश त्रिनिदाद में बड़ी संख्या में क्रियोल फ्रेंच बोलने वाले आप्रवासी आने लगे। ब्रिटिशों द्वारा त्रिनिदाद पर आधिपत्य कर लेने के दौरान वहां की लोकभाषा स्पेनिश नहीं बल्कि फ्रेंच क्रियोल थी। त्रिनिदाद के ब्रिटिश उपनिवेश बन जाने के बहुत अर्से बाद तक भी यह परिदृश्य बदला नहीं (Ferreira 1997)। वस्तुतः उन्नीसवीं सदी में आबादी में फ्रेंच बागान मालिकों और उनके गुलामों की संख्या ज़्यादा होने के कारण ही त्रिनिदाद में फ्रेंच ही सामाजिक वर्गों की प्रमुख भाषा बन गई (Verteuil 2004)। यह स्थिति इतनी भ्रामक थी कि अंग्रेज़ी उपन्यासकार एंथोनी ट्रोल्लोपे ने लिखा था—

"क्योंकि त्रिनिदाद एक अंग्रेज़ी उपनिवेश है इसलिए पहले यही लगता है कि वहां के लोग अंग्रेज़ी बोलते हैं; और उसके बाद अंग्रेज़ी वाले विचार के औंधे मुंह धराशायी हो जाने पर यह लगता है कि वे स्पेनिश बोलते होंगे क्योंकि उस स्थान का नाम ही स्पेनिश भाषा में है। लेकिन हकीकत यह है कि वे सभी फ्रेंच में बात करते हैं; और, शहर से बाहर, सिर्फ़ कुछ ही मूल निवासी किसी और भाषा में बात करते हैं। एक पेरिस-वासी यह स्वीकार कर पाएगा यह कहना मुश्किल है; लेकिन उसे यह तो मानना ही पड़ेगा कि यह एक फ्रेंच बोली है।" (Trollope 1860)

यह भी दिलचस्प बात थी कि ब्रिटिश शासनकाल में कई वर्षों तक स्पेन के कानून लागू होते रहे। जनसंख्या के काफ़ी बड़े हिस्से में फ्रेंच क्रियोल के व्यापक वर्चस्व और उपयोग के कारण अंग्रेज़ी भाषा ब्रिटिश विजय के लगभग एक सौ साल के बाद केवल बीसवीं सदी की शुरुआत में ही अपनी जड़ें जमा पाई (Ferreira 1997)।

1833 में गुलामी की प्रथा समाप्त होने के बाद ब्रिटिशों द्वारा मुआवज़े की पेशकश रखकर अफ़्रीकी गुलामों को बागानों में रोकने के प्रयास किए जाने के बावजूद अफ़्रीकी गुलामों ने बागानों में जो दर्दनाक हादसे झेले थे उनके कारण इन पूर्वदासों के मन में, बागानों में काम के प्रति घृणा पैदा हो गई थी। वे चीनी बागानों

को छोड़कर लाभ वाले स्थानों जैसे आसपास के कस्बों और शहरी क्षेत्रों में जा बसे थे। इस स्थिति में त्रिनिदाद का चीनी उद्योग संकट में आ गया था क्योंकि अब सस्ती और पर्याप्त मात्रा में श्रम-शक्ति नहीं मिल पा रही थी। इस समस्या को हल करने के लिए 1834 और 1845 के बीच ब्रिटिशों ने अन्य जगहों में श्रमिकों की खोज शुरू की जिनमें फ्रांस, मडीरा, अज़ोरस, संयुक्त राज्य अमेरिका और वेस्टइंडीज के अधिक आबादी वाले द्वीप शामिल थे। तथापि चूंकि इन स्थानों के नागरिक सामाजिक और आर्थिक रूप से उन्नति कर रहे थे अत: उनको त्रिनिदाद लाने के प्रयास अधिक सफल नहीं हो पाए। 1852 और 1866 के बीच चीन के मज़दूरों को भी त्रिनिदाद लाया गया, लेकिन इनको भर्ती करने और लाने की उच्च्च लागत के कारण यह योजना भी ज़्यादा दिन नहीं चल पाई (Mohan 1978)। श्रम की कमी की इस समस्या का समाधान 1845 में तब हो पाया जब बागान मालिकों की नज़र भारतीय उप महाद्वीप पर पड़ी।

त्रिनिदाद और सूरिनाम में स्थापित हिंदुस्तानी का एक रूप

तालिका 1

उपनिवेश जहां भारतीय गिरमिटिया श्रमिकों को ले जाया गया[3]

उपनिवेश	वहां गए मजदूरों की संख्या
मॉरिशस	453,063
ब्रिटिश गयाना	238,909
त्रिनिदाद	143,939
जमेका	36,412
ग्रेनेडा	3,200
सेंट लूशा	4,350
नेटल	152,184
सेंट किट्स	337
सेंट विंसंट	2,472
रीयूनियन	26,507
सूरिनाम	34,304
फ़ीजी	60,965
पूर्वी अफ्रीका	32,000
सेशैल	6,315
कुल	**1,194,957**

जैसाकि तालिका 1 में देखा जा सकता है 1845–1920 की अवधि के दौरान अनुबंध प्रणाली के तहत बड़ी संख्या में पूर्वी भारतीयों को त्रिनिदाद के उपनिवेश में लाया गया था। इनकी यात्रा कलकत्ता (अब कोलकाता) की बंदरगाह से शुरू हुई। ह्यू टिंकर के अनुसार 1857 में कलकत्ता के एक उत्प्रवास एजेंट कैरड ने मुख्य भर्ती जिलों के तौर पर उत्तर-पश्चिमी प्रांतों में बनारस, आज़मगढ़, गोरखपुर, जौनपुर, गाज़ीपुर, मुजफ़्फ़रपुर, चंपारण, शाहाबाद, पटना और गया का, और इनके अलावा हज़ारीबाग और छोटा नागपुर का उल्लेख किया था। हालांकि, 1908 तक लगभग नब्बे प्रतिशत रंगरूट संयुक्त प्रांत के पूर्वी ज़िलों से, विशेषकर फ़ैज़ाबाद, बस्ती और गोंडा से आए थे (Tinker 1974)। शुरू-शुरू में कुछ रंगरूट (तमिल हरिजन) मद्रास के दक्षिण भाग से भी गए थे। भर्ती का ऐसा ही मिलता-जुलता तरीका, जैसाकि मोती लाल मरहे ने अपने दस्तावेज़ में ज़िक्र किया है, सूरिनाम में भी अपनाया गया था। उन्होंने लिखा है कि रंगरूट संयुक्त प्रांत (वर्तमान उत्तरप्रदेश, यू.पी.) से थे, मध्य और पूर्वी हिस्सों से भी उतनी ही संख्या में लोग आए थे और पश्चिम से आने वालों की संख्या कुछ कम थी। बाद में मध्य भाग से आने वालों का प्रतिशत कम हो गया था और सूरिनाम में भर्ती होने वाले श्रमिक उत्तरप्रदेश के उत्तर पूर्वी जिलों और विशेष रूप से पूर्वी उप हिमालयी जिलों के थे। उनके अनुसार उत्तरप्रदेश के जिन जिलों से सबसे ज़्यादा आप्रवासी सूरिनाम आए थे वे गोरखपुर, बस्ती, गोंडा, फ़ैज़ाबाद, जौनपुर, बनारस, आजमगढ़, गाज़ीपुर और बलिया थे। बिहार के ज़िले थे—सारन, मुज़फ़्फ़रपुर, दरभंगा, शाहाबाद, पटना और गया। उत्तर प्रदेश और बिहार के भर्ती के प्रमुख केंद्र बनने की पुष्टि करते हुए याक्पो और म्यूस्केन ने भी उल्लेख किया था कि सूरिनाम के लिए गिरमिटिया मज़दूर लगभग भारत के सभी क्षेत्रों से आए थे लेकिन सबसे ज़्यादा संख्या में श्रमिकों का आगमन वर्तमान संघीय प्रांत उत्तरप्रदेश, बिहार और झारखंड के उत्तरी भाग, तथा पश्चिम बंगाल के पश्चिमी सिरे से हुआ था।

भारतीय-आर्यन भाषाएं

भोजपुरी मगधी परिवार की भाषाओं (मगधी प्राकृत से विकसित भाषाओं) में सबसे अधिक पश्चिमी भाषा है। पश्चिमी मगधी भाषाओं के रूप में भोजपुरी, मैथिली और मगही को निम्न चित्र में दर्शाया गया है। इन तीनों ही भाषाओं ने प्रवासी हिंदी को बेहद प्रभावित किया है। हालांकि लगता है कि अब तक भोजपुरी सबसे ज़्यादा प्रभावशाली रही है। भोजपुरी भाषी क्षेत्र (पूर्वांचल) के पश्चिम से बिलकुल सटा हुआ क्षेत्र अवध है। यहां अवधी बोली जाती है, जिसे पूर्वी हिंदी भी कहा जाता है, और जो शौरसेनी परिवार की सबसे पूर्वी सिरे की भाषा है।

MAP SHOWING
BHOJPURI AND ITS SUB-DIALECTS

अवधी भाषा, जिसमें तुलसीदास ने रामचरितमानस रची थी, भोजपुरी से पारस्परिक निकटता के कारण भोजपुरी बोलने वालों को आसानी से समझ में आती है। वास्तव में मरहे के वृत्तांत के अनुसार सूरिनाम की हिंदुस्तानी में अवधी भाषा की छटा ख़ूब देखने को मिलती है। उन्होंने कहा कि गोंडा और फ़ैज़ाबाद (पूर्ववर्ती अयोध्या) के पूर्वी ज़िले वे अवधी क्षेत्र हैं जिनमें सरनामी के साथ सबसे ज़्यादा भाषाई साम्य और बोधगम्यता देखने को मिलती है। यहां पश्चिमोत्तर की अवधी बोली जाती है। मरहे इस निष्कर्ष पर पहुंचते हैं कि वर्तमान में सूरिनाम और

नीदरलैंड में प्रचलित सरनामी भोजपुरी और अवधी के मिश्रण से बनी है जिसमें भोजपुरी प्रमुख घटक रही है।

त्रिनिदाद की हिंदुस्तानी के संबंध में मोहन की यह राय थी कि भले ही उन भाषाओं के बारे में ऐसी कोई ख़ास जानकारी नहीं मिलती जो भारतीय गिरमिटिया मज़दूर त्रिनिदाद में अपने साथ लेकर आए थे, तो भी यह प्रतीत होता है कि त्रिनिदाद आने वाले अधिकांश भारतीय आप्रवासी भोजपुरी की ही विभिन्न बोलियां बोलने वाले मूल निवासी थे (Mohan 1978)। अनुबंध के दौरान अधिकांश पूर्वी भारतीय प्रवासियों द्वारा बोली जाने वाली भोजपुरी भाषा उनकी प्रमुख भाषा न थी। बल्कि जैसे बोलने वाले अलग अलग प्रदेशों से थे वैसे ही उनकी विभिन्न देहाती बोलियों का प्रसार था। औपनिवेशिक स्वामियों की अंग्रेज़ी के अलावा दिल्ली की हिंदुस्तानी, जो शुरू में देहलवी कहलाई और अब खड़ी बोली कहलाती है, धीरे धीरे सत्ता की बागडोर थामने के लिए अपना रास्ता बना रही थी और हिंदुस्तानी का केंद्र बन रही थी[4]।

यह प्रक्रिया 1837 के तत्काल बाद तब प्रारंभ हुई जब भारत की अदालतों का काम फ़ारसी की जगह उर्दू भाषा (अत्यधिक फ़ारसी-मय खड़ी बोली) में किया जाने लगा। खड़ी बोली ने अपने पंख उन्नीसवीं सदी के मध्य से पसारने शुरू कर दिए थे जब यह साहित्यिक अभिव्यक्ति और राजनीतिक सत्ता की भाषा बन गई थी और इसने सदियों पुरानी मानक हिंदुस्तानी अवधी और ब्रज भाषा की जगह ले ली थी। हिंदुस्तानी की इस नई मानक शैली खड़ी बोली ने जो बाद में हिंदी कहलाई, राजस्थान से बिहार तक की वर्तमान हिंदी भाषी क्षेत्रों की अधिकांश हिंदुस्तानी बोलियों पर 'आधिपत्य' स्थापित कर लिया।

उन्नीसवीं सदी के दौरान जहां एक ओर हिंदी (खड़ी बोली) धीरे धीरे मानक हिंदुस्तानी की एक शैली के रूप में विकसित हो रही थी, वहीं अनुबंध की अवधि के दौरान भोजपुरी में जो हुआ उसे कोई चमत्कार ही कहा जा सकता है। भारत में भोजपुरी एक अविकसित भाषा बनकर रह गई जो अपना विकास नहीं कर पाई। नई मानक हिंदी ने इसे हर तरह पछाड़ दिया। हालांकि अनुबंध के कारण भोजपुरिया गढ़ से आने वाला एक नया आप्रवासी-समुदाय भारत से बाहर अस्तित्व में आया। हर समुदाय को संप्रेषण करने के लिए एक ऐसी भाषा की ज़रूरत होती है जो समुदाय को जोड़कर रख सके और उसकी पहचान बन सके। हिंदी ने धीरे धीरे भोजपुरी गढ़ में घुसपैठ करके भारत में इस भूमिका को निभाना शुरू कर दिया था जबकि औपनिवेशिक भारतीय समुदाय वाले अन्य स्थानों की तरह त्रिनिदाद में सिर्फ़ भोजपुरी के पास ही महत्त्वपूर्ण जनाधार था जो इसे संपर्क-भाषा के रूप में एक उचित विकल्प बना सकता था। इस प्रकार भोजपुरी को वह भूमिका निभाने का

अवसर मिला जो इसे भारत में पहले कभी नहीं मिल पाया था। यह एक ऐसी मानक भाषा के रूप में अवतरित हो रही थी जिसमें अपने समाज को एकजुट रखने का सामर्थ्य था (Mohan n.d.)।

बागानी हिंदुस्तानी

बागानों में भोजपुरी के मानक स्वरूप के ताने-बाने को बुनने में जिस युक्ति ने काम किया उसे मरहे ने ''भाषाई प्रभुत्व'' की अवधारणा के ज़रिए सर्वोत्तम तरीके से स्पष्ट किया था। इस अवधारणा में क्षेत्रीय भाषाओं में सबसे बड़े समूह की प्रधानता और छोटे समूहों की भाषा के क्रमिक लोप को स्वीकार किया गया है (Marhre 1885)। इस प्रक्रिया के अंतिम परिणाम को दर्शाते हुए मोहन (1978) में इस बात का उल्लेख किया गया है कि त्रिनिदाद में भोजपुरी को मूलतः अधिकांश मजदूरों द्वारा बोली जाने वाली भोजपुरी बोलियों के विलय के परिणास्वरूप ही एक भाषा का दर्जा मिल पाया था। इस विलयन के परिणामस्वरूप त्रिनिदाद पहुंचने वाली अन्य सभी भारतीय भाषाएं और भोजपुरी की सभी बोलियां जो स्थानीय संपर्क-भाषाओं के मुख्य भाग के बाहर थीं, भोजपुरी से बिलकुल कट गईं। केवल तमिल ही कुछ हद तक बच पायी थी। भोजपुरी में जो बदलाव आया वह उस समय की आवश्यकता थी, जिसके कारण भोजपुरी में उन सभी भूमिकाओं को निभाने की संभावना पैदा हो गई थी जो हिंदी उस समय भारत में निभा रही थी (Mohan n.d.)।

त्रिनिदाद में भोजपुरी की एक बोली लोकभाषा कैसे विकसित हुई इस संबंध में कोई लिखित दस्तावेज़ आज भी उपलब्ध नहीं है। हालांकि मोहन (1978) में प्रस्तुत वर्णनों में जो कुछ साक्ष्य मिलते हैं उनसे इस विकास-यात्रा पर कुछ प्रकाश पड़ता है। बहुत छोटे बच्चे जो खेतों में काम करने लायक नहीं थे खेलावनी (दाई) समुदाय की किसी बुज़ुर्ग महिला की देख-रेख में रहते थे। ये बच्चे ज़्यादा समय अपने माता-पिता से अलग रहते थे और उन्हें एक बड़े समुदाय के अपनी उम्र के अन्य बच्चों के साथ घुलने-मिलने का मौक़ा मिलता था। इस प्रकार इन बच्चों की भाषा पर उनके माता-पिता की भाषा के बजाय भिन्न समुदायों के दूसरे हम-उम्र बच्चों की भाषा का ज़्यादा प्रभाव पड़ा, जिनकी बोलियों इनकी यादों में अपनी धुंधली सी छाप छोड़ गईं। इसका नतीजा यह हुआ कि भारतीय मूल के त्रिनिदादियों की पहली पीढ़ी की भाषा आप्रवासियों की पीढ़ी की भाषा से अधिक एकरूपा थी (Mohan 1978)। बागानों की यह लोकभाषा बागानी हिंदुस्तानी के रूप में प्रचलित हो गई और निस्संदेह यह भोजपुरी की एक नव-विकसित स्थानीय बोली बन गई।

त्रिनिदाद में भोजपुरी के प्रति मान में कमी

बीसवीं सदी की शुरुआत में जब हिंदुस्तानी के प्रकाशन त्रिनिदाद पहुंचे तो उनमें से ज़्यादातर हिंदी में रहे होंगे। इनमें से बहुत से प्रकाशन, ख़ास तौर पर पुराने काव्य हिंदुस्तानी की दो बोलियों अवधी और ब्रज भाषा में भी रहे होंगे, जिनको समझना गिरमिटिया मज़दूरों के लिए मुश्किल न था। पंद्रहवीं और सोलहवीं सदी से लेकर उन्नीसवीं सदी के मध्य में अनुबंध व्यवस्था शुरू होने तक हिंदुस्तानी की ये दोनों बोलियां सदियों से साहित्यिक ग्रंथों की प्रतिष्ठित भाषाएं बनी रही होंगी। हिंदी मानक बोली के तौर पर उत्तरोत्तर प्रगति करते हुए अवधी और ब्रज भाषा का स्थान लेकर ऐसी भाषा बन गई जिसके माध्यम से मध्यमवर्ग तक पहुंचा जा सकता था। इसका असर इतना ज़्यादा था कि भारत में और यहां तक कि त्रिनिदाद में भी भोजपुरी-भाषी भोजपुरी को एक भाषा मानते ही नहीं थे, जोकि आनुवंशिक रूप से और व्याकरण की दृष्टि से हिंदी के सदृश नहीं, बल्कि बंगाली, उड़िया और असमिया के सदृश थी। वे इसे केवल अनपढ़ लोगों की 'गंवारू हिंदी' के रूप में देखते थे (Mohan n.d.) एक *'टूटल फूटल भाखा'*। अपनी अंग्रेज़ी पुस्तक 'हिंदू त्रिनिदाद का संगीत' में अपने साक्षात्कारों में हेलेन मायर्स द्वारा किए गए वर्णनों में गिरमिटिया मजदूरों और उनके वंशजों की भाषा के प्रति इस हीन दृष्टिकोण का वृत्तांत मिलता है।

vishambhimull@hotmail.com

पार्श्व-टिप्पणी

1. http://en.wikipedia.org/wiki/Indian_Independence_Act_1947
2. अपने दोस्त सी.एफ.एन्ड्रूज़ को 1921 में लिखे एक पत्र में रवींद्रनाथ टैगोर द्वारा भारतीय मूल के प्रवासियों पर की गई टिप्पणी
3. http://en.wikipedia.org/wiki/Indian_indenture_system
4. http://en.wikipedia.org/wiki/Hindustani_language

संदर्भ-सूची

- Cristo, Adonis & Jo-Ann Ferreira. 2013-2014. Amerindian Languages in Trinidad and Tobago. St. Augustine News, Stan Articles
- Ferreira, Jo-Anne. 1997. The Sociolinguistic Situation of Trinidad & Tobago The University of Trinidad and Tobago
- Grimes, Barbara F. 1988. Ethnologue: Languages of the World. 11th ed. Summer Institute of Linguistics, Dallas, TX
- Kofi, Yakpo & Pieter Muysken. 2014. Language Change in a Multiple Contact Setting: The Case of Sarnami. MSS.

- file:///Users/surendragambhir/Downloads/Language_ change_ in_ a_ multiple_contact_se.pdf
- Marhé, Motilall. 1985. Sarnami Byakaran: An Elementary Grammar in Sarnami. Cip Gegevens Koninklijke Bibliotheek, Den Haag
- Mohan, Peggy.1978. Trinidad Bhojpuri: A Morphological Study. Unpublished PhD Dissertation, The University of Michigan
- Mohan, Peggy. n.d. Trinidad Bhojpuri and a Brief History of Power. MSS.
- Tinker, Hugh. 1974. A New System of Slavery: The Export of Indian Labor Overseas 1830-1920. Oxford University Press. London, New York, Bombay
- Tiwari, Udai Narain. 1960. The Origin and Development of Bhojpuri.The Asiatic Society, Calcutta
- Trollope, Anthony.1860.The West Indies and The Spanish Main. Chapman & Hall, London
- Verteuil, Alex de: C'est Quitte. 2004. The French Creoles of Trinidad, Documentary.

डॉ. मोहन कांत गौतम (नीदरलैंड)

सूरिनाम में हिंन्दी भाषा का इतिहास वर्तमान स्थिति और भविष्य की संभावनाएं

प्रो.फ़ेसर, यूरोपियन यूनिवर्सिटी ऑफ़ वेस्ट एंड ईस्ट; प्रो.फ़ेसर, कर्न इंस्टिट्यूट ऑफ़ साउथ एशियाई स्टडीज़, लेडन; सामाजिक नृविज्ञान (Social Anthropology) व सामाजिक भाषाविज्ञान (Sociolinguistics) में गहन अध्ययन और शोध; अनेक पुस्तकों और शोध-लेखों के प्रणेता; विविध अंतर्राष्ट्रीय पुरस्कारों से सम्मानित

ऐतिहासिक पृष्ठभूमि

सूरिनाम देश के बारे में भारत में साधारण लोग अनभिज्ञ हैं। भूगोल के विद्यार्थी सिर्फ़ इसे 'डच गयाना' के नाम से जानते हैं। दक्षिण अमरीका के उत्तरी तट पर तीन गयाना थे—फ्रांसीसी गयाना, डच गयाना और ब्रिटिश गयाना। डच गयाना को ही आजकल सूरिनाम या सूरीनाम कहते हैं। इसकी राजधानी पारामारिबो है जो सूरिनन नदी पर 1650 में अंग्रेज़ विल्लोबी (Willoughby) ने बसाई थी। अंग्रेज़, फ्रांसीसी और डच तीनों ही वहां अपना उपनिवेश स्थापित करने के लिए आपस में लड़ते रहे। 1686 में डच अधिकार के बाद रेड इंडियन आदिवासियों के साथ शांतिपूर्ण समझौता हो गया जिसके अंतर्गत था कि उन्हें कभी भी गुलाम नहीं बनाया जाएगा। डच गवर्नर कोरनेल फ़ान आरसस फ़ान सोम्मेल्सडाइक ने रेड इंडियन से विवाह भी किया था। 1621 में डच वैस्ट इंडिया कम्पनी की स्थापना के बाद डच भी गुलाम व्यापार में लग गए। उत्तर-पश्चिमी अफ्रीका से अफ्रीकी लोगों को पकड़ कर बेचा जाता था और उनसे ज़बरदस्ती उपनिवेशों के बागानों में काम करवाया जाता था। अंग्रेज़ों ने ईख, रुई (कपास), तम्बाकू, ककाओ, केला, काफ़ी आदि को अपने बागानों में लगाकर खेती आरंभ कर दी थी और गुलाम अफ्रीकी लोगों को उत्पादन के लिए वहां लगा दिया। इन बागानों के अच्छे उत्पादन से उपनिवेश वाले यूरोपियन देशों में काफ़ी आर्थिक उन्नति हुई।

सूरिनाम में 1800 में 650 बागान थे। 1833 में जब गुलाम-प्रथा का अंग्रेज़ों ने उन्मूलन कर दिया तो सभी अफ्रीकी गुलामी की दास-प्रथा से स्वतंत्र हो गए और वे बागानों से भाग खड़े हुए। इस तरह बागानों में श्रमिकों की कमी से उत्पादन और आर्थिक उन्नति में रुकावट पड़ गई। तब उपनिवेशों की सरकारों ने नए लोगों को भर्ती करने की योजनाएं बनाईं। 1863 में सूरिनाम ने भी गुलामी का उन्मूलन कर दिया और उससे बागानों में काम करने वालों की संख्या घटते घटते 1872 में केवल 131 रह गई थी। कैसे भारतीयों को भर्ती किया गया, सूरिनाम में आकर वे कैसे बसे और किस तरह उन्होंने अपनी संस्कृति, धार्मिक आस्था, मातृभाषा और भारतीयता को सुरक्षित रखा—ऐसे विषयों पर इस लेख में विचार होगा।

सूरिनाम में शर्तबंदी प्रवासी भारतीयों का इतिहास

गुलाम-प्रथा के उन्मूलन के बाद मॉरिशस पहला उपनिवेश था जहां 1834 में आरबुथनोथ, जो स्वयं बागानों का मालिक और दलाल था, जहाज़ से छोटा नागपुर और बिहार के इलाकों से 75 श्रमिक भर्ती करके 5 वर्ष के ठेके पर वहां ले आया। 1838 में ब्रिटिश गयाना के बागानों के लिए भी उसी ने सहायता की थी। सूरिनाम में गुलामी की प्रथा का उन्मूलन 1863 में हुआ था। अफ्रीकी गुलामों को दस वर्ष की अवधि दी गई थी कि नए श्रमिकों के आने तक वे बागानों का काम करते रहें। 1872 में इंगलैंड की महारानी विक्टोरिया और डच राजा विलियम (तृतीय) के बीच संधि हुई कि भारतीय किसान 5 वर्ष की शर्तबंदी पर सूरिनाम के बागानों में उत्पादन के लिए जाएंगे। उनका आने जाने का जहाज़ी खर्चा, बागानों में उनकी देखभाल, और उन्हें काम करने का वेतन दिया जाएगा। 1853 से 1872 तक लगभग 5000 प्रवासी भारतीय सूरिनाम में पहुंच चुके थे। ये श्रमिक ज़्यादातर ब्रिटिश गयाना से थे और बाकी त्रिनिदाद से थे। सूरिनाम की पश्चिमी सीमा का प्रांत गयाना के बरबीस से लगा है। दोनों के बीच में कोरनताइन नदी है। यदि यह नदी नहीं होती तो और ज़्यादा भारतीय निकेरी आ जाते। लेकिन ये भारतीय अपनी शर्तबंदी काट कर स्वतंत्र होकर वहां आए थे। भारत में भारतीयों की भर्ती के लिए डच सरकार के इमीग्रेशन अफ़सर ने उत्तर भारत के आगरा, अवध, बिहार ओर बंगाल में स्थानीय भर्ती करने वालों को यह उत्तरदायित्व सौंपा। उन भर्ती करने वालों को 'अरकाटी' कहा जाता था। ये अरकाटी त्योहारों में, मेलों में, धार्मिक तीर्थों में घूम घूम कर लोगों को सब्ज़ बाग दिखाते थे और सूरिनाम को 'श्रीराम' टापू जाने की संज्ञा देकर भर्ती करने के लिए आकर्षित करते थे। वे कहते थे कि वहां रामराज्य है, काफ़ी पैसा मिलेगा। उनकी चिकनी-चुपड़ी बातों में आकर लोग श्रीराम टापू जाने के लिए तैयार हो जाते थे। सोचते थे कि सिर्फ़ पांच वर्ष की ही तो बात है।

अरकाटी वहां से उन्हें सब-डिपो ले जाते और ज़िले के मजिस्ट्रेट के सामने जाकर 'हां'' कहलवाते। ये अबोध निष्कपट भारतीय श्रमिक अपनी ही भाषा में 'गिरमिट' मज़दूर कहलाने लगे। गिरमिट शब्द अंग्रेज़ी के 'एग्रीमेंट' शब्द का श्रमिकों की स्थानीय बोलियों में बिगड़ा हुआ रूप था। सब-डिपो में इन गिरमिटियों के रहने का प्रबंध, खाना-पीना सब कुछ था। उत्तर प्रदेश में आगरा, मथुरा, कानपुर, फ़ैज़ाबाद, इलाहाबाद, गोरखपुर, बस्ती और बिहार में मुज़फ़्फ़रपुर और पटना में सब-डिपो थे। यहां रहने की अवधि कभी कभी 3 महीने हो जाती क्योंकि जब तक 50-60 व्यक्ति वहां न आ जाएं तब तक वहां से आगे नहीं बढ़ पाते थे। फिर सबको एक साथ रेल से कलकत्ता भेजा जाता। निगरानी की जाती ताकि सब साथ रहें। फिर नावों से उन्हें गार्डन रीच (Garden Reach 20) के मुख्य डिपो पर ले जाया जाता। लोगों को हुगली नदी में स्नान करवाया जाता, डॉक्टरी मुआयना होता और जहाज़ के आने तक उन्हें डिपो में ही रखा जाता। जहाज़ की प्रतीक्षा में भी 2-3 महीने लग जाते थे। लोग कहते *'श्रीनमवा से आए जहाज, डिपुआ खाली करे'*। पाल के जहाज़ भारत से सूरिनाम पहुंचते-पहुंचते 3 महीने लग जाते। पहुंचने पर फिर डॉक्टरी मुआयना होता और दुभाषिया सभी प्रवासियों को बागानों में रहने के नियम पढ़कर सुनाता। सूरिनाम डिपो में 24 सप्ताह लग जाते। बागानों में उन्हें वही पुरानी बैरकें मिलतीं जिसमें पहले अफ़्रीकी गुलाम रहते थे। प्रबन्ध करने वाले उनके साथ गुलामों जैसा ही व्यवहार करते। सूरिनाम गरम देश होने के कारण प्रवासी वहां कड़ा काम करते। सिर्फ़ रविवार को ही उन्हें छुट्टी मिलती थी। शर्तबंदी के ठेके के 5 वर्ष बाद या तो वे भारत लौट जाते या फिर से नया 5 वर्ष का ठेका ले लेते। सोचते यही थे कि ज़्यादा से ज़्यादा पैसा कमा कर भारत ले जाएंगे जो भारत में उनके परिवार के काम आएगा। तब भारत से स्त्रियां बहुत कम आती थीं। उनका अनुपात पुरुषों की तुलना में 30 प्रतिशत से भी कम था। जो प्रवासी सूरिनाम में शादी कर लेते फिर वे वहीं रह जाते। उनको सरकार से वापिस न जाने के एवज में ज़मीनें मिलतीं। उन ज़मीनों पर वे अपनी खेती सब्जी कर सकते थे। कुछ लोगों ने मवेशी पाले और दूध का व्यापार करने लगे।

प्रवासी भारतीय विशेष रूप से उत्तर प्रदेश के पूर्वी ज़िलों के रहने वाले थे जहां अवधी और भोजपुरी बोली जाती है। भोजपुरी बोलने वालों की तादाद अधिक थी। बिहार के पश्चिमी ज़िलों से भी भोजपुरी बोलने वाले आए थे। कम तादाद में लोग नेपाल, तराई क्षेत्र, राजस्थान, पंजाब, पश्चिमी उत्तर प्रदेश और मध्य प्रदेश से भी थे। कोई 80 परिवार तेलुगू और तमिल ज़िलों के भी थे जो उड़ीसा होकर कलकत्ता पहुंचे थे। यह संभव है कि गार्डन रीच के पास एक कुली बाज़ार भी था जहां मज़दूर इसी आशा से आते थे कि उन्हें रोज़ी-रोटी के लिए कुछ काम मिल जाएगा।

भारतीय श्रमिकों का आप्रवासन

सूरिनाम में 1873 से 1916 तक 44 वर्षों के दौरान 64 जहाज़ों में 34,304 प्रवासी भारतीय बागानों में काम करने आए, जिसमें से लगभग 11,700 भारत लौट गए। पहला पालवाला जहाज़ ''लल्लारूख'' था। इसमें 410 प्रवासी थे यदि हम व्यक्तियों के ज़िले देखे तो आंकड़े बताते है कि आगरा (यूनाइटेड प्रोविन्स) और अवध से भर्ती किए श्रमिक कुल प्रवासी श्रमिकों का 82.5 प्रतिशत थे –

जहाज़ लल्लारूख

ज़िला	संख्या
यूनाइटेड प्रोविन्स	
आगरा के ज़िले	260
अवध के ज़िले	75
बिहार	49
बंगाल	14
बंबई प्रेसीडेन्सी	2
उड़ीसा	1
जयपुर (राजपूताना)	1
पंजाब	1
रीवा (सेन्ट्रल इंडिया)	1
दूसरे स्थानों से	5
	410

इन आंकड़ों से विदित होता है कि सूरिनाम जाने वालों में आगरा के ब्रजभाषी भी थे। सूरिनाम में बोलचाल की औपचारिक भाषा हिंदुस्तानी ही थी जिसको बोलने वाले अरकाटी, गिरमिटिया (जो हिंदुस्तानी समझ सकते थे), मुख्य डिपो गार्डन रीच के जमादार, गुमास्ता, डॉक्टर और अन्य सहायक थे। 1900 तक हिंदुस्तानी देवनागरी और नस्तलीक लिपियों में दुभाषियों की लिखित भाषा बन चुकी थी। अंग्रेज़ अफ़सर भी काफ़ी कुछ हिंदुस्तानी समझ लेते थे और लोगों से बात कर सकते थे। संपर्क-भाषा हिंदुस्तानी का अभ्यास, सब-डिपो, जहाज़ी यात्रा के दौरान और सूरिनामी डिपो में हो चुका था। सूरिनामी बागानों में पहुंचने से पहले प्रवासियों को कोई 10 महीने की प्रतीक्षा सब-डिपो से बागान तक करनी पड़ती थी। इसी हिंदुस्तानी बोलचाल भाषा से सब-डिपुआ, डिपुओं और जहाज़ी भाईचारे का रिश्ता विकसित हो चला था जो धर्मों की संकीर्णता से कतई दूर था। यह सब मुंशी रहमान

खान (1878–1976) की रचनाओं से स्पष्ट हो जाता है।

सूरिनाम के बागानों के परिवेश में प्रवासियों ने अपरिचित लोग भी देखे थे जो दूसरी ऐसी भाषाएं बोलते थे जो उनकी समझ के बाहर थीं। किंतु जैसे जैसे समय बीतता गया दूसरे वर्गों की भाषा भी ये लोग समझने लगे। बाद में कुछ प्रवासी भी दुभाषिये बन गए। कहने को तो प्रवासी ब्रिटिश थे पर उनकी सुरक्षा का उत्तरदायित्व डच प्रबंधकर्ताओं पर था। जब कभी बागानों से समस्या होती और बहुत प्रवासियों का निधन हो जाता तब भारत की ब्रिटिश सरकार जहाज़ों का भेजना बंद कर देती और भारत की सरकार डच सरकार से मांग करती कि सुरक्षा के लिए केवल कागज़ पर नहीं पर व्यवहार में और डच-मानसिकता में परिवर्तन हो। ये प्रवासी भारतीय गुलाम नहीं थे और उनकी शर्तबंदी 5 वर्ष के लिए श्रमिक के तौर पर थी। प्रवासी भारतीय पैसे कमाने के लिए अपने परिवार को अपने गांवों में छोड़कर आए थे। गांवों की स्मृतियों को तरोताज़ा बनाने के लिए उनके पास एक ही रास्ता था—वह था आने वाले भारतीय जहाज़। जब जब जहाज़ प्रवासियों को लेकर आता वे उन लोगों से मिलकर अपने गांव, अंचल, बाज़ार की कीमतों आदि का पता लगाते। इस प्रकार से स्मृतियों के झरोखे से अपने गांव और परिवार को देख पाते।

रविवार को जब छुट्टी होती तो लोग पास के बाज़ार में जाते। वहां उन्हें कई दूसरी भाषाएं सुनने को मिलतीं। डच भाषा सूरिनाम की औपचारिक मान्य भाषा थी जिसका उपयोग डच अफ़सर, कर्मचारी, पुलिस, बागानों के मालिक और अफ्रीकी गुलाम करते थे।

कभी कभी रेड इंडियन लोगों की कैरेबियन, आरोवाकन, जूका भाषाओं को सुनने का अवसर भी मिलता था पर उनसे बातें तो नहीं हो पाती थीं। अफ्रीकी गुलामों की भाषा श्रानान तोंगो है जिसका उपयोग बागानों में होता था। कालांतर में प्रवासी भारतीय इसे समझने लगे थे और इसका बातचीत में प्रयोग भी करने लगे थे। जंगली नीग्रो पहले गुलाम थे और गुलामी-उन्मूलन के बाद स्वतंत्र होकर जंगलों में जाकर रहने लगे थे। उनकी भाषा भी श्रानान तोंगो के काफ़ी निकट है।

सूरिनाम का चीनी वर्ग हाका भाषा बोलने वाला है जो दक्षिण-पूर्व चीन का है। प्रवासी भारतीय इनकी भाषा नहीं समझ पाते। सूरिनाम में चीनी लोग दुकानदार और व्यापारी थे और उनका भारतीयों से सम्पर्क होता था। भारतीयों के बाद बागानों में काम करने के लिए जावानी लोगों को भी बुलाया गया। जावा (आजकल इंडोनेशिया) से 1890 से 1939 तक कोई 32,956 जावानी, जिन्हें मलई भी कहा जाता है, सूरिनाम आए, जिनमें से 7,697 वापस जावा लौट गए। प्रवासी भारतीयों और जावानी लोगों के बीच सदैव संबंध अच्छे रहे। 1950 में जब राजनीतिक दल बने, तब भारतीय और जावानी दोनों मिलकर साथ साथ रहे। जावानी वैसे तो

मुसलमान हैं पर भारतीय संस्कृति से प्रभावित हैं।

1970 के बाद अनेक भारतीय, जो अपने को 'हिंदुस्तानी' कहते है, नीदरलैंड आ गए। नीदरलैंड आने से पहले तक सूरिनाम में वे बहुसंख्यक थे। भारतीय मूल के लोग, जो सूरिनाम में रह गए, अब भी क्रियोली लोगों से जनसंख्या से कोई दो प्रतिशत ज़्यादा हैं (जनसंख्या के पूरे आंकड़े उपलब्ध नहीं हैं)।

प्रवासी भारतीयों की अस्मिता, भाषा, धर्म और संस्कृति

सूरिनाम में प्रवासी भारतीयों ने अपने को हिंदुस्तानी ही कहा। जिसमें सभी धर्म—हिंदू, मुसलमान और ईसाई—आ जाते थे और उन्होंने अपनी भाषा को भी 'हिंदी', 'हिंदुस्तानी' कहा। हिंदुस्तानी मानक हिंदी नहीं थी, वह बोलचाल और कामकाज की भाषा थी। उनकी प्रादेशिक भाषाएं एक सी नहीं थीं। उनके उच्चारण और शब्दों के चुनाव में अंतर था। ज़्यादातर हिंदुस्तानी प्रवासी अनपढ़ थे और लिखना-पढ़ना नहीं जानते थे। लेकिन सभी प्रवासी बहुभाषी थे। कम से कम 2-3 बोलियां बोल लेते थे। दूसरी बोलियां बोलने वालों के साथ और औपचारिक रूप से हिंदुस्तानी का प्रयोग करते किंतु आपस में गांव के मित्रों और अपने परिवार के बीच अपनी स्थानीय मातृभाषा का, जो प्रादेशिक भाषा/बोली थी, उसका प्रयोग करते थे। पहले दो वर्षों में (1873 और 1874) भारत से 8 पालवाले जहाज़ सूरिनाम आए थे।

वर्ष	जहाज़ का नाम	प्रवासियों की संख्या	मृत्यु संख्या
1873-74	लल्लारूख	403	65
	बंगाल	579	115
	योर्कशायर	642	147
	मंगलोर	449	119
	कलकत्ता	406	75
	केट कल्लोक	460	83
	मेडिआ	482	79
	हावड़ा	450	75
कुल		**3871**	**758**

इन आठ जहाज़ों में आए प्रवासियों की बागानों में बड़ी संख्या में मृत्यु हो गई जो कुल आने वालों का कोई 20 प्रतिशत था। स्पष्ट है कि डच सरकार ने अंग्रेज़ सरकार से जो वायदा किया था वह पूरा नहीं किया। तब सूरिनाम में न तो अस्पताल थे और न दुभाषिये। भारत में जहाज़ों के भेजने पर रोक लगा दी गई। बागानों में बिखरे हुए भारतीय प्रवासियों को जब पता पड़ा तो उन्हें लगा कि अब वे कभी भी

भारत वापिस नहीं लौट पाएंगे। सभी ने रविवार के दिन दूसरे भारतीयों से मिलकर यह खबर सबको पहुंचा दी। ऐसी स्थिति में बागानों में काम करने वाले सभी प्रवासियों ने निश्चय किया कि वे अपना धर्म, अपनी संस्कृति और अपनी भाषा (मातृभाषा और हिंदुस्तानी) को नहीं भूलेंगे और इस सुदूर देश में भी उन्हें सुरक्षित रखेंगे।

1877 में फिर प्रवासियों को भारत से भेजा जाने लगा, लेकिन बीच बीच में नियमों के उल्लंघन से 1879, 1888 में फिर से जहाज़ों पर रोक लगा दी गई। सब-डिपो से 1877 के दौरान विविध भाषाओं को समतल बनाने वाली भाषिक प्रक्रिया कोईनाइज़ेशन (Koineization) के माध्यम से प्रयुक्त होने वाली अलग अलग भाषाओं के मिश्रण से 'सरनामी' के रूप में धरती पर उतर कर लोगों को एक दूसरे के और पास ले आई और उन्हें संगठित कर उनके धर्म, संस्कृति, रीति-रिवाजों को बचाकर भारतीय परंपराओं की सुरक्षा की। यह बात ध्यान देने योग्य है कि भोजपुरी भाषियों की अधिकता के कारण इस नव-निर्मित मिश्रित भाषा का आधार भोजपुरी रहा। संस्कृति की सुरक्षा के कामों में इस तरह भाषा का योग रहा। कालांतर में घरों में सरनामी भोजपुरी पनपी और धार्मिक कार्यों में हिंदी पनपी। यही प्रवासी काम के लिए खेतों/बागानों में गए और वहां कोड-स्विचिंग (code switching) से डच और श्रानान तोंगो का प्रयोग भी किया।

Cognitive Anthropology के अनुसार विविध संस्कृतियों में रहने से आदर्श मूल्यों और मान्यताओं का मिश्रण होता है जिन्हें Bullivan 1984 और Bantam (1984) में Rational choice Theory कहा गया है। यह ठीक है कि भाषा का जीवन संस्कृति की आदर्शवादी नींव (Ideational Base of Culture) पर ही निर्भर होता है, परंतु भाषा की सुरक्षा के लिए भाषा सीमा बदल जाती है और इसीलिए Code-switching या Code Adaptation होते हैं। जब भाषा किसी समाज में लुप्त होती है तो वह उसकी उस समाज में मृत्यु समझी जाती है जैसे कि सूरिनाम में तेलुगू और तमिल गायब हो गईं। बहुत ही अल्पसंख्यक होने से उनकी 1-2 पीढ़ियों के बाद ये भाषाएं लुप्त हो गईं। यह ठीक है कि उनकी भाषाओं के अवशेष उनके नामों में और धार्मिक रीति-रिवाजों में आज भी उन भाषाओं के अस्तित्व का संकेत देते हैं।

यहां पर Fishman (1972) के विचारों से मैं सहमत नहीं हूँ। भाषा का बदलना (Language Shift) कोई आवश्यक नहीं कि समाज के स्तर पर ही हो। उनका ध्रुवीकरण 'छोटा', बड़ा या ऊंचा, नीचा, सभी भाषाओं पर लागू नहीं हो सकता। सूरिनाम में भारतीय मूल के लोगों में तीन भाषाएं रही हैं—मातृभाषा, सम्पर्क-भाषा और मानक भाषा। सरनामी जो बहुत सी भाषाओं का मिश्रण है वही अब मातृभाषा बन गई है। सरनामी के विकास में विविध बोलियों का योग रहा है।

लेकिन छोटे बड़े की बात नहीं थी। हिंदुस्तानी सदैव संपर्क-भाषा बनी रही। अब मानक भाषा का स्थान औपचारिक डच भाषा ने ले लिया है। हिंदी जिसे मानक कहा जाता है, जिसका प्रयोग धर्म संस्कृति को समझने में हुआ है, उसके प्रयोग के भी अपने संदर्भ हैं।

Ferguson (1960)के अनुसार भाषा-द्वैत (diglossia) का प्रयोग किसी भी भाषा के अंतर पर किया जाता सकता है क्योंकि इसका किसी भी राजनीतिक संदर्भों से संबंध नहीं है बल्कि ये सामाजिक चयनों पर आधारित हैं जो किसी भी समाज में उपस्थित हो सकते हैं। फ़रगूसन की राय में जहां एक से अधिक भाषाएं बोली जाती हैं वहां भाषा-द्वैत एक तरह की मनोवैज्ञानिक प्रवृत्ति है।

जब सूरिनामी हिंदुस्तानी कहता है कि उसकी भाषा 'टूटल-फूटल' या अइली-गइली' है तो वह अपनी भाषा को छोटे बड़े के तराजू से अलग रखता है। उसके लिए मातृभाषा उसके हृदय की महतारी है। हरदेव साहतू ने अपनी 'मातृभाषा' कविता में लिखा है।

अपने भाषा में एक बात बोली,
तोहसे हम्मे बहुत है प्यार,
महतारी भाषा हमार

सूरिनाम में बागानों में रहने का अकेलापन, भारत के गांवों की स्मृति का अकेलापन, घर की बिरहा और बारहमासा की यादों ने महतारी भाषा को नवजीवन दिया है।

यह कह सकते हैं कि Koineization भाषिक प्रक्रिया के द्वारा हिंदुस्तानी समाज और उसकी सरनामी भाषा फिर से जीवित हो गई है। वह भी सूरिनाम में जो भारत से 10,000 किलोमीटर दूर है। हिंदुस्तानी लोगों ने अपनी बोलियों और हिंदुस्तानी भाषा (हिंदी) में कोई ऊंची नीची श्रेणी की तुलना में कभी नहीं सोचा।

सरनामी या सरनामी-भोजपुरी के व्याकरण की संरचना को देखें तो विदित होगा कि सरनामी हिंदी या हिंदुस्तानी से काफ़ी सरल है। इसमें लिंग-भेद नहीं है और क्रियाएं पुल्लिग और स्त्रीलिंग भेद से प्रभावित नहीं हैं। हिंदी में कर्ता के साथ क्रिया के संकेत करने के लिए 'ने' का उपयोग होता है, लेकिन सूरिनाम में 'ने' का प्रयोग नहीं होता। कर्म को बताने के लिए 'के' का उपयोग होता है। सर्वनाम में 'मैं' के स्थान पर 'हम' का उपयोग होता है। उदाहरण देखिये—

सरनामी	हिंदी
हम करिला = कर +इला है	मैं करता/ती हूँ
तू करे है > कर + ए है	तू करता/ती है
आप करो है > कर + ओ है	आप करते हो
ई/ऊ करे है > कर + ए है	यह/वह करता/ती है
हम लोग करिला > कर + इला	हम करते हैं
तू लोग करे है > कर + ए है	तुम करते/ती हो
आप लोग करो है > कर + ओ है	आप करते/ती हो
ई लोग/ऊ लोग करे है > कर + ए है	ये/वे करते/ती है

सरनामी में 'है' और 'बाटे' दोनों का उपयोग होता है 'तू कैसे है/बाटे' 'बाटे' भोजपुरी है और 'है' हिंदी की क्रिया 'होना' से है।

सरनामी	हिंदी
हम सौदा बेचली है > बेच + ली है	मैंने सौदा बेचा है
तू सौदा बेचे है > बेच + ए है	तुमने सौदा बेचा है
आप सौदा बेचलो है > बेच + लो है	आपने सौदा बेचा है
ई/ऊ सौदा बेचिस है > बेच + इस है	इसने/उसने सौदा बेचा है
सरनामी मै आप बोलो	हिंदी में आप बोलिए।

सरनामी में संज्ञा के साथ 'वा' भी लगता है जैसे बचवा, कमरवा आदि। यह प्रत्यय हिंदी में नहीं है।

सरनामी में 'र' अक्षर के स्थान पर 'ल' का प्रयोग होता है जैसे 'पालिवाल (हिंदी में परिवार), मन्दिल (हिंदी में मन्दिर)। किन्हीं शब्दों में 'र' के स्थान पर 'न' का प्रयोग होता है जैसे 'फिन' (हिंदी-उर्दू में 'फिर')। घर घर में सुनी जाने वाली 'नक्कू' की कहानी मेरे मित्र अ.हि.नि. वर्वे ने 1953 में पारामारिबो में टेप की थी। इसको बताने वाले श्री सूर्यप्रसाद कमलेश्वर शुक्ल थे। आपको यूटरेक्ट विश्वविद्यालय से श्रीमद्‌भगवद्‌गीता के डच भाषांतर पर डॉक्टर की उपाधि मिली थी। मूल रूप से यह कहानी 'दृष्टांत-सागर' से ली गई है।

'एक रहे सेठ तु ऊ जवान गइल एक देश में रोजगार करे। जौन देश के जितने लोग रहे ऊ लोग सब कोई आपन, नाक कटाय लेत रहे। ऊ देश की चाल ही रहा कि जो लोग पैदा होय उ लोग अपना नाक पहले कटाय ले। जब ई सेठ हुंआ पहुंच ले तो हुआ के लोग इन्हें शुरू कर देले कहे के देखो नक्कू आये हैं नक्कू। और ई सेठ के कोई सौदा न मांगे-खरीदे। सेठ साहब बड़ा झनझट में पड़े। ऊ तो अपना देश

छोड़ कर अइले रोजगार करे औष हिंया जितने लोग उन्हें देखें उन्हें बलावे, देखो भाई नक्कू आये हैं नक्कू, और सेठ जहें जाये उनकी पीछे लशकर भर। उनके पीछे सब चिढ़ाते देखाई नक्कू आये हैं नक्कू। तो अंत समय में सेठ के भेंटाये एक पंडित और पंडित जी के नाक भी कटा रहा काहे से उ देश के उ रहे पंडित। तो उनके आपन नाक कट ही के परल। तो पंडित जी सेठ से पुछले भाई, हियां तु कहां अइलो इस देश में, बोल पंडित जी देखो हम तो हिंया अइली रोजगार करे, लेकिन ई देशवाले तो हमसे कोई सौदा न मांगे है खरीदे। सब हमार पीछे घूम-घूम कहें देखो भाई नक्कू आइल हैं नक्कू। तो पंडित जी बोले देखो भाई ई देश के चाल है जब लड़का पैदा हों तो वही समय नाक है देवल जा काट। जोतु मांगे इस देश में धनी बने तो तुहके भी चाही आयन नाक कटाये के। नहीं तो बेहतर है तु आपन डेरा डंडा उठाओ और हिंया से चले जाव कोई दूसर देश। लेकिन उ सेठ जो बहुत माल लियायल रहले किन से अपने देश लोट जैते उनके बहुत हानि होत। और उनके दूसर और उपाय न रहा। अंत समय में आपन सौदा बेचे के लिए सेठ साहब सब लोग से चीरौरी कैलें कि भैया हमरे नाक काट लो, लेकिन सौदवा हमार खरीद लो। तो ऐसन हालत में सेठ जी आपन नाक कटाकर सौदा बेच कर फिर आपन घर गैलें।''

हिंदुस्तानी व्याकरण की संरचना को समझने और पढ़ाने के लिए 1891 में 'कुली स्कूल' बने थे। ये 4 स्कूल थे जहां हिंदुस्तानी माध्यम से उर्दू-हिंदी की शिक्षा बच्चों को दी जाती थी। ये स्कूल 1906 तक चले। इन स्कूलों के अध्यापक एक प्रवासी हिंदुस्तानी ही थे जो डच जानते थे और दुभाषिए का काम करते थे। वैसे मोरावियन ईसाई ब्रदर्स मिशनरी भी धार्मिक शिक्षा मोरावियन स्कूलों में दिया करते थे। हिंदुस्तानी का व्याकरण हिंदी का ही व्याकरण था। रोमन कैथोलिक मिशनरी भी अपने स्कूलों में हिंदी की शिक्षा दिया करते थे। हिंदुस्तानी अपने बच्चों को ईसाई स्कूलों में धर्म-परिवर्तन के डर से नहीं भेजते थे। 'कुली स्कूलों' में हिंदुस्तानी बच्चों ने हिंदी सीख ली। पढ़ाने वाले शिक्षकों में थे तुलसी, अकरम मियां, करामत अली, बाल किशन, शीतल प्रसाद, दलिया सिंह, रामदास, शिवप्रसाद और जब्बर। निकेरी में दो दुभाषिये थे, दिल रोशन और उदय राजसिंह जो अंग्रेज़ी भी जानते थे। ये सब 1882 के बाद सूरिनाम आये थे। आरम्भ में स्कूलों में कुल 93 लड़के और 41 लड़कियां थीं। हिंदी सिखाने के लिए नाथूराम की पुस्तकों को भारत से मंगाया जाता था। इसी अवधि में प्रवासी हिंदुस्तानी समझ गए कि शिक्षा से आगामी पीढ़ी संस्कृति और धर्म के साथ अपनी मातृभाषा की भी रक्षा कर सकेगी। 1907 से 1929 तक विद्यार्थियों ने डच स्कूलों में अध्ययन किया जहां डच भाषा (जो अनिवार्य थी) उसके साथ हिंदी भी पढ़ाई गई। किंतु डच सरकार नहीं चाहती थी कि हिंदी को भी डच स्कूलों में पढ़ाया जाए। बाद में स्कूलों में सिर्फ़ डच भाषा ही रही

जिसके माध्यम से सभी विषय पढ़ाए जाते थे। प्रवासी हिंदुस्तानियों ने भी संस्थाएं खोलीं। हिंदी मरी नहीं बल्कि वहां उसे उचित आदर और स्थान मिला। 1929 के बाद में आर्यसमाज, सनातन धर्म और इस्लाम की संस्थाओं ने भी हिंदी-उर्दू की शिक्षा दी। सरनामी भाषा स्कूलों में नहीं पढ़ाई गई क्योंकि उसका न तो कोई व्याकरण था और न ही दूसरी पुस्तकें थीं। भाई परमानन्द जो अमरीका में गदर संस्था के निर्माता थे उन्होंने प्रवासियों को राष्ट्रप्रेम के लिए प्रोत्साहित किया। वह गयाना की राजधानी जार्जटाउन में 1910 में आए थे। कहा जाता है कि एक दिन के लिए वह निकेरी भी गए थे। उन्होंने वहां आर्यसमाज का प्रचार न करके हिंदी का प्रचार किया ताकि सभी प्रवासी एक ही आवाज़ से मिलजुल कर रह सकें। अनौपचारिक रूप से कुंजबिहारी त्रिपाठी ने वहां आर्यसमाज की स्थापना की और स्वयं हिंदी के प्रचारक और शिक्षक बन गए। 1930 से 1950 तक कई पत्रिकाएं हिंदी में निकलीं जैसे, 'हरिजन' (जो गांधी के आदर्शों पर थी), सनातन धर्म मासिक पत्रिका, 'प्रकाश' और 'विकास'।

1891 में भारत सरकार ने डॉ. कोमिन को बागानों वाले उपनिवेशों का दौरा करने के लिए और प्रवासियों की समस्याएं बताने के लिए भेजा। कैरिबियन देशों के बाद वह सूरिनाम भी आए थे। सूरिनाम के हिंदुस्तानियों के बारे में उन्होंने पूरा विवरण दिया। सूरिनाम में तब प्रवासियों के पास 832 गायें, 317 बकरियां और 21 दूसरे जानवर थे। पारामारिबो में दूध का व्यापार शुरू हो गया था। कुली स्कूलों में कोई 20 हिंदुस्तानी विद्यार्थी थे। जिनकी आयु 7 से 9 वर्ष की थी। अपने सुझाव में उन्होंने लिखा कि 9-12 तक के बच्चों को भी शिक्षा दी जानी चाहिए। लेकिन उनके सुझाव कार्यान्वित नहीं हुए। क्योंकि बागानों के मालिक 10-11 वर्ष के लड़कों को वयस्क मानते थे जिनका काम सिर्फ़ बागानों और खेतों में काम करना था। 1939 में सूरिनाम के गवर्नर डॉ. कीलस्ट्रा ने इंडोनेशिया के अनुभव पर 'देसी स्कूल' चलाए और हिंदुस्तानियों को हिंदी पढ़ने की स्वतंत्रता दी। इससे पहले जो भी पत्रिकाएं निकलीं वे हस्तलिखित थीं।

मुंशी रहमान खान (1874-1972) मौध हमीरपुर में स्कूल में शिक्षक थे। वे 1898 में 'आवोन' जहाज़ से सूरिनाम आए थे। उन्होंने आरंभ से ही अपने अनुभव अपनी डायरी में लिखे जिसे उन्होंने 1940 में जीवन प्रकाश में पुनः लिखा। मुंशी जी भारत में ही रामायण से प्रेरित थे। जब रामलीला देखने कानपुर गए वहीं पर 2 अरकाटियों ने उन्हें सूरिनाम जाने के लिए फांस लिया।

सूरिनाम में अक्सर शाम को इतवार के दिन वह बच्चों को हिंदी सिखाया करते थे और रामायण पर प्रवचन देते थे। उन्होंने कोई 16 पांडुलिपियां लिखीं। उन्होंने हिंदू और मुसलमान परिवारों के बच्चों को हिंदी सिखाने के लिए हिंदी

शिक्षा-प्रकाश लिखा जो 3 भागों में है। वह बृज-बुंदेली में दोहे और चौपाई भी लिखते थे। उनकी दो छोटी पुस्तकें ज्ञान प्रकाश (1952) और दोहा शिक्षावली (1953) भारत में छपी थीं। वह नस्तलीक लिपि नहीं जानते थे। उनकी सभी पांडुलिपियां देवनागरी ही में लिखी हैं।

1950 के बाद जब पारामारिबो में भारतीय दूतावास बना तो प्रवासियों ने भारत सरकार से हिंदी अध्ययन करने के लिए सहायता मांगी। दूतावास ने वहां भारतीय संस्कृति केंद्र खोला। वर्धा से प्रेरित होकर पारामारिबो में सूरिनाम हिंदी परिषद की स्थापना 1977 में हुई। उस वर्ष सुमन हिंदी पाठशाला खुली। तब तक कुछ हिंदी प्रेमियों को छोड़कर जो कुछ भी हिंदी में लिखा गया वह सब रोमन लिपि में था। 1964 में सूरिनामी सरकार की ओर से Spelling Commission ने हिंदी को रोमन लिपि में लिखने के लिए एक रिपोर्ट प्रस्तुत की। डॉ. ज्ञान अधीन ने एक रिपोर्ट प्रस्तुत की है जिसके अनुसार रोमन का प्रयोग अभी भी जारी है। आजकल जो भी हिंदी में लिखा जा रहा है वह काफ़ी कुछ देवनागरी में है, परंतु रोमन लिपि का प्रयोग भी सरनामी लिखने में हो रहा है। कुछ पत्रिकाएं देवनागरी और रोमन लिपि दोनों में छपती हैं पर सूरिनाम में भाषा पत्रिका अभी भी रोमन लिपि में छपती है।

भारतीय दूतावास खुलने के बाद सूरिनाम में महातम सिंह आए थे उन्होंने हिंदी के प्रचार के लिय माता गौरी संस्थान की स्थापना की। माता गौरी का वास्तविक नाम था गौरी शिवबालक तिवारी जो 1889 में गंगा जहाज़ से सूरिनाम प्रवासी बन कर आई थीं। 1894 में अलकमार बागान के पास उन्होंने अपनी छोटी-मोटी खेती करना आरम्भ किया और 1966 में 93 वर्ष की आयु में उनका निधन हो गया। उनके लड़कों ने पारामारिबो की ज़मीन महातम सिंह को भाषा-संस्कृति और धर्म प्रचार के लिए दान दे दी। वहीं माता गौरी संस्थान का भवन बना और तबसे वहां हिंदी भाषा का अध्ययन और अध्यापन हो रहा है। जब सातवां विश्व हिंदी सम्मेलन पारामारिबो में हुआ तब हिंदी के विद्वान और लेखक, जो भारत से और विश्व भर से आए थे, उनको देखकर सरनामी हिंदुस्तानी हिंदी के भक्त बन गए।

आज स्थिति यह है कि सरनामी केवल अंदरूनी अंचल में, जहां प्रवासी लोग खेती करते हैं, बस वहीं तक सीमित रह गई है। राजधानी पारामारिबो और छोटे नगरों में नवयुवक डच और श्रानान तोगों ही बोलचाल में, दफ्तरों में, चुनावों आदि में व्यवहार में लाते हैं। यदि सरनामी के बारे में कुछ नहीं किया तो इसमें शक नहीं कि इसके बोलने वाले कम ही होते जाएंगे।

मुंशी रहमान खान के बाद सूरिनाम में श्री निवासी हरिदत्त मार्तिन लछमन ने अपनी कविताएं लिखना आरंभ किया था जो डच, सरनामी और हिंदी में हैं। तब वह

उपनाम फ़रनैंडो के नाम से लिखते थे। उन्होंने 20 से ज़्यादा पुस्तकें लिखीं और उन्हें सूरिनाम ने राष्ट्रीय कवि के रूप में पहचाना। अब उनकी उम्र बहुत हो गई है और अब वे Curaso में रहते हैं।

जलसे के मध्य में
मर गया यह दिल
पर किसी को
पता भी न चला ई दिसवा चुनली
और बोयली आपन जिन्दगी

'अकुलाहट' (1975)

पिता जी
बप्पा
पा
काहें के यहां से चला गयल
काहे के पिताजी इतनी दूर
चिट्ठी तोर मैया पाती नहीं
चिट्ठी बिलकुल द दिखल पा
काहे के यहां से
काहे के धीर धीरे पा
काहे के एकबरस अब भयल
कि हमसे तू नहिं बतिया है
कि हमसे न खेले है तू
काहे के यहां ले...
हाथ जोर कर बोगे-बोगे कारिला
हाथ जोर कर आपको पुकारिला
हाथ जोर कर बुलाइला
पिताजी, आओ न पा
काहे के यहां से

'उस संघर्ष की लालसा' (1974, ओख इन ओख)

और तुझे यह आश्चर्य होता
कि लोग मुझे समझ नहीं पाते
इसलिए कि मेरे लच्छेदार बाल नहीं
इसलिए कि मै बाद में आया
या मेरा संघर्ष कड़वा और शांतमय है
किंतु अब एक और नए संघर्ष में
हमें इन जंजीरों से भी मुक्त होना है...

बाबू चन्दमोहन रंजीत सिंह (1918-1992) ने हिंदी में, कविताएं, नाटक और मुक्तक काव्य लिखे जो पारामारिबो में ही प्रकाशित हुए थे। इसी परंपरा में अमर सिंह रमन भी हैं। जिन्होंने हिंदी के साथ सरनामी में भी कविताएं लिखीं। बाबू महातम सिंह से इन्होंने वर्धा पाठ्यक्रम के द्वारा हिंदी सीखी। इनका 'परवासी विरह' सरनामी में है।

छोड़ अइली हिंदुस्तानवा बबुआ पेट के लिए
माई छूट गइल बाप भी छूटा और छूटी महतारी
लड़कन-बालन सब कुछ छूटा छूट गई मोरी मेहरी

भारतीय अस्मिता पर उन्होंने हिंदी में प्रवासियों को ललकारा।

अय दुनिया के लोगों सुन लो, एक खबर मस्तानी
हिंदी सीखो हिंदी बोलो हिंदी से ही हिंदुस्तानी

रिनी सतिअम ने भी कविताएं रचीं। 1975 में 'मोहिनी' पत्रिका में परंपरा और वर्तमान दोनों पर चलना ही भारतीय अस्मिता पर उन्होंने ध्यान दिया।

अपनी संस्कृति
भाषा,
भेष,
भूषा
न भूल
जमीन के साथ चल

सूरज ने भी कविताओं का संकलन 'मेरी आवाज' में किया। उन्होंने भी संस्कृति पर ध्यान आकर्षित कराया।

जलसे के मध्य में
मर गया यह दिल
पर किसी को
पता भी न चला
जो सीख सके उसे सिखाओ
जो सुन सके, सुनाओ
जो पढ़ सके, पढ़ाओ
कौन जाने कल क्या होगा
भविष्य में
ठोकर या फूल की हार
किसको क्या मिलेगा

बहुत सी सरनामी प्रवासी हिंदुस्तानियों की पीढ़ियां 1970 के दशक में क्रियोल लोगों के डर से नीदरलैंड चली गईं। सूरिनाम में सरकार श्रानान तोंगों को राष्ट्रभाषा बनाना चाहती थी। नवयुवकों ने विरोध में नई सरनामी भाषा का अभियान चलाया। सरनामी-भोजपुरी को सूरिनामी माना। मेरे दो विद्यार्थियों ने (शीला-सहतूशाह और मोती माढ़े शीला ने (1975 और 1985 में) सरनामी व्याकरण लिखे। जीत नारायण बलदेव सिंह ने दाल, भात, चटनी पुस्तक और रिकार्ड बनाया था। आजकल वे सूरिनाम में रहते हैं। 1988 में पहली बार इनकी कविताएं देवनागरी में वाराणसी से छपीं।

भारत और डच सरकार के बीच संबंध अच्छे हैं। भारतीय मूल के लोग ऊँची शिक्षा के लिए भारत जाया करते हैं। मैं चाहूंगा कि भारत के स्कूलों में प्रवासी साहित्य को भी पाठ्यक्रम में रखा जाए। प्रवासी भारतीय दिवस तो 3 दिन के तमाशे का मेला बन गया है। सब कुछ अंग्रेज़ी में होता है। हैदराबाद के प्रवासी दिवस में जब पहली और आखिरी बार मॉरिशस के हिंदी लेखक अभिमन्यु अनत ने हिंदी में अपना वक्तव्य दिया तो उन्हें बीच में रोक दिया और कहा कि 'अंग्रेज़ी में बोलें'। प्रवासी विश्व सम्मान हिंदी लेखकों को कभी नहीं मिला, अंग्रेज़ी लेखकों को ही मान्यता दी गई जैसे त्रिनिदाद के नायपाल। विश्व हिंदी सम्मेलन ने अवश्य सूरिनाम के दो लेखकों को सम्मान दिया, जीत नारायण बलदेव सिंह और हरिदेव सहतू। श्रीनिवासी को कोई मान्यता नहीं मिली। वह संभव है कि सूरिनाम भारत से दूर होने के कारण, भारत सरकार सूरिनाम को भूल गई है। यदि संयुक्त राष्ट्र संघ में हिंदी को लाना है तो प्रवासी भारतीय देशों का समर्थन आवश्यक होगा। भारतीय सदैव से द्विभाषी-त्रिभाषी रहे हैं। भारत सरकार को चाहिए कि अपने दूतावास के संस्कृति केंद्र में सरनामी को न नकारे। सरनामी लोकगीतों पर शोध हो और उन पर लेख छपें

ताकि सरनामी भाषा जीवित रह सके। त्रिनिदाद और गयाना में भोजपुरी भाषा प्रायः लुप्त हो गई है।

श्री निवासी की कविता मुझे बार-बार याद आती है। यह न हो कि भावनाओं से भरी भाषा, संस्कृति और आदर्श, जो भारतीय प्रवासियों की भारतीयता के प्रतीक हैं, पश्चिमीकरण के कुहासे में लुप्त हो जाएं—

जलसे के मध्य में
मर गया यह दिल
पर किसी को
पता भी न चला

gautammohan@hotmail.com

संदर्भ-सूची

- Adhin, J.H. 1964. Geromaniseerefe spelling van het Sarnami Hindustan. Bureau Volkslectuur, Paramaribo
- Bantham, M. 1983. Racial and Ethnic Competition. Cambridge University Press, Cambridge
- Bullivian, B. M. 1984. Pluralism: Cultural Maintenance and Evolution, Avon, Multilingual Matters Ltd
- Commins, D.W.D. 1893. Emigration, Simla Records 3 Proceedings Nos. 14 - 18. Government Press, Calcutta
- De Klerk, C.J.M.1953. De Immigratie der Hindostanen in Suriname. Urbie- Obri, Amsterdam
- Ferguson, C.F. & J. Gumperz.1960.Linguistic Diversity in South and South East Asia. Indiana University Press, Bloomington
- Fishman, J.A.1972. The Sociology of Language. Newbury House, Rowley, Mass.
- Gambhir, Surendra.1983. Diglossia in Dying Languages: A case study of Guyanese Bhojpuri and Standard Hindi. Anthropological Linguistics, No. 25
- Gautam, M.K. 1999. The Construction of the Indian Image in Surinam: Deconstructing Colonial Derogatory Notions and Reconstructing Indian Identity. In M. Gosine and Dhanpaul Narine (eds) Sojourners to Settlers : Indian migrants in the Caribbean and the Americas. Windsor Press, New York
- Gautam, M.K. 2003. सूरिनाम में भारतवंशियों की सांस्कृतिक अस्मिता की सुरक्षा में आजा-आजी का योगदान. In Mahatam Singh (ed.) Shabd-Shakti, Paramaribo

- Gautam, M.K. 2015. कैरिबियन देशों में हिंदी भाषा और समाज. in Bahuvachan, Hindi ka Vishwa number. 46, (ed.) Girishwar Misra, Mahatma Gandhi Hindi Vishwavidyalaya, Vardha
- Nathuram, Munshi. 1976.Hindi ki pahli pustaka, Bambai, Shri Venketeshwar Press
- Northrup, David. 1995. Indentured Labour in the Age of Imperialism, 1834-1922. Cambridge University Press, New York
- Rahman Khan, Munshi. 1944.Jivan Ptakasha, MSS.
- Rahman Khan, Munshi. 1953.Doha Sikshavali, New Delhi
- Rahman Khan, Munshi. 1954.Jnan Prakasha, New Delhi
- Raman, Amar Singh.1984. Phulon ke Panchi.Paramaribo
- Sahatu, Harde va. 2006. सूरिनाम में हिंदी भाषा और साहित्यिक विकास का इतिहास. Paramaribo
- Shitiam, Rini. 1975. Mohini, Den Haa., Westfoort
- Singh, Chandra Mohan.1985. चन्द्र मुक्तावली. Paramaribo
- Sriniwasi. 1974. अकुलाहट. Paramaribo
- Srinivasi. 1975. Oog in Oog.Paramaribo
- Suraj.1984. मेरी आवाज़. Paramaribo
- Vogel, J.Ph. 1930. Het Devnagri Schrift. In R.J. Karsten (ed.) The British-Indiers in Suriname, 's-Gravenhage, Martinijs Nijhoff.

डॉ. बृज बी. लाल—डॉ. रिचर्ड बार्ज़ (आस्ट्रेलिया)

फ़ीजी में हिंदी

डॉ. बृज लाल— आस्ट्रेलियन नेशनल यूनिवर्सिटी (कैनबरा) में पैसेफ़िक और एशिया के इतिहास के प्रो.फ़ेसर; संप्रति सेवा-निवृत्त; मूलतः फ़ीजी से एक गिरमिटिया भारतीय के पौत्र; अनेक पुस्तकों और शोध-लेखों के प्रणेता; संपादन-The Encyclopedia of the Indian Diaspora; आस्ट्रेलिया सरकार के Centenary Medal और फ़िजी के Officer of the Order आदि सम्मानों से विभूषित।

डॉ. रिचर्ड बार्ज़— आस्ट्रेलियन नेशनल यूनिवर्सिटी (कैनबरा) से हिंदी-उर्दू वरिष्ठ प्राध्यापक पद से सेवा-निवृत्त; अनेक पुस्तकों और शोध-लेखों के प्रणेता; जैफ़ सीगल के साथ Language Transplanted : The Development of Overseas Hindi (1988) और अस्सा डोरोन व बारबरा नैलसन के साथ An Anthology of Writings on the Ganga (2015) का संपादन; मध्य प्रदेश के संस्कृति विभाग से फ़ादर कामिल बुल्के सम्मान (2016)

ऐतिहासिक परिचय

फ़ीजी के मूल निवासी शासकों में से सबसे शक्तिशाली शासक बाऊ द्वीप का राजा सेरु एपेनीसा चाकोबाऊ (थाकोम्बाऊ) था। उसका शासनकाल था 1815 से 1883 तक। 5 जून, 1871 को विटी लेवु के पूर्वी तट पर ओवालाऊ द्वीप पर स्थित लेवुका में उसकी 'तुईविटी' (फ़ीजी का राजा) बनने की घोषणा हुई। चाकोबाऊ ने यूरोप के पांच व्यक्तियों की एक कार्यकारी परिषद नियुक्त की जिसमें एक जर्मन था किंतु अन्य सभी ब्रिटिश या ऑस्ट्रेलिया के थे। उनके अतिरिक्त परिषद में दो फ़ीजी मुखिया भी थे। उनमें से एक उसका बेटा था। नई सरकार फ़ीजी द्वीप समूह में सक्रिय यूरोप से आकर बसे व्यक्तियों, व्यापारियों और मिशनरियों के नियंत्रण में थी। इन यूरोपीय लोगों में से एक अंग्रेज़ जॉन बेट्स थुर्स्टन (1836-1897) सबसे ज़्यादा कर्मठ था, हालांकि वह चाकोबाऊ का सलाहकार था, परंतु उसका परम

उद्देश्य था फ़ीजी राज्य का ब्रिटेन में विलय करवाने की व्यवस्था करना। फ़ीजी के मूल निवासियों की भूमि और श्रमिकों को हथियाने की यूरोपीय लोगों की बढ़ती मांग पर अंकुश लगाकर इस संकट से घिरे द्वीपसमूह में वह स्थिरता लाना चाहता था। परिणामस्वरूप 10 अक्टूबर, 1874 को ब्रिटेन में विलय की यह प्रक्रिया पूरी हो गई और 1888 में फ़ीजी के ब्रिटिश उपनिवेश के राज्यपाल के रूप में अपनी नियुक्ति के साथ थुर्स्टन अपने कैरियर की बुलंदी पर पहुंच गया।[1]

भारतीय श्रमिकों का आप्रवासन

फ़ीजी के हस्तांतरण के बाद 14 मई, 1879 को पहली बार 498 भारतीय गिरमिटिया मज़दूर कोलकाता (तब कलकत्ता कहलाता था) से लियोनिदस नामक पानी के जहाज़ से फ़ीजी पहुंचे। भारत की ब्रिटिश सरकार के साथ एक समझौते के तहत फ़ीजी उपनिवेश की ब्रिटिश सरकार गिरमिटिया भारतीयों को फ़ीजी लेकर आई थी क्योंकि यूरोपीय स्वामित्व वाले कपास और नारियल के खेतों में काम करने में फ़ीजी निवासियों की कोई रुचि नहीं थी। न्यू हेब्रिडीज़ (अब वानुआतु) जैसे अन्य प्रशांतसागर के द्वीपों से मज़दूरों को भर्ती करने के पहले के प्रयासों को त्यागना पड़ा क्योंकि वहां के भर्ती करने वालों के अत्याचारी कारनामों के कारण वे सफल नहीं हो पाए थे। गिरमिटिया भारतीयों की पहली खेप फ़ीजी पहुंचने के बाद एक साल के भीतर ही सिडनी की कलोनियल शूगर रिफ़ाइनिंग कंपनी (सी एस आर) ने देश में व्यापक रूप से गन्ने की खेती का काम शुरू कर दिया।[2] तब से लेकर 1973 में फ़ीजी में परिचालन बंद होने तक इस द्वीपसमूह के चीनी उद्योग पर सी एस आर का साम्राज्य रहा और इस तरह वह कंपनी फ़ीजी की भारतीय आबादी के इतिहास का अभिन्न अंग बन गई।

1879 और 1916 के बीच फ़ीजी पहुंची गिरमिटिया श्रमिकों की आखिरी खेप तक लगभग 60,000 भारतीयों को अनुबंध प्रणाली के तहत फ़ीजी लाया गया था। इनमें से लगभग 45,000 उत्तर भारत से और लगभग 15,000 दक्षिण भारत से आए थे। दक्षिण भारत से गिरमिटिया मज़दूरों का आप्रवासन 1903 में शुरू हुआ था। ये श्रमिक एक समझौते के तहत (जिसे फ़ीजी हिंदी में 'गिरमिट' कहते हैं) यहां आए थे जिसके अनुसार वे पांच वर्ष की सेवा पूरी होने पर अपने ख़र्च पर या दस साल की सेवा पूरी होने के बाद सरकारी खर्च पर हिंदुस्तान वापस जा सकते थे।

जिन भारतीयों ने फ़ीजी में ही रहने का फ़ैसला किया उनके पास कृषक बनने का विकल्प तो था लेकिन वे केवल सीमित अवधि के लिए पट्टे पर ज़मीन लेकर ही खेती कर सकते थे। इसकी वजह ग्रेट ब्रिटेन के साथ किए गए 1874 के फ़ीजी के भूमि-हस्तांतरण के विलेख का चौथा प्रावधान इस प्रकार था —

एतद्द्वारा घोषित किया जाता है कि ऐसी समग्र भूमि का पूर्ण स्वामित्व महारानी साहिबा, उनके वारिसों और उत्तराधिकारियों में निहित होगा जिसके स्वामित्व का हस्तांतरण यूरोपीय लोगों या अन्य विदेशियों की वास्तविक संपत्ति के रूप में नहीं दर्शाया गया है और जो अभी किसी मुखिया (चीफ़) या जनजाति के वास्तविक उपयोग या अधिकार में नहीं है या किसी मुखिया (चीफ़) या जनजाति के भावी संपोषण या देखभाल के लिए आवश्यक नहीं है।[3]

दूसरे शब्दों में, फ़ीजी के भूभाग के एक बड़े हिस्से को और विशेष रूप से कृषि-योग्य भूमि को 1874 में फ़ीजी के मुखिया लोगों और जनजातियों की संपत्ति घोषित कर दिया गया था। जिन भारतीयों ने अपना अनुबंध पूरा हो जाने के बाद फ़ीजी में स्थायी रूप से बसने का फ़ैसला किया था उनके द्वारा खरीदे जाने के लिए पूर्ण स्वामित्व वाली बहुत ही कम भूमि उपलब्ध थी। चूंकि ब्रिटिश सम्राट की उत्तराधिकारी फ़ीजी सरकार के साथ किए गए हस्तांतरण-विलेख में निर्धारित ज़मीन के स्वामित्व के नियम फ़ीजी के कानूनों और संविधानों में आज तक कायम हैं, इसलिए फ़ीजी की लगभग 90% भूमि पर मूल फ़ीजी-वासियों का स्वामित्व है। अतः अधिकांश भारतीय मूल के फ़ीजी-वासी जो गन्ने और अन्य वाणिज्यिक फ़सल के लिए उपयुक्त ज़मीन पर खेती करते हैं, वे केवल मूल फ़ीजी जमींदारों से उनकी ज़मीन पट्टे पर लेकर ही खेती कर सकते हैं। पट्टेदारी में सुनिश्चित समयावधि के अभाव में भारतीय-फ़ीजीवासियों की आर्थिक स्थिति बहुत कमज़ोर बनी हुई है।

कुछ 24,000 के करीब श्रमिक अपना अनुबंध पूरा करके भारत लौट आए थे और स्वतंत्र हुए बाकी श्रमिक स्थायी रूप से फ़ीजी में ही बस गए। फ़ीजी की 2007 की जनगणना के अनुसार फ़ीजी की कुल आबादी 837271 थी जिसमें इन मुक्त कर दिए गए भारतीयों के बच्चों और व्यापार और अन्य कारणों से फ़ीजी में आकर बसे अन्य भारतीयों के वंशजों की संख्या 313798 थी[4]। 1987 से लेकर 2006 तक की अवधि में कई बार हुए सैन्य और नागरिक तख्तापलट प्रयासों के दौरान भारतीय मूल के फ़ीजी-वासियों की आबादी लगातार कम हुई है। वर्ष 2000 में हुए तख्तापलट में पहले भारतीय-फ़ीजी प्रधानमंत्री, महेंद्र पाल चौधरी को पद से हटा दिए जाने के बाद से विशेष रूप से भारतीय मूल के फ़ीजीवासी आशंकित दिखाए दिए। तख्तापलट शुरू होने के बाद 1,20,000 से अधिक भारतीय-फ़ीजीवासी मुख्यतया संयुक्त राज्य अमेरिका, कनाडा, ऑस्ट्रेलिया और न्यूज़ीलैंड में जाकर बस गए हैं।

फ़ीजी हिंदी

उत्तरी भारत से आए ज़्यादातर मज़दूर वर्तमान उत्तर प्रदेश के पूर्वी क्षेत्र के ज़िलों से

आए थे। गिरमिटिया मज़दूरों के कुल प्रतिशत के हिसाब से जिन 5 ज़िलों से सबसे अधिक मज़दूर आए थे, वे थे— बस्ती (14.1%), गोंडा (7.9%), फैज़ाबाद (5.1%), सुल्तानपुर (3.8%) और आज़मगढ़ (3.8%)[5]। पूर्वी ज़िलों से आए मज़दूर अलग अलग क्षेत्रीय भाषाओं में बात करते थे जैसे अवधी, मैथिली और भोजपुरी। ये सभी भाषाएं हिंदी भाषा परिवार की भाषाएं थी। समय बीतने के साथ साथ, पांच या दस साल तक गन्ना बागानों में एक साथ काम करते करते उनके बीच इन भाषाओं से मिलकर बनी बोलचाल की एक नई भाषा विकसित हो गई जिसे 'फ़ीजी बात' या फ़ीजी-हिंदी के रूप में जाना जाने लगा। भारतीय मूल के फ़ीजी-वासी आज भी आपस में इस भाषा में बात करते हैं।

खिचड़ी (पिजिन) हिंदुस्तानी

फ़ीजी-हिंदी और खिचड़ी हिंदुस्तानी में बहुत फ़र्क है और इन्हें एक नहीं माना जाना चाहिए। खिचड़ी[6] हिंदुस्तानी अनुबंध अवधि के दौरान गन्ना बागानों में फ़ीजी-हिंदी भाषी उत्तर भारतीय मजदूरों, तमिल और तेलुगु भाषी दक्षिण भारतीय मजदूरों, मूल फ़ीजी-वासियों और चीनी मूल के फ़ीजीवासियों के बीच एक संपर्क-भाषा के रूप में विकसित हुई थी। आज भी कुछ मूल फ़ीजी, चीनी-फ़ीजी और भारतीय-फ़ीजी लोगों को खिचड़ी हिंदुस्तानी बोलते हुए सुना जा सकता है। यद्यपि अब फ़ीजी में सभी समुदायों के लोग दोनों खिचड़ी हिंदुस्तानी और फ़ीजी भाषा के खिचड़ी स्वरूप के स्थान पर अंग्रेज़ी का इस्तेमाल लोकभाषा के रूप में करने लगे हैं।[6] खिचड़ी हिंदुस्तानी और फ़ीजी-हिंदी के बीच अंतर बताने के लिए निम्नलिखित उदाहरण अपने आप में पर्याप्त होगा—

> खिचड़ी हिंदुस्तानी-अम जानो तीन मैना तलक अम बैटो वोटेल मे।
> फ़ीजी हिंदी-हम सोचता तीन मैना तलक हम होटल मे रहा।
> अंग्रेज़ी : आई थिंक आई वाज़ इन द होटल फ़ॉर थ्री मंथ्स।[7]

फ़ीजी-हिंदी और शुद्ध हिंदी

हालांकि वे फ़ीजी-हिंदी का इस्तेमाल केवल रोज़मर्रा की ज़िंदगी में ही करते हैं, फिर भी भारतीय-फ़ीजी इसे औपचारिक उपयोग के लिए अनुपयुक्त मानी जाने वाली निम्नस्तरीय बोली से थोड़ा ज़्यादा महत्त्व देते हैं।[8] फ़ीजी-हिंदी के वक्ता औपचारिक अवसरों पर मानक हिंदी का प्रयोग करते हैं जिसे वे अक्सर शुद्ध या 'अमिश्रित' हिंदी कहते हैं। नतीजतन 1920 में, अनुबंध प्रणाली समाप्त होने और स्वतंत्र हुए भारतीय मज़दूरों के सी एस आर की चीनी मिलों के आसपास बस जाने

के बाद, औपनिवेशिक सरकार ने उस हिंदुस्तानी भाषा को, जिसे ब्रिटिश औपनिवेशिक भाषा में हिंदी के मानक रूप के तौर पर जाना जाता था, भारतीय समुदाय के साथ औपचारिक संवाद की भाषा के रूप में अपनाया। सरकारी नोटिस और घोषणाएं हिंदी में प्रकाशित की जाती थीं और भारतीय मूल के बच्चों के लिए प्राथमिक स्कूलों में इस भाषा का प्रयोग अपनाया गया।

फ़ीजी में हिंदी के कायम रह पाने के कारण

फ़ीजी के औपनिवेशिक समाज में तीन प्रमुख जातीय समूह थे—मूल फ़ीजी-वासी, आप्रवासी भारतीय और यूरोपीय लोग जिनमें ज़्यादातर ब्रिटेन, आस्ट्रेलिया और न्यूज़ीलैंड के प्रशासक और व्यापारी शामिल थे। इन तीन प्रमुख जातीय समूहों को अलग थलग रखना और इनमें मित्रता होने के अवसर पैदा न होने देना ही सफल औपनिवेशिक शासन के हित में था। इस अलगाव का मतलब यह था कि तीनों समूहों के लोगों को अपने अपने सांस्कृतिक संसाधनों पर ही निर्भर रहना पड़ा।

अंग्रेज़ी भाषा तीनों ही जातीय समूहों द्वारा बोली समझी जा सकती थी। हालांकि प्रत्येक समूह की सरकार से मान्यता-प्राप्त अपनी अपनी भाषा थी—फ़ीजी समुदाय की मानक फ़ीजी, भारतीय समुदाय की हिंदी और यूरोपीय समूह की अंग्रेज़ी—तो भी तीन समूहों के लोगों के बीच आपसी संवाद के लिए एक संपर्क-भाषा का होना भी बहुत ज़रूरी था। यह भाषा तब भी अंग्रेज़ी थी, और आज भी अंग्रेज़ी ही है।

हिंदी के कायम रह पाने में धर्म की भूमिका

ईसाई धर्म मूल फ़ीजीवासियों और यूरोपीय समूहों को तो एक मंच पर ले आया लेकिन भारतीय फ़ीजी-वासी इसे स्वीकार नहीं कर पाए। ईसाई धर्म अधिकांश भारतीय-फ़िजियों को कभी भी प्रभावित नहीं कर पाया क्योंकि वे इसे औपनिवेशिक सरकार और सी एस आर के धर्म के रूप में देखते थे और इसीलिए भारतीय समुदाय में इसकी पैठ न के बराबर रही।

इस वास्तविकता को स्वीकार करते हुए ईसाई मिशन ने शिक्षा के क्षेत्र में अपने काम के साथ साथ अपने प्रयासों को मूल फ़ीजी समुदाय पर केंद्रित किया। अधिकांश भारतीय मूल के फ़ीजी-वासियों ने अपने अपने हिंदू, मुस्लिम या सिख धर्म को नहीं छोड़ा। इस तरह, त्रिनिदाद-टोबैगो और गयाना की तुलना में फ़ीजी काफ़ी अलग ढंग से विकसित हुआ है क्योंकि 19वीं और 20वीं शताब्दी में जब ये देश ब्रिटिश उपनिवेश थे तब वहां बड़ी संख्या में गिरमिटिया भारतीयों और उनके वंशजों ने ईसाई धर्म को अपना लिया था। उन देशों में अंग्रेज़ी भाषा और जीवनशैली

के ब्रिटिश तरीकों को अपनाना उच्चस्तरीय सामाजिक और आर्थिक प्रगति का साधन माना जाता था।

1880 के दशक तक फ़ीजी में हिंदूधर्म के मूल ग्रंथ, जो सब के सब हिंदी में थे, हिंदुओं के बीच परिचालित थे। इन ग्रंथों में तुलसीदास कृत रामचरितमानस, माखनलाल खत्री की सुखसागर, भागवत पुराण का हिंदी अनुवाद, लल्लूलाल का प्रेमसागर, सत्यनारायण की कथा, दानलीला और संस्कृत भगवद्गीता के अनेक हिंदी अनुवाद शामिल थे। 19वीं सदी के अंतिम दशक तक कई हिंदू मंदिरों की स्थापना से फ़ीजी में हिंदूधर्म को सुदृढ़ता मिलती रही।

भारतीय-फ़ीजी जनसंख्या में शामिल लगभग 16% मुस्लिम भी अनुबंध अवधि के दौरान और बाद में भी अपने धर्म को बढ़ावा देने के लिए प्रयासरत रहे। उन्होंने 1900 में नवूआ में अपनी पहली मस्जिद का निर्माण किया।

अधिकांश सिख लोग गिरमिटिया मज़दूरों के रूप में नहीं बल्कि स्वेच्छा से फ़ीजी पहुंचे थे। उन्होंने 1922 में सुवा के पास सामाबुला में अपने पहले गुरुद्वारे का निर्माण किया। 2007 में की गई फ़ीजी जनगणना के अनुसार देश में 2,577 सिख थे।

मुस्लिम और सिख भारतीय-फ़ीजी, हिंदी के बजाय उर्दू और पंजाबी को अपनी औपचारिक भाषा के रूप में देखते हैं हालांकि, अन्य भारतीय-फ़िजियों की तरह उनकी आम बोलचाल की भाषा फ़ीजी-हिंदी ही है।

फ़ीजी में हिंदी समाचारपत्र

चूँकि ब्रिटिश औपनिवेशिक सरकार ने फ़ीजी में हिंदी को भारतीय समुदाय की भाषा के रूप में मान्यता दे दी थी इसलिए भारतीयों को बहुत पहले ही अपने हिंदी समाचारपत्र प्रकाशित करने का अवसर मिल गया था। फ़ीजी में प्रकाशित होने वाला पहला हिंदी अख़बार अंग्रेज़ी भाषा में प्रकाशित होने वाले समाचारपत्र द सेट्लेर का पंडित शिवदत्त शर्मा द्वारा निकाला गया हिंदी संस्करण था। द सेट्लेर 1913 में मणिलाल मगनलाल डॉक्टर द्वारा शुरू किया गया था और इसका हिंदी संस्करण आने में भी ज़्यादा समय नहीं लगा। मणिलाल मगनलाल डॉक्टर एक भारतीय वकील थे, जो भारतीय-फ़ीजी समुदाय का नेतृत्व करने के लिए मॉरिशस से फ़ीजी गए थे।

1923 और 1929 के बीच प्रकाशित हुआ 'फ़ीजी समाचार' और 1975 में प्रारम्भ हुआ 'वृद्धि वाणी'। फ़ीजी में प्रकाशित होने वाले अन्य शुरुआती हिंदी समाचारपत्र भी थे। 1935 में फ़ीजी टाइम्स और हैरल्ड ने हिंदी साप्ताहिक 'शांतिदूत ' का प्रकाशन शुरू किया था। किसान-संघ के श्रम आंदोलन का मुखपत्र किसान,

जिसके संपादक पंडित बी. डी. लक्ष्मण थे। 'तारा' जिसके संपादक ज्ञानीदास थे; 1949 से 1970 के दशक के मध्य तक प्रकाशित 'जागृति'; 1953 और 1958 के बीच ज्ञानीदास द्वारा प्रकाशित 'झंकार' तथा इनके अलावा 'फ़ीजी संदेश,' 'जय फ़ीजी', 'संगम' और 'सरताज' 1940 और 1950 के दशक में शुरू हुए हिंदी समाचारपत्रों में शामिल थे।

औपनिवेशिक सरकार ने 1926 में 'राजदूत' नाम से एक हिंदी पत्रिका का प्रकाशन शुरू किया था।[9] लगभग एक दशक तक प्रकाशित होने वाली 'राजदूत' पत्रिका मुख्य रूप से भारतीय समुदाय को सरकारी संदेश और अन्य सूचनाएं देने के लिए प्रकाशित की जाती थी।

ये हिंदी समाचारपत्र भारतीय बस्तियों में खूब लोकप्रिय थे। भारतीय-फ़ीजी अक्सर केवल यही मुद्रित सामग्री पढ़ते थे। समाचार और कमेंटरी के अलावा इन समाचारपत्रों में धार्मिक और सांस्कृतिक विषय भी शामिल किए जाते थे जो भारतीय संस्कृति और भाषा में दिलचस्पी बढ़ाने का स्रोत होते थे। इसके अलावा ये समाचारपत्र छोटी कहानियां और कविताएं लिखने वाले स्थानीय लेखकों के लिए अभिव्यक्ति का मंच भी थे। इन समाचार पत्रों में से केवल 'शांतिदूत' अभी भी प्रकाशित किया जा रहा है हालांकि अब यह संक्षिप्त रूप में प्रकाशित होता है जिसमें रचनात्मक लेखन बहुत कम होता है। चूँकि भारतीय-फ़िजियों की युवा पीढ़ी में से कुछ ही लोग देवनागरी लिपि समझते हैं, इसलिए 'शांतिदूत' ज़्यादातर ऐसे वयोवृद्ध लोग ही पढ़ते हैं जिन्होंने अपनी युवावस्था में भारतीय स्कूलों में यह लिपि सीखी थी।

फ़ीजी में हिंदी फ़िल्में

फ़ीजी में हिंदी को कायम रखने में हिंदी फ़िल्मों ने बहुत महत्त्वपूर्ण भूमिका अदा की है। भारत में बनी हिंदी फ़िल्में 1930 के दशक में फ़ीजी में आने लगी थीं और 1940 के दशक से वे भारतीय समुदाय के लिए नियमित रूप से मनोरंजन का साधन बन गई थीं। 1928 की आर. एस. चौधरी की मूक फ़िल्म अनारकली, प्रफुल्ल घोष की वीर अभिमन्यु (1931) और 1932 में आर. एस. चौधरी द्वारा ही निर्देशित फ़िल्म माधुरी फ़ीजी में दिखाई जाने वाली शुरुआती हिंदी फ़िल्मों में शामिल थीं।[10] फ़ीजी में लोकप्रिय हुई हिंदी फ़िल्मों में कुछ, जैसे वीर अभिमन्यु पौराणिक या धार्मिक विषय पर आधारित थीं, जबकि 1938 में रिलीज़ हुई दादा गुंजल द्वारा निर्देशित मदर इंडिया और 1949 में आई महबूब ख़ान की फ़िल्म अंदाज़ प्रेम-प्रसंगों से युक्त फ़िल्में थीं। इसके अलावा बिमल रॉय की दो बीघा ज़मीन (1953) और गुरुदत्त की 1957 में आई 'प्यासा' में सामाजिक संदेश था। चूँकि फ़ीजी में हिंदी

फ़िल्मों को कभी भी फ़ीजी-हिंदी में डब नहीं किया गया है इसलिए फ़ीजी-हिंदी-भाषी दर्शकों को उनका पूरा लुत्फ़ उठाने के लिए अपनी हिंदी की समझ सुधारनी पड़ी। 1980 और 1990 के दशक में सिनेमाघरों की जगह घर में आसानी से देखे जा सकने वाले वीडियो ज़्यादा लोकप्रिय हो गए और हाल ही के दशकों में वीडियो की जगह कॉम्पैक्ट डिस्क का चलन शुरू हो गया है, लेकिन फ़ीजी में बॉलीवुड की हिंदी फ़िल्मों की लोकप्रियता कतई कम नहीं हुई है।

स्वतंत्र फ़ीजी में हिंदी की स्थिति

जब 10 अक्टूबर, 1970 को फ़ीजी ब्रिटेन से स्वतंत्र हुआ तो, देश के नए संविधान में घोषणा की गई कि ‘‘संसद की सरकारी भाषा अंग्रेज़ी होगी, यद्यपि किसी सदन का कोई सदस्य अपने सदन के अध्यक्ष को फ़ीजी या हिंदुस्तानी भाषा में से किसी एक में संबोधित कर सकता है।’’[11] फ़ीजी के 1990 में प्रख्यापित, दूसरे संविधान में भी संसद की सरकारी भाषा के बारे में 1970 के संविधान में इस्तेमाल किए गए शब्दों को ही दोहराया गया। 1997 के संविधान द्वारा फ़ीजी में तीन भाषाओं-अंग्रेज़ी, फ़ीजी और हिंदी को राजभाषा बनाया गया था। 2013 के संविधान के अनुच्छेद 100(2) में कहा गया है कि संसद की कार्रवाई अंग्रेज़ी, इताउकेई (फ़ीजी), हिंदुस्तानी में या संकेत भाषा में आयोजित की जा सकती है। राजकाज के लिए मान्यता प्राप्त होने पर भी और इस संबंध में कई दशकों तक चली बहस के बावजूद, वास्तव में फ़ीजी और हिंदी संसद में बहुत ही कम सुनने को मिली हैं।

फ़ीजी में हिंदी शिक्षा

फ़ीजी आने वाले गिरमिटिया मज़दूरों का शैक्षिक स्तर बहुत अच्छा नहीं था। इसके अलावा 19वीं और प्रारंभिक 20वीं सदी की औपनिवेशिक सरकार ने भी स्कूलों में कोई दिलचस्पी नहीं दिखाई, बल्कि शिक्षा संबंधी सभी मामलों को उस ईसाई मिशन के भरोसे छोड़ दिया, जिसके प्रति अधिकांश भारतीय-फ़ीजी वासी बिलकुल ही उदासीन थे। 1911 में फ़ीजी में भारतीय आप्रवासन शुरू होने के 32 साल बाद, उपनिवेश की सरकार ने एक जनगणना की जिससे पता चला है कि केवल 13.6% भारतीय पुरुष साक्षर थे और भारतीय महिलाओं में साक्षरता की दर 1.7% से अधिक नहीं थीं। इसके विपरीत इसी वर्ष के लिए ज्ञात आंकड़ों के अनुसार 55.9% मूल फ़ीजी-वासी पुरुष तथा 51.6% फ़ीजी महिलाएं पढ़ने और लिखने में सक्षम थीं।[12] यहां तक कि 1931 में भी प्राप्त अनुमान के अनुसार 6-14 वर्ष के आयुवर्ग के 16,200 भारतीय-फ़ीजी बच्चों में से केवल 3440 लड़के और 962 लड़कियां ही स्कूली शिक्षा प्राप्त कर रहे थे।[13]

पूरे औपनिवेशिक काल के दौरान प्रशासकों के दो दलों के बीच एक तनाव बना रहा। एक दल के लोग, दोनों मूल फ़ीजी और भारतीय, स्कूलों में अंग्रेज़ी पढ़ाने के पक्षधर थे ताकि दोनों समूहों के स्कूलों में अंततः अंग्रेज़ी को शिक्षा का माध्यम बनाया जा सके लेकिन दूसरे पक्षवाले ऐसे थे जो अंग्रेज़ी के सीमित ज्ञान के साथ स्थानीय भाषाओं में शिक्षा देने का दृढ़ता से समर्थन करते थे क्योंकि इससे फ़ीजी-वासियों और भारतीयों की पारंपरिक संस्कृति का अनावश्यक ह्रास होने से रोका जा सकता था।

हिंदी में प्राथमिक स्कूली शिक्षा

फ़ीजी में भारतीय बच्चों के लिए पहली बार प्राथमिक स्कूल 20वीं सदी के दूसरे दशक में सामुदायिक प्रयासों से शुरू हुए थे। इनमें बच्चों को बुनियादी पठन-पाठन और गणित का ज्ञान कराया जाता था। चूंकि उस समय भारतीय-फ़ीजी-वासियों को अंग्रेज़ी का ज्ञान बहुत कम था और फ़ीजी-हिंदी में शिक्षण की बात तो सोची भी नहीं जा सकती थी। अतः ऐसे व्यावहारिक विषय तो हिंदी में ही पढ़ाए जा सकते थे। इस तरह से भाषा-द्वैत (डायग्लासिया) भारत-फ़ीजी समुदाय की एक विशेषता बन गई, वे पढ़ने, लिखने और औपचारिक वार्ता के लिए हिंदी का प्रयोग करते थे जबकि घर में और अनौपचारिक गतिविधियों में फ़ीजी-हिंदी बोलते थे।

1916 में औपनिवेशिक सरकार ने इस शर्त पर निजी स्कूलों को वित्तीय सहायता प्रदान करने का निर्णय लिया कि वे स्कूलों में अंग्रेज़ी भाषा का भी कुछ अध्ययन कराएंगे। इसके बाद 1926 में शिक्षा आयोग की स्थापना की गई। इस आयोग ने सिफ़ारिश की कि भारतीय बच्चों के लिए प्राथमिक स्कूल के पहले तीन वर्षों में देवनागरी लिपि में लिखी जाने वाली हिंदुस्तानी और मानक फ़ीजी भाषा बच्चों की शिक्षा का माध्यम हो। प्राथमिक विद्यालय के तीसरे वर्ष के बाद हिंदुस्तानी और फ़ीजी की जगह अंग्रेज़ी को शिक्षा का माध्यम बनाया जाए।[14] ये सिफारिशें 1929 के शिक्षा अध्यादेश द्वारा लागू कर दी गईं।

1927 में पंडित अमीचंद्र, जिन्हें अमीचंद्र भी लिखा जाता था, भारत से फ़ीजी आए और भारत-फ़ीजी समुदाय की स्थानीय राजनीति, श्रम आंदोलन और हिंदू धर्म के प्रचार में पूरी तरह से लग गए। शायद द्वितीय विश्व-युद्ध के बाद के वर्षों में हिंदी की प्राथमिक शिक्षा को स्थायित्व प्रदान करना संभवतः इस समुदाय के जीवन के लिए उनका सबसे ज़्यादा सराहनीय योगदान था। इस प्रयोजन को पूरा करने के लिए पंडित अमीचंद्र ने भारतीय प्राथमिक विद्यालयों में पाठ्य-पुस्तकों के रूप में इस्तेमाल के लिए हिंदी में 'पोथियां' (छोटी छोटी पुस्तकें) तैयार कीं।

1940 के दशक के उत्तरार्द्ध में और 1950 के दशक में ये किताबें भारतीय-

फ़ीजी छात्रों के लिए बहुत उपयोगी रहीं और लोकप्रिय हो गईं। पंडित अमीचंद्र की पोथियों में हिंदी-भाषा-बोध अभ्यासिकाएं, हिंदू प्रार्थनाएं, भारतीय आख्यान व पौराणिक कथाएं, दुनिया की ऐतिहासिक घटनाओं के वर्णन जैसे जेम्स कुक, क्रिस्टोफ़र कोलंबस और फर्डिनेंड मैगलन के यात्रा-विवरण और नैतिक कहानियां होती थीं।

स्वतंत्रता की ओर बढ़ते हुए फ़ीजी को, पंडित अमीचंद्र की पोथियां ब्रिटेन और औपनिवेशिक अतीत के अधिक निकट लगने लगीं और इसीलिए भारतीय स्कूलों में इनके स्थान पर ऐसी पाठ्य पुस्तकें लगा दी गईं जिनमें स्थानीय विषयों पर अधिक सामग्री थी। भारतीय-फ़ीजी लेखक बच्चों और युवाओं के लिए फ़ीजी-विषयों पर हिंदी में पुस्तकें लिखने लगे। 1969 में फ़ीजी की दंतकथाओं पर आधारित 'प्रशांत की लहरें' नामक विवेकानंद शर्मा के दो संग्रह दिल्ली के नेशनल पब्लिशिंग हाउस द्वारा प्रकाशित किए गए थे।

1980 के दशक तक हिंदी पढ़ाई तो जा रही थी पर फ़ीजी के स्कूलों में, विशेष रूप से शहरी क्षेत्रों में—अंग्रेज़ी के प्रति आकर्षण बढ़ रहा था और भारतीय-फ़ीजी आबादी के बीच शिक्षा के माध्यम के रूप में हिंदी का वर्चस्व कम हो रहा था।

1996 में फ़ीजी में प्राथमिक स्कूल के पहले तीन वर्षों में शिक्षा के संभावित माध्यमों के रूप में अंग्रेज़ी के साथ साथ तीन देशी भाषाओं—मानक फ़ीजी, मानक हिंदी और उर्दू को मान्यता दी गई थी। इन देशी भाषाओं में छठी कक्षा तक अध्ययन की व्यवस्था होना भी ज़रूरी माना जाता था। फ़ीजी-हिंदी को प्राथमिक विद्यालय में कोई मान्यता नहीं दी गई थी। फ्रांस मुगलर ने स्कूलों के लिए फ़ीजी सरकार की 1996 की भाषा-नीति का उल्लेख इन शब्दों में किया है—

पहले 3 वर्षों के लिए देशी भाषा को और उसके बाद अंग्रेज़ी को शिक्षा का माध्यम बनाया गया है। अंग्रेज़ी दूसरे वर्ष में ही एक विषय के रूप में पढ़ाई जाती है, और सभी स्कूलों में बच्चों को पहले वर्ष में ही कविताओं, गीतों और अंकों के माध्यम से इस भाषा का ज्ञान कराना शुरू कर दिया जाता है। इसके साथ ही शिक्षा के माध्यम के रूप में देशी भाषा का प्रयोग धीरे धीरे क्रमशः बंद कर दिया जाता है। चौथे वर्ष तक शिक्षा का एकमात्र माध्यम अंग्रेज़ी रह जाती है और देशी भाषाओं का अध्ययन केवल एक विषय के रूप में कराया जाता है।[15]

2013 का संविधान, फ़ीजी का चौथा संविधान था। इसमें प्राथमिक विद्यालय के स्तर पर अंग्रेज़ी के साथ साथ इताउकेई (फ़ीजी) और फ़ीजी-हिंदी भाषाओं के शिक्षण की अनिवार्य व्यवस्था की गई है। हालांकि अभी तक यह स्पष्ट नहीं है कि यह लक्ष्य पूरा कैसे होगा।

माध्यमिक विद्यालयों में हिंदी शिक्षा

फ़ीजी के माध्यमिक स्कूलों में अंग्रेज़ी शिक्षा का एकमात्र माध्यम है, हालांकि मानक-फ़ीजी, हिंदी और उर्दू को भी वैकल्पिक विषय के रूप में पढ़ा जा सकता है। माध्यमिक विद्यालयों में मान्यता-प्राप्त इन तीनों क्षेत्रीय भाषाओं के लिए समुचित शिक्षा-सामग्री और प्रशिक्षित शिक्षकों की कमी है।[16]

फ़ीजी के विश्वविद्यालयों में हिंदी शिक्षा

सुवा स्थित साउथ पैसिफ़िक विश्वविद्यालय में 1995 से हिंदी एक विषय के रूप में पढ़ाई जा रही है। इस समय इस विश्वविद्यालय में हिंदी में पैसिफ़िक वर्नैक्लुर लैंग्वेज स्नातक डिग्री प्राप्त करने के लिए एक पाठ्यक्रम और देशी भाषा (हिंदी) में डिप्लोमा प्राप्त करने के लिए 12 कोर्स वाला एक कार्यक्रम है और इंदुचंद्र इस हिंदी पाठ्यक्रम के संयोजक हैं। हिंदी साहित्य, हिंदी गद्य उपन्यास, फ़ीजी-हिंदी ग्रंथों सहित हिंदी में सांस्कृतिक अध्ययन के पाठ्यक्रम तथा फ़ीजी द्वीप समाजों की भाषा, साहित्य और सांस्कृतिक मूल्यों पर पाठ्यक्रम साउथ पैसिफ़िक विश्वविद्यालय में उपलब्ध हैं।

ये हिंदी पाठ्यक्रम सामाबुला स्थित फ़ीजी राष्ट्रीय विश्वविद्यालय में चलाए जा रहे बेचलर ऑफ़ एजुकेशन (सेकेंडरी) प्रोग्राम का एक हिस्सा हैं। विद्यासिंह इन हिंदी पाठ्यक्रमों की समन्वयक हैं। इन पाठ्यक्रमों में समकालीन हिंदी गद्य, हिंदी नाटक, हिंदी हास्य, व्यंग्य और संस्मरण लेखन का अध्ययन शामिल है।

फ़ीजी में रचनात्मक हिंदी लेखन

शुरू में लगभग सभी भारतीय-फ़ीजी लेखक अपना रचनात्मक लेखन शुद्ध हिंदी में ही करते थे। फ़ीजी के प्रारंभिक हिंदी साहित्यकारों में से एक थे ज्ञानीदास जो सुवा के पास नासिनु में स्थित तारा प्रेस के मालिक थे। 1948 और बाद के वर्षों में प्रकाशित उनकी रचनाओं में मन की अप्रयुक्त शक्तियों के विषय में लिखी गई गुप्तशक्तियां, और लघु कहानियों का एक संग्रह, फ़ीजी गलापिका शामिल हैं। 1950 के दशक की शुरुआत में कई वर्षों तक जागृति के संपादक पंडित कमलाप्रसाद मिश्र अपने अखबार में 'मुल्क की रचनाएं' नाम से एक बहुत ही लोकप्रिय स्तंभ लिखते थे। उन्होंने भारतीय-फ़ीजी लेखकों द्वारा लिखी गई कहानियों का एक संग्रह 'भूली हुई कहानियां' भी प्रकाशित किया था। मिश्रा के संग्रह में जिन लेखकों की कहानियां शामिल हैं उनमें पाकिस्तान में जन्मे कवि ए.ए. शमीम तथा राम प्रसाद, कुमारी पूर्णिमा और अपने उपाख्यानमूलक लेखों के लिए प्रसिद्ध ईश्वरी प्रसाद

चौधरी शामिल हैं। गद्य-लेखन के अलावा मिश्रा जी ने कविताएं भी लिखीं जो समाचारपत्रों में छपती थीं और जिनको बाद में विवेकानंद शर्मा ने संकलित करके एक पुस्तक के रूप में प्रकाशित किया। 1974 और 1975 में भरत वी. मॉरिस के दो लघु उपन्यास, 'हाय रे जिंदगी' और 'गली गली सीता रोए' प्रकाशित हुए।[17]

फ़ीजी में गिरमिटिया समय के जीवन पर आधारित, 'सवेरा' (नई दिल्ली, स्टार,1976) और 1920 और 1921 में भारतीय-फ़ीजी चीनी के कारख़ानों में काम करने वाले श्रमिकों द्वारा सी एस आर के खिलाफ़ की गई एक हड़ताल के दौरान के हालातों पर लिखा गया 'करवट', जिसके लेखक थे 1958 में भारत से आकर फ़ीजी में बसने वाले जगिंदर सिंह कंवल (जोगिंदर सिंह कमल भी कहा जाता है)। उनकी अन्य कृतियों में शामिल हैं—भारतीय-फ़ीजी गन्ना किसानों की भूमि संबंधी समस्याओं के विषय पर लिखा गया उपन्यास 'धरती मेरी माता' (बा, सिंह प्रकाशक : तारीख ज्ञात नहीं) तथा फ़ीजी और उसके लोगों का विवरण देने वाला 'मेरा देश, मेरे लोग' (बाबा बुक सेंटर : 1974)। बाद में कंवल ने हिंदी और उर्दू में काव्य-खंड (नई दिल्ली, डायमंड : 1996) भी प्रकाशित किए जिनमें 'कुछ पत्ते, कुछ पंखुड़ियां' शामिल थी। अन्य भारतीय-फ़ीजी लेखकों में एल.बी. मास्टर, काशी राम और कुमुद ने भी हिंदी में लेखन कार्य किया है।

1968 में साउथ पैसिफ़िक विश्वविद्यालय की स्थापना के बाद, अंग्रेज़ी भाषा भारतीय-फ़ीजी लेखकों के बीच साहित्यिक रचना का प्रमुख माध्यम बन गई। ऐसे लेखकों में कुछ नाम हैं—सुब्रामणि—जिन्होंने शुद्ध हिंदी में भी कला की तलाश में और फ़ीजी-हिंदी में भी एक उपन्यास की रचना की थी, सतेंद्र नंदन और रेमंड पिल्लई। पिल्लई ने भी फ़ीजी-हिंदी में एक नाटक लिखा है।

फ़ीजी का हिंदी में अकादमिक लेखन

फ़ीजी में कई लेखकों ने या तो हिंदी पर या हिंदी में और फ़ीजी-हिंदी में शैक्षिक/अकादमिक पुस्तकें लिखी हैं जिनमें कुछ इस प्रकार हैं—पंडित अमीचंद्र द्वारा 'हिंदी बोलचाल की पाठ्यपुस्तक' 'विशेष रूप से कोलोनियल शुगर रिफ़ाइनिंग कंपनी लिमिटेड के स्टाफ़ के उपयोग के लिए' (सुवा, इंडियन प्रिंटिंग एंड पब्लिशिंग : 1945)। ए. डब्ल्यू. मैकमिलन द्वारा 'गाइड टू हिंदुस्तानी'—फ़ीजी में उपयोग के लिए विशेष तौर पर तैयार (प्रकाशन के स्थान और प्रकाशक का कोई उल्लेख नहीं :1967 [1947])। रॉडनी मोग की 'फ़ीजी हिंदी : बुनियादी पाठ्यक्रम और संदर्भ व्याकरण' (कैनबरा, आस्ट्रेलियन नेशनल यूनिवर्सिटी प्रेस, 1977) और सुजान हाब्स का 'फ़ीजी हिंदी-अंग्रेज़ी अंग्रेज़ी-फ़ीजी हिंदी शब्दकोश' (शिक्षा-मंत्रालय, फ़ीजी—1985)।

पंडित रामचंद्र शर्मा की 1936 में प्रकाशित पुस्तक 'फ़ीजी दिग्दर्शन' में फ़ीजी का हिंदी में वर्णन किया गया है। फ़ीजी के इतिहास पर हिंदी में लिखी गई किताबों में शामिल कुछ किताबें हैं—पंडित तोताराम सनाढ्य की 1914 में भारत में प्रकाशित किताब 'फ़ीजी द्वीप समूह में मेरे 21 वर्ष'; 'भुतलेन की कथा—तोताराम सनाढ्य का फ़ीजी'। यह 19वीं सदी के उत्तरार्द्ध और 20वीं सदी के पूर्वार्द्ध के फ़ीजी में गिरमिटिया मजदूरों द्वारा वर्णित जीवन के व्यक्तिगत खातों का एक संग्रह है जिसे बृज वी. लाल और योगेंद्र यादव ने संपादित किया है और 1994 में नई दिल्ली में सरस्वती प्रेस ने प्रकाशित किया।

पंडित अयोध्या प्रसाद (अजोध्या प्रसाद भी कहा जाता है) (1909-1972) ने 'किसान संघ का इतिहास' नाम से एक किताब लिखी थी जिसमें सी एस आर से भारतीय गन्ना किसानों के अधिकारों की रक्षा के लिए किसान संघ और 1937 में इसके गठन का हिंदी में बहुत ही रोचक वर्णन किया गया है।

फ़ीजी-हिंदी में रचनात्मक लेखन

फ़ीजी-हिंदी में पहले पहल लिखे गए कुछ लेख फ़ीजी के हिंदी समाचारपत्रों में छापे गए थे। उदाहरण के लिए, 1986 में फ़ीजी-हिंदी में तिरलोक तिवारी कृत 'थोरा हमारो भी तो सुनो' शीर्षक से हास्य लेखों की एक श्रृंखला 'शांतिदूत' में प्रकाशित हुई और 1988 में फ़ीजी-हिंदी में 'भदई भगत की चिट्ठी' शीर्षक से कई मनोरंजक पत्र सरताज में छपे। मेगन ई मकिंसन ने अपने आस्ट्रेलियन नेशनल यूनिवर्सिटी शोध Popular Attitudes towards Hindi in Fiji में तिवारी के लेखों और भदई भगत के पत्रों का एक संकलन अंग्रेज़ी अनुवाद के साथ प्रस्तुत किया है।[18]

वर्ष 1988 में रेमंड पिल्लई का फ़ीजी-हिंदी में लिखा गया पहला नाटक 'अधूरा सपना', जेफ़ सीगल द्वारा किए गए अंग्रेज़ी अनुवाद के साथ प्रकाशित किया था।[19] सुब्रामणि द्वारा फ़ीजी-हिंदी में लिखा गया उपन्यास, डौका पुराण स्टार पब्लिकेशन द्वारा नई दिल्ली में 2001 में प्रकाशित किया गया था। डौका पुराण में 20वीं सदी के उत्तरार्द्ध में फ़ीजी में शहरीकरण, प्रवासन और आधुनिक मीडिया की घुसपैठ के कारण होने वाले परिवर्तनों का इतिवृत्त दिया गया है।[20] एक अन्य लेखक जिन्होंने फ़ीजी-हिंदी में लिखा है वे हैं बृज वी. लाल। लाल की लघुकथा 'मारित' से लिया गया निम्नलिखित अनुच्छेद समकालीन साहित्यिक फ़ीजी हिंदी का एक अच्छा उदाहरण है—

भोला और उसकी पत्नी सुखराजी एक दिन संझा के कदा घाम से आये के आपन एक पलिया घर के पोच में सुस्तात रहिन जब उनके पड़ोसी, नानका आये पहुंचा। 'राम राम भाई', भोला से बोलिस और एक लकड़ी के बाक्स पे बैठ गए।

सुखराजी जल्दी से किचन में गई चाय बनाये जब भोला और ननका गांव के छोटा-मोटा बात करे के सुरू करिन। जब सुखराजी तीन प्याला चाय ले के लौटी, तो ननका उसके तरफ़ घूम के बोलिस, 'भौजी हम एक बात पूछी'? सुखराजी बोलिस, 'बोलो बाबू '। सुखराजी गांव के आदमी लोग के नाम लाए के कभी नहीं पुकारे। ई गांव के एक आदत रहा। सब रोज बाबू या बडकू बोले। 'तोर देवा की सादी करे के टेम होई गए और तुम लोग के उमिर भी दिन के दिन जात हेय। तुम भी सुनो, भोला '। भोला चुपचाप सुनत रहा पर कुछ बोलिस नाहीं। 'भौजी, तोके भोला के अलावा चाहि कोई और देखभाल करे' ननका बड़ा मुंह छुटा, महरा आदमी रहा। ओकार मुह में लगाम नाहीं रह। [21]

फ़ीजी में हिंदी रेडियो और टेलीविजन

1980 के दशक तक फ़ीजी का एकमात्र रेडियो स्टेशन था—फ़ीजी ब्रॉडकास्टिंग कॉर्पोरेशन (एफ़.बी.सी.) द्वारा संचालित रेडियो फ़ीजी। स्टेशन के हिंदी कार्यक्रम ऐसे स्थानीय अभिजात वर्ग की निगरानी में तैयार किए जाते थे जो केवल शुद्ध हिंदी के प्रयोग पर ज़ोर देता था। रेडियो पर फ़ीजी-हिंदी का प्रयोग नहीं किया जाता था। वजह यह थी कि फ़ीजी-हिंदी को 'टूटा फूटा' माना जाता था जो प्रसारण में प्रयोग के लिए उपयुक्त नहीं थी भले ही औपचारिक स्थितियों को छोड़कर सभी लोग फ़ीजी-हिंदी में बातचीत करते थे। श्रोताओं को भी रेडियो फ़ीजी पर इस्तेमाल की जानी वाली हिंदी हमेशा पूरी तरह समझ में नहीं आया करती थी। उदाहरण के लिए 1970 में फ़ीजी ब्रॉडकास्टिंग रिव्यू द्वारा आयोजित एक सर्वेक्षण में यह बात सामने आई कि रेडियो के 33% भारतीय-फ़ीजी श्रोताओं का मानना था कि "साधारण श्रोताओं को रेडियो पर इस्तेमाल की जाने वाली मानक हिंदी समझने में कठिनाई होती थी।"[22] व्यावसायिक रेडियो FM के शुरू होने से यह स्थिति बदल गई है। FM 96 पर ज़्यादातर प्रोग्राम मानक हिंदी में प्रस्तुत किए जाते हैं, लेकिन टॉक-बैक कार्यक्रम बिना किसी झिझक के स्वाभाविक फ़ीजी-हिंदी में प्रस्तुत किए जाते हैं। यहां तक कि अब रेडियो फ़ीजी पर भी कभी कभार फ़ीजी-हिंदी के उपयोग की अनुमति दे दी जाती है। फ़ीजी में तीन टेलीविजन चैनल हैं जिनमें से फ़ीजी ब्रॉडकास्टिंग कॉर्पोरेशन टीवी सबसे नया है जिसका उद्घाटन फ़ीजी के प्रधानमंत्री फ्रैंक बैनीमरामा द्वारा 2011 में किया गया था। इन सभी चैनलों पर हिंदी के अलावा फ़ीजी और अंग्रेज़ी भाषा में भी कार्यक्रम प्रस्तुत किए जाते हैं।

फ़ीजी में हिंदी और फ़ीजी-हिंदी की मौजूदा स्थिति

बहुत लंबे समय तक भारतीय-फ़ीजी लोग अपने औपचारिक भाषण शुद्ध हिंदी में

ही देना पसंद करते थे। इस भाषा को बोलने में सक्षम होना अच्छी परवरिश और अच्छी शिक्षा का प्रतीक माना जाता था। लेकिन अब यह स्थिति बदल गई है। ज़्यादातर लोग फ़ीजी-हिंदी को शुद्ध हिंदी का सुगम विकल्प मानने लगे हैं और भारतीय-फ़ीजी समुदाय में अंग्रेज़ी में भाषण में देने का चलन भी तेज़ी से बढ़ा है।

यह फ़ीजी की आज़ादी के बाद की वास्तविक स्थिति है। अंग्रेज़ी का वर्चस्व बढ़ा है और प्राथमिक और माध्यमिक स्कूलों में हिंदी के शिक्षण के प्रति रुझान कम हुआ है। यात्राएं करने में सुगमता और अंग्रेज़ी भाषा के वर्चस्व वाले दो क्षेत्रों—सामाजिक मीडिया और कंप्यूटर प्रौद्योगिकी तक सुगम पहुंच के कारण भी भारतीय-फ़िजियों में हिंदी भाषा के प्रति रुझान कम हुआ है।

निजी FM रेडियो प्रसारण शुरू होने से लोग शुद्ध हिंदी में बोलने की बाध्यता से मुक्त होकर फ़ीजी-हिंदी में टॉक-बैक शो में भाग ले पाते हैं। युवा पीढ़ी के बीच फ़ीजी-हिंदी लोकप्रिय हो गई है जिसे वे अपनी 'भारतीय' पहचान की जगह पर अपनी 'फ़ीजी' विशिष्टता को दर्शाने का ज़रिया मानते हैं। शुद्ध हिंदी सिखाने और बोलने की पक्षधर पुरानी पीढ़ी का समय अब गुज़र चला है। बैनीमरामा सरकार ने फ़ीजी में सभी स्कूलों में देशी हिंदी और फ़ीजी भाषा के शिक्षण का फ़ैसला किया है, जिसका मतलब होगा फ़ीजी-हिंदी का शिक्षण। समय बीतने के साथ साथ फ़ीजी में और भारतीय-फ़ीजी के प्रवासियों में अंग्रेज़ी और फ़ीजी-हिंदी भारतीय-फ़िजियों के बीच संचार का प्रमुख साधन बन जाएगी।

brij.lal@anu.edu.au
richard.barz@gmail.com

पार्श्व-टिप्पणी

1. डेरिक 1968: 160-249.
2. मेयर 1973: 1-2.
3. डेरिक 1968: परिशिष्ट, पृ. द्वद्व.
4. फ़ीजी आईलैंड्स ब्यूरो ऑफ़ स्टेटिस्टिक 2007: 1.
5. लाल 1983: 56.
6. सीगल 1987: 173-183, 249-251.
7. सीगल 1987: 178-179.
8. सीगल 1990: 93-94.
9. कंवल 1980: 92-95.

10. मिश्रा 2002: ग्यारहवीं.
11. कंवल 1980: 104.
12. सीगल 1996: 115.
13. गिल्लिओन 1977: 119.
14. मुगलर 1996: 277.
15. मुगलर 1996: 277.
16. सीगल 1996: 118-119.
17. कंवल 1980: 79.
18. मैन्किनसन 1989: 55-81
19. पिल्लई 1988: 221-255.
20. लाल 2003: 227.
21. लाल 2004ए: 389.
22. सीगल 1990: 107.

संदर्भ-सूची

- Derrick, R.A. 1968. A History of Fiji, Volume 1. Government Press, Suva
- Fiji Islands Bureau of Statistics. 2007. Census of Population and Housing. Available in May 2014 at: https://www.spc.int/prism/country/fj/stats/Census2007/census07_index2.htm
- Gillion, K.L. 1977. The Fiji Indians: Challenge to European Dominance 1920-1946. Australian National University Press, Canberra
- Kanwal, J.S. 1980. A Hundred Years of Hindi in Fiji. The Fiji Teachers' Union, Suva
- Lal, Brij V. 1983. Girmitiyas: The Origins of the Fiji Indians. The Journal of Pacific History, Canberra
- Lal, Brij V. 2003. Review of Dauka Puran. The Contemporary Pacific 15,1:226-229.
- Lal, Brij V. 2004a. Maarit. in Bittersweet:The Indo-Fijian Experience. ed. by Brij V. Lal. Pandanus Books, Canberra
- Lal, Brij V. 2004b. Marriage. In Bittersweet: The Indo-Fijian Experience. ed. by Brij V. Lal. Pandanus Books, Canberra
- Makinson, Megan E. 1989. Popular Attitudes towards Hindi in Fiji. BA Asian Studies Thesis. Australian National University, Canberra
- Mayer, Adrian C. 1973. Peasants in the Pacific: A Study of Fiji Indian

Rural Society. Routledge & Kegan Paul, London.

- Mishra, Vijay. 2002. Bollywood Cinema: Temples of Desire. Routledge, London
- Mugler, France. 1996. Vernacular' Language Teaching in Fiji. In Pacific Languages in Education edited by France Mugler and John Lynch. Institute of Pacific Studies, Suva
- Pillai, Raymond. 1988. Adhûrâ Sapnâ: A Play in Fiji Hindi. In Language Transplanted: The Development of Overseas Hindi edited by Richard K. Barz and Jeff Siegel. Wiesbaden: Otto Harrassowitz
- Siegel, Jeff. 1987. Language Contact in a Plantation Environment: A Sociolinguistic History of Fiji. Cambridge University Press, Cambridge
- Siegel, Jeff. 1990. Language Maintenance of Overseas Hindi. In Learning, Keeping and Using Language ed. by M.A.K. Halliday, John Gibbons and Howard Nicholas. John Benjamins, Amsterdam/ Philadelphia
- Siegel, Jeff. 1996. Vernacular Education in the South Pacific. Australian Agency for International Development, Canberra

डॉ. उषा देवी शुक्ल (दक्षिण अफ्रीका)

दक्षिण अफ्रीका गणराज्य में हिंदी — अतीत, वर्तमान, भविष्य

डॉ. उषा देवी शुक्ल दक्षिण अफ्रीका के क्वा.फूलू-नटाल विश्वविद्यालय में भाषा, भाषा-विज्ञान और शैक्षिक साक्षरता की प्राचार्य; शिक्षा-पीएच.डी. (हिंदी); अध्यक्ष दक्षिण अफ्रीका हिंदी शिक्षा संघ; प्रकाशित पुस्तकें— Ramacaritamanasa in South Africa (2002), Ramacharitmanas in the Diaspora : Trinidad, Mauritius & South Africa (2011); भोपाल में हुए दसवें विश्व हिंदी सम्मेलन (2015) में विश्व हिंदी सम्मान से विभूषित

ऐतिहासिक पृष्ठभूमि

हिंदी और अन्य भारतीय भाषाएं बोलने वाले लोग दक्षिण अफ्रीका में 1860 से तब पहुंचने लगे जब ब्रिटिश राज्य के अधीन प्रजा को कृषि, खनन और अन्य औद्योगिक नियोक्ताओं के लिए गिरमिटिया के रूप में वहां भेजा गया। भारतीय कामगारों को इस तरह विदेशों में ले जाने का यह दौर ब्रिटेन, फ्रांस, नीदरलैंड, पुर्तगाल और स्पेन के औपनिवेशिक साम्राज्यों में गुलामी के अंत के परिणामस्वरूप ग़ुलाम मज़दूरों की आज़ादी के तुरंत बाद 1834 में मॉरिशस से शुरू हुआ था। वास्कोडिगामा और क्रिस्टोफ़र कोलंबस की खोजपूर्ण यात्राओं ने अपने सम्राटों और साम्राज्य के लोगों के लाभ के लिए पुराने और नए संसार में यूरोपीय उपनिवेशवाद और शोषण के द्वार खोल दिए। दासों की आज़ादी के बाद व्यापारिक कंपनियों और कृषि उद्यमों के लिए श्रमिकों की आपूर्ति सुलभ हो गई और ये थे विशाल उपमहाद्वीप से आसानी से उपलब्ध होने वाले ऐसे भारतीय किसान जो औपनिवेशिक शोषण, जनसंख्या विस्फोट, रोगों और अकाल से जूझ रहे थे। भारत के ब्रिटिश शासकों को यह समझ आ गया था कि हिंद महासागर, प्रशांत महासागर और कैरिबियाई इलाकों के उनके उपनिवेशों में पहले वाले दासों के स्थान पर ये भारतीय किसान काम के लिए बिलकुल उपयुक्त मज़दूर थे। हेनिंग (1993:1) का मानना है कि उपनिवेशों के

संसाधनों का दोहन उपनिवेशों में रहनेवाले श्रमिकों की प्रचुर आपूर्ति पर ही निर्भर था।

ग़ुलामी से आज़ादी देने के परोपकारी कार्य के बाद जल्द ही 9 सितंबर 1834 को भारतीय मजदूरों को मॉरिशस, वेस्ट इंडीज और अन्य क्षेत्रों में भेजा जाने लगा। 1834 और 1917 के बीच भारत के 13 लाख पुरुषों, महिलाओं और बच्चों को कम से कम पांच साल की अवधि के लिए शर्तबंद मज़दूरों के रूप में बाहर भेजा गया। पांच साल की इस अवधि का नवीकरण भी संभव था। अतः इस शर्तबंद मज़दूरी की विकटताएं और वंचनाएं पूर्ववर्ती दासता से अलग थीं। गिरमिटियों ने अपने घोर कष्टों की अभिव्यक्ति जगह जगह की है। अमरजीत कौर (वर्मा, 2012: 68) की यह विनोदपूर्ण/दार्शनिक कविता फ़ीजी गिरमिटियों की दृढ़ जिजीविषा को अभिव्यक्त करती है—

हिमालय परबत का हम बेटा
गंगा मैया की बिटिया
नाम दोनों का अमर सदा सदा है
न कभी गिरा न मिटिया
देह हमारी में गंगा जल था
हिमालय ने दी शक्ति
तब अत्याचार मिटाने खातिर
बन गए हम गिरमिटिया

'गिर-मिट' शब्द पर गढ़ा यह श्लेष हमें इस के शाब्दिक अर्थ की अपेक्षा भारतीय लोगों की मानसिक स्थिति का परिचय अधिक गहराई से देता है।

उल्लेखनीय है कि भारत की ब्रिटिश सरकार ने 'दुरुपयोग और अनियमितताओं' का पता चलने पर उपनिवेशों के लिए भारतीय श्रमिकों का निर्यात 1839 में कुछ समय के लिए बंद कर दिया था (हेनिंग 1993:2 में थॉमस द्वारा उद्धृत)। यद्यपि नटाल में शर्तबंदी मज़दूरों का अंतिम जहाज़ 1911 में पहुंचा था, परंतु शेष स्थानों पर यह व्यवस्था 1917 तक जारी रही।

नीचे दी गई तालिकाओं में भारतीय श्रमिकों के आप्रवासन (तालिका 1) और भारत-वापसी (तालिका 2) की दरों का एक सुस्पष्ट चित्र प्रस्तुत किया गया है—

उपनिवेश	आप्रवासी-संख्या	1969 में भारतीयों की आबादी
मॉरिशस	453,063	520000
ब्रिटिश गयाना	238,909	257,000
त्रिनिदाद	143,939	360000
सूरिनाम	34,304	101,715
फ़ीजी	60,965	241,000
नटाल (दक्षिण अफ्रीका)	152,184	614,000

(बी. वी. लाल 2000 : 75 से अनुकूलित)

स्वदेश वापसी के संबंध में हेनिंग द्वारा प्रस्तुत आंकड़ों से पता चलता है कि नटाल से भारत वापसी की दर सबसे कम थी (हेनिंग 1993: 23)।

देश	भारत से गए कुल उत्प्रवासी	भारत वापस आए	प्रतिशत
मॉरिशस	468,018	168,747	36%
वेस्टइंडीज (कुल)	534,109	149,054	28%
रीयूनियन	118,000	88000	75%
नटाल (1860–1911)	152,184	34001	23%

उक्त आंकड़ों से पता चलता है कि दक्षिण अफ्रीका के गिरमिटिया मजदूरों के लिए वहीं बस जाने के लिए अधिक आकर्षण मौजूद थे; चाहे वह इनके अनुबंध का नवीकरण था या भूमि-अधिग्रहण या फिर कोई व्यापार शुरू करना। वे इस पूरी अवधि के दौरान धनोपार्जन के लिए सक्रिय रहे।

नटाल (केप प्रांत के साथ, एक ब्रिटिश कॉलोनी जबकि ऑरेंज फ़्रीस्टेट और ट्रांसवाल डच या बोअर गणराज्य थे) आने वाले गिरमिटिया भारतीय एक बेहतर जीवन की खोज में आए थे; वे भारतीय समाज से बहिष्कृत लोग नहीं थे, जैसाकि कुछ लोगों ने प्रचार करने की कोशिश की है। हेनिंग (1993 : 387) के अनुसार "हालांकि, परिस्थितियों की विवशता के कारण अधिकांश लोगों की वित्तीय स्थिति अच्छी नहीं थी... उन्हें उत्प्रवास में आशा की एक छोटी किरण दिखाई दी थी। लाल (2000 : 31) अपने फ़ीजी के अनुभव साझा करते समय इस बात की पुष्टि करते हैं कि "ये आप्रवासी मानवता के 'भग्नावशेष' और 'परित्यक्त अंश' नहीं थे, न ही कलकत्ता की सड़कों से उठाए गए 'अवांछनीय लोग' थे, बल्कि ये ग्रामीण किसानों के प्रतिनिधि थे जो बेहतर जीवन की तलाश में निकले थे। भारत को छोड़ देने की मजबूरी के पीछे जहां एक ओर ब्रिटिश सरकार की नीतियों, प्राकृतिक आपदाओं और अवसरों की कमी के कारण सामने आने वाली दुख मुसीबतें थीं वहीं दूसरी ओर उपनिवेशों में भावी जीवन के बारे में नियोक्ताओं (अर्कटियों) द्वारा किए जाने वाले अत्यंत लुभावने बखानों का 'आकर्षण' था। समुद्र पार की यात्रा ने जाति-भेद को बहुत कमज़ोर कर दिया। समुद्री यात्राओं के दौरान 'जहाजी भाइयों' के बीच ऐसी प्रगाढ़ मित्रताएं पनपी जो आज भी कायम हैं।

हमारे विचार का विषय यहां मुख्य रूप से नटाल आने वाले वे 'हिंदी' भाषी आप्रवासी हैं जो मुख्यत: कलकत्ता और मद्रास से आए 152,184 आप्रवासियों का 33.3% था। मोटे तौर पर कलकतियों को हिंदी-भाषी और मद्रासियों को तमिल-भाषी माना जाता था, हालांकि उत्तर भारत से उर्दू बोलने वाले और दक्षिण भारत से तेलुगू बोलने वाले बहुत से लोग भी इनमें शामिल थे। दक्षिण अफ्रीका में मौजूदा

हिंदी-भाषी आबादी लगभग 500000 है जिसमें गिरमिटिया भारतीयों के वंशज और कुछ अनिवासी भारतीय शामिल हैं। इनमें से अधिकांश लोग क्वाज़ुलू-नटाल में बसते हैं जबकि गौटेंगप्रांत (जोहानसबर्ग-प्रिटोरिया) इनकी सबसे घनी आबादी वाला दूसरा क्षेत्र है।

भर्ती की संख्या की घनता के क्रम से भर्ती वाले मुख्य ज़िले
हेनिंग (1993 : 21) से अनुकूलित

दक्षिण भारत		उत्तर भारत		
तमिल ज़िले	तेलुगू ज़िले	पहाड़ी (हिल) कुली ज़िले	बिहारी ज़िले	संयुक्त प्रांत (यूनाइटेड प्रोविन्स) के ज़िले
क. त्रिचिनापोली	ट. विशाखापत्तनम	1. संथाल परगना	8. शाहाबाद	16. बलिया
ख. मदुरा	ठ. गंजम	2. हज़ारीबाग	9. पटना	17. गाज़ीपुर
ग. रामनाद	ड. पूर्वी गोदावरी	3. रांची	10. गया	18. आज़मगढ़
घ. सेलम	ढ. पश्चिमी गोदावरी	4. मनभूम	11. मुज़फ़्फ़रपुर	19. फैज़ाबाद
ङ. तंजौर	ण. गुंटूर	5. बीरभूम	12. चंपारण	20. बस्ती
च. चिंगलेपुट	त. नेल्लोर	6. सिंहभूम	13. सारन	21. गोंडा
छ. उत्तरी आर्कोट		7. पलामाऊ	14. दरभंगा	22. गोरखपुर
ज. दक्षिण आर्कोट	पश्चिम		15. मुंगेर	23. बनारस
झ. मालाबार	बंबई प्रेसीडेंसी			24. मिर्ज़ापुर
ञ. तिन्नेवेल्ली	थ.अहमदनगर			25. जौनपुर कलकत्ता मेट्रोपोलिटन
				26. चौबीस परगना

उक्त आंकड़े हिंदी और तमिल भाषियों की बड़े पैमाने पर भर्ती के प्रमाण हैं।

दक्षिण अफ्रीका में हिंदी का विकास

जब गिरमिटिया भारतीयों को देश से बाहर ले जाया गया था उस समय हिंदी भाषा

विकासशील अवस्था में थी। वे आपस में आसानी से समझी जाने वाली अलग अलग बोलियों में बात करते थे। रामचरितमानस की अवधी, कृष्ण भक्ति के ब्रज गीत और कबीर जैसे संतों की अन्य मिली जुली बोलियां लोकभाषा 'नटाली' हिंदी के रूप में विकसित हुईं और उन लोगों के बीच एक धार्मिक सांस्कृतिक सेतु बन गईं।

हिंदी में बड़ी संख्या में शामिल बोलियां इसकी लचीली ताकत बनीं और इन्हीं के बल पर यह क्रियोलीकरण और अपभ्रष्टीकरण से प्रभावित हुए बिना अपनी एक अलग पहचान बनाने में सफल रहीं।

152,184 आप्रवासियों में से 101,468 आप्रवासी दक्षिण भारत (धुपेलिया-मिस्त्री 2000 :10) से आए थे। शेष 50,716 या 33.3% "उत्तर" भारतीय थे जो हिंदी-भाषी थे जिसमें भोजपुरी, मगही, खड़ी बोली, पंजाबी, बुंदेली, उर्दू, छत्तीसगड़ी, बंगला, मैथिली, अवधी और ब्रजभाषा बोलने वाले थे (बालगणेश 1998 में मिस्त्री से उद्धृत)। बागानों में हिंदी सभी भारतीयों को आसानी से समझ में आने वाली भाषा बन गई।

महात्मा गांधी स्वयं सभी बच्चों को मातृभाषा सिखाए जाने के प्रबल समर्थक थे (गांधी 1970:294)। इसीलिए उन्होंने भारतीय भाषाओं के विकास का समर्थन किया और बहुभाषी गिरमिटियों के बीच परस्पर संप्रेषण की भाषा के रूप में हिंदी को बढ़ावा दिया। गिरमिटियों से टूटी फूटी हिंदी और अंग्रेज़ी में बोलते हुए उन्होंने आशा व्यक्त की कि हिंदी-इतर भाषी भी हिंदी सीख जाएंगे (गांधी 1970:164)। इस प्रकार दक्षिण अफ्रीका ने 20वीं सदी के प्रारंभ में ही हिंदी के व्यावहारिक महत्त्व को पहचान लिया गया था।

सबको एक सूत्र में पिरोने की हिंदी की भूमिका के बारे में गांधी ने भारत के बाहर भी बहुत पहले ही जागरूकता पैदा कर दी थी। भारतवंशियों के बीच दक्षिण अफ्रीका, मॉरिशस और फ़ीजी में भोजपुरी तथा सूरिनाम में अवधी भाषा या बोली/आगन बात के रूप में उनका रूप निखरा। हालांकि पातशालाओं, मंदिरों, रामायण-सभाओं और बैठकों में सिखाई जाने वाली मानक साहित्यिक भाषा में होने वाला संक्रमण भी बहुत ही सहज तरीके से हुआ था। हिंदी भाषियों और उनकी भाषा (भगवान 1970) के बीच एक गुह्य और गूढ़ संबंध है जिसके कारण वे अंग्रेज़ी में दक्षता प्राप्त करने के बाद भी अपनी बोलचाल की भाषा को छोड़ने के लिए तैयार नहीं होते। प्रारंभिक काल के कवियों और संतों में से कुछ ने हिंदी/हिंदवी को ही भारत की जनभाषा के रूप में स्वीकारा। अमीर खुसरो (1254-1325) ने घोषणा की थी कि "मैं हिंदुस्तान की तूती हूँ। तुम मुझसे हिंदी में बात करो और मैं तुम्हें हिंदी में जवाब दूंगा।" कुछ सदियों बाद जामनगर गुजरात में जन्मे महामती प्राणनाथ

(1618–1694) ने औरंगजेब के शासन के दौरान प्रचार और घोषणा की कि यह भाषा (हिंदुस्तानी), सभी के लिए सरल, सुलभ और सबसे पवित्र भी है (''बारी भाखा ये ही भली जो सब में जाहिर करके पाक सबन को अंतर महें बाहेर'') (सुलक्षणा टोपो एवं संध्या कुमारी 2012:42)। हिंदी साहित्य के आधुनिक काल के प्रारंभ में भारतेन्दु हरिश्चंद्र (1850–1885) ने भारत की आज़ादी के लिए एक भाषा नीति प्रस्तुत की। उनकी 'निज भाषा' उक्ति तो सर्वप्रसिद्ध है ही—हम केवल इसकी दूसरी पंक्ति पर ध्यान केंद्रित करें—'बिनु निज भाषा ज्ञान के मिटै न हिय को सूल'—अर्थात् यदि हमें अपनी भाषा का ज्ञान नहीं है तो हमारा हृदय कभी शांति का अनुभव नहीं कर सकता है। भाषा के प्रति प्रेम का यह गहन भाव हिंदी कविता (कबीर, मीरा, सूरदास, तुलसीदास) की आत्मा में व्याप्त है। तुलसीकृत 'रामचरितमानस' की उनके जीवनकाल के दौरान और बाद में दिनोदिन बढ़ती लोकप्रियता को साक्ष्यांकित करते हुए शुक्ल (1996:19) ने लिखा है,—''दक्षिण अफ्रीका में मजदूरों को हिंदी सीखने में 'रामचरितमानस' के हिंदी पाठ का महत्त्वपूर्ण योगदान रहा है।'' उसके बाद 1905 से पदार्पण करने वाले आर्यसमाज मिशनरियों (भाई परमानन्द, स्वामी शंकरानंद) ने हिंदी और धर्म दोनों का प्रचार किया। गांधी के 'इंडियन ओपिनियन' ने विज्ञापनों आदि के माध्यम से हिंदी को बढ़ावा देने की कोशिश की। उदाहरण के लिए—

(सन लाइट साबुन का विज्ञापन)

ये साबुन से धोने में दूसरा साबुन से कमती तकलीफ लगता है

(इंडियन ओपिनियन 23 जनवरी, 1906:423)

उक्त उद्धरण 20वीं सदी के आरम्भ में नटाल में प्रचलित हिंदी भाषा की अनिर्णीत संरचना को दर्शाता है।

भवानी दयाल संन्यासी दक्षिण अफ्रीका में धर्म और हिंदी को बढ़ावा देने वाला एक दूसरा शक्तिशाली व्यक्तित्व था। उनका जन्म दक्षिण अफ्रीका में और शिक्षा-दीक्षा भारत में हुई थी। भवानी दयाल ने गिरमिटियों की स्थिति में सुधार लाने और भारत को स्वतंत्रता दिलाने के लिए गांधी जी को पूर्ण सहयोग दिया। उनकी पुस्तक 'प्रवासी की आत्मकथा' उनकी संवेदनशीलता, करुणामय स्वभाव और उनकी उत्कृष्ट लेखन कला का उदाहरण है (सीताराम 2012 : 123)। भारत से आने वाले धार्मिक प्रचारकों और मिशनरियों ने (जिनमें अधिकांश आर्यसमाज के थे) वेदों को ही धर्म का मूल और प्रामाणिक ग्रंथ और हिंदी भाषा को भारत की राष्ट्रीय भाषा के रूप में स्थापित किया। आर्य प्रतिनिधि सभा की स्थापना 1925 में और सनातन धर्म सभा की स्थापना 1942 में की गई थी। ये संगठन अपनी स्थापना के बाद से ही भाषा के प्रचार प्रसार के कार्य में सक्रियता से कार्यरत रहे। इन दोनों

धार्मिक निकायों के संयुक्त प्रयासों से 25 अप्रैल 1948 को दक्षिण अफ्रीका के हिंदी शिक्षा संघ की स्थापना हुई।

हिंदी-भाषी वर्ग में, बल्कि कहना चाहिए कि अन्य सभी वर्गों में भी, भाषा का शिक्षण घरों से ही प्रारम्भ होता था। स्कूल में अंग्रेज़ी का ज्ञान प्राप्त करने पर बच्चे धीरे धीरे एक दूसरी भाषा भी सीख जाते थे। राम भक्ति (तुलसीकृत रामचरितमानस), कृष्ण भक्ति और अन्य साहित्यों से कहानियां सुनाना, सस्वर पाठ तथा प्रवचन से मातृभाषा सीखने में मदद मिलती थी। आम तौर पर भारतीय गिरमिटिया मजदूरों के बच्चों के लिए शिक्षा की कोई सुलभ व्यवस्था नहीं थी खासकर इस लिए कि सरकार इस तरह की सुविधा प्रदान करने के लिए बिलकुल भी इच्छुक नहीं थी और परिणामस्वरूप 1870 और 1880 के दशकों के दौरान शैक्षिक विकास को काफ़ी हद तक निजी उद्यमों और निजी प्रयासों के भरोसे छोड़ दिया गया था (हेनिंग 1993: 159)।

स्कूली व्यवस्था में भारतीय भाषाओं का स्थान

हेनिंग (1993: 165) ने ग्रेटर डरबन, टोंगाट और पीटर मैरिट्सबर्ग क्षेत्रों में स्थित भारतीय स्कूलों की एक सूची प्रस्तुत की है। 27 स्कूलों के आंकड़े दर्शाते हैं कि वहां वर्ष 1886 में कुल 1702 विद्यार्थी थे जिनमें 1428 लड़के और 274 लड़कियां थीं। मातृभाषा में शिक्षा की कोई व्यवस्था नहीं थी; और बहुत बाद में, केपटाउन समझौते (1926-1927) के दौरान, जिसमें भारतीयों की स्थिति में सुधार पर चर्चा की गई थी, भारतीय भाषाओं को निजी, घरेलू या समुदायिक वर्गों को सौंप दिया गया था (रामबिरिच 1960: 69)।

1977 में सरकार द्वारा माध्यमिक स्कूलों में और 1984 में प्राथमिक स्तर के स्कूलों में भारतीय भाषाओं का शिक्षण प्रारम्भ किया गया। हालांकि अपेक्षित पाठ्यक्रम में सीमाएं और मान्यता का न मिल पाना इनके विकास में अवरोध साबित हुआ। भारतीय भाषाओं को मुख्य पाठ्यक्रम में शामिल करने के लिए हाल ही में की गई घोषणाएं स्वागत-योग्य हैं। पिछले 20 वर्षों में कई विद्यार्थियों ने इन भाषाओं में परीक्षाएं पास की हैं; हालांकि, हिंदी और तमिल का अन्य भाषा-भाषियों/अन्य संस्कृतियों के बीच आकर्षण केवल प्राथमिक चरण की एक विशेषता बनकर रह गया है। प्रशिक्षण की सुविधा का अभाव एक अन्य गंभीर मुद्दा है; इन भाषाओं में अंतिम बार शैक्षणिक योग्यता वर्ष 1999 में प्राप्त की गई थी और डरबन-वेस्टविल विश्वविद्यालय ने इसी वर्ष अपने भारतीय भाषा विभाग को बंद कर दिया था।

गिरमिटिया हिंदुओं के दृढ़ निश्चय और निष्ठापूर्ण प्रयासों से ही हिंदी पल्लवित हुई और इसके प्रयोग को बढ़ावा मिला। वर्ष 1880 तक हिंदुओं ने डरबन

शहर के मध्य भाग से लगभग 30 कि.मी. की दूरी पर स्थित वेरुलम में ऐतिहासिक गोपाल लाल मंदिर का निर्माण कर लिया था। इस मंदिर की स्थापना से आध्यात्मिक ज्ञान और हिंदी भाषा को बढ़ावा देने के उन दोनों लक्ष्यों को पूरा किया जा सका जिनके लिए इसका निर्माण किया गया था (सीताराम 2004 : 45)। तत्पश्चात् ऐसे कई अन्य केंद्रों की स्थापना की गई।

हिंदी के प्रचार में भारतीय मिशनरियों का योगदान

1900–1948 तक की अवधि के दौरान भाई परमानन्द (1905) और स्वामी शंकरानंद (1905) जैसे मिशनरियों ने धर्म के साथ-साथ हिंदी के प्रचार के लिए भी उल्लेखनीय कार्य किए। आर्यसमाज और सनातन धर्म सभा ने (1912 में स्थापित दक्षिण अफ्रीका हिंदू महासभा की छत्रछाया में) ऐसे समय में हिंदी शिक्षण को बढ़ावा देने का समर्थन किया जब दक्षिण अफ्रीकी हिंदुओं की पुरानी पीढ़ियां अपनी बोलियों के प्रयोग में रत थीं। स्वामी भवानी दयाल ने अपनी पत्नी और भाई देवी दयाल के साथ हिंदी सिखाने के लिए जो उत्कृष्ट प्रयास किए उनसे भाषा की उन्नति के लिए एक ऐसे वातावरण का सृजन हुआ जिसकी कल्पना कुछ समय पहले भारत में भी की जा सकती थी (सीताराम 2004 : 45)।

ग़ैर-सरकारी संगठन हिंदी शिक्षा संघ की स्थापना

जनवरी, 1948 में गांधीजी की हत्या और दक्षिण अफ्रीका में नेशनल पार्टी के सत्तारूढ़ हो जाने से दक्षिण अफ्रीकी भारतीयों का मनोबल टूट गया और वे अत्यंत हतोत्साहित हो गए। हालांकि, इस घटनाक्रम ने उन्हें इस वास्तविकता का भी अहसास कराया कि उन्हें अपनी सभी समस्याओं के समाधान खुद ही खोजने होंगे। डरबन की सूरत हिंदू एसोसिएशन ने वर्ष 1947 में ख़ासकर गुजराती पढ़ाने के लिए पंडित नरदेव नरोत्तम वेदालंकार को दक्षिण अफ्रीका बुलाया। पंडित जी एक वेदालंकार और प्रशिक्षित हिंदी शिक्षक (वर्धा) थे और वे आर्यसमाज हिंदू दर्शन, गुजराती और हिंदी शिक्षण और सामान्य सांस्कृतिक मार्गदर्शन के प्रतीक बन गए। इस प्रकार पंडित नरदेव वेदालंकार के प्रयासों से 25 अप्रैल 1948 को दक्षिण अफ्रीका हिंदी शिक्षा संघ की स्थापना ने 1948 की नकारात्मक घटनाओं से हुई क्षति की पूर्ति कर दी। पंडित जी हिंदी शिक्षा को बढ़ावा देने के लिए प्राय: परस्पर असहमति-ग्रस्त आर्य प्रतिनिधि सभा और सनातन धर्म सभा समूहों को एक मंच पर लेकर आए। पिछले 66 वर्षों में हिंदी शिक्षा संघ एक प्रतिष्ठित ग़ैर-सरकारी संगठन के रूप में उभरा है। यह बहुत ही सुव्यवस्थित तरीके से हिंदी शिक्षा का कार्य भी कर रहा है और हिंदी, धर्म, संस्कृति, संगीत और सामाजिक विकास को बढ़ावा देने के

लिए 1998 से 'हिंदवाणी' नाम से एक बहुत ही सफल रेडियो स्टेशन का संचालन भी कर रहा है। हिंदी और अन्य भारतीय भाषाओं को बढ़ावा देने के लिए राष्ट्रीय संस्थाओं और डरबन-वेस्टविल (1961-1999) विश्वविद्यालय द्वारा किए गए सभी प्रयास यद्यपि महत्त्वपूर्ण थे, परंतु सरकार की नीति और विकास संबंधी प्राथमिकताओं पर निर्भर होने के चलते लंबे समय तक जारी नहीं रह सके। निस्संदेह डरबन-वेस्टविल विश्वविद्यालय ने स्कूलों में हिंदी शिक्षण की और हिंदी शिक्षा संघ के प्रस्तावों को साकार रूप देने की नींव डाली थी। डरबन-वेस्टविल विश्वविद्यालय के वेस्टविल परिसर (2004 में क्वाज़ुलू-नटाल विश्वविद्यालय) में आने के बाद से भारतीय भाषा विभाग 28 वर्षों की छोटी सी अवधि में ही डिग्री पाठ्यक्रम, शोध अध्ययन (एम.ए., पीएच.डी.), हिंदी में शिक्षक डिप्लोमा आदि करवाने लगा था। डरबन-वेस्टविल विश्वविद्यालय के भारतीय भाषा विभाग के माध्यम से उपलब्ध विशेषज्ञता के फलस्वरूप दक्षिण अफ्रीका हिंदी शिक्षा संघ शैक्षणिक दृष्टि से इतना सक्षम और स्वायत्त हो गया था कि उन्होंने वर्धा के माध्यम से होने वाली परीक्षाएं बंद करवा दीं और अपना निजी पाठ्यक्रम और परीक्षा व्यवस्था स्थापित कर ली। हिंदी शिक्षा संघ की शैक्षणिक समिति के समन्वयक प्रोफ़ेसर यू.डी. शुक्ल (क्वाज़ुलू-नटाल विश्वविद्यालय) के मार्गदर्शन में यह व्यवस्था आज भी जारी है। संघ द्वारा हिंदी में एक 12-वर्षीय पाठ्यक्रम और शिक्षण-पद्धति संबंधी एक पाठ्यक्रम भी चलाया जाता है।

वर्ष 2013 के परीक्षा-परिणाम उच्चस्तरीय सामुदायिक अभिरुचि और उपलब्धि का प्रमाण हैं—जूनियर ग्रेड में सफलता दर 98% और वरिष्ठ ग्रेड में सफलता दर 99% रही।

भारतीय भाषा विभाग के पूर्व अध्यक्ष और विश्वविद्यालय डरबन-वेस्टविल में हिंदी के प्रोफ़ेसर रहे प्रो. आर. सीताराम ने 'पंकज' में यह भविष्यवाणी की थी कि ग़ैर-सरकारी संगठनों को एक बार फिर से हिंदी और अन्य भारतीय भाषाओं को बढ़ावा देने का दायित्व संभालना होगा (1997 : 17)। निस्संदेह नई सरकार अनुकूल है लेकिन ग़ैर-सरकारी संगठनों की भूमिका और अधिक महत्त्वपूर्ण हो जाएगी। हिंदी शिक्षा संघ बहुत दक्षता से यह सेवा प्रदान कर रहा है।

हिंदी शिक्षा संघ ने अपनी स्थापना के पचास साल बाद 1998 में अपने रेडियो स्टेशन 'हिंदवाणी' का शुभारंभ किया था। उस समय इसका प्रसारण समय सीमित था परंतु आज यह एक पूर्णत: विकसित रेडियो स्टेशन बन गया है जिसके 1,00,000 से भी अधिक श्रोता डरबन, पीटर मैरिट्सबर्ग, स्टेंगर (Stanger) और पोर्ट शेपस्टन (Shepstone) तक फैले हुए हैं। इसे इंटरनेट के ज़रिए दुनिया भर में सुना जा सकता है। हिंदी शिक्षा संघ का प्रबंधन बोर्ड, लाइसेंस की बाध्यकर परिस्थितियों और

सीमित जन–समर्थन के बावजूद हिंदी भाषा के कार्यक्रम, संगीत, संस्कृति और धर्म से जुड़े कार्यक्रम आयोजित करने और सामाजिक विकास करने के अपने जनादेश को पूरा करने के लिए पूरे उत्साह से जुटा रहता है। रेडियो स्टेशन का काम निरंतर प्रगति के पथ पर है और ऐसे अभिनव तरीकों का पता लगाने के लिए शोध किए जा रहे हैं जिनसे हिंदी सीखने और रेडियो 'हिंदवाणी' को सुनने में रुचि पैदा की जा सके। समर्पित विद्वानों, अनुयायियों, सामाजिक नेताओं और युवा स्वयंसेवकों का समूह हिंदी शिक्षा संघ और हिंदवाणी के लिए उत्कृष्ट कोटि की सेवा प्रदान कर रहा है। कहना न होगा कि हिंदी भाषा और संस्कृति का भविष्य हिंदी शिक्षा संघ के हाथों में सुरक्षित है।

पिछले 10 वर्षों से हिंदी शिक्षा संघ लगातार उन्नति के पथ पर अग्रसर रहते हुए अपने मुख्य उद्यम में निरंतर विस्तार और सुधार कर रहा है और एक समर्पित कार्यकारिणी और न्यासी बोर्ड की देखरेख में कार्यरत समर्पित शिक्षकों और शैक्षणिक समिति के एक चयनित दल के माध्यम से हिंदी की उन्नति के लिए प्रयासरत है।

हिंदी की प्रगति हेतु व्यक्तिगत प्रयास

पिछली शताब्दी में हिंदी का संरक्षण एवं संवर्धन इसके प्रति समर्पित अनेक छात्रों तथा बुद्धिजीवियों द्वारा किया गया है। यहां उन सभी का उल्लेख करना संभव नहीं है, क्योंकि उनमें धार्मिक शिक्षा के माध्यम से हिंदी का ज्ञान कराने वाले पुरोहित, हिंदी नाटकों का मंचन करने वाले नाटककार एवं कलाकार से लेकर वर्तमान समय में रेडियो हिंदवाणी के सहयोग से विवियन गुडली द्वारा लिखित एवं प्रस्तुत तथा प्रणेश महाराज द्वारा अभिनीत एकल नाटक 'भगवान गेव मी दिस लाइफ़' भी शामिल है। विश्व हिंदी सम्मेलन की विवरण पुस्तिका में हिंदी के हमारे कई उभरते हुए कवियों तथा निबंधकारों ने लेखन के माध्यम से अपना योगदान दिया है।

हिंदी के विकास की दिशा में और अधिक सुव्यवस्थित शिक्षापरक/अकादमिक प्रकृति के रचनात्मक लेखन में स्वामी भवानी दयाल की 'प्रवासी की आत्मकथा', पंडित बी. तुलसीराम महाराज की 'डरबन का बलवा' (वर्ष 1953; लक्ष्मीनारायण मंदिर द्वारा 2006 में पुनः मुद्रित), बी.रामबिरिच, सुखराज छोटई तथा आर.एस.नौबत की हिंदू महासभा द्वारा वर्ष 1960 में प्रकाशित, द हिंदू हेरिटेज इन साउथ अफ्रीका को शामिल किया जा सकता है। हिंदी भाषाविज्ञान के क्षेत्र में एक महत्त्वपूर्ण योगदान वर्ष 1985 में केपटाउन विश्वविद्यालय के राजेंद मिस्त्री का शोध–प्रबंध 'ए हिस्ट्री ऑफ़ द भोजपुरी (हिंदी) लैंग्वेज इन साउथ अफ्रीका' सामने आया जो बाद में यूनिवर्सिटी ऑफ़ विटवाटर्स रैण्डप्रेस द्वारा लैंग्वेज इन इंडेंचर' के नाम से प्रकाशित हुआ। बालगणेश की 1998 में प्रकाशित पुस्तक 'द हिंदी लैंग्वेज इन साउथ

अफ्रीका' भी एक नज़र में हिंदी के बहु-आयामी विकास की झलक प्रस्तुत करती है। स्टार पब्लिशर्स, दिल्ली द्वारा प्रोफ़ेसर रामभजन सीताराम (बनारस) का शोधप्रबंध 'स्वातंत्र्योत्तर हिंदी उपन्यासों में लघु मानव की परिकल्पना हिंदी भाषा के माध्यम से हिंदी साहित्य के क्षेत्र में किया गया मौलिक योगदान है। रामचरितमानस के अध्ययन-विवेचन पर आधारित प्रोफ़ेसर उषा शुक्ल की दो पुस्तकें मोतीलाल बनारसीदास पब्लिशर्स द्वारा वर्ष 2002 में प्रकाशित 'रामचरितमानस इन साउथ अफ्रीका' तथा स्टार पब्लिकेशन प्राइवेट लिमिटेड द्वारा वर्ष 2011 में प्रकाशित 'रामचरितमानस इन द डायस्पोरा : त्रिनिदाद, मॉरिशस एंड साउथ अफ्रीका' हैं।

प्रोफ़ेसर सीताराम ने हिंदी भाषा, रामचरितमानस, हिंदी साहित्य और धर्म पर अंग्रेज़ी और हिंदी में कई शोध-पत्र लिखे, प्रस्तुत किए तथा प्रकाशित किए। इनमें से कई पत्र *गगनांचल, प्रवासी संसार, पंकज, मदर इंडिया चिल्ड्रन अब्रॉड,* नेहरू स्मृति संग्रहालय एवं पुस्तकालय (दिल्ली) के प्रकाशनों, निदान (क्वाज़ुलू-नटाल विश्वविद्यालय का जर्नल) तथा स्व. श्री लल्लन प्रसाद व्यास द्वारा संपादित विश्व साहित्य संस्कृति संस्थान, नई दिल्ली के प्रकाशनों में उपलब्ध हैं। उपर्युक्त प्रकाशनों में प्रोफ़ेसर उषा शुक्ल के रामायण से संबंधित अनेक लेख प्रकाशित हुए और इन लेखों के साथ ही साथ वाराणसी से प्रकाशित अंतर्विषयी पत्रिका 'अनुकृति' में भी रचनाएं प्रकाशित हुईं। इन दोनों विद्वानों ने विश्व हिंदी सचिवालय, मॉरिशस से प्रकाशित 'विश्व हिंदी पत्रिका' में भी हिंदी भाषा एवं साहित्य के संबंध में अपने लेखों के माध्यम से योगदान दिया है।

दक्षिण अफ्रीका में आयोजित 9वें विश्व हिंदी सम्मेलन में भारत सरकार का सहयोग

डरबन में भारत की प्रथम काउंसल-जनरल सुश्री लता रेड्डी, विशेषकर पदासीन हर्षवर्धन शृंगला, और महात्मा गांधी के पौत्र और उच्चायुक्त गोपाल कृष्ण गांधी द्वारा दक्षिण अफ्रीका के हिंदी भाषी समुदाय के साथ घनिष्ठ संबंध स्थापित करने के साथ भारत सरकार ने दक्षिण अफ्रीकी भारतीयों के सांस्कृतिक, कलापरक एवं भाषाई स्तर पर हिंदी प्रसार में काफ़ी सहयोग प्रदान किया है। दक्षिण अफ्रीका में हिंदी के विकास हेतु एक और महत्त्वपूर्ण कदम जोहानसबर्ग में 22-24 सितंबर, 2012 तक 9वें विश्व हिंदी सम्मेलन का आयोजन किया जाना था। भारत सरकार द्वारा दक्षिण अफ्रीका में उस सम्मेलन के आयोजन की अनुमति दिए जाने से हिंदी शिक्षा संघ तथा हिंद वाणी द्वारा महत्त्वपूर्ण योगदान की पुष्टि हुई। वी. गरीब तथा हीरालाल शिवनाथ जैसे दिग्गजों द्वारा संचालित हिंदी शिक्षा संघ की गौटेंग शाखा द्वारा अत्यंत महत्त्वपूर्ण भूमिका निभाए जाने के कारण जोहानसबर्ग में आयोजित 9वां

विश्व हिंदी सम्मेलन पूरी तरह सफल रहा। यह सम्मेलन दक्षिण अफ्रीका और विशेषकर वहां के हिंदी-भाषी लोगों के लिए गौरवशाली क्षण रहा जिनमें से अधिकतर लोगों ने इस सम्मेलन में अपने शोधपत्र पढ़े और दुनिया भर के हिंदी प्रेमियों की ओर से सम्मान और प्रशंसा प्राप्त की। सम्मेलन में आयोजित सम्मान समारोह अत्यंत महत्त्वपूर्ण था क्योंकि इसमें भारत से हिंदी के 20 विद्वान और इतनी ही संख्या में अन्य देशों से आए हिंदी के विद्वानों को सम्मानित किया गया था और दक्षिण अफ्रीका में हिंदी के हमारे श्रेष्ठ विद्वान प्रोफ़ेसर रामभजन सीताराम उन सम्मानित किए जाने वाले 20 व्यक्तियों में से एक और अफ्रीका से अकेले व्यक्ति थे। जोहानसबर्ग में आयोजित यह विश्व हिंदी सम्मेलन शोधपत्रों की प्रस्तुति 'स माध्यम था। हिंदी की प्रतिभाओं को सामने लाने का प्रथम महत्त्वपूर्ण अवसर था। इस अवसर पर हिंदी शिक्षा संघ द्वारा प्रस्तुत कार्यक्रम-विवरणिका में हिंदी के उभरते हुए कवियों व लेखकों की रचनाएं शामिल की गई थीं, जिससे हिंदी के प्रति उनकी संवेदनशीलता, मूल्यों का गहन अनुभव तथा हिंदी में स्वयं को अभिव्यक्त करने की क्षमता का पता चलता है। उन रचनाओं के कुछ उदाहरण प्रस्तुत हैं-

पेड़, पौधे, पक्षी, सब हैं ईश्वर की सृष्टि —(गीता रामप्रसाद)

आई दिवाली आई दिवाली
चारों ओर दीप जलाएं
अंधेरा दूर भगाएं
रोशनी ही घर में लाएं —(भवानी प्रीतिपाल)

बदल न सकूंगी मैं दुनिया सारी
पर मेरे साए में रहेगी यह बेचारी- (चंपा वशिष्ठमुनि द्वारा रचित 'शरणागत' से)

दक्षिण अफ्रीका में हिंदी की वर्तमान स्थिति एवं भावी योजनाएं

हिंदी दक्षिण अफ्रीका में बोली जाने वाली प्रमुख भाषा तो नहीं हो पाएगी, परंतु इसमें कोई संदेह नहीं कि जिन लोगों को भाषा का आरंभिक ज्ञान तक नहीं है वे भी बड़े गौरव के साथ एवं पुरज़ोर तरीके से हिंदी को अपनी मातृभाषा बताते हैं। चंद्रिका महाराज द्वारा एम.एफ़ डिग्री के लिए किए गए सर्वेक्षण में शामिल युवाओं में से 80.4 प्रतिशत ने कहा कि मुझे इस पर गर्व है, 18.6% इसके प्रति सकारात्मक थे तथा 1% ने कहा कि मुझे इससे कोई फ़र्क नहीं पड़ता है (यूनिवर्सिटी ऑफ डरबन वेस्टविल, 1992, अप्रकाशित)। हिंदू संस्कृति के संवाहक तथा तुलसीदास विरचित रामचरितमानस एवं हनुमान चालीसा के माध्यम के रूप में हिंदी ने महत्त्वपूर्ण भूमिका निभाई है और वहां पर कई लोग हिंदी का अध्ययन रामचरितमानस को पढ़ने,

समझने एवं गाने के लिए ही करते हैं। इस स्थिति का वर्णन करते हुए शुक्ल (2002 : 200) में कहा गया है—''चूँकि हिंदी की विकास-यात्रा की एक परिक्रमा अब पूरी हो चुकी है, जिसमें हिंदुओं में रामचरितमानस के अस्तित्व को बचाए रखने के लिए पहले मौखिक गायन की परंपरा थी; वहीं अब हिंदी में सुशिक्षित हो चुके लोग रामचरित मानस को अंत:करण में धारण करते हुए इसके अनुयायी हो चुके हैं। इसका एक और प्रबल दृष्टांत इस तथ्य में दिखाई देता है कि दक्षिण अफ्रीका में निवास करने वाले हिंदी-भाषी समुदाय ने 10 वर्षों की अवधि में दो अंतरराष्ट्रीय सम्मेलन सितंबर, 2002 में 18वां अंतरराष्ट्रीय रामायण सम्मेलन तथा सितंबर, 2012 में 9वां विश्व हिंदी सम्मेलन आयोजित किया।

हिंदी भाषा किसी व्यक्ति अथवा समूह के निजी नियंत्रण की वस्तु या संपत्ति नहीं है - इसके विकास की दिशा एवं संपुष्टता विभिन्न समुदायों और राष्ट्रों में अलग-अलग आयामों में बढ़ती हुई देखी जा सकती है। तथा इन पर सभी राष्ट्रों में हिंदी के प्रति अगाध प्रेम और श्रद्धा है जो हमारे पूर्वजों का, हमारी पारंपरिक संस्कृतियों का एवं हमारी मातृभूमि का प्रतिनिधित्व करती है। दक्षिण अफ्रीका में भी हमें हिंदी का शिक्षण करने वाले विद्वानों से लेकर इसके विकास हेतु धन मुहैया कराने वाले लोगों तक विभिन्न स्तरों पर इसका समर्थन करने वालों में भाषा के शिक्षण तथा बोलचाल में व्यावहारिकता के साथ कुछ हद तक पांडित्य प्रदर्शन की झलक मिलती है। हिंदी के तथाकथित विद्वान कहते हैं ''समय के पूर्व और आवश्यकता से अधिक'', जबकि इसी बात को व्यवहारवादी कुछ सरल ढंग से इस प्रकार कहते हैं कि ''वक्त से पहले और ज़रूरत से ज्यादा''। निस्संदेह, दूसरा वाक्य सुनने में सरल और सुनने में दुर्बोध भी नहीं है। यदि हिंदी प्रयोग करने वालों के लिए सुगम सुबोध होगी तो इसका विकास सुनिश्चित हो सकेगा।

बॉलीवुड, सभी प्रकार के भारतीय संगीत, रामचरितमानस सहित धार्मिक काव्य आदि सभी ने हिंदी को सार्वभौमिक बनाने में अपना योगदान दिया है। गोस्वामी तुलसीदास जानते थे कि उनके समय में कोई भी व्यक्ति रामचरितमानस में 'गरीब-नवाज' शब्द के प्रयोग पर आपत्ति नहीं करेगा। रेडियो हिंदवाणी हिंदी के विकास में अपनी अहम भूमिका निभा रहा है और निभाता रहेगा और इस क्रम में हम रेडियो के साथ साथ कक्षा में अध्ययन, विभिन्न प्रतियोगिताओं और सामाजिक-सांस्कृतिक कार्यक्रमों के माध्यम से यहां के हिंदू-समुदाय में हिंदी भाषा को बोलने, समझने, पढ़ने और लिखने की योग्यता का विकास करने का प्रयास कर रहे हैं। निस्संदेह इन गतिविधियों में भाग लेने वालों की संख्या अभी कम है, किंतु अधिक से अधिक लोग, युवा और वयस्क हिंदी से एक रिश्ता क़ायम करने की कोशिश कर रहे हैं, क्योंकि उनके लिए हिंदी एक विशिष्ट अस्मिता का प्रतीक है, हिंदी

जीवनमूल्य, जीवनदृष्टि और प्राचीन सजीव प्रगतिशील संस्कृति को अपने में समेटे हुए है। हिंदी के प्रति इस भावना के पीछे हिंदी-भाषियों का हिंदी के प्रति गूढ़ आध्यात्मिक प्रेम ही है, परंतु हिंदी उनके लिए आर्थिक एवं व्यापार के नज़रिए से महत्त्वपूर्ण नहीं है।

इसी कारण से दक्षिण अफ्रीका में हिंदी का प्रयोग घर, संस्कृति, धर्म और कक्षा तक ही सीमित है। भारत वंशजों के अन्य देशों की तरह यहां भी हिंदी की शब्दावली इन क्षेत्रों तक सीमित है, जिसमें से शब्दों का चयन प्रयोग-कर्ता अपनी आवश्यकतानुसार करता है। घर में 'रोटी' को इसी नाम से जाना जाता है जब कि रोटी बेलने को त्रिनिदाद में रोटी बेले-इंग तथा दक्षिण अफ्रीका में रोटी बेलो-इंग कहा जाता है (जैसेकि भारत में नकल मारो-इंग कहते हैं)। भोजन, फल, वस्त्र, आभूषण, संबंधों एवं अन्य अनेक क्षेत्रों में हिंदी का प्रयोग होता है, और यह 21वीं शताब्दी में हिंदी भाषा को आगे ले जाने में सहायक होगा। मेरे पिताजी अपने पिता या दादाजी को शायद पांव-लागी बाबा या दादा कहकर सम्मान देते थे, और मैं अपने से बड़ों को नमस्ते मां, आजा, मौसी, नानी जैसे दिल को छूने वाले शब्दों का प्रयोग करते हुए उनके प्रति सम्मान प्रदर्शित करती थी।

दक्षिण अफ्रीका में हिंदी और अन्य भारतीय भाषा-भाषी समुदायों ने अपनी अपनी भाषाओं को परिश्रमपूर्वक संरक्षित करने और उनके विकास हेतु महत्त्वपूर्ण प्रयास किया है। इस कार्य में सबसे बड़ा योगदान उनके मंदिरों का रहा है, जो 1880 से अस्तित्व में आने लगे थे और आज भी सांस्कृतिक एकता और अखंडता को अक्षुण्ण बनाए रखने में इनका योगदान है। हिंदी शिक्षा संघ और रेडियो हिंदवाणी आज उनके उद्देश्यों, लक्ष्यों, शासन, सेवा-निष्पादन और सफलता के प्रयासों को मूर्त रूप देने में एक आदर्श का स्थान लिए है। बड़ी आयु वाली पीढ़ी (60 से 80 के आयु वाली) और वर्तमान युवापीढ़ी (20 से 30 वर्ष की) मिलकर हिंदी की प्रगति हेतु पूरी सक्रियता एवं तन्मयता से लगी हुई हैं।

अपनी बहु-आयामी और संग्रहणशील प्रवृत्ति के कारण हिंदी भाषा ने दूसरी भाषाओं से अनेक शब्द और भाव ग्रहण किए हैं और साथ ही साथ इसने दक्षिण अफ्रीका में बोली जाने वाली दूसरी भाषाओं को भी अपनी शब्द-संपदा से समृद्ध किया है। दक्षिण अफ्रीका के हिंदी-भाषियों ने तमिल (रसम, पोली, डोसा) और जुलू (मडूंबी अर्थात शकरकंदी, चेलेगा अर्थात् उधार लेना) जैसे शब्द बड़ी आयु की पीढ़ी से तथा वागाश अर्थात मिलने जाना जैसे शब्द अफ्रीकान भाषा से ग्रहण किए हैं। मुंबइया भाषा का शब्द 'मांगता' भी दक्षिण अफ्रीका में प्रयोग में आता है। जैसेकि हिंदी फिल्मों का वाक्य 'तेरे को क्या मांगता' के अर्थ में दक्षिण अफ्रीका में 'होना' शब्द का प्रयोग किया जाता है। 'होना' का सामान्य अर्थ 'कुछ होना' (टू

बी) या 'कुछ बन जाना' (बिकम) होता है और यह 'ज़रूरत' या 'चाहिए' के अर्थ में प्रयुक्त होता है। प्रोफ़ेसर सीताराम ने इसका संबंध दक्खिनी हिंदी से जोड़ा है, जहां से दक्षिण अफ्रीका में आए लोगों ने घरेलू कामकाज के दौरान इसके प्रयोग को बढ़ावा दिया (इसका उल्लेख 'दजर्नी' 1860–2010 के अंतर्गत 10–16 नवंबर के बीच प्रकाशित समाचारपत्र, 2010: 110 में प्राप्त होता है)। इसमें *हमके काम होना* (= मुझे काम चाहिए) जैसा उदाहरण दिया गया है।

सामाजिक परिवर्तन, सूचना क्रांति, समावेशी करण और समृद्धि के शिखर की ओर बढ़ती इस दुनिया में जहां प्राचीन और अर्वाचीन का विवेकपूर्ण सम्मिलन, पांडित्यपूर्ण/व्यावहारिक प्रयोग, समाज में संगीत, सिनेमा और टेलीविज़न के प्रति आकर्षण—इनसे बने दक्षिण अफ्रीका में हिंदी भाषी समुदाय के ऊपर एक गहरा प्रभाव छोड़ा है। यह उल्लेखनीय तथ्य है कि भारत में हिंदी की स्थिति और राष्ट्रीय और सरकारी भाषा के रूप में इसकी स्वीकृति और इसका प्रभाव एक महत्त्वपूर्ण कारक होगा। इन छोटे छोटे अवदानों का उपयोग हिंदी भाषा और साहित्य का महल खड़ा करने हेतु महत्त्वपूर्ण है—हिंदी शिक्षा संघ अपने समस्त संबद्ध संस्थानों और समर्पित शिक्षकों के साथ इस चुनौती का सामना करने के लिए तैयार है।

ushadevishukla56@gmail.com

संदर्भ-सूची

- Bughwan, Devi. 1970. *An Investigation In The Use of English, Especially in* Natal. DLitt et Phil Thesis (Unpublished), Unisa
- Dhupelia-Mesthrie, Uma. 2000. *From Canefields to Freedom*, Kwela Books, Cape Town
- Gandhi, M.K.1970. सत्य के प्रयोग अथवा आत्मकथा, सस्ता साहित्य अकादमी, नई दिल्ली
- Henning, C G. 1993. The Indentured Indian in Natal (1860-1917). Promilla & Co, New Delhi
- Lal, Brij V. 2000. Chalo Jahaji Fiji Museum. Suva and Australian National University, Canberra
- Maharaj, C. 1992. The Hindi Language and the Cultural Progress of the Hindi Speaking People in South Africa. MA Dissertation (unpublished), University of Durban Westville
- Rambiritch, B. 1960. The History of Mother Tongue Education inthe Hindu Heritage in South Africa. S.A. Hindu Maha Sabha, Durban
- Sanyasi, Bhavani Dayal. 1947. प्रवासी की आत्मकथा. राजहंस प्रकाशन, नई दिल्ली

- Shukla, U D. 1996. Hindi in South Africa: A Socio-Linguistic Perspective, JISSA, Vol.5, University of Durban-Westville, Durban
- Shukla, U D. 2002. Ramacaritamanasa in South Africa. Motilal Banarsidass Publishers, Delhi
- Shukla, U D. 2011. Ramcharitmanas in the Diaspora: Trinidad, Mauritius and South Africa. Star Publications Pvt. Ltd, New Delhi
- Sitaram, R. 2004. दक्षिण अफ़्रीका में हिंदी: एक सिंहावलोकन. गगनांचल विशेषांक, विदेश में हिंदी- उत्तरार्द्ध, भारत
- Sitaram, R. 1997. दक्षिण अफ़्रीका में स्वैच्छिक संस्थाओं द्वारा हिंदी का प्रचार. पंकज, खंड 4, संख्या 1, हिंदी प्रचारिणी सभा, मॉरिशस
- Sitaram, R. 2012. दक्षिण अफ्रीका में हिंदी भाषा और भारतीय संस्कृति. भाषा की अस्मिता और हिंदी का वैश्विक संदर्भ (संपादक रवींद्र कालिया), विदेश मंत्रालय, भारत
- Sulakshna, Topo & Sandhya Kumari. 2012.-भारतीय वाङ्मय में समन्वय की विराट चेष्टा करने वाले महामति प्राणनाथ का जीवन दर्शन. शोधसंचयन (संपादक वाई.पी.सिंह), खंड 3, संख्या 2, जुलाई 2012, नई दिल्ली
- Verma, Vimlesh Kanti. 2012 फ़िजी का सृजनात्मक हिंदी साहित्य. साहित्य अकादमी, नई दिल्ली

समाचार पत्र

Indian Opinion, 23 January 1906, Durban

The Journey, Post Newspaper, 2010, Durban

पश्चिमी सभ्यता वाले देश

डॉ. रिचर्ड बार्ज़ (ऑस्ट्रेलिया)

ऑस्ट्रेलिया में हिंदी[1]

आस्ट्रेलियन नेशनल यूनिवर्सिटी (कैनबरा) से हिंदी-उर्दू वरिष्ठ प्राध्यापक पद से सेवा-निवृत्त; अनेक पुस्तकों और शोध-लेखों के प्रणेता; जैफ़ सीगल के साथ Language Transplanted : The Development of Overseas Hindi (1988) और अस्सा डोरोन व बारबरा नैलसन के साथ An Anthology of Writings on the Ganga (2015) का संपादन; मध्यप्रदेश (भारत) के संस्कृति-विभाग से फ़ादर कामिल बुल्के सम्मान (2016)

भारतीयों का पूर्व आप्रवासन

19वीं शताब्दी में बहुत थोड़ी संख्या में भारतीय लोग ऑस्ट्रेलिया आए और उनमें से कितने लोग हिंदी बोल सकते थे यह कहना मुश्किल है। उदाहरण के लिए सन् 1816 से 1846[2] के बीच 50 से भी कम लोग न्यू साउथ वेल्ज़ में अनुबंधित श्रमिक के रूप में काम करने के लिए आए और सन् 1860 के बाद लोगों का एक अन्य छोटा समूह ऊँटवान के रूप में वहां लाया गया। 1901 की जनगणना के अनुसार उस वर्ष के अंत तक देश में भारत और श्रीलंका से आए लोगों की संख्या केवल 4,681 थी।[3] इस संख्या के कम होने के बावजूद ऑस्ट्रेलियाई लोगों में एक प्रकार का भय व्याप्त हो गया था कि भारतीय और अन्य एशियाई लोग उनकी आर्थिक, सामाजिक और धार्मिक व्यवस्था के लिए ख़तरा हैं। इस भय के कारण ऑस्ट्रेलिया की संसद में सन् 1901 में आप्रवासन नियंत्रण अधिनियम पारित हुआ। ऑस्ट्रेलिया की श्वेतरंग-भेदनीति का प्रमुख आधार बने इस अधिनियम के कारण भारतीयों का ऑस्ट्रेलिया में रहना कमोबेश असंभव हो गया।

यद्यपि 1901 के इस आप्रवासन नियंत्रण अधिनियम के कारण लोगों के भारत से ऑस्ट्रेलिया जाने पर काफ़ी असर पड़ा, किंतु पहले से रह रहे भारतीयों ने अपना प्रवास वहां बनाए रखा। उनमें से अधिकतर लोग छोटे-छोटे व्यवसाय या व्यापार से जुड़े थे, जबकि दूसरे कुछ लोग खेतों में काम करते थे। कुछ भारतीय लोग

वहां के ग्रामीण इलाकों में जाकर बस गए, जहां एक समुदाय के रूप में रहते हुए वे अपने बच्चों और नाती-पोतों में अपनी भाषा और रीति-रिवाजों का संस्कार डाल सके। न्यू साउथ वेल्ज़ के उत्तरी तट पर कॉफ़्स हार्बर के निकट वुल्गुल्गा में बसा एक समुदाय यहां के सबसे संगठित समुदायों में से एक है। यह समुदाय सन् 1939 से ही यहां रह रहा है, जब पंजाबी पृष्ठभूमि के परिवारों ने केले की वाणिज्यिक खेती के लिए यहां पर स्थाई रूप से रहना प्रारंभ किया।[4]

20वीं और 21वीं शताब्दी में भारतीय आप्रवासन तथा हिंदी

वर्ष 1975 में ऑस्ट्रेलिया की संसद ने एक अधिनियम पारित किया जिसने ऑस्ट्रेलिया में नस्ल भेद को अवैध करते हुए 1901 के अधिनियम को प्रभावहीन कर दिया। इस नए अधिनियम ने भारतीयों को ऑस्ट्रेलिया में प्रवास हेतु इस प्रकार प्रोत्साहित किया कि जहां वर्ष 1971 में ऑस्ट्रेलिया में हुई जनगणना के अनुसार भारत में जन्मे लोगों की संख्या 29,211 थी, वहीं 1981 की जनगणना के अनुसार वहां जन्म लेने वालों की संख्या बढ़कर 41,657 हो गई। वर्ष 1996 तक आते आते यह संख्या 77,522 हो गई। 21वीं शताब्दी में ऑस्ट्रेलिया में भारतीय आप्रवासन में इतनी वृद्धि हुई कि वर्ष 2011 की जनगणना में पाया गया कि ऑस्ट्रेलिया में रह रहे 2,95,400 आप्रवासी भारतीयों का जन्म भारत में हुआ था, जबकि इसके 95,500 लोगों ने ख़ुद की पहचान भारतीय अथवा अंशतः भारतीय मूल के रूप में व्यक्त की।

भारत में जन्म लेकर ऑस्ट्रेलिया में बसने वाले लोगों की संख्या में सन् 1971 से ही लगातार वृद्धि के साथ साथ उन लोगों की संख्या भी काफ़ी तेज़ी से बढ़ी है, जो पैदा तो फ़िजी में हुए किंतु बाद में ऑस्ट्रेलिया में बस गए। वर्ष 1971 की जनगणना के अनुसार ऑस्ट्रेलिया में ऐसे लोगों की संख्या केवल 4,015 थी, जिनका जन्म फ़िजी में हुआ था जबकि 2011 में यह संख्या बढ़कर 56,979 हो गई। इस वृद्धि का मुख्य कारण फ़िजी की तत्कालीन परिस्थितियां हैं। वर्ष 1970 में फ़िजी की कुल अनुमानित जनसंख्या के आधे से थोड़े अधिक लोग भारतीय मूल के थे।[5] किंतु उसके बाद फ़िजी में भारतीयों के लिए कठिन राजनैतिक-आर्थिक परिस्थितियों के कारण ऐसा माहौल बना कि 2007 में हुई जनगणना के अनुसार फ़िजी की जनसंख्या में भारतीयों का प्रतिशत 37.5% से अधिक नहीं रहा। फ़ीजी से बाहर जाकर बसने वाले भारतीयों का एक बड़ा हिस्सा अब ऑस्ट्रेलिया जा बसा है। ऑस्ट्रेलिया में 2011 में हुई जनगणना के अनुसार फ़ीजी में जन्म लेने वाले 35,411 लोगों ने ख़ुद को भारतीय अथवा फ़ीजी भारतीय बताया।

वर्ष 2011 की जनगणना में भाषा के संबंध में 1,04,900 लोग ऐसे थे (यह संख्या 100 के निकटतम अंक के रूप में रखी गई है), जो अपने घरों में हिंदी बोलते

थे। इस संख्या के साथ हिंदी अंग्रेज़ी को छोड़कर ऑस्ट्रेलिया में घर में बोली जाने वाली शीर्ष नौ भाषाओं में आठवें स्थान पर है।[6] इन 1,04,900 लोगों में से 59,055 लोगों का जन्म भारत में हुआ था, जिन्होंने 2011 की जनगणना के दौरान यह बताया कि वे अपने घरों में हिंदी में बात करते हैं, तथा 32,448 की संख्या फ़िजी में जन्मे उन आप्रवासियों की थी जिन्होंने उसी जनगणना में हिंदी को अपने घरों की बोलचाल की भाषा बताया।[7] इस प्रकार ऑस्ट्रेलिया में 2011 में अपने घरों में हिंदी बोलने वाले भारत तथा फ़िजी में जन्मे इन भारतीयों की संख्या कुल मिलाकर 91,503 है। ऑस्ट्रेलिया में 2011 में हिंदी-भाषियों की कुल जनसंख्या तथा घरों में हिंदी का प्रयोग करने वालों की संख्या के मध्य 13,400 का अंतर है। ये वे लोग हैं जिनका जन्म ऑस्ट्रेलिया में अथवा विश्व के किसी अन्य देश में हुआ था।

अधिकतर हिंदी-भाषी ऑस्ट्रेलियाई अथवा ऑस्ट्रेलिया में रह रहे लोगों ने भाषाई आधार पर अपने अलग आवासीय क्षेत्र बनाने में रुचि नहीं दिखाई है। वे समाज में अन्य ऑस्ट्रेलियाई लोगों के इलाकों में ही रहते हैं और ऑस्ट्रेलिया में निवास के लिए अंग्रेज़ी में प्रवीणता प्राप्त करना ऑस्ट्रेलियाई ज़िन्दगी का ज़रूरी हिस्सा मानते हैं। इन सबके बावजूद हिंदी-भाषी लोग आमतौर पर अपनी भाषा और संबद्ध संस्कृति को काफ़ी महत्त्व देते हैं। इनमें से कई लोगों का ऐसा मानना है कि हिंदी उनके नए घर ऑस्ट्रेलिया में फले-फूले। हिंदी भाषा के फलने-फूलने की चाह रखने वाले लोगों का ऐसा मानना है कि हिंदी ऑस्ट्रेलिया के प्रारंभिक कक्षा से लेकर विश्वविद्यालय तक के सभी स्तरों पर विद्यार्थियों को सुलभ होनी चाहिए।

ऑस्ट्रेलिया में प्राथमिक एवं माध्यमिक विद्यालयों में हिंदी

ऑस्ट्रेलिया की सरकार ने आप्रवासी समूहों की इस मंशा का समुचित उत्तर दिया कि उनके बच्चों को अपनी भाषा में शिक्षा प्रदान करने हेतु विद्यालय के निर्धारित समय के पश्चात् भाषा सिखाने की व्यवस्था की जाए। इसी हेतु वर्ष 1981 में वहां की सरकार ने सामुदायिक भाषा-शिक्षण कार्यक्रम के लिए धन उपलब्ध कराना शुरू किया। सन् 1992 में राज्य एवं क्षेत्रीय सरकारों ने इन कार्यक्रमों की वित्तीय ज़िम्मेदारी अपने ज़िम्मे ले ली। इस क्रम में सभी राज्यों में शासकीय प्रमाणन निकाय के गठन का ढांचा बनना शुरू हुआ जो सामुदायिक भाषा-शिक्षा वाले विद्यालयों में शैक्षिक स्तर बनाए रखने के लिए काम करेगा। इस प्रयास ने भाषा-शिक्षा के लिए अनुमोदित विद्यालयों के शिक्षा एवं परीक्षा हेतु प्रस्तावित भाषाई माध्यम को एक ऐसे पाठ्यक्रम का हिस्सा बना दिया जो न्यू साउथ वेल्ज़ में उच्चतर शिक्षा प्रमाणपत्र (एच एस सी) के नाम से जाना जाने वाला राज्यीय शिक्षा प्रमाणपत्र है, और जिसे उत्तीर्ण करने के पश्चात ही माध्यमिक परीक्षा सफलतापूर्वक पूरी मानी जाती है।

1970 के दशक में ऑस्ट्रेलिया आगमन के साथ ही भारतीय आप्रवासियों ने पाया कि हिंदी, उर्दू, पंजाबी, तमिल और उनकी अपनी अन्य कई भाषाएं किसी भी अनुमोदित विद्यालय में नहीं पढ़ाई जातीं और इसलिए ये भाषाएं सर्टीफ़िकेट ऑफ़ एजुकेशन या एच एस सी के पाठ्यक्रम में विषय के [illegible] शामिल नहीं हैं। इस कमी को दूर करने के लिए हिंदी-भाषी समुदाय के सदस्यों के नेतृत्व में अपनी भाषा को उचित पहचान दिलाने हेतु समर्पित समूहों ने ख़ुद को संगठित करना प्रारंभ कर दिया।

विक्टोरिया में प्राथमिक और माध्यमिक शिक्षा में हिंदी

विक्टोरिया सर्टीफ़िकेट ऑफ़ एजुकेशन (वी सी ई) के पाठ्यक्रम में हिंदी को शामिल करने का अभियान वर्ष 1983 में उस सफल प्रयास के साथ शुरू हुआ जिसमें हिंदी को विक्टोरियन स्कूल ऑफ़ लैंग्वेजिज़ (वी एस एल) के तत्वावधान में मैलबर्न में पब्लिक प्राइमरी स्कूल के स्तर पर सिखाई जाने लगी। इसके बाद हिंदी-भाषी समुदाय के सदस्यों द्वारा 10 वर्षों के प्रयास के पश्चात विक्टोरिया सरकार ने वर्ष 1993 में हिंदी को वी सी ई में परीक्षा के योग्य विषय के रूप में मान्यता प्रदान कर दी।

हिंदी को एक विषय के रूप में मिली इस मान्यता को अमली जामा पहनाने हेतु इसका पाठयक्रम, पाठ्य-सामग्री तथा परीक्षा का प्रारूप तैयार किया जाना अनिवार्य था। वर्ष 1994 में पहली बार हिंदी विषय की परीक्षा आयोजित की गई और तब से यह लगातार प्रतिवर्ष आयोजित की जा रही है। वी सी ई हिंदी के लिए पहली पाठ्यपुस्तक वर्ष 1998 और फिर 2003 में प्रकाशित हुई। पांच वर्ष बाद पाठ्यक्रम में संशोधन किया गया, और दिनेश श्रीवास्तव एवं सुधा जोशी द्वारा संपादित नई पाठ्यपुस्तक हिंदी नक्षत्र-भाग 1 (2006) व भाग 2 (2007) को वी सी एल ने प्रकाशित किया।[8]

ऑस्ट्रेलिया में प्राथमिक विद्यालयों में हिंदी के शिक्षण हेतु पाठ्य-सामग्री तैयार करने के लिए यहां हिंदी शिक्षा को बढ़ावा देने हेतु गठित हिंदी शिक्षा संघ (ऑस्ट्रेलिया) नामक संगठन काफ़ी सक्रिय है। संघ ने नर्सरी तथा प्राइमरी स्कूल के प्रथम वर्ष के छात्रों के लिए 'मैं और मेरा संसार' नामक हिंदी की पाठ्य पुस्तक लिखने के लिए अनुश्री जैन का समर्थन करने हेतु वी एस एल के साथ सहयोग स्थापित किया है। यह पुस्तक वी एस एल द्वारा वर्ष 2012 में प्रकाशित की गई।

उसी वर्ष मैलबर्न के उपनगर क्रेनबर्न में स्थित रेंजबैंक प्राइमरी स्कूल नामक एक सरकारी प्राथमिक विद्यालय विक्टोरिया प्रदेश में वह पहला प्राइमरी स्कूल बना जिसने अपने पाठ्यक्रम में हिंदी को सभी छात्रों के लिए शामिल किया। यद्यपि उस विद्यालय में अधिकतर छात्र भारतीय पृष्ठभूमि के नहीं थे, फिर भी विश्व अर्थ व्यवस्था में भारत की मजबूत स्थिति को देखते हुए विद्यालय के प्रधानाचार्य ने अपने

यहां हिंदी भाषा के शिक्षण को अनिवार्य करने का विचार किया।

वर्ष 2012 में वी एस एल के हिंदी कक्षाओं में छात्रों की कुल संख्या 306 थी। इनमें से 170 छात्र विद्यालय में शुरू के 7 वर्ष (प्रेपरेट्री समेत) में नामांकित थे, 77 छात्र कक्षा 6 से 10 के थे तथा 59 छात्र माध्यमिक विद्यालय में अंतिम 2 वर्ष में हिंदी पढ़ रहे थे। वर्ष 2013 में स्कूल के इन तीन स्तरों पर छात्रों की संख्या क्रमशः 223, 89 और 76 अर्थात कुल 388 थी।[9]

न्यू साउथ वेल्ज़ में प्राथमिक और माध्यमिक शिक्षा में हिंदी

वर्ष 1987 में सिडनी में हिंदी-भाषी समुदाय के सदस्यों के साथ मिलकर माला मेहता ने स्वयंसेवियों द्वारा पूर्णतः संचालित एक ग़ैर-लाभकारी संगठन के रूप में इंडो ऑस्ट्रेलियन बाल भारती विद्यालय (आई ए बी बी वी)—हिंदी स्कूल इनकारपोरेटिड की स्थापना की। आई ए बी बी वी हिंदी स्कूल सिडनी में हिंदी भाषा शिक्षण का प्रथम व्यवस्थित संस्थान था। प्राथमिक और माध्यमिक स्तर के छात्रों के लिए इस विद्यालय की हिंदी की कक्षाएं सिडनी के उत्तर में स्थित उपनगर के एक पब्लिक स्कूल में प्रत्येक रविवार को सुबह के समय लगती हैं। वर्ष 1997 में आई ए बी बी वी, हिंदी स्कूल के शिक्षकों ने एच एस सी की हिंदी परीक्षा में भाग लेने हेतु विद्यार्थियों की तैयारी शुरू करा दी थी।[10]

सिडनी में सामुदायिक हिंदी स्कूलों जैसे आई ए बी बी वी—हिंदी स्कूल, ऑस्ट्रेलियन हिंदू बहु सांस्कृतिक संघ का हिंदी स्कूल, तथा ग्रीनवैली हिंदी भाषा स्कूल को न्यू साउथ वेल्ज़ के डिपार्टमेंट ऑफ़ एजुकेशन एंड कम्यूनिटीज़ (डी ई सी) के अंतर्गत कम्यूनिटीज़ लैंग्वेजिज़ स्कूल्ज़ (सी एल एस) से सहायता प्राप्त होती है। सी एल एस कार्यक्रम के लिए मान्यता-प्राप्त प्रत्येक विद्यालय कक्षाओं में नामांकित छात्रों की संख्या के हिसाब से वार्षिक फंड प्राप्त करता है। फंड प्राप्त करने के लिए प्रत्येक विद्यालय को प्रबंधन, शिक्षण कार्यक्रमों, शिक्षकों की शैक्षिक योग्यता, छात्रों की संख्या और विद्यालय की भौगोलिक स्थिति के संबंध में डी ई सी द्वारा निर्धारित मानदंड अनिवार्यतः पूरा करना होता है। सी एल एस द्वारा मान्यता प्राप्त सामुदायिक शिक्षा के विद्यालयों को शिक्षण समय के उपरांत सरकारी विद्यालयों में उपलब्ध साधन-सुविधाओं के निःशुल्क उपयोग की अनुमति प्राप्त है। ये विद्यालय छात्रों से शुल्क ले सकते हैं तथा विदेशी सरकारों से वित्तीय सहायता भी प्राप्त कर सकते हैं।

न्यू साउथ वेल्ज़ में माध्यमिक कक्षाओं के छात्र वर्ष 2007 से सैटरडे स्कूल ऑफ़ कम्यूनिटी लैंग्वेज़िज़ (एस एस सी एल) नामक एक अन्य डी ई सी कार्यक्रम के माध्यम से भी हिंदी भाषा का अध्ययन कर सकते हैं। सी एल एस प्रोग्राम में नहीं

परंतु एस एस सी एल के अध्यापकों को डी ई सी से मान्यता और वेतन प्राप्त होता है। एस एस सी एल की कक्षाएं शनिवार को सुबह के सत्र में आयोजित होती हैं। एस एस सी एल के माध्यम से सिखाई जाने वाली हिंदी को एच एस सी से मान्यता प्राप्त है।

सिडनी स्थित वेस्टराइड पब्लिक स्कूल नामक एक प्राथमिक विद्यालय ने वर्ष 2008 में अपने पाठ्यक्रम में हिंदी विषय को शामिल किया। वर्ष 2013 में इस विद्यालय में हिंदी विषय में 120 छात्र अध्ययनरत थे।

कैनबरा में माध्यमिक विद्यालयों में हिंदी

यद्यपि ऑस्ट्रेलिया के राष्ट्रीय राजधानी क्षेत्र कैनबरा के प्राथमिक विद्यालयों में हिंदी शिक्षण नहीं है, परंतु शहर के नाराबंडा कॉलेज में वर्ष 2008 से माध्यमिक विद्यालय के स्तर पर हिंदी पाठ्यक्रम चल रहा है। इस कॉलेज के हिंदी पाठ्यक्रम में वर्ष 2013 में 12 छात्र अध्ययनरत थे और वर्ष 2014 में विद्यालय खुलने पर हिंदी पाठ्यक्रम में 16 छात्रों का नामांकन हो चुका था।

हिंदी में सर्टीफ़िकेट ऑफ़ एजुकेशन परीक्षाएं

वर्ष 2006 में विक्टोरिया में वी सी ई के लिए 23 छात्र, न्यू साउथ वेल्ज़ में एच एस सी के लिए 18 छात्र तथा तस्मानियन सर्टीफ़िकेट ऑफ़ एजुकेशन (टी सी ई) के लिए एक छात्र ने हिंदी पाठ्यक्रम की परीक्षा में भाग लिया और इस प्रकार ऑस्ट्रेलिया में 12वीं कक्षा के हिंदी पाठ्यक्रम की परीक्षा में बैठने वाले छात्रों की कुल संख्या 42 रही। उस वर्ष ऑस्ट्रेलिया के अन्य राज्यों और क्षेत्रों में 'सर्टीफिकेट ऑफ़ एजुकेशन' अथवा इसके समकक्ष पाठ्यक्रम की हिंदी विषय की परीक्षा नहीं ली जाती थी।

वर्ष 2013 में सर्टीफ़िकेट ऑफ़ एजुकेशन अथवा इसके समकक्ष पाठ्यक्रम में हिंदी विषय की परीक्षा में शामिल होने वाले छात्रों की संख्या क्रमशः विक्टोरिया में 38, न्यू साउथ वेल्ज़ में 17, दक्षिण ऑस्ट्रेलिया में 4 तथा तस्मानिया में 1, अर्थात कुल 60 थी। इसकी परीक्षाएं विक्टोरिया, न्यू साउथ वेल्ज़, दक्षिण ऑस्ट्रेलिया और तस्मानिया राज्यों द्वारा इस पर होने वाले व्यय को मिल कर वहन करते हुए राष्ट्रीय स्तर पर आयोजित की गई थीं। विक्टोरियन करिकुलम एंड असेसमेंट अथॉरिटी ने इन परीक्षाओं का आयोजन और मूल्यांकन किया।[11]

विद्यालयों में हिंदी शिक्षण हेतु ऑस्ट्रेलिया की सरकार से प्राप्त सहायता

वर्ष 2011 में ऑस्ट्रेलिया की सरकार ने ऑस्ट्रेलियन करिकुलम असेसमेंट एंड

रिपोर्टिंग अथारिटी (ए सी ए आर ए) को स्वतंत्र इकाई बना दिया। यह राष्ट्रीय शिक्षा के संबंध में सरकार को सलाह देने के साथ साथ इस बात को निर्धारित करने के प्रति भी अपना अभिमत व्यक्त करती है कि ऑस्ट्रेलिया के विद्यालयों के लिए प्रस्तावित राष्ट्रीय पाठ्यक्रम में किन किन एशियाई भाषाओं को शामिल किया जाना चाहिए। हिंदी इसमें शामिल भाषाओं में से एक है। राष्ट्रीय पाठ्यक्रम में स्वीकृत भाषाओं के अध्ययन की व्यवस्था विद्यालयों के सामान्य समय के दौरान उपलब्ध रहेगी, हालांकि इन पाठ्यक्रमों के कार्यान्वयन का दायित्व राज्य और क्षेत्रीय प्राधिकरणों के ऊपर छोड़ दिया जाएगा।

ऑस्ट्रेलिया के विश्वविद्यालयों में हिंदी

ऑस्ट्रेलिया के किसी भी विश्वविद्यालय के पाठ्यक्रम में सम्मिलित प्रथम भारतीय भाषा 'संस्कृत' थी, जिसे सन् 1962 में सिडनी विश्वविद्यालय में पाठ्येतर विषय के रूप में शामिल किया गया था और जिसे सन् 1978 में स्वतंत्र पाठ्यक्रम बना दिया गया।

ऑस्ट्रेलिया में विश्वविद्यालय स्तर पर पढ़ाई जाने वाली प्रथम आधुनिक भारतीय भाषा बंगाली थी जिसके अध्ययन की शुरुआत मैलबर्न विश्वविद्यालय में सन् 1967 में हुई। तदुपरांत प्रति वर्ष बंगाली भाषा का शिक्षण 1981 तक तब तक जारी रहा जब छात्रों की कम संख्या के कारण इसका शिक्षण बंद करना पड़ा।

ऑस्ट्रेलिया में हिंदी शिक्षण की शुरुआत तीसरे नंबर पर यूनिवर्सिटी ऑफ़ क्वींसलैंड के इंस्टिट्यूट ऑफ़ मॉडर्न लैंग्वेजिज़ में सन् 1965 में हुई और 2016 में अभी भी वहां हिंदी की पढ़ाई हो रही है। सन् 1972 तक मैलबर्न में वयस्क लोगों की शिक्षा के लिए संचालित एक अन्य वयस्क शिक्षा संगठन भी, जोकि पहले परिषद था और अब एक केंद्र है; हिंदी के शिक्षण में संलग्न था। ऑस्ट्रेलियन नेशनल यूनिवर्सिटी (ए-ऐन-यू) और यूनिवर्सिटी ऑफ़ सिडनी में संचालित इसी प्रकार के एक और वयस्क शिक्षा कार्यक्रम के अंतर्गत हिंदी को पाठ्यक्रम में शामिल किया गया है। हिंदी का शिक्षण कार्यक्रम समय समय पर पूरे ऑस्ट्रेलिया में संचालित 'तकनीकी एवं वर्धमान शिक्षा' (टी ए एफ ई) की संस्थाओं द्वारा भी चलाया जाता है।

विश्वविद्यालय में डिग्री स्तर पर हिंदी का प्रथम पाठ्यक्रम वर्ष 1971 में आर.एस. मैक्ग्रेगर द्वारा कैंब्रिज विश्वविद्यालय छोड़ने के बाद कैनबरा में ऑस्ट्रेलियन नेशनल यूनिवर्सिटी के फ़ैकल्टी ऑफ़ एशियन स्टडीज़ में शुरू किया गया। बाद के दशकों में ऑस्ट्रेलियन नेशनल यूनिवर्सिटी में उर्दू के साथ हिंदी आर. के. बार्ज़ और वाई.के.यादव द्वारा पढ़ाई जाती रही और 2016 में आज भी यह पीटर फ्रीड्लैंडर के निर्देशन में चल रही है।

समय बीतने के साथ हिंदी की पढ़ाई केवल ए-ऐन-यू तक ही सीमित नहीं

रही। सन् 1975 में सुधा जोशी द्वारा संचालित हिंदी के पाठ्यक्रम को मैलबर्न विश्वविद्यालय के भारतीय अध्ययन विभाग द्वारा शुरू किया गया। यद्यपि पहले साल इस पाठ्यक्रम में 50 छात्रों का नामांकन हुआ था किंतु इस पाठ्यक्रम को 1976 के अंत में बंद कर दिया गया। वर्ष 1982 में मैलबर्न विश्वविद्यालय में हिंदी की पढ़ाई फिर से शुरू की गई जिसका अध्यापन पहले अतींद्र मजूमदार ने तथा बाद में पुनः सुधा जोशी ने किया।

वर्ष 1982 में सिडनी विश्वविद्यालय में संचालित भारतीय अध्ययन कार्यक्रम में हिंदी पाठ्यक्रम की शुरुआत अरविंद शर्मा ने की। वर्ष 1999 से 2006 के बीच वहां इस विषय का शिक्षण ए-ऐन-यू के सहयोग से वीडियो-कॉन्फ्रेंसिंग से हुआ। यह पहला अवसर था जब ऑस्ट्रेलिया में वीडियो कॉन्फ्रेंसिंग द्वारा हिंदी का शिक्षण किया गया।[12] सिडनी विश्वविद्यालय में हिंदी का पाठ्यक्रम सन् 2009 में बंद हो गया।

सन् 1990 के अंत में मैलबर्न विश्वविद्यालय में संचालित हिंदी के पाठ्यक्रम को, जिसे अभी तक सुधा जोशी द्वारा पढ़ाया जा रहा था; मैलबर्न में ही स्थित 'ला ट्रोब विश्वविद्यालय' में स्थानांतरित कर दिया गया। वर्ष 1999 में 'ला ट्रोब विश्वविद्यालय' में पूर्णकालिक तीन वर्षीय हिंदी पाठ्यक्रम बंद हो गया। लेकिन वह इसे पीटर फ़्रीडलैंडर ने ऑस्ट्रेलियाई मुक्त विश्वविद्यालय के दूरस्थ शिक्षा कार्यक्रम के रूप में संचालित किए रखा, जोकि ऑस्ट्रेलिया में हिंदी के लिए शासन से मान्यता-प्राप्त प्रथम दूरस्थ शिक्षा पाठ्यक्रम वाला विश्वविद्यालय था। वर्ष 2014 में इयान वुलफोर्ड ने हिंदी के पाठ्यक्रम को ला ट्रोब विश्वविद्यालय में पुनः एक प्रमुख पाठ्यक्रम के रूप में शुरू किया।

मैलबर्न स्थित मोनाश विश्वविद्यालय हिंदी में शिक्षण आरंभ करने वाला ऑस्ट्रेलिया का पांचवां विश्वविद्यालय था। ला ट्रोब विश्वविद्यालय में हिंदी का शिक्षण करते हुए सुधा जोशी ने 1993 में मोनाश विश्वविद्यालय में भी हिंदी पाठ्यक्रम को आरंभ किया और 1994 तक इससे जुड़ी रहीं। मोनाश में, जहां हिंदी 1995 तक चली, और उस पाठ्यक्रम के प्रमुख थे रिचर्ड डलेसी। हिंदी पाठ्यक्रम शुरू करने वाला छठा ऑस्ट्रेलियाई विश्वविद्यालय था—आर एम आइ टी (रॉयल मैलबर्न इंस्टीट्यूट ऑफ़ टेक्नोलॉजी) जहां हिंदी का शिक्षण 1997 से 1999 तक हुआ।

भारत में ए-ऐन-यू का हिंदी पाठ्यक्रम

जनवरी, 1990 में भारत में अनुप्रयुक्त हिंदी के संबंध में ए-ऐन-यू का 6 सप्ताह की अवधि वाला ग्रीष्मकालीन गहन शिक्षण कार्यक्रम शुरू हुआ जिसे बाद में 'हिंदी इन कंट्री' नाम दिया गया। ऑस्ट्रेलिया के सभी विश्वविद्यालयों में चल रहे हिंदी कार्यक्रमों के छात्रों के लिए उपलब्ध यह पाठ्यक्रम ऑस्ट्रेलियाई विश्वविद्यालय का

हिंदी विषयक प्रथम एवं एकमात्र भारत में चलने वाला डिग्री पाठ्यक्रम था।[13] 'हिंदी इन कंट्री' पाठ्यक्रम वर्षानुवर्ष अनेक स्थानों पर हुआ। उनमें से कुछ स्थान हैं उत्तराखंड में भीमताल, ऋषिकेश, उत्तर काशी और देहरादून; उत्तर प्रदेश में बुलंदशहर, लखनऊ और इलाहाबाद; राजस्थान में अजमेर, चित्तौड़गढ़ और उदयपुर तथा मध्य प्रदेश में उज्जैन और ओरछा।

ए-ऐन-यू के ग्रीष्मकालीन 'हिंदी इन कंट्री' पाठ्यक्रमों से घनिष्ठ संबंध रखने वाला 'ईयर इन इंडिया' कार्यक्रम है। सन् 1991 से ही यह कार्यक्रम उत्कृष्ट शैक्षिक कीर्तिमान (रिकार्ड) वाले हिंदी विषय के छात्रों को उनके पूर्व-स्नातक (अंडर ग्रेजुएट) डिग्री पाठ्यक्रम के तृतीय वर्ष में हिंदी तथा अन्य विषयों का हिंदी माध्यम से अध्ययन भारत के किसी विश्वविद्यालय अथवा उसके समकक्ष संस्थान में संपन्न करने का अवसर प्रदान करता आया है।

ऑस्ट्रेलियाई विश्वविद्यालयों में हिंदी के समक्ष चुनौतियां

मैलबर्न स्थित राष्ट्रीय दक्षिण एशियाई अध्ययन केंद्र की निदेशक मारिका विज़िआनी ने सन् 1995 में ऑस्ट्रेलिया में हिंदी और उर्दू की स्थिति का सर्वेक्षण करते हुए एक छोटी पुस्तक लिखी। 'अनलॉकिंग ऑस्ट्रेलियाज़ लैंग्वेज पोटेंशियल : प्रोफाइल्फ़ ऑफ़ लैंग्वेजिफ़ इन ऑस्ट्रेलिया, हिंदी-उर्दू' शीर्षक से प्रकाशित इस सर्वे रिपोर्ट ने ऑस्ट्रेलियाई विश्वविद्यालयों में हिंदी व उर्दू पाठ्यक्रमों के समक्ष उत्पन्न आरंभिक चुनौतियों की तस्वीर प्रस्तुत की है तथा इन समस्याओं को दूर करने लिए कुछ समाधान भी सुझाए हैं। विज़िआनी के अनुसार समस्याएं निन्नलिखित थीं—

1. ऑस्ट्रेलियाई विश्वविद्यालयों में दक्षिण एशियाई अध्ययन केंद्रों की स्थिति में सामान्य ह्रास।
2. ऑस्ट्रेलियाई विश्वविद्यालयों में हिंदी-उर्दू पाठ्यक्रमों के नामांकन में कमी। वर्ष 1995 में केवल 61 छात्रों ने इन भाषाओं का चयन किया, जिनमें से ए-ऐन यू गें 15, ला ट्रोब में 20, मोनाश में 7, क्वींसलैंड विश्वविद्यालय के इंस्टिट्यूट ऑफ़ मॉडर्न लैंग्वेज़िज़ में 4 तथा सिडनी विश्वविद्यालय में 15 छात्र हिंदी पढ़ रहे थे।
3. दक्षिण एशिया में भाषा तथा गैर-भाषा वाले पाठ्यक्रमों में अत्यधिक असंतुलन। ऑस्ट्रेलिया के सभी विश्वविद्यालयों में ए-ऐन-यू अकेला विश्वविद्यालय था जो 1995 में स्थायी रूप से नियुक्त अध्यापक के निर्देशन में हिंदी-उर्दू विषयों में क्रमानुसार पूर्व-स्नातक, ऑनर्स तथा स्नातकोत्तर संपूर्ण पाठ्यक्रम संचालित कर रहा था। हालांकि उस वर्ष ए-ऐन-यू में केवल एक दक्षिण-एशियाई ग़ैर-भाषा विषयक पाठ्यक्रम चलाया जा रहा था। ऑस्ट्रेलिया के

चार अन्य विश्वविद्यालयों में दक्षिण एशियाई ग़ैर-भाषा विषयक कई पाठ्यक्रम थे, किंतु हिंदी-उर्दू का कोई ऐसा शिक्षण कार्यक्रम नहीं था जिस पर ख़तरे के बादल न छाए हों।

4. सिडनी और मैलबर्न विश्वविद्यालयों में हिंदी-उर्दू भाषा पाठ्यक्रमों की कमज़ोर तथा असुरक्षित स्थिति—बावजूद इसके कि इन नगरों में हिंदी व उर्दू भाषियों की घनी आबादी है।
5. ऑस्ट्रेलिया में माध्यमिक विद्यालयों के पाठ्यक्रमों में हिंदी-उर्दू विषयों की नितांत अनुपस्थिति।[14]

उपर्युक्त समस्याओं के समाधान हेतु की गई प्रमुख सिफारिशें निम्नवत् थीं -

1. ऑस्ट्रेलिया की सरकार को अपने शिक्षा विभाग के माध्यम से ''तृतीयक स्तर'' पर हिंदी-उर्दू के शिक्षण हेतु 5 वर्षों की अवधि के लिए फंडिंग प्रदान करनी चाहिए।
2. सिडनी अथवा मैलबर्न विश्वविद्यालय में परंपरागत विधि से हिंदी-उर्दू के शिक्षण की व्यवस्था कम से कम 5 वर्षों के लिए स्थायी रूप से की जानी चाहिए।
3. अन्य ऑस्ट्रेलियाई विश्वविद्यालयों के छात्रों के लिए दूरस्थ शिक्षा के माध्यम से हिंदी सिखाने की व्यवस्था की जानी चाहिए।
4. मान्यता-प्राप्त विषय के रूप में हिंदी का अध्ययन करने वाले माध्यमिक कक्षा के छात्रों को सामुदायिक विद्यालयों के माध्यम से आश्वस्त किया जाना चाहिए कि वह ''तृतीयक स्तर'' पर भी भाषा के अध्ययन को जारी रख सकेंगे।[15]

दुर्भाग्यवश आज 20 वर्षों के बाद भी विज़िआनी की पुस्तक में उल्लिखित समस्याओं में से प्रथम चार का समाधान निकालने की दिशा में कुछ ख़ास प्रगति नहीं हो पाई है। दक्षिण एशियाई विभाग आज भी उसी निराशाजनक स्थिति में हैं, विश्वविद्यालयों में हिंदी-उर्दू पाठ्यक्रमों में नामांकन बढ़ नहीं पाया है, दक्षिण एशियाई ग़ैर-भाषा पाठ्यक्रमों में कमी के साथ केवल ए-ऐन-यू ही विश्वविद्यालय स्तर तक हिंदी-उर्दू के अध्ययन के लिए पाठ्यक्रमों को क्रमबद्ध रूप में संचालित करता है, ऑस्ट्रेलिया के अन्य विश्वविद्यालयों में दक्षिण एशियाई विषयों में नामांकन पहले की अपेक्षा घट गया है, हिंदी-उर्दू पाठ्यक्रम अब केवल ए-ऐन-यू तथा ला ट्रोब विश्वविद्यालय में ही उपलब्ध हैं और 'तृतीयक स्तर' पर हिंदी-उर्दू के शिक्षण को सुनिश्चित करने हेतु शिक्षा विभाग द्वारा कोई धन राशि आबंटित नहीं की गई है।

पांचवीं समस्या के समाधान की दिशा में किए गए प्रयास के अंतर्गत कुछ कुछ प्राथमिक और माध्यमिक विद्यालयों के पाठ्यक्रम में हिंदी को शामिल किए जाने के

साथ हमें थोड़ी उत्साहजनक प्रगति दिखती है, जिसका उल्लेख ऊपर किया जा चुका है।

ऑस्ट्रेलिया में हिंदी मीडिया तथा हिंदी लेखन- पुस्तकें, जर्नल एवं पत्रिकाएं

सन् 1980 से लेकर आज तक ऑस्ट्रेलिया में भारतीय समुदाय में निकाली जाने वाली पत्र-पत्रिकाओं की संख्या में निरंतर वृद्धि हुई है। इनमें अधिकतर पत्रिकाएं अंग्रेज़ी की हैं। इन वर्षों में हिंदी में प्रकाशित होने वाली पुस्तकों की संख्या काफ़ी कम रही है और पंजाबी, उर्दू तथा अन्य भारतीय भाषाओं में उससे भी कम। मैलबर्न में हिंदी भाषा एवं भारतीय संस्कृति के उन्नयन हेतु गठित हिंदी निकेतन संघ नामक संगठन द्वारा प्रकाशित देवनागरी पत्रिका हिंदी की सर्वप्रथम छपने वाली पत्रिका है। सुधा जोशी एवं दिनेश श्रीवास्तव द्वारा संपादित देवनागरी पत्रिका में स्थानीय लेखकों की कविता एवं लेख संबंधी मुख्यत: साहित्यिक रचनाएं प्रकाशित होती हैं। वर्ष 1992 से 1997 के मध्य यह पत्रिका अनियमित रूप से प्रकाशित होती रही। वर्ष 1995 में विक्टोरिया राज्य में इसका वार्षिक सर्कुलेशन लगभग 200 प्रतियों का था। ऑस्ट्रेलिया में उस वक़्त प्रकाशित होने वाली एक अन्य साहित्यिक पत्रिका चेतना थी। चेतना वर्ष में दो बार प्रकाशित होती थी और वर्ष 1995 में न्यू साउथ वेल्ज़ में इसका सर्कुलेशन 150 से 200 प्रतियों का था। तीसरी पत्रिका त्रैमासिक आधार पर छपने वाली संदेश थी जिसमें अंग्रेज़ी और हिंदी भाषाओं में विक्टोरिया में रहने वाले भारतीय समुदाय के मनपसंद लेख छपते थे। वर्ष 1995 में संदेश लगभग 200 लोगों तक पहुंचती थी।[16]

21वीं शताब्दी के प्रारंभ के दो दशकों में इंटरनेट क्रांति ने ऑस्ट्रेलिया में भारतीय समुदाय के हिंदी प्रकाशनों का स्वरूप ही बदल दिया है। आज स्थानीय एवं वैश्विक पाठक-वर्ग तक आसानी से पहुंच रही कम पैसे में आकर्षक कलेवर वाली हिंदी की ऑनलाइन पत्रिकाओं के प्रकाशन में कंप्यूटर तकनीकी में प्रारंभिक दक्षता वाले लोगों के छोटे छोटे समूह तैयार करने का श्रेय इस क्रांति को जाता है। हिंदी भाषा और साहित्य को बढ़ावा देने वाले ऑस्ट्रेलियाई संगठन तत्परतापूर्वक इस क्रांति का हिस्सा बन रहे हैं। इन संगठनों द्वारा साहित्य और संस्कृति को केंद्र में रखकर प्रकाशित होने वाली हिंदी की कुछ ऑनलाइन पत्रिकाएं इस प्रकार हैं : इला गोयल तथा सुदेश अग्रवाल द्वारा संपादित एवं पश्चिमी ऑस्ट्रेलिया के हिंदी समाज द्वारा प्रकाशित भारत भारती जो http://hindisamajwalorg/files/documents/ 2012 magaze pdf लिंक पर ऑनलाइन उपलब्ध है; मैलबर्न से प्रकाशित साउथ एशिया टाइम्स मासिक पत्र के हिंदी परिशिष्ट के रूप में दिनेश श्रीवास्तव द्वारा संपादित हिंदी पुष्प जोकि http://mail.google.com/mail#inbox/14651c3d8403df6?6?

projector पर उपलब्ध है; भारत के सांस्कृतिक एवं शैक्षिक संगठन भारतीय विद्या भवन की शाखा 'भारतीय विद्या भवन, ऑस्ट्रेलिया' में कृष्ण कुमार गुप्ता और परवीन दहिया द्वारा संपादित पत्रिका नवनीत जोकि http://wwwlbhavanaus tralialorg/assets/digest_2171 pdf पर ऑनलाइन उपलब्ध है। ये तीनों ऑनलाइन पत्रिकाएं ऑस्ट्रेलिया के हिंदी लेखकों को उनकी रचनाएं समय और स्थान की सीमाओं को पार कर हिंदी पाठकों तक पहुंचाने के लिए स्वर्णिम अवसर प्रदान करती हैं।

21वीं शताब्दी के दूसरे दशक में ऑस्ट्रेलिया में रचनाशील हिंदी लेखकों में निम्नलिखित नाम प्रमुख हैं—पेशे से भूगर्भ-शास्त्री श्री सुभाष जैरेठ, जो पंजाब के खन्ना से हैं और जिन्होंने मॉस्को से पढ़ाई पूरी की है। आप कैनबरा में रहते हैं तथा ए-ऐन-यू के हिंदी कार्यक्रम में पढ़ा भी चुके हैं। वर्ष 1994 में आपका हिंदी कविताओं का संग्रह 'गोली लगने से पहले' वाणी प्रकाशन, नई दिल्ली से प्रकाशित हुआ था। रेखा राजवंशी जो पेशे से अनुवादक और इंटरप्रेटर हैं तथा सिडनी विश्वविद्यालय के सतत शिक्षा केंद्र में हिंदी पढ़ाती हैं। आपका जन्म रेवाड़ी हरियाणा में 1960 में हुआ था। इन्होंने बूमरैंग नाम से 11 ऑस्ट्रेलियाई लेखकों की हिंदी कविताओं के संग्रह का संपादन किया, जो नई दिल्ली स्थित किताबघर प्रकाशन से वर्ष 2010 में प्रकाशित हुआ था। आपके द्वारा 'कंगारू के देश' में शीर्षक के साथ हिंदी में लिखी गई एक अन्य पुस्तक वर्ष 2012 में उसी प्रकाशन से प्रकाशित हुई। आपने हिंदी में बाल कविताएं लिखी हैं। तीसरे कवि हरिहर झा हैं जिन्होंने हिंदी में कई कविताएं लिखी हैं। आप भौतिकी और मौसम विज्ञान के वेत्ता हैं। इनकी कविताएं रेखा राजवंशी की बूमरैंग में संकलित हैं। आपका जन्म राजस्थान में हुआ था तथा आप 1990 से मैलबर्न में रहते हैं। पश्चिमी ऑस्ट्रेलिया के पर्थ में रहने वाले अंग्रेज़ी के व्याख्याता पद से सेवानिवृत प्रेम माथुर एक अन्य प्रसिद्ध लेखक हैं। इनकी लघुकथाएं भारत के विभिन्न पत्र-पत्रिकाओं में प्रकाशित हुई हैं और उनकी कविताएं नवनीत में छपी हैं। उनकी कुछ अन्य कविताएं उषा राजे सक्सेना द्वारा संपादित तथा वर्ष 2013 में हिंदी अकादमी, दिल्ली द्वारा प्रकाशित 'देशांतर : प्रवासी भारतीयों की कविताएं' नामक पुस्तक में संकलित हैं।

ऑस्ट्रेलिया में रहने वाले अन्य भारतीय लेखकों में प्रमुख नाम हैं—कौशल किशोर श्रीवास्तव जिनकी रचनाएं 'कविता दर्पण' और 'क्षितिज के पार' वाणी प्रकाशन, नई दिल्ली द्वारा 2013 में प्रकाशित हुई हैं; एस. वर्मा जिनकी पुस्तकें सुगंध सुमन ऐमाज़ान डॉटकॉम (यू.के.) द्वारा 2012 में तथा 'कवितांजलि' उसी प्रकाशक द्वारा 2013 में प्रकाशित हुई हैं; और एस. चोपड़ा जिनकी पुस्तक 'जीवन तो एक सफ़र है' ब्रिस्बेन में स्नैप प्रिंटर्स द्वारा 2010 में प्रकाशित हुई। ऑस्ट्रेलिया में रहने

वाले हिंदी के कथेतर लेखकों में बृजलाल और योगेंद्र यादव शामिल हैं जिन्होंने 19वीं शताब्दी के अंत तथा बीसवीं शताब्दी के प्रारंभ में श्रमिकों द्वारा लिखे गए व्यक्तिगत अनुभवों के संग्रह का भूतलेन की कथा—तोताराम सनाढ्य का फ़ीजी नाम से संपादन किया और यह पुस्तक सरस्वती प्रेस, नई दिल्ली द्वारा 1994 में प्रकाशित हुई।

रेडियो और दूरदर्शन

1995 में ऑस्ट्रेलिया में रेडियो पर हिंदी के दो कार्यक्रम तथा दो अन्य हिंदी-उर्दू मिश्रित कार्यक्रम प्रसारित होते थे। इनमें से हिंदी का एक कार्यक्रम राष्ट्रीय स्तर पर सप्ताह में एक बार तथा पब्लिक स्पेशल ब्रॉडकास्टिंग सर्विसेस (एस बी एस) नेटवर्क द्वारा सप्ताह में दो बार सिडनी और मैलबर्न में प्रसारित होता था। हिंदी का दूसरा कार्यक्रम सप्ताह में तीन बार क्वींसलैंड में इंडियन प्रोग्रामिंग ग्रुप द्वारा प्रसारित होता था। हिंदी-उर्दू का एक कार्यक्रम न्यू साउथ वेल्ज़ में आकाशवाणी ऑस्ट्रेलिया द्वारा सप्ताह में दो बार तथा इसका दूसरा कार्यक्रम उसी राज्य में हिंदी रेडियो 2000 तथा 2000 एफ़ एम द्वारा सप्ताह में एक बार प्रसारित किया जाता था।[17]

वर्ष 2016 में ऑस्ट्रेलिया में स्थानीय रेडियो स्टेशनों द्वारा कई कार्यक्रम प्रसारित किए जा रहे थे तथा एस बी एस रेडियो प्रत्येक सप्ताह 4 घंटे हिंदी कार्यक्रमों का प्रसारण करता था। एस बी एस टेलीविज़न पर प्रतिदिन सीधे भारत से 25 मिनट के हिंदी समाचार तथा नियमित रूप से हिंदी फ़िल्मों का प्रसारण किया जाता था।

ऑस्ट्रेलिया में हिंदी का अनुरक्षण

ऑस्ट्रेलिया की भाषाई ज़मीन पर हिंदी की उपस्थिति तब तक दर्ज होती रहेगी जब तक कि भारत और फ़िज़ी से वहां आने वाले हिंदी-भाषी आप्रवासियों की संख्या बढ़ती रहेगी। वस्तुत: मामला ऑस्ट्रेलिया में हिंदी की उपस्थिति और हिंदी का अनुरक्षण एक ही बात नहीं है। ऑस्ट्रेलिया में हिंदी की उपस्थिति दरअसल देश में आने वाले वयस्क भाषा-भाषियों के कारण है क्योंकि वे लोग अपनी मातृभाषा को छोड़ना नहीं चाहते हैं। दूसरी ओर, अनुरक्षण की स्थिति इस बात पर निर्भर है कि अप्रवासियों की अगली पीढ़ियां अपने पूर्वजों की भाषा को आगे बोलना जारी रखती हैं अथवा नहीं। हिंदी ऑस्ट्रेलिया में केवल तभी अनुरक्षित हो पाएगी, जब अधिक संख्या में युवा उसे अपने व्यवहार में लाएं तथा समय आने पर अपनी संतानों को भी वह भाषा सिखाएं।

ऑस्ट्रेलिया में सामान्य रूप से भाषा के अनुरक्षण के संबंध में हुए शोध का

परिणाम उन लोगों के लिए उत्साहजनक नहीं है जो वहां हिंदी का अस्तित्व बनाए रखना चाहते होंगे। ऑस्ट्रेलिया में भाषा अनुरक्षण के जाने माने विशेषज्ञ माइकल क्लाइन के शब्दों में—

ऑस्ट्रेलिया में भाषा-संपर्क के संदर्भ में यह सार्वभौम तथ्य है कि बच्चे यहां अपने माता-पिता के साथ चाहे किसी भी भाषा में बात करें, किंतु वे अपने हमउम्र समूह में विशेषकर माता-पिता अथवा बड़ों की अनुपस्थिति में बातचीत के लिए अंग्रेज़ी का ही प्रयोग करते हैं।[18]

दूसरे शब्दों में, ऑस्ट्रेलिया में आप्रवासी माता-पिता के बच्चों में अपनी पैतृक भाषा को सुनकर समझने की शक्ति माता-पिता के साथ बातचीत के लिए बनाए रखने की प्रवृत्ति पाई जाती है जबकि मित्रों के साथ अंग्रेज़ी में बातचीत करने की ही प्रवृत्ति स्पष्ट है। इस वजह से निस्संदेह बड़े होने पर उनमें अपनी भाषा के अप्रयोग से भाषा-ह्रास की स्थिति उत्पन्न होती है। क्लाइन के मत का समर्थन करने वाले अनेक भाषाई वृत्त-अध्ययनों में जिम ह्लावक का वर्ष 2003 में किया गया 100 क्रोएशन-भाषी, जो या तो ऑस्ट्रेलिया में पैदा हुए थे अथवा बचपन में ऑस्ट्रेलिया आ गए थे, उनका अध्ययन शामिल है। ह्लावक ने पाया कि सर्वेक्षण में शामिल 51 प्रतिशत लोग अपने माता-पिता से क्रोएशन और अंग्रेज़ी अथवा केवल अंग्रेज़ी में बात करते हैं, तब जबकि 94 प्रतिशत उत्तरदाताओं ने कहा कि उनके माता-पिता उनसे क्रोएशन अथवा क्रोएशन मिश्रित अंग्रेज़ी में बात करते हैं। अपने भाई बहनों के साथ बातचीत की भाषा के संबंध में पूछे गए सवाल पर सर्वेक्षण में शामिल 90% लोगों ने बताया कि वे अपने बड़े भाई बहनों के साथ अंग्रेज़ी या क्रोएशन मिश्रित अंग्रेज़ी में बात करते हैं तथा 97 प्रतिशत लोगों ने कहा कि वे अपने छोटे भाई बहनों के साथ अंग्रेज़ी या क्रोएशन मिश्रित अंग्रेज़ी में बात करते हैं।[19] हालांकि ह्लावक द्वारा किए गए अध्ययन के परिणाम बताते हैं कि क्रोएशन ऑस्ट्रेलिया में सक्रिय भाषा नहीं बनी रह सकती, किंतु उनके पास इस बात के भी प्रमाण थे कि क्रोएशन प्रथम पीढ़ी के लोगों में माता-पिता और संततियों के बीच संप्रेषण की भाषा थी। चूँकि सर्वेक्षण में अपना पक्ष रखने वाले 94 प्रतिशत लोगों ने बताया कि उनके माता-पिता उनसे क्रोएशन में बात करते हैं, इससे यह पता चलता है कि क्रोएशन-भाषी अधिकतर आप्रवासी लोग अंग्रेज़ी में इतने प्रवीण नहीं थे कि वे अपने बच्चों से इस भाषा में सहजता से बातचीत कर सकें।

ऑस्ट्रेलिया में जिन घरों में कोई भारतीय भाषा बोली जाती थी, उनके बच्चों में भी अंग्रेज़ी बोलने के प्रति वही प्रवृत्ति विद्यमान थी जिसको क्लाइन ने प्रस्तुत किया और जिसको ह्लावक ने आगे बढ़ाया है। विक्टोरिया में भारतीय आप्रवासियों के बच्चों की भाषाई प्राथमिकताओं के संबंध में वर्ष 1988 में किए गए सर्वेक्षण में

पुरुषोत्तम बिलिमोरिया एवं रुचिरा गांगुली-स्क्रेस ने अपने सर्वेक्षण में पाया कि जिन घरों में कोई भारतीय भाषा बोली जाती थी उनके 121 बच्चों में से 58.7 प्रतिशत ने कहा कि वे अंग्रेज़ी में बात करने को वरीयता देते हैं. हालांकि बिलिमोरिया एवं गांगुली-स्क्रेस ने यह निर्दिष्ट नहीं किया कि बच्चे कौनसी भारतीय भाषा बोलते थे, लेकिन उन्होंने यह ज़रूर कहा कि उनके प्रश्नों का जवाब देने वालों में हिंदी प्रमुख भाषा थी।[20]

बिलिमोरिया एवं गांगुली-स्क्रेस द्वारा किए गए सर्वेक्षण के इस परिणाम को कि ऑस्ट्रेलिया में भारतीय आप्रवासियों के आधे से अधिक बच्चे अंग्रेज़ी बोलना पसंद करते हैं, इसको एम एस गिल्होत्रा द्वारा वुल्गुल्गा के उपरोक्त भारतीय समुदाय के बच्चों के भाषा-प्रयोग के विषय में किए गए एक सर्वेक्षण से समर्थन प्राप्त होता है। यह सर्वेक्षण बताता है कि 21 में से 18 बच्चे अपने पिता के साथ पंजाबी अथवा पंजाबी-मिश्रित अंग्रेज़ी में बात करते हैं और 3 बच्चे अपने पिता के साथ केवल अंग्रेज़ी में बात करते हैं; जबकि 24 में से 23 बच्चे अपनी माता के साथ पंजाबी अथवा पंजाबी-मिश्रित अंग्रेज़ी में बात करते हैं तथा केवल एक बच्चा अपनी मां के साथ सिर्फ़ अंग्रेज़ी में बात करता है। दूसरी ओर, 25 में से 22 बच्चे अपने भाई-बहनों के साथ अंग्रेज़ी में जबकि केवल 3 बच्चे पंजाबी में बात करते हैं।[21]

ऑस्ट्रेलिया में हिंदी और अन्य भारतीय भाषाओं के अनुरक्षण की संभावना पर विचार करते समय बच्चों द्वारा अंग्रेज़ी में वार्तालाप को वरीयता दिए जाने के अतिरिक्त एक अन्य प्रमुख कारक पर भी ध्यान दिया जाना आवश्यक है। वह कारक ऑस्ट्रेलिया में भारतीय आप्रवासियों की अंग्रेज़ी में उच्चस्तरीय संभाषण-क्षमता है। भाषा के प्रयोग के संबंध में 1988 में किए अपने सर्वेक्षण में बिलिमोरिया एवं गांगुली-स्क्रेस ने पाया कि 96.3% उत्तरदाताओं ने अंग्रेज़ी में सहज संभाषण की क्षमता व्यक्त की।[22] ऑस्ट्रेलिया में भारतीय आप्रवासियों के मध्य अंग्रेज़ी में सहज संभाषण का यह उच्च स्तर वहां पर ग़ैर-अंग्रेज़ी भाषी देशों से आने वाले आप्रवासियों में प्रायः नहीं मिलता। उदाहरण के लिए वर्ष 2011 की ऑस्ट्रेलियाई जनगणना में अपने घरों में हिंदी बोलने वाले लोगों में से 80.2% ने कहा कि वे अंग्रेज़ी अच्छी तरह बोल सकते हैं। ऑस्ट्रेलिया में अंग्रेज़ी के अतिरिक्त बोली जाने वाली शीर्ष 9 भाषाओं में अंग्रेज़ी बोलने में समर्थ हिंदी-भाषियों की यह संख्या पहले स्थान पर है। हिंदी के बाद काफ़ी बड़े अंतर के साथ तगालोग भाषा-भाषियों का स्थान आता है जिनकी 66.9 प्रतिशत जनसंख्या अंग्रेज़ी में बोलने में सक्षम है।[23]

इससे पता चलता है कि ऑस्ट्रेलिया में हिंदी-भाषी परिवारों में पलने-बढ़ने वाले अधिकतर बच्चे अपने माता-पिता के साथ अगर चाहें तो अंग्रेज़ी में बिना किसी कठिनाई के बातचीत कर सकते हैं। अन्य आप्रवासी समूहों के परिवारों के

साथ ऐसी स्थिति नहीं है, जहां बच्चों के माता-पिता को अंग्रेज़ी का ज्ञान मध्यम दर्जे का या सीमित है।

वर्ष 2016 में हिंदी भाषी माता-पिता के वही मनोभाव हैं जो बिलिमोरिया और गांगुली-स्क्रेस ने अपने अध्ययन में पाया कि—

(भारतीय) माता-पिता प्रायः इस दुविधा में रहते हैं कि वे बच्चों को अपनी भाषा सिखाएं अथवा नहीं। इसके पीछे उनमें भाषाओं के प्रति भ्रम की यह स्थिति बनी रहती है कि अंग्रेज़ी में उनकी क्षमता कहीं कम न हो जाए। द्विभाषी शिक्षा को अन्य छोटे-छोटे समूहों की तुलना में अभी तक विकल्प के रूप में नहीं देखा गया है और इसका प्रमुख कारण भारतीय माता-पिता के पास अंग्रेज़ी का अच्छा ज्ञान होना है।

यह सब होने पर भी उन में यह सोच बनी रहती है कि अगर बच्चों तक भाषा न पहुंची और उसे संरक्षित करने के लिए कुछ सकारात्मक कदम न उठाए गए तो पैतृक भाषा समाप्त हो जाएगी।[24]

ऑस्ट्रेलिया में हिंदी का अनुरक्षण केवल मां-बाप द्वारा बच्चों में इसे संचारित कर देने मात्र से संभव नहीं है, बल्कि महत्त्वपूर्ण यह है कि भाषा-संचरण की व्यवस्था विद्यालयों में हिंदी के विधिवत अध्ययन द्वारा प्रबलित हो। यही कारण है कि यहां का हिंदी समाज मिलकर इसके लिए प्राथमिक एवं माध्यमिक विद्यालयों के नियमित पाठ्यक्रम में हिंदी को समुचित स्थान दिलाने हेतु प्रयासों के पीछे है।

richard.barz@gmail.com

पार्श्व-टिप्पणी

1. इस लेख को तैयार करने में जिन कई लोगों ने अपना योगदान दिया है, उनमें मैलबर्न के डॉ. दिनेश श्रीवास्तव तथा सिडनी की श्रीमती माला मेहता ओएएम का मैं विशेष रूप से धन्यवाद करना चाहूँगा
2. ड्वाईट 1976 : 114-115, 123
3. यारवुड 1967 : 163
4. यीट्स 1982 : 205, 208-209
5. जन संपर्क कार्यालय 1971 : 3
6. ऑस्ट्रेलियन ब्यूरो ऑफ़ स्टेटिस्टिक्स 2012 : 4,7,9-10
7. कम्युनिटी रिलेशंस सेक्शन (फ़ीजी-जन्म) 2014 : 1-2
8. श्रीवास्तव 2014 : 8
9. श्रीवास्तव 2013 : 4

10. मेहता एवं माहोनी 2013 : 140–147
11. श्रीवास्तव 2013 : 3–4
12. लो एवं ओ' कानोर 2000 : 46
13. लो एवं ओ' कानोर 2000 : 47 लैवेक
14. विज़िआनी 1995 : 13–17
15. विज़िआनी 1995 : 43–46
16. विज़िआनी 1995 : 10–11
17. विज़िआनी 1995 : 10
18. क्लाईन 1991 : 57
19. ह्वावक 2003 : 20–22
20. बिलिमोरिया एवं गांगुली–स्क्रेस 1988 : 73, 76
21. गिल्होत्रा 1984 : 43
22. बिलिमोरिया एवं गांगुली–स्क्रेस 1988 : 73
23. ऑस्ट्रेलियन ब्यूरो ऑफ़ स्टेटिस्टिक्स 2012 : 4,7,9–10
24. बिलिमोरिया एवं गांगुली–स्क्रेस 1988 : 73

संदर्भ-सूची

- Australian Bureau of Statistics. 2012. Reflecting a Nation: Stories from the 2011 Census: Cultural Diversity in Australia. Available in April 2014
- athttp://www.abs.gov.au/ausstats/abs@.nsf/Lookup/2071.0 main+ features902012-2013
- Bilimoria, Purusottama and Ruchira Ganguly-Scrase. 1988. Indians in Victoria (Australia): A Historical, Social and Demographic Profile of Indian Immigrants. School of Humanities, Deakin University, Geelong
- Community Relations Section, Department of Immigration and Citizenship. 2014. Community Information Summary: Fiji-Born. Commonwealth of Australia. Available in April 2014http://www.dss.gov.au/sites/default/files/documents/02_2014/fiji.pdf
- Clyne, Michael. 1991. Community Languages: The Australian Experience. Cambridge University Press, Cambridge
- Dwight, Alan. 1976. The Use of Indian Labourers in New South Wales. Journal of the Royal Australian Historical Society 62,2:114-135
- Gilhotra, M.S. Language Maintenance Among the Sikhs of Woolgoolga. Journal of Intercultural Studies 5,1:33-54

- Hlavac, Jim. 2003. Second-Generation Speech: Lexicon, code-switching and miorpho-syntax of Croatian-English Bilinguals. Peter Lang, Bern
- Low, Anthony & Robert O'Connor. 2000. Subjects of Small Enrolment in the Humanities: Enhancing Their Future. The Australian Academy of the Humanities, Canberra
- Mehta, Mala and Caroline Mahoney. 2013. Collaboration Calling: My Crusade to Make Community Languages Mainstream. in Language Teachers' Narratives of Practice, ed. by Lesley Harbon and Robyn Moloney. Cambridge Scholars Publishing, Newcastle upon Tyne
- Public Relations Office. 1971. Fiji Information: July 1971. Government Press, Suva
- Srivastava, Dinesh. 2013. Study of Hindi in Victoria, Australia. Beyond India Monthly 2 December. Available in April] 2014 at http:/ /www.beyondindia.com.au/index. php? mact = News, cntnt01, detail, 0&cntnt01articleid=1687&cntnt01returnid=19
- Srivastava, Dinesh. 2014. Âsmreliyâ m½ Hindî.Garbhnâl Patrikâ 4,1:7-10
- Vicziany, Marika. 1995. Unlocking Australia's Language Potential: Profiles of Languages in Australia, Hindi-Urdu. National Languages and Literacy Institute of Australia, Canberra
- Yarwood, A.T. 1967. Asian Migration to Australia: The Background to Exclusion 1896-1923. Melbourne University Press, Carlton.
- Yeates, Neil. 1982. Woolgoolga Past and Present: the History of a Village, North Coast N.S.W.Neil Yeates, Woolgoolga

डॉ. कविता वाचक्नवी (इंगलैंड/अमेरिका)

ब्रिटेन एवं हिंदी — चिर-संबंधों के ताने-बाने

डॉ. कविता वाचक्नवी अपने लेखन और विचारों के लिए प्रख्यात विदुषी; हिंदी साहित्य और सामाजिक भाषाविज्ञान में एम.ए.; एम. फ़िल, पीएच.डी; सात पुस्तकें प्रकाशित; हिंदी साहित्य, भाषा और पत्रकारिता पर विशेष योगदान; अनेकविध सम्मानों से विभूषित; विश्व के अनेक देशों में आमंत्रित व सम्मानित; आजकल अमेरिका के ह्यूस्टन नगर में डीएवी संस्कृति स्कूल की प्रधानाचार्या और निदेशक

विषय-प्रवेश

स्वाभाविक है कि कोई भी भाषा भौगोलिक दृष्टि से दूसरे स्थान पर उसके प्रयोक्ताओं के माध्यम से ही पहुंचती है। किंतु ब्रिटेन के प्रसंग में हिंदी अपने प्रयोक्ताओं के पहुंचने और व्यवहार की भाषा के रूप में अपनाई जाने से पहले ही पहुंच गई थी। उसका कारण ब्रिटिश शासनतन्त्र की व्यवस्था के संचालन संबंधी कार्यों के साथ साथ तत्कालीन शासनतन्त्र द्वारा ईसाइयत के प्रचार प्रसार हेतु प्रचारकों द्वारा हिंदी व नागरी को अपनाए जाने की बाध्यता है। हिंदी क्योंकि नागरी लिपि में लिखी जाती है इसलिए ब्रिटेन में हिंदी के इतिहास की बात करते समय उसकी लिपि के इतिहास का उल्लेख आवश्यक हो जाता है, विशेषत: ब्रिटेन के संदर्भ में।

ब्रिटिश विद्वानों द्वारा हिंदी व्याकरणों की रचना

यद्यपि हिंदी के प्रारंभिक व्याकरणों की शृंखला में सबसे प्रथम व्याकरण बनारस के दामोदर पण्डित द्वारा रचित द्विभाषिक ग्रंथ 'उक्ति-व्यक्ति-प्रकरण' (12वीं शती) सिद्ध होता है[1] किंतु उसके उपरांत विदेशियों द्वारा रचे प्रारंभिक हिंदी व्याकरणों के क्रम में 1772 में जॉर्ज हेडली का व्याकरण लंदन से ही प्रकाशित हुआ। कालक्रमानुसार विस्तृत सूची ग्रियर्सन के Linguistic Survey of India, Vol. IX, Part 1 में उपलब्ध होती है, किंतु मुख्यत: A Grammar of the pure and mixed East Indian Dialects (हेरासिम लेबेदेफ़) भी 1801 में लंदन से ही प्रकाशित हुआ, जॉन शेक्सपियर का

'A Grammar of the Hindustani Language' लंदन से 1813 में छपा (पांचवा संस्करण 1846 में, और बाद में 1858 में) कैप्टन विलियम प्राइस का 'A new Grammar of the Hindustani Language' लंदन से 1827 में प्रकाशित हुआ। जेम्स वेलंटाइन के Grammar of Hindustani Language (1838) एवं Elements of Hindi and Braj Bhakha (1839), डंकन फॉर्ब्स द्वारा 1845 में लिखित 'The Hindustani Manual' लिखा जो लंदन से प्रकाशित हुए। पादरी डब्ल्यू. एथारिंगटन का प्रसिद्ध हिंदी व्याकरण 'भाषा भास्कर' बनारस से 1873 में प्रकाशित हुआ। 1876 में इलाहाबाद और कलकत्ते से एस. एच. केलॉग का 'A Grammar of the Hindi Language' छपा। फ्रेड्रिक पिंकॉट द्वारा लिखित 'The Hindi Manual' लंदन से 1882 में प्रकाशित हुआ, जिसमें साहित्यिक और प्रान्तीय दोनों प्रकार के हिंदी व्याकरण सम्मिलित किए गए। इसका तीसरा संस्करण 1890 में निकला। एडविन ग्रीब्ज लिखित 'A Grammar of Modern Hindi' बनारस से 1896 तथा 1921 में 'Hindi Grammar' में प्रकाशित हुआ। डब्ल्यू. एण्ड्रू का A Comprehensive synopsis of the elements of Hindustani Grammar और सैन्फ़ोर्ड आर्नोट का A new self-instructing grammar of the Hindustani tongue लंदन में क्रमशः 1930 एवं 1931 में प्रकाशित हुए। राबर्ट काल्डवेल (1814–1891) की स्मारकीय कृति 'A Comparative Grammar of the Dravidian Languages' (द्रविड़ भाषाओं का तुलनात्मक व्याकरण) सन् 1856 में प्रकाशित हुई। इंग्लैंड निवासी जॉन बीम्स 1857 में इंडियन सिविल सर्विस में आए। भाषाओं के अध्ययन में ये बचपन से ही रुचि लेते थे। काल्डवेल की कृति देखकर इन्हें भारतीय आर्य–भाषाओं पर वैसा ही काम करने की प्रेरणा मिली थी और लगभग 14 वर्षों तक इस विषय पर कार्य करते हुए उन्होंने अपना प्रसिद्ध ग्रंथ 'A Comparative Grammar of the Modern Aryan Languages of India' तीन भागों में (प्रथम भाग–1872 में, द्वितीय भाग–1878 तथा तृतीय भाग 1879 में) प्रकाशित किया। भारतीय आर्य भाषाओं के तुलनात्मक विकास पर यह पहला कार्य है।[2] इस प्रकार हिंदी भाषा, व्याकरण व साहित्य आदि पर कार्य करने वाले ब्रिटेन के विदेशी मूल के विद्वानों की एक लम्बी परंपरा है, जिसमें डॉ. जॉन गिलक्रिस्ट, ग्रियर्सन आदि सहित पिन्कॉट, रुनाल्ड हर्नली, फ़रग्युसन से चलकर इमरे बांघा (ऑक्सफोर्ड) तक सम्मिलित हैं।[2] इस पूरी परंपरा में अगस्त 2013 को दिवंगत हुए प्रथम हिंदी–अंग्रेज़ी व्याकरण के लेखक प्रो. रुनाल्ड स्टुअर्ट मैकग्रेगर (कैंब्रिज वि.वि.) का योगदान सर्वाधिक महत्त्वपूर्ण है, जो उनकी कृतियों के माध्यम से परिलक्षित भी होता है।

ब्रिटेन में भारतीय मूल के लोगों का आप्रवासन

आनुवांशिक इतिहास के शोधकर्ताओं ने भाषाओं और जींस के विश्लेषण द्वारा पुष्टि की है कि आधुनिक भारत से बाहर प्रयाण करने वाले ज्ञात लोगों में जिप्सी सर्व प्रथम हैं किंतु उन्होंने कब, क्यों व कैसे भारत छोड़ा इसका कोई आधिकारिक पुष्ट प्रमाण नहीं मिलता।[4]

1600 ई. से ब्रिटिश साम्राज्य के समय सबसे पहले यहां आकर बसने वाले भारतीय 'लश्कर' के रिक्त स्थानों को भरने के लिए लाए गए कर्मचारी ही थे जो मूलतः दक्षिण भारत से थे। 17वीं शती में ईस्ट इण्डिया कम्पनी द्वारा हज़ारों की संख्या में दक्षिण एशियाई विद्वान, सेवक, श्रमिक, रसोइये, नैनी आदि यहां लाए गए थे, जिनमें से अधिकांश बंगला-भाषी मुस्लिम थे, जो अपने साथ अपनी अपनी बोली-भाषा लेकर आए थे। किंतु 19वीं शती आते आते ब्रिटेन में भारतीय मूल के लोगों की संख्या 40,000 हो गई, जो नाविक (सीमेन), विद्वान, राजनयिक, अधिकारी, कर्मचारी, पर्यटक, व्यवसायी, सैनिक और छात्र आदि थे। 20वीं शताब्दी के आरम्भ में यह संख्या ब्रिटेन में 70,000 तक हो गई थी, जिनमें 51,516 तो केवल प्रथम विश्व युद्ध (1914-1918) से जुड़े समुद्री सैनिक ही थे।[5] यद्यपि उसी काल में ही इंग्लैंड की समय समय पर भारत की आर्थिक सहयोग की मांग, भारतीय समाज में फैली कुरीतियों के निषेध के लिए कानून बनवाने की मांग, व देशाटन आदि के लिए कुछ प्रसिद्ध, धनी, नामचीन व्यक्तित्व भी आ जा रहे थे, जिनमें 1830 में राजा राममोहन राय भी एक थे। 19वीं शती व उसके बाद आकर बसे लोगों और फिर उनकी सन्तानों के माध्यम से ब्रिटेन में हिंदी तथा 4-5 भारतीय भाषाओं की नींव तैयार होने की भूमिका बँधी।

वर्तमान काल में लगभग 80-90 वर्ष में ब्रिटेन में सर्वाधिक बसने वाले भारतीयों में आनुपातिक दृष्टि से पंजाबी भाषा-समुदाय सबसे बड़ा है। उससे कुछ ही कम गुजराती भाषा-समुदाय है। अन्य मुख्य भाषा-समुदायों में बंगाली, मराठी, तेलुगु और तमिल भाषा-समुदाय के सदस्य बड़ी संख्या में हैं। अपनी अपनी क्षेत्रीय भाषा-बोलियों से जुड़ाव के चलते ये भाषा-समुदाय सरकारी जनगणना के आंकड़ों में अपनी भाषा ही लिखवाते हैं। ऐसे में हिंदी भारतीयों की भाषा न रहकर एक क्षेत्रीय भारतीय भाषा के रूप में ही स्थान रख पा रही है और उसके प्रयोक्ता ब्रिटेन समाज में बहुत सीमित हैं, जिसके चलते सरकारी/ग़ैर सरकारी जन-सेवाओं तथा संसाधनों आदि में उसके प्रयोग की अनिवार्यता भी सीमित है। सरकार विभिन्न बड़े भाषा-समुदायों की भाषाओं के माध्यम से जनहित में उन भाषा-समुदायों से संवाद करने और उन तक अपनी बात व जानकारियां पहुंचाती है। हिंदी-भाषा समुदाय द्वारा जिस अनुपात में हिंदी का प्रयोग कम हो रहा है, उसी अनुपात में शिक्षा तथा अन्य

जनहित सेवाओं में हिंदी को प्रश्रय भी कम मिल रहा है।

ब्रिटेन में हिंदी में कार्य

ब्रिटेन में हिंदी के संदर्भ में यह ध्यान अवश्य रखना होगा कि विदेशी मूल के विद्वानों द्वारा, सरकार आदि द्वारा तथा विश्वविद्यालयों द्वारा हिंदी के पक्ष में किए गए कार्यों के अतिरिक्त जितने भी संस्थागत/असंस्थागत कार्य-व्यवहार हिंदी के होते आए हैं वे मूलत: अपनी अस्मिता, पहचान, संस्कृति, विशिष्टता या विरासत आदि को बचाए-बनाए रखने, अभिव्यक्त करने व आगामी पीढ़ी को सौंपने की दिशा में किए गए उपक्रम के रूप में ही हुए हैं। अत: इनमें मूलत: हिंदी के मात्र 'संपर्क-भाषा' होने की बाध्यता ही निहित है।

ब्रिटेन में हिंदी की गतिविधियों को मुख्यत: तीन वर्गों में विभाजित किया जा सकता है, प्रथम—यहां बसे भारतीय मूल के लोगों द्वारा तथा यात्रा आदि पर थोड़े समय के लिए आने वाले भारतीय मूल के अतिथियों द्वारा, द्वितीय—ब्रिटेन के सरकारी/संस्थागत तन्त्र और विदेशी मूल के विद्वानों द्वारा, एवं तृतीय भारत सरकार द्वारा ब्रिटेन में हिंदी के लिए किए जाने वाले प्रयासों व योजनाओं द्वारा संपन्न गतिविधियां। भारतीय मूल के यहां बसे लोगों द्वारा साहित्य, मीडिया, पत्रकारिता, संस्थाएं, सम्मेलन, सम्पर्क-भाषा आदि के माध्यम से हिंदी बनी बची व प्रयुक्त होती आई है। ब्रिटेन के सरकारी/संस्थागत एवं विदेशीमूल के विद्वानों द्वारा किए प्रयासों के कारण हिंदी के अध्ययन, अध्यापन, परीक्षाओं, प्रकाशन, शोधात्मक पुस्तकों, अन्यभाषा-शिक्षण, परियोजनाओं, बीबीसी तथा जन-सेवाओं से जुड़ी जानकारियों के अनुवाद आदि के द्वारा हिंदी से सम्बन्धित कार्य व योजनाएं संचालित होती आई हैं। इनमें समय समय पर आवश्यकता, मांग व नीति अनुसार परिवर्तन व घट-बढ़ होती रहती आई है। तीसरा पक्ष भारत सरकार का है, जो मूलत: यहां बसे भारतीयों तथा भारत की आधिकारिक राजभाषा होने से जुड़ा है। इसलिए भारत सरकार उच्चायोग के माध्यम से विभिन्न निकायों के लिए अनेकानेक लाभकारी योजनाएं संचालित करती है। इन योजनाओं में अनुदान से लेकर पुस्तकालय, सम्मेलन, यात्राएं, नियुक्तियां, नगर राजभाषा क्रियान्वयन समिति व अध्ययन-सामग्री की व्यवस्था आदि अनेक योजनाएं सम्मिलित हैं। प्रथम एवं तृतीय वर्ग की गतिविधियों के संदर्भ में रेडियो, पत्रकारिता, साहित्य, पुस्तक/पत्रिका लेखन, हिंदी की संस्थाएं, मन्दिरों में नियमित रूप से स्वयंसेवियों द्वारा बच्चों को हिंदी पढ़ाने की व्यवस्था व इतिहास आदि के विषय में विशद रूप से इतिहास और आंकड़े आदि उपलब्ध हैं। इन्हें नामोल्लेख सहित जानने के लिए भारतीय उच्चायोग में संस्कृति व हिंदी अताशे के रूप में कार्य कर चुके राकेश दुबे एवं अनिल शर्मा के एक एक

आलेख (क्रमशः 2011 व 2002 में लिखे गए) 'हिंदी और प्रवासी भारतीय' (http://www.hindi-bharat.com/2012/09/Hindi-an-International-language.html) तथा 'ब्रिटेन में हिंदी : अस्तित्व से अस्मिता तक' (http://www.abhivyaktihindi.org/prikrama/desh_videsh/wxmarchx.htm) उपयोगी जानकारी प्रदान करते हैं। श्रीमती उषाराजे सक्सेना के 1997-2002 तक दिए वक्तव्यों का संग्रह 'ब्रिटेन में हिंदी' (2006) को भी देखा जा सकता है। स्वर्गीय डॉ. गौतम सचदेव का लेख 'ब्रितानी हिंदी' भी (http://www.pravasiduniya.com/british-hindi-dr-gautam-sachdev) भाषा-व्यवहार के बहुत से यथार्थ पक्षों का उद्घाटन करता है।

ब्रिटेन में हिंदी पत्रकारिता

यह उल्लेख आवश्यक है कि ब्रिटेन में भी हिंदी के अधिकांश मुख्य भूभागों की भांति पत्रकारिता के माध्यम से ही हिंदी लेखन का प्रादुर्भाव हुआ।

"ब्रिटेन में हिंदी लेखन की शुरुआत पत्रकारिता से हुई। आज से लगभग 128 वर्ष पहले वर्ष 1883 में कालाकांकर नरेश राजा रामपाल सिंह के संपादन में पहला हिंदी अंग्रेज़ी त्रैमासिक समाचारपत्र 'हिंदोस्थान' प्रकाशित हुआ। हालांकि आगे चलकर 1884 में इंग्लैंड में यह केवल अंग्रेज़ी में निकलने लगा, लेकिन भारत में 1885 से हिंदी में प्रकाशित होने लगा। इसके बाद हिंदी प्रचार परिषद, लंदन के तत्वावधान में वर्ष 1964 में 'प्रवासिनी' त्रैमासिक पत्रिका का प्रकाशन होने लगा।...इसके बाद जून, 1964 में रमेश कुमार सोनी ने 'मिलाप' वीकली पत्र का संपादन और प्रकाशन प्रारंभ किया तथा वर्ष 1966 से इसमें हिंदी के भी दो पृष्ठ दिए जाने लगे।... यह साप्ताहिक समाचार पत्र अब भी प्रकाशित होता है और इस प्रकार ब्रिटेन में इसे उर्दू-हिंदी का सर्वाधिक दीर्घ अवधि तक प्रकाशित होने वाला अखबार कहना उचित ही होगा। जगदीश मित्र कौशल के संपादन में 23 मार्च, 1971 को लंदन से ही 'अमरदीप' साप्ताहिक का प्रकाशन प्रारंभ हुआ और लगभग 32 वर्ष तक प्रकाशन के बाद यह वर्ष 2003 में बंद हो गया। ...पत्रिका चेतक का प्रकाशन भी नरेश भारतीय के संपादन में कुछ समय के लिए हुआ।"[6]

प्रसंगवश, भारतीय मूल के तीन व्यक्तियों का हिंदी के लिए किए गए कार्यों की दृष्टि से उल्लेख करना अनिवार्य है। हिंदी के साहित्यिक, पत्रकारिता एवं अभिव्यक्ति/संप्रेषण आदि रूपों पर सर्वाधिक महत्त्वपूर्ण योगदान देने वाले दो नाम हैं। पहला नाम है ब्रिटेनवासी डॉ. धनी राम प्रेम (निधन 11 नवंबर, 1979 को लगभग 75 वर्ष की आयु में)। उन्हें समूचे विश्व के प्रवासी हिंदी लेखकों में सबसे पहला उपन्यासकार होने, फ़िल्मों की तकनीक से लेकर साहित्यिक लेखन, संपादन,

आलोचना, इतिहास, राजनीति, संगीत आदि अनगिनत विषयों और विधाओं में विशेष योगदान का श्रेय तो है ही, ब्रिटिश समाज में सर्वाधिक सम्मानित होने का और साथ ही भारत में पद्मश्री पाने का श्रेय भी प्राप्त है। दूसरा नाम लक्ष्मीमल सिंघवी का है, जिन्होंने ब्रिटेन में भारत के उच्चायुक्त (1991–97) के रूप में अपने हिंदी प्रेम के कारण उच्चायोग में अनेक हिंदी–हितकारी योजनाओं का श्रीगणेश किया। वे स्वयं और उनकी पत्नी कमला जी दोनों हिंदी में लेखन भी करते रहे हैं।

ब्रिटेन के शिक्षा-क्षेत्र में हिंदी

हिंदी के इन रूपों के साथ, विश्वविद्यालयों व सरकारी–ग़ैर सरकारी ब्रिटिश तंत्र में भाषाई, भाषावैज्ञानिक स्तर व हिंदी 'अन्य भाषा' के रूप में पठन पाठन आदि के क्षेत्र में किसी भारतीय मूल के विद्वान द्वारा किए जिन्हें सरकार द्वारा बहुभाषी ब्रिटिश समाज की भाषाई नीतियों से संबंधित कमेटियों, संगठनों आदि में मुख्य पदों पर रहने का गौरव प्राप्त है और जिनके शोध–शिष्य आज ब्रिटेन में विश्वविद्यालयों आदि में अनेक पदों पर आसीन हैं। 'राष्ट्रीय पाठ्यक्रम' में हिंदी के पठन–पाठन की सुविधा का श्रेय भी प्रो. महेन्द्र किशोर वर्मा के प्रयासों को जाता है जिन्होंने 'भाषाएं सबके लिए' कार्यक्रम के अंतर्गत यॉर्क विश्वविद्यालय में हिंदी को बनाए रखने को क्रियान्वित किया। 1979–1980 में पूर्वी लंदन में ब्रिटेन का पहला 'गहन हिंदी पाठ्यक्रम' (इंटेंसिव हिंदी कोर्स) तीन सप्ताह तक प्रतिदिन सुबह से शाम एक चर्च के तत्वावधान में आयोजित हुआ, जिसमें वकील, स्टेट एजेंट, डॉक्टर, शिक्षक आदि लगभग 40–50 प्रतिभागी थे। महेन्द्र किशोर वर्मा एवं श्री आर. एस. गुप्त ने इस पाठ्यक्रम को पढ़ाया चलाया। इस योजना व परिणामों से प्रभावित होकर एक वरिष्ठ प्राध्यापक ने लेस्टर नगर में भी 3 सप्ताह तक नियमित रूप से सुबह से शाम पढ़ाए जाने वाले इस पाठ्यक्रम का आयोजन किया, जहां महेन्द्र वर्मा एवं श्रीमती उषा वर्मा ने भी पढ़ाया। लेस्टर में हिंदी के इस पाठ्यक्रम में हिंदी सीखने के लिए उर्दू के वरिष्ठ लेखक महमूद हाशमी भी प्रतिभागी रहे। पश्चात् ब्रेडफ़र्ड में अनेक वर्षों तक यह 3 सप्ताह का वार्षिक 'गहन हिंदी पाठ्यक्रम' नियमित चलता रहा, जिसे महेन्द्र वर्मा एवं अमरीक कलसी साथ–साथ पढ़ाते रहे।

हिंदी का प्रयोजनमूलक पक्ष

ब्रिटेन में हिंदी के प्रयोजनमूलक पक्षों का संक्षिप्त उल्लेख करना अनिवार्य है। यहां रहने वाले भारतीय मूल के परिवारों के वे सदस्य जो भारत में जन्मे थे (भले ही वे किसी भी प्रदेश से हों), उनके लिए सैटेलाइट के माध्यम से अतीव सुगमता से प्राप्त होने वाले अधुनातन ढेरों टीवी चैनलों ने नियमित रूप से घरों में अपनी ज़ोरदार

उपस्थिति बना रखी है, फ़िल्मी ग़ैरफ़िल्मी गीत-संगीत के कार्यक्रमों से लेकर फ़िल्मी-ग़ैरफिल्मी कलाकारों के यहां आने पर होने वाले अनेकानेक कार्यक्रमों ने हिंदी के उच्चरित/श्रव्य रूपों को बनाए रखा है। विश्वविद्यालयों में हिंदी के पाठ्यक्रम समेट दिए गए हैं। ध्यान देने की बात है कि पहले विश्वविद्यालयों में हिंदी पढ़ने वाले अधिकांश विद्यार्थियों के लिए हिंदी का अध्यापक/अनुवादक/अधिकारी आदि बनना ही ध्येय होता था किंतु अब हिंदी पढ़ने वाले विद्यार्थियों के उद्देश्य उसी अनुपात में भिन्न हो गए हैं जिस अनुपात में भाषाओं में रोज़गार के अवसर भिन्न हुए हैं। इसलिए यदि विश्वविद्यालयीय स्तर पर साहित्य आदि के पाठ्यक्रमों को बदल कर रोज़गारोन्मुख भाषा-केंद्रित पाठ्यक्रम नहीं बनाए जाते तो भाषा के रोज़गारोन्मुख विद्यार्थियों के लिए विकल्प समाप्त होते जाते हैं। कैंब्रिज, लंदन, ऑक्सफोर्ड व यॉर्क विश्वविद्यालयों में हिंदी पठन-पाठन का अच्छा इतिहास रहा है। 41 वर्ष तक यॉर्क विश्वविद्यालय में हिंदी के अध्ययन-अध्यापन की सुविधा रही। यॉर्क विश्वविद्यालय ही ऐसा केंद्र था जहां पाठ्यक्रम भाषा, भाषाविज्ञान, शैली और व्याकरण-केन्द्रित था। संभवतः इसीलिए वह भाषा का सर्वाधिक सक्रिय केंद्र रहा किंतु प्रो. महेंद्र किशोर वर्मा के सेवानिवृत्त होते ही हिंदी को पाठ्यक्रम से हटा दिया गया। अन्य विषयों के विद्यार्थियों के लिए एक विषय के रूप में 'भाषा' के अध्ययन की सुविधा यद्यपि अभी भी लंदन के स्कूल ऑफ़ ओरयंटल अफ्रीकन स्टडीज़ (SOAS) तथा कैंब्रिज आदि में उपलब्ध है। ऑक्सफोर्ड में स्थिति कुछ बेहतर भी हुई, इसीलिए हिंदी अब भाषा-विभाग के अंतर्गत अन्य अनेक विदेशी भाषाओं के साथ एक भाषा के रूप में डिग्री के विद्यार्थियों का एक विषय रह सकती है।

अनेक छोटे भाषा-समुदायों के शिक्षण की व्यवस्था सुचारु होने के बावजूद हिंदी के इस प्रकार उच्चशिक्षा से ग़ायब होने की स्थिति दयनीय प्रतीत होती है। इसका कारण मूलतः है—विद्यार्थियों व शिक्षकों का कम होना। विदेशी भाषा के रूप में हिंदी को अंग्रेज़ी-मातृभाषा के विद्यार्थियों को पढ़ाने में निष्णात भाषावैज्ञानिकों की आवश्यकता की पूर्ति ब्रिटेन में कर सकने वालों का अभाव इसका एक बड़ा कारण है और विशेषतः ऐसे में जबकि विद्यार्थियों की संख्या भी कम हो तो उन अध्यापकों व संकायों पर व्यय करने के लिए आर्थिक संसाधन जुटाना भी कठिन है। ऊपरी तौर पर ब्रिटेन की आर्थिक नीतियों को इस भाषा-क्षरण के लिए दोष दिया जा सकता है और दिया भी जाता है। किंतु इस की गहराई से पड़ताल करने पर हिंदी की संहारक स्थितियों के लिए मूलतः भारत व भारतीय ही उत्तरदायी ठहरते हैं। वैश्वीकरण के इस युग में जबकि भारत एक आर्थिक महाशक्ति के रूप में उभर रहा है, तो ऐसे में वे क्या कारण हैं कि यहां का विद्यार्थी उच्च स्तर पर हिंदी-शिक्षा का

मार्ग नहीं चुनता? वस्तुतः भारत में व भारत संबंधी सभी कार्यों का हिंदी के बिना सम्मानपूर्वक व सुविधापूर्ण ढंग से बिना रुकावट के पूरा हो सकना इसके पीछे सबसे बड़ा कारक है। बहुराष्ट्रीय कंपनियों, वैश्विक संबंधों, उच्च सरकारी/अ-सरकारी पदों आदि पर भारत में या भारत से जुड़े मुद्दों पर बिना हिंदी जाने केवल अंग्रेज़ी के बूते सब काम हो सकते हैं। भारत के लिए हिंदी की अनिवार्यता कोई मुद्दा ही नहीं, इसलिए राजनीति से लेकर वैश्विक कानून, मनोरंजन, आर्थिक, मार्केटिंग आदि किसी भी प्रकार के व्यवहार व कार्यक्षेत्र चुनने वाले किसी भी विद्यार्थी को हिंदी पढ़ना अनिवार्य नहीं लगता। भारत में हिंदी की अनिवार्यता बढ़ने के साथ ही विदेशियों के लिए विदेशी भाषा के रूप में हिंदी के अध्ययन-अध्यापन की अनिवार्यता होगी। 1914 वर्ष में आई नई सरकार की हिंदी पक्षधरता के चलते भारत से जुड़े कार्यक्षेत्रों व व्यवसायों में जाने वालों के लिए धीरे धीरे हिंदी की अनिवार्यता की संभावनाएं उठ खड़ी हुई हैं। दुभाषियों से लेकर वैश्विक कानून तक के विद्यार्थियों के लिए हिंदी जानने की अनिवार्यता के लिए आगामी वर्षों में प्रबल संभावनाएं हैं। भारत में हिंदी का विस्तार इस देश में हिंदी-शिक्षा का वातावरण निर्मित कर सकता हैं। ऐसे में दूसरी समस्या विदेशी भाषा के रूप में हिंदी का अध्यापन करा सकने वाले निष्णात भाषावैज्ञानिकों की कमी है। हिंदी में ऐसे भाषावैज्ञानिकों का अभाव है। ऐसे भाषावैज्ञानिक यहां के विद्यार्थी ही बन सकते हैं। प्रसंगवश, बीबीसी द्वारा 'ब्रिटेन में हिंदी अध्ययन' पर गत दिनों एक रिपोर्ट बनाई गई है, जिसे वीडियो के रूप में यहां देखा जा सकता है—http://www.bbc.co.uk/hindi/multimedia/140405/2014_hindi_uk_new_akd.shtml

विद्यालय के स्तर पर हिंदी

विद्यालयीय स्तर पर वर्ष 2004-2005 के स्कूल सर्वेक्षण में 180 (इंग्लैंड), 764 (वेल्स), 791 (स्कॉटलैंड) बच्चों ने अपनी भाषा हिंदी बताई थी।[6]

''सन् 70 के दशक से जब भारतीय मूल के आप्रवासी ब्रिटेन आने लगे तब से स्वैच्छिक संस्थाएं खुलने लगीं, जिनमें हिंदी की पढ़ाई की व्यवस्था शुरू हो गई। बच्चों में संभावित भाषा-विस्थापन की चिंता से मंदिरों, सामुदायिक केंद्रों, विद्यालयों, घरों में शनिवार या रविवार को कक्षाएं शुरू हो गई थीं, जब 'राष्ट्रीय पाठ्यक्रम' बना तब कुछ स्कूलों में भी हिंदी की पढ़ाई शुरू हो गई थी। 'मातृभाषा आंदोलन' के बाद ही केंद्रीय शिक्षा विभाग ने हिंदी को 'आधुनिक विदेशी भाषाओं' के पाठ्यक्रम के अंतर्गत उन्नीस भाषाओं के साथ रख लिया था। विद्यार्थियों ने बड़े उत्साह के साथ 'जी. सी. एस. सी.' की परीक्षा भी देनी शुरू कर दी थी। विद्यार्थियों की संख्या भी बढ़ने लगी थी। 1988 के वर्ष में 13 परीक्षार्थियों से वर्ष प्रतिवर्ष बढ़ते बढ़ते 1994

तक 376 परीक्षार्थी हो गए थे। फिर भी बँगला, गुजराती, पंजाबी, उर्दू आदि से हिंदी की संख्या बहुत कम थी। 1994 में 'लंदन और ईस्ट ऐंगलिया परीक्षा बोर्ड' ने आर्थिक दृष्टि से हिंदी की परीक्षा को लाभप्रद नहीं समझ कर बंद कर दिया। 'ए' स्तर की परीक्षा में तो और भी कम विद्यार्थी होते थे। 1998 में जब 'ए' स्तर की आखिरी परीक्षा हुई तब कुल 27 विद्यार्थी थे। फलस्वरूप स्कूलों में हिंदी की पढ़ाई बंद हो गई। हिंदी पठन-पाठन पर इसका बुरा प्रभाव पड़ा।... दिलचस्प बात यह है कि जहां भारत से आए आप्रवासियों को हिंदी पढ़ने के लिए बहुत प्रोत्साहित करना पड़ता है वहीं कैरिबियन देशों से आए हुए भारतीय मूल के आप्रवासी स्वयं ही हिंदी की कक्षाओं में आना चाहते हैं। वेद मोहला इन्हें बहुत दिनों से पढ़ा रहे हैं।''[8]

ध्यातव्य है कि CIE (कैंब्रिज विश्वविद्यालय) द्वारा 'ओ' लेवल से 'ए' लेवल तक की नियमित परीक्षाएं विश्वभर में (पूर्वज-भाषा के विद्यार्थियों एवं अन्यभाषा के रूप में पढ़ने वाले विद्यार्थियों हेतु अलग अलग पाठ्यक्रम) संचालित होती आ रही हैं। विश्वभर के अनेक देशों व अनेकानेक संस्थानों के विद्यार्थी नियमित ये परीक्षाएं देते हैं और CIE के पाठ्यक्रम के साथ रजिस्टर्ड संस्थानों में ये पाठ्यक्रम नियमित पढ़ाए जाते हैं। CIE (कैंब्रिज इंटरनेशनल एक्ज़ामिनेशन, कैंब्रिज विश्वविद्यालय) की इन परीक्षाओं के लिए हिंदी के पाठ्यक्रम निर्माता व परीक्षाध्यक्ष महेन्द्र वर्मा जी हैं। लेखिका स्वयं भी इन परीक्षाओं की एक परीक्षक है। परीक्षा देने वाले मुख्य देश होते हैं—मॉरिशस, सिंगापुर, थाईलैंड, भारत, फ्रांस, हांगकांग तथा दस बीस और। ब्रिटेन से संचालित होने वाली ये परीक्षाएं ब्रिटेन के विद्यार्थियों के लिए संचालित नहीं होतीं, क्योंकि ब्रिटेन में हिंदी-शिक्षण चलाने वाली संस्थाओं तक में 'पूर्वज-भाषा' के रूप में हिंदी पढ़ने वाले विद्यार्थी केवल शौकिया इसे पढ़ते हैं और वह भी मात्र प्राथमिक स्तर तक तथा परिचयात्मक मात्र।

इसी क्रम में प्रसंगवश यह उल्लेख करना भी अनिवार्य है कि ब्रिटेन के मंदिरों, स्वायत्त संस्थाओं आदि में अभी भी प्रति सप्ताह कुछ घण्टे के लिए एक दिन हिंदी की कक्षाएं चलाई जाती हैं, जिनमें छोटे-छोटे बच्चे हिंदी पढ़ने आते हैं, किंतु ये परीक्षाएं भाषा-परिचय के प्रारंभिक स्तर तक ही सीमित होती हैं। अनेक भारतीय महिलाओं ने भी, जिन्हें यद्यपि भाषा-शिक्षण के विषय में कुछ भी पता नहीं होता, हिंदी-शिक्षण को गृह उद्योग की तरह बना लिया है, जहां अवकाश के दिन प्राइमरी तक के बच्चे घंटा दो घंटे आते हैं और उन्हें अभिवादन, दो चार दोहे या श्लोक, रंगों, पक्षियों, दिनों आदि के नाम, थोड़ी गिनती आदि सिखा दी जाती है। ये सब उन परिवारों के बच्चे होते हैं जो यहां बस गए हैं और उनके माता-पिता या दोनों में से कोई एक भारतीय होता है, जिसे पूरी तरह अंग्रेज़ी मात्र ही समझ-सीख सकने वाले अपने बच्चे का थोड़ी हिंदी से शौकिया परिचय अच्छा लगता है। सच तो यह

है कि हिंदी-भाषी भारतीय परिवारों द्वारा कम से कम अपने बच्चों से घर पर हिंदी में संवाद करते रहने से भाषा-संरक्षण की दिशा में बहुत सार्थक योगदान हो सकता है, किंतु परिवारों में भी हिंदी परस्पर संवाद का माध्यम नहीं रह गई है।

ब्रिटेन में व्यावसायिक भाषा-शिक्षण संस्थान

अनेक बहुराष्ट्रीय व्यावसायिक भाषा-संस्थान खुल गए हैं, जो सैकड़ों विदेशी भाषाएं पढ़ने-पढ़ाने और अनुवाद की सुविधा देते हैं। इनमें हिंदी के लिए अध्यापक लगभग न के बराबर हैं। यह लेखिका भी ऐसे कुछ संस्थानों से अध्यापक के रूप में जुड़ी है, जहां बहुराष्ट्रीय कंपनियों के अधिकारी, पर्यटक और विदेश मंत्रालयों के अधिकारी व परिवार के लोग आदि भारत जाने की अवस्था में हिंदी के अलग अलग प्रकार के 'पाठ्यक्रम-पैकेज' में से चुन कर व्यक्तिगत रूप से हिंदी सीखते हैं।[9]

लंदन में प्रतिवर्ष तीन दिन का 'लैंग्वेज शो'* (http://www.language showlive.co.uk/) बहुत ही भव्य ढंग से आयोजित होता है, जिसमें लगभग सवा-सौ भाषा-स्टाल लगते हैं। भाषा, लिपि, अनुवाद, भाषा-तकनीकें, भाषा-टूल्ज़, भाषा-शिक्षण, भाषा-नौकरियां, भाषा-परीक्षाओं की तैयारी, कक्षाएं, पुस्तकें, नवीन संसाधनों में भाषा, प्रकाशकों की जानकारी, विदेशी भाषा-विभागों व पाठ्यक्रमों की जानकारी, विभिन्न देशों में पढ़ने के लिए जाने वाले विद्यार्थियों को वहां की भाषानीति की जानकारी, दृश्य-श्रव्य सामग्री, शब्दकोश, स्वशिक्षण, भाषा संबंधी नीतियां व अवसर आदि जैसे पचासों विषयों पर वार्ताएं, संगोष्ठियां, प्रदर्शनियां, व्याख्यान, आवेदन, नियुक्तियां आदि सब एक छत के नीचे होता है। किसी 'भाषा-प्रदर्शनी' का यह अनुभव बहुत ही रोमांचक व ऐतिहासिक होता है, जिसमें लगभग 10 हज़ार से अधिक लोग इसे देखने आते हैं। जाने कहां कहां के छोटे से छोटे भाषा-समुदायों की भाषा को भी यहां प्रतिनिधित्व मिलता है। क्षोभ का विषय है कि इस पूरे परिदृश्य से हिंदी सिरे से गायब होती है। गत वर्ष कुछ लोगों ने निजी स्तर पर हिंदी को यहां की सूची में उपस्थित करवाने की दिशा में प्रारंभिक प्रयास किए। ब्रिटेन में हिंदी का यही यथार्थ है।

ब्रिटेन में हिंदी लेखक

इसी का एक दूसरा पक्ष और है, कि इधर गत 10-12 वर्ष से भारतेतर हिंदी साहित्य की दृष्टि से ब्रिटेन में तुलनात्मक दृष्टि से सर्वाधिक हिंदी लेखक सक्रिय हैं, यद्यपि ये सभी केवल शौकिया लेखन करते हैं और इस लेखन का उद्देश्य अभिव्यक्ति है, न कि भाषा-संवर्धन के लिए किए जाने वाले कोई सतर्क सचेत प्रयास। लेखकों की यह सारी पीढ़ी वह है जो भारत में जन्मे पले व वहीं बढ़े पढ़े और फिर विवाह आदि

या नौकरी व्यवसाय आदि के कारण बाद में यहां आ गए। युवावस्था तक तो इनका हिंदी से सीधा संबंध रहा। यही वर्ग यहां आकर हिंदी लेखन करने लगा। किंतु इस लेखन (जिसे प्रवासी लेखन भी कहा जाता है) का भविष्य अंधकारमय है क्योंकि अब भारत से आने वाला वर्ग वही है जो पूरी तरह अंग्रेज़ी में शिक्षित होता है, क्योंकि हिंदी अब भारत में आधुनिक व पढ़े-लिखों की भाषा नहीं, अपितु केवल सरकारी पाठशालाओं वाले बच्चे ही हिंदी माध्यम से पढ़ते हैं और वहां से विदेश जाने वाला वर्ग तो पूरी तरह बचपन से ही अंग्रेज़ी में दीक्षित किया जाता है, उनके घरों तक से हिंदी गायब रही होती है। इसलिए भारत में पली बढ़ी पढ़ी पीढ़ी भी अपने साथ भाषा लेकर ब्रिटेन नहीं आ रही, न ही भाषा का गर्व लेकर आ रही है।

अपने साथ भाषा व भाषा का संस्कार लेकर आई हुई पीढ़ी के प्रौढ़ से अधेड़ व वृद्ध हो चुके ब्रिटेन में बसे हिंदी-भाषी भारतवंशी लेखकों में से कुछेक ने कंप्यूटर क्रांति की सुविधाओं का (प्रारंभिक स्तर पर यथासंभव) प्रयोग कर भाषा-संरक्षण का कुछ काम किया है। यूनिकोड के आने के साथ हुई भाषा-क्रांति ने हिंदी के प्रयोग व संवाद को सरल तो बनाया ही, कई गुना बढ़ा भी दिया है। कम्प्यूटर व मोबाइल से जुड़ी भाषा-लिपि-क्रांति के बावजूद कुल 10-12 लोग यहां इनका प्रयोग करते हैं, इन 10-12 में से 6-8 प्रारंभिक स्तर तक और 4-5 कुछ सक्रिय रूप से और दक्षता की दृष्टि से तो स्वयं लेखिका के अतिरिक्त अन्य कोई नहीं।[10] 5-6 लोग नेट पर ब्लॉग आदि रखते हैं, जिनमें सक्रिय केवल दो तीन हैं। ईमेल में देवनागरी लिख सकना लगभग 15 लोगों को आता होगा संभवतः। यह स्थिति निराश करती है। यह जोड़ना भी अनिवार्य है कि इस लेखक-वर्ग सहित अब ऐसा कोई भारतवंशी ब्रिटेन में सक्रिय नहीं, जो हिंदीभाषा-संरक्षण को उद्‌देश्य बना किसी क्रियाकलाप (अध्ययन-अध्यापन आदि) में उस भाव से जुटा हो, जैसा पिछली पीढ़ी के अनेकानेक हिंदी-सेवियों ने ब्रिटेन में निजी प्रयत्नों से संभव कर दिखाया है। यह स्थिति भाषाई स्तर पर हिंदी को ब्रिटेन में इतिहास की वस्तु बनाने की दिशा में एक बड़ा दुर्भाग्यपूर्ण मोड़ है।

ब्रिटेन के रोज़गारों में हिंदी

ब्रिटेन में हिंदी का एक पक्ष और भी है, उसके उल्लेख के बिना यह लेख पूरा नहीं होता। वह पक्ष है भाषा की नौकरियों व रोज़गार का। तकनीक पर हिंदी आ जाने के बाद अब हिंदी की नौकरियों के लिए नियमित रूप से विज्ञापन निकलते हैं। पर्यटन, होटल-व्यवसाय, मार्केटिंग, मार्केट-रिसर्च, दुभाषिए, वीज़ा व इमिग्रेशन से जुड़े मुद्‌दे, कानूनी मुद्‌दे, स्वास्थ्य सेवाएं, वृद्ध-निगरानी व देखभाल, रक्षा-मामले, मोबाइल व कंप्यूटर से जुड़ी प्रौद्योगिकी, विपणन, भाषा व संवाद-विश्लेषण आदि

आवश्यकताओं के लिए। इनमें अधिकांश अवसरों हेतु यहां की नागरिकता वाले ही आवेदन कर सकते हैं, या जो यहां बसे हुए। हिंदी में क्योंकि रोज़गारपरक पाठ्यक्रमों का अभाव है, या यूं कहना चाहिए कि विकसित ही नहीं किए गए हैं, अतः नौकरियों के लिए सही व्यक्ति की खोज बड़ी टेढ़ी खीर होती है।

और तो और नॉटिंघम में ट्रेण्टब्रिज मैदान पर जुलाई, 2014 में भारत व इंग्लैंड के मध्य हुई टेस्ट शृंखला के पहले क्रिकेट मैच के समय इंग्लैंड क्रिकेट बोर्ड ने अपने आधिकारिक ट्वीटर खाते पर निरंतर हिंदी में ट्वीट किए। ई.सी.बी. के आधिकारिक ट्वीटर खाते के लिंक https://twitter.com/ECB_cricket पर जाकर इस पूरे टैस्ट मैच के समय हिंदी में किए ट्वीट्स देखे जा सकते हैं। और तो और, ट्वीट्स में प्रयुक्त अंक भी देवनागरी के थे। ऐसा पहली बार हुआ जब किसी देश के क्रिकेट बोर्ड के आधिकारिक ट्विटर खाते से दूसरे देश की भाषा में ट्वीट किए गए हों। जबकि भारतीय क्रिकेट बोर्ड (बी सी सी आई) तक ने भी आज तक कभी हिंदी में ट्वीट नहीं किया।

विश्वग्राम बन चुके विश्व में भाषाओं के लिए प्रभूत अवसरों के होते हुए ब्रिटेन के हिंदी-परिदृश्य में परिवर्तन की प्रबल संभावनाएं उपस्थित हैं, किंतु ये संभावनाएं तभी यथार्थ बनेंगी जब भारत में हिंदी देश की प्रमुख भाषा, राजभाषा का समुचित स्थान पाएगी, भारत से ब्रिटेन आकर बसने वाली पीढ़ी कम से कम द्विभाषिकता को लेकर युवा होगी और ब्रिटेन में जन्मे भारतवंशी भी द्विभाषिकता को अपनाएंगे। विदेशी मूल के छात्रों की नई पीढ़ी को भी उच्चशिक्षा व शोध-स्तर पर अन्यभाषा अध्ययन के भरपूर अवसर व गंभीर अध्यापक मिलेंगे। नए संसाधनों के प्रयोग द्वारा प्रत्येक पीढ़ी के भारतवंशी यहां अपनी भाषा व लिपियों से कुछ न कुछ जुड़े रहेंगे व घरों के वातावरण में हिंदी को सांस लेने का अवसर देकर जीवित रखेंगे।

kavita.vachanavee@gmail.com

पार्श्व-टिप्पणी

1. चटर्जी, डॉ. सुनीति कुमार। जनवरी, 2002 सिंधी जैन ग्रन्थमाला, ग्रंथांक 39. भारतीय विद्या भवन, मुंबई
2. इस संपूर्ण जानकारी का स्रोत निम्न ग्रन्थ हैं—
   - हिंदी व्याकरण मीमांसा, काशीराम शर्मा, 1996. राधाकृष्ण प्रकाशन, नई दिल्ली
   - हिंदी व्याकरण का इतिहास, डॉ. अनन्त चौधरी, 1972. बिहार हिंदी प्रकाशन अकादमी, पटना
   - हिंदी भाषा-व्याकरण और साहित्य को पाश्चात्य विद्वानों की देन, कौशल्या
   - A History of the Hindi Grammatical Tradition : Hindi-Hindustani Grammar, Tej K. Bhatia. 1987. New York
   - हिंदी भाषा और साहित्य के अध्ययन में ईसाई मिशनरियों का योगदान, पीएच.डी थीसिस. पुणे विश्वविद्यालय, कर्मवीर प्रकाशन, 22 अम्बिका हाउसिग सोसाइटी, सेनापति बापट पथ, पुणे - 411016, प्रथम संस्करण 1973
3. "The Gypsies are a close-knit communal people who have a shared background, but are scattered throughout the world. Their origins have been the subject of controversy throughout the centuries, but in modern times, we have discovered, from research into their language, that the gypsies originated in Northern India, from whence they sà¿read throughout Europe and the Middle East. No one knows when the first gypsies left India or, indeed, why",The Early History,The Gypsie,http://www.scottishgypsies.co.uk/early.html

   Hancock, Ian. Ame Sam e Rromane Džene/We are the Romani people. p. 13. ISBN 1-902806-19-0

4. ये आँकड़े निम्न 5 स्रोतों से एकत्र किए गए हैं—

Lascars in The East End(http://www.portcities.org.uk/london/server/show/ConNarrative./50chapterId//739The-Goan-community-of-London.html)

- Fisher, Michael Herbert (2006). Counterflows to Colonialism: Indian Traveller and Settler in Britain 1600–1857. Orient Blackswan. pp. 111–9, 129–30, 140, 154–6, 160–8, 172, 181. ISBN 81-7824-154-4.
- Fisher, Michael H. (2007). "Excluding and Including "Natives of India": Early-Nineteenth-Century British-Indian Race Relations in Britain". Comparative Studies of South Asia, Africa and the Middle East 27 (2): 303–314 [304–5]. doi:10.1215/1089201x-2007-007.
- Radhakrishnan Nayar (January 5, 2003). The Lascars' lot. (http://www.hindu.com/thehindu/lr/2003/01/05/stories/2003010500200300.htm) Chennai, India: The Hindu. Retrieved 2009-01-16.
- Ansari, Humayun (2004). The Infidel Within: The History of Muslims in Britain, 1800 to the Present. C. Hurst & Co. Publishers.

  p. 37. ISBN 1-85065-685-1.

5. राकेश दुबे,हिंदी और प्रवासी भारतीय, हिंदी भारत, http://www.hindi-bharat.com/2012/09/Hindi-an-International-language.html

6. प्रोफ़ेसर महेन्द्र किशोर वर्मा, इंग्लैण्ड में हिंदी : इक्कीसवीं सदी के परिप्रेक्ष्य में. साहित्य अमृत, जुलाई 2007, प्रभात प्रकाशन, दिल्ली

7. British diplomats to India must learn 'Hinglish' as mix of Hindi and English becomes the most used language. http://www.dailymail.co.uk/news/article-2216285/British-diplomats-India-learn-Hinglish-mix-Hindi-English-used-language.html

8. सभी लिंक्स आदि यहाँ देखे जा सकते हैं–https://plus.google.com/+Dr KavitaVachaknavee/about हिंदी व्याकरण का इतिहास, डॉ. अनन्त चौधरी, 1972, बिहार हिंदी प्रकाशन अकादमी, पटना

- हिंदी भाषा–व्याकरण और साहित्य को पाश्चात्य विद्वानों की देन, कौशल्या
- A History of the Hindi Grammatical Tradition : Hindi-Hindustani Grammar, Tej K. Bhatia, 1987. New York
- हिंदी भाषा और साहित्य के अध्ययन में ईसाई मिशनरियों का योगदान. पीएच.डी थीसिस. पुणे विश्वविद्यालय, कर्मवीर प्रकाशन, 22 अम्बिका हाउसिग सोसाइटी, सेनापति बापट पथ, पुणे—411016, प्रथम संस्करण 1973

डॉ. विजय गंभीर (अमेरिका)

अमेरिका में हिंदी भाषा का अस्तित्व

यूनिवर्सिटी ऑफ़ पेन्सिल्वेनिया के दक्षिण एशिया विभाग से सेवा-निवृत्त; दिल्ली विश्वविद्यालय से एम.ए. (भाषाविज्ञान), यूनिवर्सिटी ऑफ़ पेन्सिल्वेनिया से पीएच.डी (भाषाविज्ञान); ACTFL की प्रथम हिंदी प्रॉफ़िशियंसी प्रशिक्षिका; राष्ट्रीय हिंदी स्टैंडर्ड़्ज़ समिति की अध्यक्ष; देश भर में अनेक कार्यशालाओं में प्रशिक्षण; संपादक — Teaching & Acquisition of South Asian Languages *नामक पुस्तक; अनेक शोध-पत्र राष्ट्रीय अंतर्राष्ट्रीय पत्रिकाओं में प्रकाशित*

भूमिका

आज विश्व में जहां जहां भारतीय मूल के लोग बसे हैं वहां वहां हिंदी और भारत की अन्य भाषाएं भी किसी न किसी रूप में बसी हैं। हिंदी बोलने वाले अमेरिका, कनाडा, ब्रिटेन, ऑस्ट्रेलिया, नेपाल, और सिंगापुर जैसे देशों में तो हैं ही, योरोप, मध्यपूर्व, अफ्रीका और दक्षिण अमेरिका के कई देशों में भी हैं। हिंदी तो हमारे गिरमिटियों की भाषा भी रही है जो फ़ीजी, मॉरिशस, गयाना, और सूरिनाम जैसे द्वीपों में उन्नीसवीं सदी से है।

अमेरिका में हिंदी की स्थिति समझने के लिए हमें पहले संक्षेप में अमेरिका के आप्रवासी भारतीयों का इतिहास जानना होगा। वे कब और किन परिस्थितियों में अमेरिका आए। हिंदी के प्रति उनका क्या रुख है और भारत से उनका कितना संपर्क है। हम इस बात पर भी विचार करेंगे कि अमेरिका में हिंदी का क्या स्थान है और इसके शिक्षण और प्रशिक्षण के लिए क्या क्या सुविधाएं उपलब्ध हैं और कौन-कौनसी गतिविधियां चल रही हैं। इस के अलावा हिंदी के पठन-पाठन में किस प्रकार की चुनौतियां हैं। इन सब तथ्यों के आधार पर हम इस विषय पर भी विचार करेंगे कि अमेरिका में हिंदी का भविष्य कैसा होगा।

भारतीयों का आगमन

हालांकि उन्नीसवीं सदी के अंत में और बीसवीं सदी के शुरू में कुछ भारतीय रोज़गार की खोज में या उच्चशिक्षा के लिए अमेरिका आए थे, परंतु भारतीय इमीग्रेशन की प्रमुख लहर अमेरिका के 1965 के Immigration and Nationality Act पास होने के बाद ही शुरू हुई। इस एक्ट के तहत पेशेवर यानी प्रोफ़ेशनल भारतीयों को इमीग्रेशन मिलना शुरू हो गया और इसके चलते भारी संख्या में भारत से डॉक्टर, इंजीनियर और अन्य शिक्षित लोग अमेरिका आने शुरू हुए। इसके साथ 1965 के Family Reunification नियम के अधीन पेशेवर भारतीयों के निजी परिवार के सदस्य भी आने लगे जिनमें अधिकतर पेशेवर नहीं थे। इस Family Reunification के इमीग्रेशन का तांता तो आज भी बराबर चल रहा है और भारतीयों की संख्या में लगातार बढ़ोतरी हो रही है। यहां तक कि कुछ परिवार क्या पूरे पूरे कुनबे ही अमेरिका पहुंच चुके हैं।

1965 के बाद पढ़े लिखे भारतीयों के आने के कारण अमेरिकी समाज में भारतीयों की छवि बदलने लगी। कहां तो बीसवीं शताब्दी के शुरू में अमरीका के गोरे लोग भारतीयों को हीन दृष्टि से देखते थे क्योंकि उनका रहन सहन अलग था, उनका धर्म अलग था, वे प्राय: अनपढ़ थे और खेतों या रेलरोड में मज़दूरी का काम करते थे। यहां तक कि सेनेटर जॉन रेकर ने 'Hindu Invasion' नारे के चलते यह भी कहा कि भारतीयों को इमीग्रेशन नहीं दिया जाना चाहिए क्योंकि वे पगड़ी पहनते हैं, चावल खाते हैं और ईसाई नहीं हैं। परंतु कुछ भारतीय ऐसी प्रवृत्ति को चुनौती देने के लिए कानून की शरण में गए। ऐसे समय में यह कल्पना करना भी कठिन था कि एक दिन भारतीयों को अमेरिकी नागरिकता हासिल करने का अधिकार प्राप्त होगा और भारतीय मूल के लोग अमेरिका में हर क्षेत्र में छा जाएंगे। चाहे वह मेडिकल, विज्ञान, शिक्षा, राजनीति, रिसर्च हो या फिर पत्रकारिता, मनोरंजन या व्यापार, आज भारतीय मूल के लोग ऊंचे ऊंचे ओहदों पर हैं और उनकी उच्च शिक्षा और उच्च योग्यता के कारण उनको बहुत मान सम्मान मिलता है। अमेरिका में आज शायद ही कोई ऐसा अस्पलाल हो जहां भारतीय मूल के डॉक्टर न हों। अमेरिका के सब अच्छे अच्छे कालेजों और विश्वविद्यालयों में भारतीयों के बच्चे उच्च शिक्षा प्राप्त कर रहे हैं।

भारतीयों के इमीग्रेशन की दूसरी बड़ी लहर 1990 के नए Immigration Act के अधीन शुरू हुई जिसके तहत आई.टी के लोगों को temporary skilled workers वीसा मिलने लगा। इस एक्ट की बदौलत आज बड़ी संख्या में युवा भारतीय अमेरिका की अनेकों बड़ी बड़ी आई.टी. कंपनियों में काम कर रहे हैं। प्राय: ये अमेरिकी कंपनियां इन मेहनती और कुशल भारतीय कर्मचारियों को छोड़ती नहीं

और उनमें से अनेक तो अंततः अमेरिका में ही बस जाते हैं। इसके अलावा अमेरिका में हर वर्ष बहुत बड़ी संख्या में भारतीय छात्र भी पढ़ने आते हैं। ये छात्र भी शिक्षा पूरी होने के बाद अमेरिकी कंपनियों में ही काम करने लगते हैं या अपनी नई कंपनियां चलाने लगते हैं और यहीं के वासी हो जाते हैं।

U.S. Census Bureau 2013 ACS के आंकड़ों के अनुसार अलग अलग रास्तों से अमेरिका आकर बसने वाले भारतीय मूल के लोगों की संख्या 3.8 मिलियन (38 लाख) से भी अधिक है, जबकि 1960 में यह संख्या केवल 12 हज़ार के आस-पास थी। नीचे दिए हुए जनगणना के आंकड़ों से हम देख सकते हैं कि अमेरिका में प्रवासी भारतीयों की संख्या 1960 के बाद हर दशक में तेज़ गति से बढ़ी है। 70 और 80 के दशक के बीच तो यह संख्या चौगुनी ही हो गई थी!

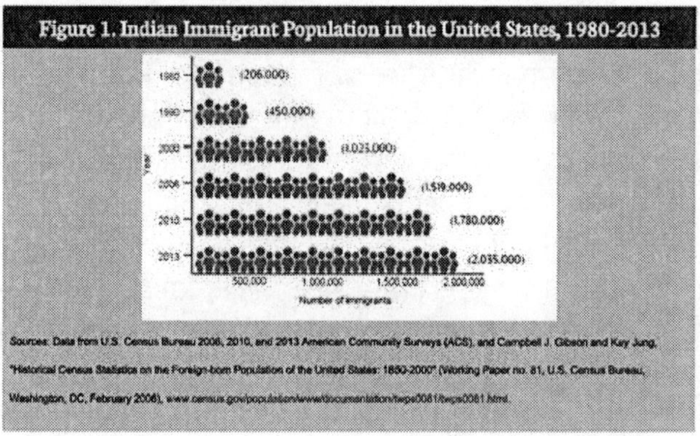

Figure 1. Indian Immigrant Population in the United States, 1980-2013

Sources: Data from U.S. Census Bureau 2006, 2010, and 2013 American Community Surveys (ACS), and Campbell J. Gibson and Kay Jung, "Historical Census Statistics on the Foreign-born Population of the United States: 1850-2000" (Working Paper no. 81, U.S. Census Bureau, Washington, DC, February 2006), www.census.gov/population/www/documentation/twps0081/twps0081.html.

Source: http://www.migrationpolicy.org/article/Indian-immigrants-united-states

हिंदी और प्रवासी भारतीय

अमेरिका के प्रवासी भारतीय, खासकर पहली पीढ़ी वाले, भारत की अनेक प्रादेशिक भाषाएं अपने साथ लेकर आए थे। उनमें ऐसे लोगों की संख्या बहुत बड़ी थी जो बोलचाल और बॉलीवुड की हिंदी जानते थे। भले ही हमारे कुछ दक्षिण भारतीय भाई बहन हिंदी न बोल पाते हों, पर कुछ न कुछ तो समझ ही लेते हैं। हिंदी फ़िल्मों का आकर्षण इतना ज़बरदस्त है कि इन्हें अधिकांश भारतीय देखते हैं। बॉलीवुड के गानों की धुन पर न केवल भारतीय मूल के पहली पीढ़ी के लोग थिरकते हैं, दूसरी पीढ़ी के नन्हे बच्चे और युवा भी 'इंडिया डे' तथा अन्य भारतीय सांस्कृतिक कार्यक्रमों पर इन धुनों पर नाचते दिखाई देते हैं। अमेरिका में जन्मी भारतीय मूल की

मिस अमेरिका नीना दावुलूरी, जिसके माता पिता दक्षिण भारत से हैं, उसने तो अपने 2014 के 'टेलेंट' प्रदर्शन में बॉलीवुड की धुन पर ही नृत्य किया था। वैसे, बॉलीवुड का जादू अब अमेरिकी लोगों पर भी देखा जा सकता है। यहां तक कि 2010 में कनाडा के विंटर ओलंपिक में अमेरिका की एक प्रसिद्ध ओलंपिक विजेता जोड़ी ने बालीवुड के एक लोकप्रिय गाने पर ही Ice Dance Competition में नृत्य किया था।[1]

आज अमेरिका में हिंदी के प्रति प्रवासी भारतीयों में एक विशेष प्रेम दिखाई पड़ता है जो 60 और 70 के दशक में नहीं था। उस काल में आए भारतीय लोगों को लगता था कि हिंदी का उनके दैनिक और प्रोफ़ेशनल जीवन में कोई उपयोग नहीं है। फिर उस समय का भारत भी आर्थिक दृष्टि से इतना कमज़ोर था कि अधिकतर आप्रवासी भारतीय अमेरिका की सुख-सुविधाएं छोड़कर कभी भारत लौटने की कल्पना नहीं करते थे। उन्हें अमेरिका में अपने बच्चों का भविष्य उज्ज्वल दिखता था। उनके लिए यह सोचना भी कठिन था कि उनके बच्चे कभी भारत में नौकरी करेंगे या भारत के साथ किसी किस्म का व्यवसाय करेंगे। उनकी सोच थी कि अगर उनके बच्चे कभी भारत घूमने जाएंगे भी तो वहां अंग्रेज़ी से उनका काम न केवल चलेगा बल्कि अच्छा चलेगा। आखिर, भारत के लोग भी तो अधिकतर अंग्रेज़ी बोलना पसंद करते हैं। उसी के ज्ञान से अच्छे वेतन वाली नौकरियां उनको मिलती हैं, और जो अंग्रेज़ी नहीं बोल पाता उसे प्रायः अनपढ़ समझा जाता है। तो ऐसी स्थिति में 60 और 70 के आप्रवासी भारतीयों को हिंदी भाषा पर गर्व भी कैसे होता। वे क्यों चाहते कि उनके बच्चे हिंदी सीखें।

परंतु 1980 के दशक में अमेरिका में हिंदी ने करवट बदली। अमेरिका के कालेजों और विश्वविद्यालयों में 60 और 70 के दशक में आए आप्रवासी भारतीयों के अनेक बच्चे हिंदी सीखने के लिए हिंदी की कक्षाओं में रजिस्टर कराने लगे। कुछ ने तो अपने माता-पिता से नाराज़गी भी प्रकट की कि उन्होंने घर पर उनके साथ बचपन में हिंदी क्यों नहीं बोली। अमेरिका में पले या जन्मे इन दूसरी पीढ़ी के बच्चों को हिंदी जानना इसलिए महत्त्वपूर्ण लगा क्योंकि हिंदी इनकी भारतीय पहचान का पोषण करने वाली भाषा है। अंग्रेज़ी तो रोज़ी-रोटी कमाने के लिए है। आमतौर पर भारतीय मूल के बच्चों और युवाओं का उद्देश्य उच्च स्तर की हिंदी सीखना नहीं होता। वे केवल कुछ बोलचाल की हिंदी और बालीवुड हिंदी सीख कर अपनी दोहरी भारतीय-अमेरिकी पहचान को सुदृढ़ करना चाहते हैं। इनके माता पिता भले ही इन बच्चों को 'अमेरिकी' समझने लगे हों पर कालेज में उनके अमेरिकी दोस्त तो इन्हें भारतीय-अमेरिकी ही समझते हैं। भले ही वे अमेरिकी अंग्रेजी बोलते हैं पर दिखते तो 'भारतीय' मूल के ही हैं। वैसे भी अमेरिका में सभी

आप्रवासी समुदाय अपनी अपनी हैरिटेज की पहचान बनाए रखने में गर्व महसूस करते हैं। इसीलिए दूसरी पीढ़ी के आप्रवासी भारतीयों को भी अपनी दोहरी पहचान का ज्ञान होना आवश्यक लगता है। हर कालेज कैम्पस पर अनेकों भारतीय छात्र भाषा के अलावा भारत से संबंधित अन्य कोर्सों में भी खिंचे चले आते हैं, जैसे धर्म, इतिहास, राजनीति, साहित्य और कला।

1990 के दशक के बाद भारतीयों का हिंदी के प्रति उत्साह कई कारणों से यकीनन बढ़ा है। एक तो अब भारतीयों का भारत से और उसकी भाषाओं से इंटरनेट, व्हाटसऐप और सस्ते फ़ोन के कारण नाता गहरा हो गया है। अमेरिका में बैठे बैठे वे हिंदी के समाचार पत्र पढ़ सकते हैं और कवि सम्मेलनों का आनन्द उठा सकते हैं। अपने टीवी, सैलफ़ोन या कंप्यूटर पर हिंदी मूवी भी देख सकते हैं। दूसरा कारण है कि अब हिंदी का महत्त्व भारत में भी धीरे-धीरे बढ़ रहा है। हालांकि, अभी भी डॉ. वेद प्रताप वैदिक के शब्दों में भारत में 'अंग्रेज़ी महारानी और हिंदी नौकरानी' की स्थिति तो बरकरार है। परंतु, भारत में पिछले कुछ सालों में हिंदी के समाचारपत्रों और टीवी चैनलों में खासी वृद्धि हुई है। यहां तक कि अंग्रेज़ी के कार्यक्रमों में अब पत्रकारों को भी मोदी और केजरीवाल जैसे लोगों से हिंदी में ही प्रश्न पूछने पड़ते हैं। तीसरा कारण है कि अब भारतीय नेता अमेरिका के टाइम्स स्क्वेयर में खड़े होकर हिंदी में सार्वजनिक भाषण देने में गर्व अनुभव करते हैं, शरमाते नहीं। अब तो अमेरिका के राष्ट्रपति ओबामा भी अपनी भारत यात्रा के दौरान अपने भाषणों में कुछ हिंदी के वाक्यांश बोलने का प्रयास करते हैं, जैसे 'मेरा प्यार भरा नमस्कार'। चौथा कारण है कि अमेरिका के अहिंदी-भाषी भारतीय मूल के आप्रवासी भी हिंदी को अपनी पहचान का महत्त्वपूर्ण हिस्सा समझते हैं। न्यूजर्सी के एक जाने माने भारतीय मूल के भूतपूर्व ऐसम्बली-मैन अपनी दक्षिण-भारतीय हिंदी में भाषण देते हुए बड़े गर्व से कहते हैं कि अमेरिका में हमारी भारतीय पहचान की भाषा हिंदी है, भले ही हमारे घर की भाषा गुजराती या तेलुगु हो।

आजकल बड़ी संख्या में दक्षिण भारत के माता पिता अपने बच्चों को हिंदी हैरिटेज स्कूलों में उत्साहपूर्वक भेज रहे हैं। वे भली-भांति समझते हैं कि हिंदी भारत की राजकीय भाषा होने के साथ साथ समूचे देश की संपर्क-भाषा भी है। पढ़े लिखे लोग यह भी समझते हैं कि भविष्य में उनके बच्चे चाहे अंतर्राष्ट्रीय कंपनियों में काम करें या अमरीकी सरकार के सुरक्षा या विदेश मंत्रालय में, उनके लिए हिंदी का ज्ञान अनिवार्य होगा। अहिंदी-भाषी आप्रवासी अपनी अपनी प्रांतीय भाषाओं के अलावा अपने बच्चों को हिंदी सिखाकर उनकी बहु-परतीय (क्षेत्रीय और राष्ट्रीय) भारतीय पहचान को संजोने का काम कर रहे हैं। वैसे भी बहुभाषी होना भारतीयों के लिए एक साधारण बात है। जैसे, दिल्ली में बसा एक तमिल परिवार घर पर तमिल,

सड़क पर हिंदी, काम पर अंग्रेज़ी और संध्या के समय संस्कृत के श्लोक बोलता है।

अमेरिका के आई.टी प्रवासी भारतीयों ने तो हिंदी को बढ़ावा देने में विशेष योगदान दिया है। वे लोग अपने बच्चों को भारत की ज़मीन से जोड़े रखने के लिए भरसक प्रयत्न करते हैं क्योंकि वे जानते हैं कि उनके बच्चों को भारत में भी अच्छी नौकरियां मिल सकती हैं। इसलिए वे बच्चों को हिंदी सीखने के लिए स्थानीय हैरिटेज स्कूलों में भेजते हैं और कभी कभी तो वे खुद भी स्वयंसेवी के रूप में वीकएंड स्कूलों में हिंदी पढ़ाते हैं।

अमेरिका में हिंदी भाषा का स्थान

अमेरिका में 2006 से पहले हिंदी का राष्ट्रीय स्तर पर कोई विशेष स्थान नहीं था। बस वीकएंड में चलने वाले हैरिटेज स्कूलों में भारतीय मूल के बच्चों के अलावा कुछ विदेशी सेवा में रत अफ़सर, मिलिट्री के सैनिक और यूनिवर्सिटियों में छात्र विदेशी भाषा के रूप में हिंदी सीखते थे। परंतु 2006 में प्रेज़ीडेंट बुश के National Security Language Initiative (NSLI) और American Competitiveness प्रोग्राम के कारण यह स्थिति बहुत बदल गई है। NSLI के अधीन कुछ भाषाओं को अमेरिका की सुरक्षा और समृद्धि की दृष्टि से क्रिटिकल माना गया है। हिंदी भी इन्हीं क्रिटिकल भाषाओं की सूची में शामिल है क्योंकि यह अमेरिका की वर्तमान और भावी आर्थिक समृद्धि के लिए एक महत्त्वपूर्ण भाषा समझी जा रही है। आज अमेरिका और भारत के कई क्षेत्रों में गहरे संबंध हैं और भविष्य में व्यापार, रिसर्च, स्वास्थ्य इत्यादि क्षेत्रों में और भी साझेदारी बढ़ने की प्रबल संभावना है। अमेरिका ऐसे छात्रों और विद्वानों को बड़ी संख्या में तैयार कर रहा है जिन्हें हिंदी भाषा और भारतीय संस्कृति का उच्चस्तरीय ज्ञान हो और वे इतिहास, राजनीति, साहित्य और कला आदि के ज्ञान के आधार पर अलग अलग क्षेत्रों में भारत के लोगों के साथ मिलकर काम कर सकें।[2]

देश की सुरक्षा और आर्थिक स्थिति को और मज़बूत करने के लिए अमेरिका के Departments of State and Defense, Director of National Intelligence और Department of Education ने एक सुनियोजित योजना तैयार की है। इस योजना के अनुसार स्कूलों, कालेजों और यूनिवर्सिटियों में हिंदी व अन्य क्रिटिकल भाषाओं को प्रोत्साहन देने के लिए सरकार ने विद्यार्थियों के शिक्षण के लिए और शिक्षकों के प्रशिक्षण के लिए कई नए कार्यक्रम शुरू किए हैं। अमेरिकी सरकार चाहती है कि बच्चे छोटी आयु से ही ये भाषाएं सीखना शुरू करें ताकि वे उन भाषाओं में उच्च स्तर की प्रवीणता प्राप्त कर सकें। इसके साथ ही इस बात पर कड़ी नज़र रखी जा रही है कि भाषा-शिक्षण के लिए शिक्षक शोध-समर्थित सर्वोत्तम

तरीकों को अपनाएं <https://startalk.umd.edu/principles/>d। भाषा-शिक्षकों को ट्रेनिंग देने के लिए विशेष वर्कशाप और कोर्स चलाए जा रहे हैं, जिसके लिए सरकार का अच्छा खासा सालाना बजट है। NSLI का क्रिटिकल भाषाओं को आगे बढ़ाने का विस्तृत प्लान नीचे दिए चित्र से देखा जा सकता है।

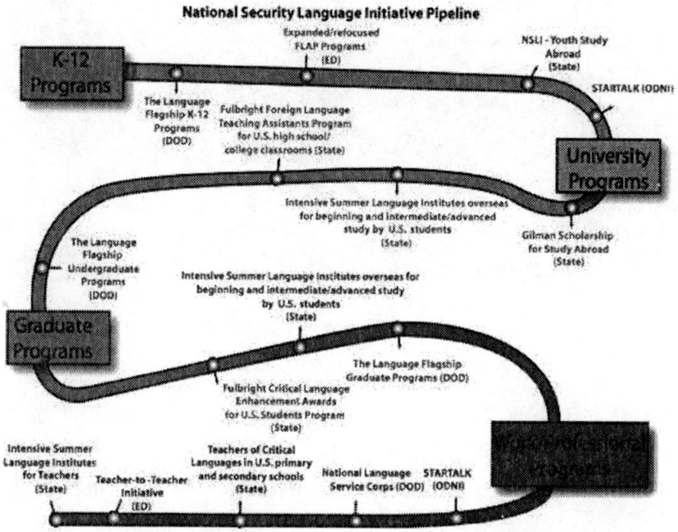

Source:https://nsep.gov/sites/default/files/nsli-preliminary-results.pdf

इस NSLI पाइपलाइन से हम देख सकते हैं कि स्कूलों में, यूनिवर्सिटियों में और भाषा-शिक्षकों के शिक्षण और प्रशिक्षण के लिए अनेक कार्यक्रम चल रहे हैं। हिंदी के लिए क्या क्या हो रहा है इसकी चर्चा हम आगे करेंगे।

हिंदी को अमेरिका की एक क्रिटिकल भाषा माने जाने से हिंदी के आयाम तो निश्चित ही विस्तृत हो गए हैं। अब हिंदी का महत्त्व केवल भारतीय मूल के लोगों के लिए ही नहीं रहा, बल्कि अमेरिकन लोगों के लिए भी महत्त्वपूर्ण है। अब हिंदी सीखने के कारण पारिवारिक या भारतीय पहचान तक सीमित नहीं रहे, अपितु कई कैरियर और पेशों के साथ जुड़ गए हैं। यानी, हिंदी जानने के आर्थिक लाभ भी उभर कर आ रहे हैं। आज अमेरिका के बड़े बड़े अस्पताल ऐसे डॉक्टरों और नर्सों को नौकरी पर रखना चाहते हैं जो अंग्रेज़ी के अलावा हिंदी व कोई अन्य भाषा भी जानते हों। कई बैंकों और कानूनी संस्थाओं की भी नौकरी देने की नीति इसी प्रकार की है। कुछ सामान्य स्टोरों, जैसे 'होम डिपो', पर ऐसा साइन भी लगा दिया जाता है कि

Home Depot

उनके कर्मचारी कौन-कौन-सी भाषाओं में ग्राहकों से बात कर सकते हैं। ऐसे ही साइन की एक तस्वीर आप यहां देख सकते हैं जो न्यूजर्सी के एक शहर के 'होम डिपो' में लगी है। महिला की फ़ोटो के नीचे लिखा है "मुझे हिंदी बोलनी आती है।"

अमेरिका की भाषाई नीति

हिंदी व अमेरिका की अन्य हैरिटेज भाषाओं के लिए 21वीं शताब्दी एक वरदान सिद्ध हो रही है क्योंकि आज अमेरिकी सरकार न केवल चाहती है कि हर अमेरिकी बहुभाषी हो बल्कि अमेरिका के सभी समुदाय अपनी अपनी हैरिटेज भाषाएं सुरक्षित रखें और उनमें औपचारक शिक्षा प्राप्त कर उच्च स्तर की प्रवीणता हासिल करें। अमेरिका की भाषाई नीति में यह एक बहुत बड़ा परिवर्तन है ख़ासकर जब हम इसकी तुलना अमेरिका के 18वीं से 20वीं सदी के भाषाई इतिहास से करते हैं। उस समय की अमेरिकी सरकार का हैरिटेज भाषाओं के प्रति रुख एकदम उदासीन था। उनकी नीति केवल अंग्रेज़ी को प्रोत्साहन देने की थी क्योंकि उनकी संकुचित सोच के अनुसार उस समय के जर्मनी, फ्रांस, इटली वग़ैरा से आए सभी आप्रवासियों में अमेरिका के प्रति देशभक्ति जगाने के लिए यह आवश्यक समझा गया कि सभी अमेरिकी नागरिक एक ही भाषा बोलें और सब सरकारी काम एक ही भाषा में हो। क्योंकि उस समय अमेरिका में अंग्रेज़ों का राज था तो उन्होंने इस काम के लिए अंग्रेज़ी को ही चुना, हालांकि उस समय अमेरिका में जर्मन भाषा बोलने वाले काफ़ी

भारी संख्या में थे।

अंग्रेज़ी के थोपे जाने से अमेरिका के आप्रवासियों की भाषाएं और देशज लोगों की भाषाओं, जैसे इंडियन-अमेरिकन भाषाएं और हवाई भाषा, का ह्रास तेज़ी से होने लगा। इस नीति के परिणामस्वरूप, कुछ ही समय में अमेरिका में जर्मन, फ्रेंच, इटालियन आदि बोलचाल की भाषा के रूप में नहीं बच पाईं। बस केवल स्कूलों और कालेजों में विदेशी भाषा के रूप में ही रह गईं। कालांतर में हवाई भाषा और अनेक अमेरिकन-इंडियन भाषाएं तो मृतप्राय सी हो गईं। कहां एक समय था जब अमेरिका में अमेरिकन-इंडियन परिवार घरों में लगभग 250 अलग-अलग तरह की भाषाएं बोलते थे मगर आज यू.एस सैंसस ब्यूरो 2006–2010 American Community Survey के अनुसार अमेरिका के 2.4 मिलियन अमेरिकन-इंडियन लोगों में से केवल 15 प्रतिशत ही अपने घरों में चंद गिनी चुनी अमेरिकन-इंडियन भाषाओं का प्रयोग करते हैं।[3]

यही हाल हवाई जैसी समृद्ध भाषा का भी हुआ जब सन् 1898 में हवाई द्वीप पर कब्ज़ा कर इसे यू.एस. में शामिल कर लिया गया। एक समय तो ऐसा आया इस भाषा को बोलने वाले 50 से भी कम लोग रह गए। 1983 में हवाई भाषा और संस्कृति को फिर से जीवित करने का बीड़ा कुछ शिक्षकों ने उठाया और आज लगभग 2,000 बच्चे स्कूलों में हवाई भाषा सीखते हैं और हवाई के माध्यम से हाई स्कूल की पढ़ाई भी होती है। मगर इतना होने पर भी हवाई भाषा को आज वह मान नहीं मिल पाता जो मिलना चाहिए क्योंकि ऊच्च शिक्षा और नौकरियां पाने के लिए अंग्रेज़ी ही काम आती है।

अमेरिका की इन सब भाषाओं का ह्रास उस समय की समीकरण अर्थात् assimilation की नीति तथा अंग्रेज़ी के अलावा दूसरी संस्कृतियों के अनादर के भाव का ही परिणाम था। अमेरिका के बैंजमिन फ्रैंकलिन और थीओडोर रूज़वेल्ट जैसे बड़े नेता भी सोचते थे कि सिर्फ़ अंग्रेज़ी भाषा ही अमरीकन देशभक्ति और सभ्यता का प्रतीक हो सकती है। अमेरिका की दूसरी जन-भाषाओं और उनकी संस्कृतियों को असभ्य और गंवारू माना जाता था (cf. Atkins : 1887)। स्कूलों में पढ़ाई केवल अंग्रेज़ी माध्यम से ही होती थी। छात्रों के माता पिता को कहा जाता कि वे अपने बच्चों के साथ अंग्रेज़ी के अलावा कोई अन्य भाषा न बोलें। स्कूल में कोई बच्चा अंग्रेज़ी के अलावा अपने घर की भाषा बोलता पकड़ा जाता तो उसे कड़ी शारीरिक सज़ा मिलती। बेचारे बच्चों को अपनी मां की भाषा बोलने पर शर्मिन्दगी उठानी पड़ती इसका अनुमान 'How Hawaiian language almost died' लेख से लगाया जा सकता है।[4]

आज हमारा सौभाग्य है कि 2006 के बाद अमेरिका की भाषाई नीति बदल

गई है वरना हिंदी का भी वही हाल होता जो अमेरिका की अन्य भाषाओं का हुआ था। हिंदी के संरक्षण के लिए तो आज विशेष सुविधाएं उपलब्ध हैं क्योंकि यह 2010 की चुनींदा 13 क्रिटिकल भाषाओं में से एक है। आज अमेरिका की भाषाई नीति एकभाषिकता का मंत्र छोड़कर बहुभाषिकता में बदल गई है। इस नई कार्यनीति के अनुसार प्रत्येक अमेरिकी छात्र को अंग्रेज़ी और कम से कम एक अन्य हैरिटेज या विदेशी भाषा ज़रूर आनी चाहिए। वैसे 2013 के आंकड़ों के अनुसार अमेरिका में आज लगभग हर पांच व्यक्तियों में से एक व्यक्ति, याने 62 मिलियन अमेरिकी अंग्रेज़ी के अलावा अपने घर की भाषा भी बोलते हैं और इनकी संख्या लगातार बढ़ रही है।[5]

हिंदी भाषा का शिक्षण और प्रशिक्षण

इस भाग में हम देखेंगे कि अमेरिका में हिंदी के शिक्षण और प्रशिक्षण के लिए सरकारी स्कूलों, हैरिटेज स्कूलों, कालेजों, यूनिवर्सिटियों, व सरकारी संस्थानों में हिंदी शिक्षण और प्रशिक्षण की क्या स्थिति है। हम यह भी जानेंगे कि हिंदी सीखने के लिए अमेरिकी विद्यार्थियों को किस प्रकार की सरकारी छात्रवृत्तियां उपलब्ध हैं।

स्कूलों में

अमेरिका में स्कूल के बच्चों को हिंदी सिखाने का काम मुख्य रूप से भारतीय समाज के हिंदी उत्साही स्वयंसेवी ही कर रहे हैं। अधिकतर बच्चों के माता पिता ही हिंदी भाषा व संस्कृति को बचाए रखने के उद्देश्य से प्रेरित हो कम्यूनिटी स्कूलों में बच्चों को अधिकतर सप्ताहांत में एक बार दो घंटे के लिए हिंदी पढ़ाते हैं। इनकी कक्षाएं या तो किसी स्थानीय सरकारी स्कूल में या भारतीय मंदिरों अथवा भारतीय कम्यूनिटी सेंटरों में चलती हैं। इन कम्यूनिटी स्कूलों के शिक्षक अक्सर नए भाषा शिक्षण के तौर-तरीकों से परिचित नहीं होते और न ही उनको पूरी तरह इस बात का ज्ञान होता है कि मातृभाषा, विदेशी भाषा और हैरिटेज भाषा के सीखने व सिखाने में क्या अंतर होता है। परंतु फिर भी कुछ सालों में इन स्कूलों के बच्चे थोड़ी हिंदी पढ़ना, लिखना और बोलना सीख ही लेते हैं।

इस समय अमेरिका में हिंदी कम्यूनिटी स्कूल काफ़ी बड़ी संख्या में हैं। जहां जहां भारतीय मूल के लोग ज़्यादा बसते हैं, उन सभी शहरों में ऐसे स्कूल चल रहे हैं। जैसे जैसे भारतीय माता पिता की इस बात में रुचि बढ़ रही है कि उनके बच्चे ग्लोबल नागरिक बनें और वे भारत और अमेरिका दोनों देशों के समाज और संस्कृति को समझें वैसे वैसे हिंदी कम्यूनिटी स्कूलों में विद्यार्थियों की संख्या बढ़ती जा रही है। कई स्कूलों ने अलग अलग स्तर की हिंदी के लिए अपने पाठ्यक्रम और

पुस्तकें भी तैयार कर ली हैं और अब चंद शिक्षक भाषा-शिक्षण की ट्रेनिंग में भी हिस्सा भी ले रहे हैं। न्यूजर्सी, न्यूयार्क, टैक्सास और कैलिफोर्निया में, जहां भारतीय मूल के लोग ज़्यादा हैं, कम्यूनिटी स्कूलों में विद्यार्थियों की तादाद काफ़ी बड़ी है। जैसे, न्यूजर्सी के हिंदी-यू एस ए स्कूल में, जो पिछले 15 वर्षों से चल रहा है, इस समय छात्रों की संख्या 4,000 से भी अधिक है। इसकी कई शाखाएं हैं और 350 से ज़्यादा स्वयंसेवी शिक्षक इस में जुटे हैं।[6]

प्रेज़ीडेंट बुश के 2006 के Language Initiative के बाद अमेरिका के सभी कम्यूनिटी स्कूलों को एक नई मान्यता भी प्राप्त हो गई है क्योंकि इन स्कूलों से पढ़ कर छात्र एक मानक परीक्षा पास कर अपने स्कूल और कालेज की foreign language requirement पूरी कर सकते हैं। हिंदी कम्यूनिटी स्कूलों के बारे में अधिक जानकारी के लिए Center of Applied Linguistics द्वारा तैयार किए डेटाबेस पर जाएं जहां अनेक स्कूलों के नाम और उनके वेबपेज का पता दर्ज है।[7]

अमेरिका के सरकारी स्कूलों में, जिनको अमेरिका में पब्लिक स्कूल कहा जाता है, अभी तक केवल चंद ही स्कूलों में मिडिल और हाई स्कूल के स्तर पर हिंदी पढ़ाई जाती है। जबकि प्रेसीडेंट बुश के 2006 के नैशनल सिक्योरिटी लैंग्वेज सिक्योरिटी इनिशिएटिव के अधीन हिंदी व अन्य क्रिटिकल भाषाएं किंडरगार्डन से लेकर हाई स्कूल तक पढ़ाई जाने की योजना है। 2006 से पहले केवल टैक्सस प्रदेश के बेलेयर नाम के एक हाई स्कूल में ही हिंदी पढ़ाई जाती थी, जो 1988 से चल रहा है। लेकिन नैशनल सिक्योरिटी लैंग्वेज इनिशिएटिव के पश्चात न्यूजर्सी, न्यूयार्क, टैक्सस और कैलिफ़ोर्निया के कुछ और स्कूलों में भी हिंदी पढ़ाई जाने लगी है। हां, अमेरिका के सरकारी स्कूलों में हिंदी की शिक्षा शुरू करने में अभी काफ़ी चुनौतियां हैं और इस काम की गति काफ़ी धीमी है। सबसे बड़ी चुनौती तो यह है कि अधिकतर भारतीय माता पिता अपने बच्चों को स्कूल में हिंदी पढ़ने के लिए प्रेरित नहीं करते और न ही वे अपने स्थानीय स्कूलों पर हिंदी शुरू करने की मांग करते हैं। कई बार ऐसा भी हो चुका है कि स्कूल में हिंदी के कोर्स की घोषणा तो हो गई परंतु हिंदी पढ़ने वालों की संख्या इतनी कम थी कि कोर्स कैंसिल करना पड़ा। कभी कभी समस्या यह भी होती है कि हिंदी के प्रशिक्षित शिक्षक नहीं मिलते। इसके अलावा, हिंदी के प्रति हैरिटेज और नान-हैरिटेज माता पिता का उत्साह अक्सर ठंडा ही रहता है क्योंकि भारत में भी तो पढ़े लिखे लोग अधिकतर अंग्रेज़ी बोल कर ही खुश होते हैं। कुछ हिंदी-भाषी तो अपने हिंदी के ज्ञान को नकारने में ही गौरव का अनुभव करते हैं। कहते हैं ''मुझे हिंदी नहीं आती।''

कालेजों/यूनिवर्सिटियों में

आज अमेरिका के 100 से भी अधिक कालेजों और विश्वविद्यालयों में प्राथमिक, माध्यमिक और उच्च स्तरों पर हिंदी के पठन-पाठन का कार्य चल रहा है। इनके बारे में अधिक जानकारी के लिए आप The Center for Advanced Research on Language Acquisition (CARLA) के डेटाबेस पर जा सकते हैं।[8] कुछ विश्वविद्यालयों में हिंदी-शिक्षण Self-Instruction Programs के रूप में भी होता है, जैसे न्यूयार्क में वैसर कालेज, कैलिफ़ोर्निया में चीको विश्वविद्यालय और मैसेच्यूसैट्स में Five College Consortium। पिछले कई वर्षों से यूनिवर्सिटी ऑफ़ पेन्सिल्वेनिया के प्रसिद्ध वार्टन बिज़निस स्कूल में भी उन ग्रेजुएट छात्रों के लिए जो भारत के साथ व्यापार के क्षेत्र में काम करना चाहते हैं, हिंदी के उच्चस्तरीय ज्ञान के शिक्षण का कार्य चल रहा है। इन छात्रों से अपेक्षा की जाती है कि वे अनौपचारिक व औपचारिक विषयों पर हिंदी में चर्चा कर पाएं और हिंदी के लेख वग़ैरा पढ़कर उनका विश्लेषण भी कर सकें।

अमेरिका में हिंदी-शिक्षण के इतिहास को देखें तो अमेरिका की यूनिवर्सिटी ऑफ़ पेन्सिल्वेनिया, फ़िलाडेल्फ़िया में हिंदी व कुछ दूसरी महत्त्वपूर्ण साउथ एशिया की भाषाएं भारत की आज़ादी के तुरन्त बाद ही सिखाई जाने लगी थीं। क्योंकि अमेरिकी सरकार समझती थी कि भारत की संस्कृति और उसकी भाषाओं का ज्ञान अमेरिका के साउथ एशिया के साथ अंतर्राष्ट्रीय संबंधों की दृष्टि से महत्त्वपूर्ण है। सरकारी Title VI ग्रांट के अधीन कुछ बड़ी बड़ी यूनिवर्सिटियों में साउथ एशिया रिसोर्स सैंटर खोले गए, जैसे यूनिवर्सिटी ऑफ़ पेन्सिल्वेनिया, कोलंबिया यूनिवर्सिटी, शिकागो यूनिवर्सिटी, यूनिवर्सिटी ऑफ़ विस्कांसिन और बर्कली यूनिवर्सिटी। इन सैंटरों में साउथ एशिया की मुख्य भाषाओं के साथ साथ साउथ-एशिया के तुलनात्मक इतिहास, राजनीति, साहित्य, अर्थशास्त्र और कला जैसे विषयों का भी ग्रेजुएट स्तर पर अध्ययन और अध्यापन होने लगा। इन छात्रों को उनके एम.ए. या पीएच.डी. के थीसिस के विषय पर शोध करने के लिए भारत या किसी अन्य साउथ एशिया के देश में जाने के लिए छात्रवृत्तियां भी उपलब्ध हैं।

हिंदी कौन छात्र पढ़ते हैं, क्यों पढ़ते हैं, और शिक्षण संबंधी चुनौतियां क्या हैं? अमेरिका की यूनिवर्सिटियों में, अस्सी के दशक तक तो हिंदी पढ़ने वाले केवल अमेरिकन ग्रेजुएट छात्र ही होते थे। हैरिटेज या भारतीय मूल के छात्र नहीं थे क्योंकि इस समय तक हमारे आप्रवासी भारतीयों के बच्चे छोटे होने के कारण यूनिवर्सिटियों में नहीं पहुंचे थे। लेकिन अस्सी के दशक के शुरू में अंडरग्रेजुएट हैरिटेज विद्यार्थी भी हिंदी की कक्षाओं में आने लगे। इससे शिक्षकों के लिए एक बहुत बड़ी चुनौती खड़ी हो गई थी क्योंकि शिक्षक हैरिटेज और नान हैरिटेज छात्रों के सीखने के अलग

अलग तरीकों से और भाषाई ज़रूरतों से अनभिज्ञ थे। अमेरिकन छात्र हिंदी एक विदेशी भाषा के रूप में सीखते हैं क्योंकि उनको कक्षा में आने से पहले हिंदी का कोई पूर्वज्ञान नहीं होता। उनके हिंदी सीखने के कारण भी अक्सर अकादमिक होते हैं। दूसरी ओर, हैरिटेज छात्र आम तौर पर पारिवारिक या मनोरंजन के लिए हिंदी सीखना चाहते हैं। हैरिटेज छात्रों को हिंदी के लेख, समाचारपत्र और साहित्य वग़ैरा पढ़ने में दिलचस्पी कम ही होती है। वैसे भी भारतीय मूल के छात्र अधिकतर मैडिकल, इंजीनियरिग, बिज़निस और आई.टी. क्षेत्रों की ओर ही आकर्षित होते हैं जहां औपचारिक हिंदी की आवश्यकता कम होती है।

हिंदी के शिक्षण को लेकर एक चुनौती और भी है क्योंकि हिंदी के हैरिटेज छात्र कई प्रकार के होते हैं। कुछ ऐसे परिवारों से आते हैं जहां हिंदी के अलावा भारत की कोई अन्य आर्य भाषा (पंजाबी, गुजराती, वग़ैरा) बोली जाती है और कुछ द्रविड़-भाषी परिवारों से आते हैं। जो छात्र आर्य-भाषी परिवारों से आते हैं उनको निश्चित ही द्रविड़-भाषी परिवारों से आए छात्रों की तुलना में हिंदी सीखने में कम समय लगता है क्योंकि उनके घर की भाषा में काफ़ी शब्द हिंदी से मिलते जुलते हैं। तमिल, तेलूगु वग़ैरा भाषाओं में व्याकरणिक और शब्दावली की दृष्टि से हिंदी के साथ बहुत समानता नहीं होती। मगर हां यह ज़रूर है कि द्रविड़-भाषी परिवारों से आए हुए छात्र भी नान-हैरिटेज छात्रों की तुलना में हिंदी जल्दी सीख लेते हैं क्योंकि India as a linguistic area होने के कारण भारत की सभी भाषाओं में ध्वनि और संरचना की दृष्टि से कुछ समानताएं अवश्य हैं। हिंदी शिक्षकों को अलग अलग प्रकार के हैरिटेज और नान हैरिटेज छात्रों की भाषाई ज़रूरतों का ज्ञान होना अति आवश्यक है क्योंकि तभी वे differntiated instruction से सब छात्रों की कम से कम समय में भाषा-प्रवीणता बढ़ाने में सहायता कर सकते हैं।

हालांकि हैरिटेज और नान हैरिटेज छात्रों की भाषाई ज़रूरतें, सीखने का ढंग और उनका हिंदी भाषा व संस्कृति का पूर्वज्ञान अलग अलग होता है, फिर भी इनके लिए अलग अलग कक्षाएं चलाना प्राय: संभव नहीं हो पाता। एक तो नान हैरिटेज छात्रों की संख्या हैरिटेज छात्रों की तुलना में काफ़ी होती है और दूसरे बजट की भी समस्या रहती है। एक सर्वे के अनुसार अमेरिका की यूनिवर्सिटियों में औसतन 80 प्रतिशत छात्र हैरिटेज ही होते हैं (cf. Gambhir 1988)। हैरिटेज और नान हैरिटेज छात्रों को एक साथ पढ़ाने की समस्याओं को ध्यान में रखते हुए अमेरिकी सरकार ने 2002 में एक नैशनल हैरिटेज लैंग्वेज रिसोर्स सेंटर खोला।[9] इस सेंटर में हैरिटेज और नान-हैरिटेज छात्र भाषा कैसे सीखते हैं और उनको एक साथ पढ़ाने के लिए क्या सफल कार्यनीतियां अपनाई जा सकती हैं—इस प्रकार के विषयों पर शोध होता है और भाषा-शिक्षकों को ट्रेनिंग दी जाती है। यहां प्रतिवर्ष अंतर्राष्ट्रीय कानफ्रेंस भी

होती हैं और और एक शोध-पत्रिका भी निकाली जाती है। हिंदी के शिक्षकों के लिए ऑनलाइन वर्कशाप संबंधी उनका वेबसाइट देखें।[10] यह बात उल्लेखनीय है कि भाषा के शिक्षण, शोध, मापदंड और विस्तार संबंधी काम के लिए इस समय अमेरिका में 16 नैशनल रिसोर्स सैंटर चल रहे हैं जहां भाषा-शिक्षण और शोध के अलग अलग पक्षों पर काम चल रहा है। इनकी जानकारी के लिए यू.एस. डिपार्टमेंट की ऑनलाइन पुस्तिका उनकी वेबसाइट पर देखें।[11]

हिंदी भाषा सिखाने की पद्धति के बारे में बात करें तो वह पिछले कुछ दशकों में बहुत बदली है। अब केवल व्याकरण के नियमों और रट्टू तोते की तरह लैब में बिठाकर वाक्यों को दोहरा कर हिंदी नहीं सिखाई जाती। अब व्यावहारिक हिंदी सिखाई जाती है जिसका प्रयोग हैरिटेज और नान-हैरिटेज छात्र अपने रोज़मर्रा जीवन और कैरियर से जुड़े कामों के लिए कर सकें। दूसरे शब्दों में अब सारा ध्यान भाषा के सार्थक प्रयोग पर रहता है न कि व्याकरण सिखाने पर। हां, व्याकरण की दृष्टि से भाषा सही ज़रूर होनी चाहिए पर व्याकरण जानना भाषा सीखने का अंतिम लक्ष्य नहीं होता। लक्ष्य है भाषा के द्वारा अपने विचारों का सामाजिक नियमों के अनुसार सही सही आदान-प्रदान करना। हिंदी भाषा सीखने और सिखाने के लिए अब हिंदी के नैशनल स्टैंडर्ज़ भी उपलब्ध हैं जो हिंदी के अनुभवी शिक्षकों की एक टीम ने स्कूलों और कालेजों के शिक्षकों के लिए तैयार किए हैं। World-Readiness Standards for Learning Languages के बारे में और जानने के लिए तथा हिंदी के स्टैंडर्स आर्डर करने के लिए आप ACTFL (Americal Council on the Teaching of Foreign Languages) की वेबसाइट पर जाएं।[12] हिंदी की क्षमता जांचने और तोलने के लिए ACTFL Hindi Proficiency Guidelines भी उपलब्ध हैं।

हिंदी भाषा को सीखने-सिखाने से जुड़े प्रश्नों पर शोध कार्य भी चल रहा है। प्रतिवर्ष हिंदी के शिक्षक NCOLTCL और SALA की कानफ्रेंस में शोध-पत्र प्रस्तुत करते हैं। South Asia Teachers Association (SALTA) की गतिविधियों के बारे में जानने के लिए उनकी वेबसाइट देखें।[13]

सरकारी संस्थानों में

अमेरिका के डिफ़ैंस लैंग्वेज इंस्टीट्यूट (DLI) में उन फ़ौजी नौजवानों को हिंदी सिखाई जाती है जिनकी पोस्टिंग साउथ एशिया में होने वाली होती है। ये नौजवान अपनी फ़ौजी वर्दी में रोज़ 7 घंटे 26-64 हफ़्तों के लिए हिंदी-भाषा और भारत की संस्कृति के बारे में सीखते हैं। इसके अलावा, फ़ॉरन सर्विस इंस्टीट्यूट (FSI) में भी भारत से संबंधित कूटनीतिज्ञ अधिकारी व स्टाफ़ के दूसरे लोग हिंदी सीखते हैं। इन संस्थानों में हिंदी-शिक्षण के लिए काफ़ी सामग्री तैयार की गई है जिसमें से कुछ

ऑनलाइन उपलब्ध है।

सरकारी अनुदान और छात्रवृत्तियां

हिंदी शिक्षण और प्रशिक्षण को सरकारी स्कूलों, कम्युनिटी स्कूलों, कालेजों और विश्वविद्यालयों में बढ़ावा देने के लिए अमेरिकी सरकार से कई अनुदान और छात्रवृत्तियां उपलब्ध हैं। इन्हीं की बदौलत हिंदी सीखने के लिए आज ग्रीष्मकालीन और साल भर के कई कार्यक्रम भारत और अमेरिका में चलते हैं। इनमें मुख्य हैं— नैशनल सिक्योरिटी लैंग्वेज इनीशिएटिव-यूथ (NSLI-Y)[14], क्रिटिकल लैंग्वेज स्कॉलरशिप प्रोग्राम (CLS)[15], अमेरिकन इंस्टीट्यूट ऑफ़ इंडियन स्टडीज़ (AIIS), Language Flagship Program। यह Flagship program 2006-16 तक यूनिवर्सिटी आफ़ टैक्सस में था[16] और 2017 से यूनिवर्सिटी ऑफ़ विस्कांसिन के SASLI कार्यक्रम[17] के अधीन चलेगा।

हिंदी के लिए कई प्रकार की सरकारी छात्रवृत्तियां STARTALK Programs[18] के अधीन भी मिलती हैं। ये 2007 से K-12 के छात्रों के लिए, शिक्षकों के प्रशिक्षण के लिए, शिक्षण-प्रशिक्षण सामग्री[19] तैयार करने के लिए, और कभी कभी नए कार्यक्रम शुरू करने के लिए भी उपलब्ध होती हैं। इसी सरकारी अनुदान द्वारा ही 2014 में पहली बार न्यूजर्सी की Kean University में हिंदी-उर्दू पैडागोज़ी के लिए एम.ए. की डिग्री भी शुरू हो गई है।[20]

Number of STARTAK Programs & Partiipants in 2008-2015

	2008	2009	2010	2011	2012	2013	2014	2015	Total
Studemt Programs	4	11	12	15	13	11	10	13	89
Teacher Programs	5	4	8	9	9	8	7	11	61
Student Participants	57	255	386	580	489	516	394	573	3250
Teacher Participants	35	48	60	47	38	30	26	25	309

इन सब भाषा-शिक्षण और भाषा-प्रशिक्षण के अवसरों के कारण आज अमेरिका में हिंदी की स्थिति को विशिष्ट बल मिल रहा है। ऊपर की तालिका के आंकड़ों से आप देख सकते हैं कि 2008 से लेकर 2015 तक कितने छात्रों और शिक्षकों के लिए कार्यक्रम हुए हैं और उनमें कितने कितने प्रतिभागी रहे हैं।

हिंदी का भविष्य

इस समय तो भारतीय आप्रवासियों का हिंदी भाषा के प्रति उत्साह का सूरज चढ़ता हुआ दिखता है क्योंकि अमेरिकी सरकार अपनी नई भाषाई नीतियों के अधीन हिंदी भाषा के शिक्षण और प्रशिक्षण को बहुत प्रोत्साहन दे रही है। परंतु फिर भी हिंदी के भविष्य को लेकर मन में अनेक शंकाएं उठती हैं। क्योंकि हम जानते हैं कि भाषाएं तभी अपने जीवंत रूप में फलती फूलती हैं जब तक वे घरों में पीढ़ी दर पीढ़ी बोली जाती हैं और लोग भाषा के विभिन्न प्रयोग-क्षेत्रों में उसका प्रयोग करते हैं। केवल स्कूल और कालेजों में विदेशी या हैरिटेज भाषा के रूप में सीखी हुई भाषा के प्रयोग-क्षेत्र सीमित ही होते हैं। यदि हम अमेरिका में भारतीयों की पहली और दूसरी पीढ़ी में हिंदी के प्रयोग का विश्लेषण करें तो हम पाते हैं कि अधिकतर पहली पीढ़ी के लोग ही अपने परिवार और मित्रों से हिंदी में बात करते हैं, हिंदी के कार्यक्रम देखते हैं, कवि-सम्मेलनों में जाते हैं और कुछ गिने चुने साहित्यकार (जैसे, उषा प्रियंवदा, वेद प्रकाश वटुक, सुषम बेदी, और डॉ. बिजय मेहता) हिंदी में गद्य और पद्य में अपनी रचनात्मक कृतियों से पहली पीढ़ी का रसास्वादन करते रहते हैं।

अमेरिका में जन्मे दूसरी पीढ़ी के बच्चे और युवा भले ही अपने माता पिता की थोड़ी-बहुत हिंदी समझ लेते हैं परंतु उत्तर प्राय: अंग्रेज़ी में ही देते हैं। और हम यह भी देखते हैं कि दूसरी पीढ़ी के भाई बहन भी आपस में अक्सर अंग्रेज़ी में ही बात करते हैं। दूसरे शब्दों में बच्चों की प्रमुख भाषा अंग्रेज़ी ही होती है। दूसरी पीढ़ी के अधिकतर युवा जो कक्षाओं में हिंदी सीखते हैं, उनकी भाषा-प्रवीणता इतनी विकसित नहीं हो पाती कि वे साहित्य या अखबार के लेख सरलता से पढ़ सकें और यह कहना भी अनुचित न होगा कि ऐसे साहित्य को पढ़ने में प्राय: उनकी रुचि भी नहीं होती।

क्योंकि दूसरी पीढ़ी के भारतीय आप्रवासियों को हिंदी बोलने का अभ्यास कम होता है, वे अपनी तीसरी पीढ़ी के बच्चों के साथ तो हिंदी बोलते ही नहीं। केवल अंग्रेज़ी में ही उनसे व्यवहार कर पाते हैं। इसका परिणाम यह होता है कि तीसरी पीढ़ी के बच्चों का घर के माहौल में हिंदी का ज्ञान बिलकुल विकसित नहीं हो पाता। अमेरिका में भारतीय मूल के बहुत युवा लोग शादी भी अपने भाषा-समुदाय के बाहर करते हैं। ऐसे परिवारों में तो दूसरी पीढ़ी में ही हिंदी लुप्त हो जाती है क्योंकि पति-पत्नी का संप्रेषण अंग्रेज़ी में ही होता है। उनके बच्चे घर पर न हिंदी सुनते हैं और न बोलते हैं।

अमेरिका में हिंदी के सिकुड़ते प्रयोग का प्रमाण भारतीय धार्मिक स्थलों से भी मिलता है जहां अंग्रेज़ी का ही प्रभुत्व है। मंदिरों में देवनागरी या हिंदी भाषा अक्सर लिखी नहीं दिखती। केवल भजन हिंदी में होते हैं। प्रवचन आदि भी अहिंदी

भाषियों को ध्यान में रखकर प्राय: अंग्रेज़ी में ही होते हैं। भारतीय रेस्टोरेंटों में मेन्यू कार्ड केवल अंग्रेज़ी में ही मिलते हैं। भारतीय दुकानों के साइन बोर्ड भी द्विभाषी नहीं होते। इस सारे हिंदी के सिकुड़ते वातावरण को देखकर लगता है कि हिंदी अगर अमेरिका में हमारी आने वाली पीढ़ियों में बच पाएगी तो केवल एक विदेशी भाषा के रूप में ही। विद्यार्थी स्कूल व कालेजों में जाकर ही हिंदी सीखेंगे। तीसरी या चौथी पीढ़ी के भारतीय मूल के बच्चों की नानी दादी भी तो केवल अंग्रेज़ी ही बोलेंगी।

vijay@gambhir.net

पार्श्व-टिप्पणी

1. https://www.youtube.com/watch?v=2CbOstZ3t6w
2. http://www2.ed.gov/teachers/how/academic/foreign-language/teaching-language.html
3. http://indiancountrytodaymedianetwork.com/2014/06/30/7-most-popular-native-american-languages-us-155557
4. http://www.midweek.com/hawaiian-language-almost-died/
5. http://cis.org/record-one-in-five-us-residents-speaks-language-other-than-english-at-home
6. https://www.hindiusa.org/
7. http://webapp.cal.org/Heritage/ProfileListing.aspx
8. http://carla.umn.edu/lctl/db/result.php
9. http://nhlrc.ucla.edu/nhlrc
10. http://startalk.nhlrc.ucla.edu/Default_startalk.aspx
11. http://www.nflrc.org/lrc_broc_full.pdf
12. https://www.actfl.org/publications/all/world-readiness-standards-learning-languages
13. http://www.saltaweb.org/
14. http://www.nsliforyouth.org/
15. http://www.clscholarship.org/languages/hindi
16. http://hindiurduflagship.org/about/the-language-flagship
17. http://sasli.wisc.edu/SAFLI.html
18. https://startalk.umd.edu/
19. https://startalk.umd.edu/public/search/STARTALK/Hindi
20. http://grad.kean.edu/masters-programs/hindi-and-urdu-language-pedagogy

संदर्भ-सूची

American Council on the Teaching of Foreign Languages. (2012). ACTFL proficiency guidelines. Alexandria, Author, VA. http://actflproficiency-guidelines2012.org

Atkins, J.D.C. 1887. Barbarous Dialects Should be Blotted Out. Excerpts from the 1887 Report of the Commissioner of Indian Affairs. http://www.languagepolicy.net/archives/atkins.htm

Brecht, Richard, et al. 2007. National Capacity in Language and Area Studies, Post 9/11: An Evaluation of the Impact of Title VI/Fulbright-hays of the Higher Education Act. http://www.nflc.umd.edu/publications/Brecht_Golonka_Hart_Rivers_2007.pdf

Brinton, Donna., Olga Kagan, & Susan. Bauckus (Eds.). 2009. Heritage language: A new field emerging. Laurence Erlbaum, New York

Center for Applied Linguistics. (2013). Alliance for the Advancement of Heritage Languages. Washington, DC http://www.cal.org/heritage

Fishman, Joshua A. 1966. Language Loyalty in the United States: The Maintenance and Perpetuation of Non-English Mother Tongues by American Ethnic and Religious Groups. Mouton, The Hague

Friedlander, Peter. 2015. Innovative Assessment in Hindi. In Electronic Journal of Foreign Language Teaching, Vol. 12, Suppl. 1, pp. 360–370. Centre for Language Studies National University of Singapore Retrieved from http://e-flt.nus.edu.sg/v12s12015/friedlander.pdf

Gambhir, Surendra K. 1988. Modern Indian Diaspora and Language. In The Countries of South Asia: Boundaries, Extensions and Interrelationships: Proceedings of the 35th South Asia Seminar by P. Gaeffke & David Utz (eds.), South Asia Studies. University of Pennsylvania

Gambhir, Surendra K. & Vijay Gambhir, 2013. The Maintenance & Vitality of Hindi in the United States. In Heritage Language Journal. Vol 10 (3): 328-335

Gambhir, Surendra K. & Vijay Gambhir. 2014. The Journey of Hindi in the United States. in Handbook of Heritage, Community, and Native American Languages in the United States. Terrence G. Wiley, Joy Kreeft Peyton, Donna Christian, Sarah Catherine K. Moore, & Na Liu. (eds.). New York: Routledge. pp. 167-176.

Gambhir, Vijay. 2008. The rich tapestry of heritage learners of Hindi. Journal of South Asia Language Pedagogy and Technology. http://www.international.ucla.edu/media/files/salpat. pdf

Gambhir, Vijay. 2016. Hindi in the United States: Expanding Contexts and Instructional Approaches (Power-Point slides). https://static1.squarespace.com/static/530fd307e4b0b523b9c6f171/t/5728c76827d4bd389b21a679/1462290292976/DrVijayGambhir_Expanding+contexts.pdf

Ilieva, Gabriela Nik. 2012. Hindi Heritage Language Learners' Performance during OPIs: Characteristics and Pedagogical Implications. Heritage Language Journal, v9 n2 p18-36.

Peyton, Joyce. K., Ranard, D.A, & McGinnis, S. (eds.). 2001. Heritage languages in America: Preserving a national resource. Center for Applied Linguistics and Delta Systems, Washington, DC, and McHenry, IL

Sridhar, Kamal K. 1997. The Languages of India in New York. in Ofelia Garcia & Joshua A. Fishman (eds.), The Multilingual Apple: Languages in New York City. Mouton De Gruyter, New York.

U.S. Department of Education. 2006. Teaching Language for National Security and American Competitiveness. Washington, DC http://www2.ed.gov/teachers/how/academic/foreign-language/teaching-language.html.

U.S. Census, Table 5. Asian Population by Number of Detailed Groups: 2010. http://www.census.gov/prod/cen2010/briefs/c2010br-11.pdf

U.S. Census Bureau 2013. Table 1. Language Use in the United States : 2011. American Community Survey Reports by Camille Ryan. Issued August 2013. http://www.census.gov/prod/2013pubs/acs-22.pdf

World Readiness Standards for Learning Languages: Hindi Standards K-16. 2015. https://www.actfl.org/publications/all/world-readiness-standards-learning-languages

Zong, Jie and Jeanne Batalova. 2015.Indian Immigrants in the United States. http://www.migrationpolicy.org/article/indian-immigrants-united-states

डॉ. शैलजा सक्सेना (कनाडा)

कनाडा में हिंदी

–

डॉ. शैलजा सक्सेना दिल्ली विश्वविद्यालय से एम.ए.; एम. फ़िल, पीएच.डी. स्वर्णपदक के साथ; 9 वर्ष हिंदी प्रवक्ता; अमरीका, इंग्लैंड में रहीं, 15 वर्षों से कनाडा में, कविताएं, कहानियां, समीक्षाएं, शोधपरक निबंध, काव्य-संग्रह प्रकाशित; कनाडा की 'हिंदी राइटर्स गिल्ड' की सह-संस्थापक निदेशिका; हिंदी नाटकों का रंगमंचन-निर्देशन; अंतर्राष्ट्रीय सम्मेलनों में कनाडा का प्रतिनिधित्व

भाषागत परिदृश्य

विदेशों में हिंदी की स्थिति को जानने के लिए पांच स्तरों पर उसकी जाँच की जानी चाहिए–

1. भाषा का व्यावहारिक प्रयोग
2. कम्यूनिटी स्कूलों या मंदिरों या घरों में उसका अध्यापन
3. सरकार के द्वारा मान्यता-प्राप्त शिक्षा संस्थानों में भाषा का अध्यापन
4. साहित्य सृजन
5. युवा पीढ़ी में हिंदी का प्रयोग

कनाडा में सरकारी स्तर पर दो मान्यता-प्राप्त भाषाओं का प्रयोग होता है; अंग्रेज़ी और फ्रेंच। इन भाषाओं की शिक्षा स्कूल और विश्वविद्यालय के स्तर पर दी जाती है और इन दो भाषाओं के जानकार के लिए नौकरी मिलना आसान हो जाता है। वैश्वीकरण के दौर में हर देश आजकल उन देशों की भाषाओं को सिखाने पर ज़ोर दे रहा है जहां उनका व्यापार अधिक होता है। अमरीका तथा यूरोप की तरह कनाडा भी जनसंख्या-बहुल भारत में अपना बाज़ार ढूँढ़ता है और साथ ही सस्ते श्रम का लाभ उठा कर बहुत से भारतीयों को प्रतिवर्ष कनाडा आने का वीसा देता है। प्रवासी भारतीय अपने साथ अपनी भाषा और संस्कृति को जीवित रखने की तीव्र इच्छा भी लाते हैं और इसके लिए प्रयास करते हुए हिंदी और अन्य भारतीय भाषाएं अपने बच्चों को सिखाने की चेष्टा करते हैं। बहुत से लोग यह प्रश्न करते हैं कि जब

भारत में हिंदी की स्थिति इतनी सुदृढ़ नहीं जितनी कि एक राष्ट्रभाषा और राजभाषा की होनी चाहिए तब विदेशों में हिंदी के प्रचार प्रसार की क्या आवश्यकता है? और फिर दुनिया का कामकाज तो अंग्रेज़ी भाषा में चल ही रहा है! यह प्रश्न एक अमरीका-वासी भारतीय से पूछने पर उत्तर मिला[1]—

''मेरे अपने विचार से अमरीका के प्रवासी भारतीयों को हिंदी की जितनी ज़रूरत है उतनी 'भारतवासी' भारतीयों को भी नहीं। क्योंकि अगर यहां अमरीका में रहने वाला भारत-मूल का व्यक्ति हिंदी भूल जाएगा तो वह 'रामचरितमानस' भूल जायेगा, प्रार्थनाएं भूल जाएगा, आरती भूल जाएगा, ताजमहल भूल जायेगा, वह संस्कृति भूल जाएगा जो हज़ारों वर्षों से दुनिया का पथप्रदर्शन करती रही है। प्रवासी भारतीयों के लिए हिंदी ऐसी ही संस्कृति की एकमात्र संचारवाहिका है अत: हिंदी ज़रूरी है यहां।''

इस उत्तर के केंद्रीय विचार से हर प्रवासी सहमत होगा कि अपनी मातृभाषा और राष्ट्रभाषा को जाने बिना आप अपनी संस्कृति से नहीं जुड़ सकते। अपनी संस्कृति से जुड़ने की भावनात्मक आवश्यकता विदेश में रह कर और भी अधिक बढ़ जाती है।

कनाडा में लगभग 1600 भाषाएं बोलने वाले लोग रहते हैं। भारतीय भाषाएं बोलने वाले लोगों के बीच पंजाबी-भाषी लोगों की बहुलता है। अत: पंजाबी भाषा के रेडियो चैनल, टी.वी. चैनल, समाचारपत्र आदि बहुतायत में दिखाई देते हैं। कुछ स्कूलों में पंजाबी भाषा की शिक्षा भी दी जाती है। इनकी तुलना में हिंदी बोलने और सीखने वालों की संख्या कुछ कम है। आंकड़ों के अनुसार 2006 में पंजाबी बोलने वालों की संख्या 1.2% (367,505) थी जो 2011 में 1.3% (430,705) हो गई जबकि हिंदी बोलने वालों की संख्या 2006 में .3% (78240) थी और 2011 में भी इनकी संख्या बहुत आगे नहीं बढ़ी।

भारतीयों का आप्रवासन

कनाडा में भारतीयों का आगमन 1903 में माना जाता है। सबसे पहले आने वाले भारतीय पंजाबी सिख थे जो कनाडा के ब्रिटिश कोलंबिया नामक राज्य में आए। वे हांगकांग में प्रथम विश्वयुद्ध के समय ब्रिटिश सैनिकों के साथ थे और उनका कनाडा आने का कारण था धनी देश में आकर धन कमाने का। 1908 तक यहां 5,209 भारतीय आ चुके थे। जनवरी 8, 1908 को एक कानून पास किया गया जिसके अनुसार किसी भी भारतीय को तब तक कनाडा में प्रवेश की आज्ञा नहीं दी जाएगी जब तक कि वह अपने जन्मस्थान वाले देश से सीधा यात्रा करके नहीं आता। इससे हांगकांग या जापान से भारतीय सैनिकों के कनाडा आने पर रोक लग गई। दक्षिणी

एशियाई लोगों के प्रति दुर्भावना का चरम 'कोमागाटा मारू' कांड में दिखाई दिया। ब्रिटिश कोलिम्बया में रहने वाले एक धनी पंजाबी सिख ने भारत से लोगों को बुलाने का प्रबंध जापानी जहाज़ 'कोमागाटा मारू' से किया था। उस जहाज़ में 300 सिख, 24 मुसलमान और 12 हिंदू थे। वेन्कूवर में इस जहाज़ से लोगों को उतरने नहीं दिया गया। हस्साम रशीम और सोहन पाठक के नेतृत्व में इसका विरोध हुआ। उस समय भारतीयों ने 22,000 डालर एकत्र करके कोर्ट में अपील की पर शर्मनाक तरीके से सरकार ने उनकी अपील ठुकरा दी और जुलाई 19 को पुलिस के द्वारा जहाज़ को समुद्र के रास्ते से वापस भेज दिया गया। जहाज़ के लोगों और पुलिस में झड़प हुई जिसके परिणामस्वरूप केवल 20 लोगों को जहाज़ से उतरने दिया गया। इस घटना ने भारतीयों को कनाडा आने के लिए हतोत्साहित किया।

कोमागाटा मारू के यात्री भारतीय लोग[2]

बाद में कनाडा की सरकार ने दबाव में आकर यहां रहने वाले भारतीयों के बच्चों और पत्नियों को आने की स्वीकृति दे दी परंतु भारतीयों की संख्या बढ़ने के स्थान पर 1920 तक केवल 1300 रह गई। 1930 में सरकार ने 'ग्रेट डिप्रैशन' के समय भारतीय समुदाय की मज़बूत आर्थिक स्थिति को देखते हुए प्रत्येक वर्ष 100 भारतीयों को आने की स्वीकृति दी। यह नियम 1957 तक चला। इस समय कुल भारतीयों की संख्या यहां बहुत कम थी और जो भारतीय यहां थे उनमें पंजाबी–भाषी अधिक थे। 1947 के आसपास भारत की स्वतंत्रता–प्राप्ति और विभाजन के बाद भारत से आने वाले लोगों में गोआ के लोगों की बहुतायत थी। गोआ तब भी पुर्तगालियों की कालोनी था और गोआ के लोग समझ नहीं पा रहे थे कि वे हिंदु–प्रधान भारत में या मुसलमान–प्रधान पाकिस्तान में कैसे सुरक्षित रह पाएंगे। अतः

उस समय उन लोगों ने विदेश की राह ली और बहुत से लोग कनाडा आ गए। 1966 में वीसा देने के सब नियम हटा दिये गए। कनाडा के प्रवासी लोगों की संख्या कम होने पर कनाडा ने 'पांइट्स सिस्टम' बना दिया ताकि अधिक लोग आ सकें। इसके बाद से हजारों भारतीय मूल के लोग कनाडा आने शुरू हो गए। इनमें न केवल भारत से आने वाले लोग थे अपितु दक्षिणी अफ़्रीका से आने वाले लोग भी थे। ईदी अमीन के शासन काल में 1972 में युगांडा से बड़ी संख्या में भारतीयों को निष्कासित किया गया था। हज़ारों लोग वहां से भी कनाडा आए। इसी तरह फ़ीजी, सूरिनाम, ट्रिनिडाड से नौकरी और सुरक्षा की खोज में भारतीय मूल के लोग कनाडा आए। ये लोग अंग्रेज़ी के साथ घर में भारतीय बोलियां भी बोलते हैं जिनमें उनके देश की भाषाओं का मिश्रण होता है। इन लोगों ने यहां पंजाबी के एकछत्र प्रभुत्त्व को कम किया। 1914 में कनाडा के अनेक प्रांतों में भारतीयों की संख्या इस प्रकार थी—

प्रांत (प्रौविन्स)	भारतीय	%
ओंटारियो	722,153	5.3%
ब्रिटिश कोलंबिया	302,153	6.5%
अलबर्टा	140,265	3.7%
कुबैक	53,400	0.6%
मैनीटोबा	25,400	2.0%
सस्कैचवान	10,200	0.9%
नोवास्कोशिया	4,400	0.4%
न्यू ब्रन्सविक	2,605	0.3%
न्यू फाउंडलैंड और लैब्राडोर	1,395	0.3%
यूकोन	310	0.9%
प्रिंस एडवर्ड आइलैंड	255	0.2%
नौर्थवैस्ट टैरेटोरीज़	165	0.4%
नूनावट	80	0.3%
कनाडा	**1,260,000**	**3.8%**

साभार— विकिपीडिया

ब्रिटिश कोलंबिया, ओंटारियो, अल्बर्टा और मैनीटोबा ऐसे प्रांत हैं जहां भारतीयों की उपस्थिति को देखा और अनुभव किया जा सकता है परंतु शेष प्रांतों में उनकी उपस्थिति नगण्य सी है। इन चार बड़े प्रांतों में ही भारतीय भाषाएं स्कूल और

विश्वविद्यालय के स्तर पर भी पढ़ाई जाती हैं।

इस तरह कनाडा में भारतीयों का इतिहास प्रारंभ हुआ और यहां की पहली भारतीय भाषा पंजाबी बनी जिसका प्रचार प्रसार 1900 के आसपास से ही प्रारंभ हो गया। हिंदी भाषा के प्रचार प्रसार की बात बहुत बाद में आई। 1908 में पंजाबी की पहली कक्षा, खालसा दीवान सोसाइटी, वैंकूवर गुरुद्वारे से हुई जबकि हिंदी की पहली कक्षा का कोई रिकार्ड नहीं मिलता। पंजाबी का पहला समाचारपत्र 1910 में 'स्वदेश सेवक' के नाम से निकला पर हिंदी का समाचारपत्र बहुत समय तक नहीं निकला। आज भी कनाडा में पंजाबी का प्रभुत्त्व हिंदी की अपेक्षा अधिक है। पंजाबी रेडियो और टी.वी चैनल और पत्र-पत्रिकाएं हिंदी की अपेक्षा अधिक हैं। पंजाबी के समाचार प्रतिदिन टी.वी. पर भी प्रसारित होते हैं।

जनभाषा के रूप में हिंदी का प्रयोग

हिंदी का प्रयोग अधिक भारतीयों के आने पर भी संभवतः उतना ही रहा। 1996 में यहां 2.4% लोग 'साउथ एशियन' थे और 2011 में यह संख्या 4.8% हो गई लेकिन इस से हिंदी बोलने वाले लोगों की संख्या नहीं बढ़ी। 2006 में जहां 0.3% लोग हिंदी बोलते थे वहां 2011 में भी 0.3% लोग ही हिंदी बोलते हैं जबकि पंजाबी बोलने वाले 2006 में 1.2% थे और 2011 में 1.3% हैं। इन आंकडों के तथ्य को समझते हुए पंजाबी भाषा के प्रचार प्रसार पर कनाडा की सरकार निस्संदेह हिंदी की अपेक्षा अधिक ध्यान देती है। अन्य बहुत सी भारतीय भाषाएं जैसेकि तमिल, बंगाली और गुजराती भाषाओं की स्थिति भी बहुत दृढ़ है। उदाहरण के रूप में यह चार्ट देखें—

कनाडा में बोली जाने वाली भारतीय भाषाएं (स्टैटेस्टिक्स कनाडा)

भाषा	कुल संख्या : भाषा प्रयोग	केवल बोलते हैं	अधिकतर बोलने वाले	समान भाषा प्रयोग	प्रायः प्रयोग
पंजाबी	280,540	132,380	71,660	29,220	47,280
तमिल	97,345	45,865	29,745	9,455	12,280
हिंदी	165,890	114,175	116,075	19,090	26550
उर्दू	89,365	30,760	27,840	12,200	18565
गुजराती	60,105	18,310	16,830	7,175	17,790
मलयालम	6,570	1,155	1,810	505	3,100
बंगाली	29,705	12,840	9,615	2,780	4,470

साभार – विकिपीडिया

कनाडा में भारतीयों की बड़ी संख्या होते हुए भी हिंदी का प्रतिशत कम होने का कारण यह है कि एक तो लोग अपने प्रांत की बोली को प्रथम भाषा और अंग्रेज़ी को दूसरी भाषा मानते और लिखवाते हैं और दूसरी बात यह कि बहुत से हिंदी-भाषी शिक्षित होने के कारण आसानी से अंग्रेज़ी बोल सकते हैं, और इसी भाषा में अपने बच्चों से बातचीत करते हैं ताकि उनका बच्चा स्कूल में भाषा कम जानने के कारण पिछड़ न जाए। इस तरह जनगणना के समय यह पूछने पर कि आप घर में कौनसी भाषा का प्रयोग करते हैं, उनका उत्तर हिंदी के स्थान पर अंग्रेज़ी होता है। दूसरी पीढ़ी के लोग हिंदी अधिक न जानने के कारण भी हिंदी को अपनी प्रथम भाषा नहीं बता पाते। इस पर भी कनाडा की सरकार का प्रयत्न है कि सभी आवश्यक सुविधाएं अंग्रेज़ी और फ्रेंच के अतिरिक्त मुख्य अंतर्राष्ट्रीय भाषाओं में उपलब्ध हो सकें। इस नियम के अनुसार यहां कोर्ट, अस्पताल (मानसिक रोग केंद्रों में), म्यूनिसिपल सर्विसेज़ (नगरपालिका की सेवाओं) आदि में हिंदी और पंजाबी में भी सेवाएं उपलब्ध हैं। ये सेवाएं ओंटारियो, ब्रिटिश कोलंबिया, अल्बर्टा और मेनीटोबा में भी हिंदी और पंजाबी में उपलब्ध बताई जाती हैं परंतु अन्य प्रांतों में इनके होने के विषय में स्पष्ट आंकड़े नहीं हैं।

हिंदी पाठ्यक्रम में हैरिटेज क्लास

हिंदी कनाडा के स्कूलों के नियमित पाठ्यक्रम में नहीं पढ़ाई जाती। वह प्रारंभिक शिक्षा के रूप में विभिन्न स्कूल बोर्डों द्वारा 'हैरिटेज क्लास' के तौर पर पढ़ाई जाती है। हर बड़े शहर का स्कूल बोर्ड शहर के एक स्कूल में ये कक्षाएं उपलब्ध कराता है। प्रायः ये कक्षाएं शनिवार को या स्कूल के बाद सप्ताह में एक दिन दी जाती हैं। इन कक्षाओं में बच्चे हिंदी बोलना, लिखना और पढ़ना सीखते हैं परंतु ये कक्षाएं 'खुली' कक्षाएं होती हैं यानी कि कोई भी बच्चा किसी भी समय इन कक्षाओं में आकर बैठ सकता है और साथ ही ये कक्षाएं एक ही स्तर पर चलती हैं। अतः बच्चे बहुत अधिक सीख नहीं पाते। उदाहरणतः जिस बच्चे को कक्षा एक की हिंदी आती है वह बच्चा कक्षा तीन के स्तर की हिंदी जानने वाले के साथ बैठता है और इस कक्षा में भी 2 महीने बाद कोई भी नया बच्चा आकर बैठ सकता है और फिर शिक्षक पूरी कक्षा को उस नए बच्चे के साथ फिर से वही कोर्स पढ़ाता है। इस तरह की पढ़ाई से बच्चे कुछ बातें तो हिंदी में बोलना सीख जाते हैं परंतु अपने पुराने स्तर से आगे नहीं बढ़ पाते। धीरे धीरे उनकी भाषा के प्रति रुचि भी इस तरह के अव्यवस्थित वातावरण में समाप्त हो जाती है और शिक्षक के लिए भी सारे विद्यार्थियों को साथ लेकर चलना कठिन हो जाता है।

मंदिरों में हिंदी कक्षाएं

कनाडा के प्रत्येक शहर में भारतीय मूल के लोग हैं। जहां भी भारतीय मूल के लोग होते हैं वे अपने धर्म और अपनी संस्कृति को बचाए और आगे चलाए रखने के लिए मंदिरों का निर्माण करते हैं। यदि कहीं ज़मीन खरीद कर बड़े मंदिर नहीं बन पाएं तो ये लोग अपने घरों की बेसमेंट में मंदिर बना लेते हैं। ये मंदिर धार्मिक स्थल होने के साथ सांस्कृतिक केंद्र भी बन जाते हैं जहां विधि-विधान से बड़े त्यौहार मनाए जाते हैं। यहीं पर बच्चों को हिंदी या दूसरी भारतीय भाषा की शिक्षा भी दी जाती है और साथ ही बच्चे भारतीय नृत्य और संगीत भी सीखते हैं।

ओंटारियों के टोरोंटो शहर में लगभग 66 मंदिर हैं और उनमें से लगभग 30% मंदिरों में हिंदी भाषा की शिक्षा दी जाती है। टोरोंटो के लक्ष्मीनारायण मंदिर, गुरमंदिर, चिन्मय मिशन, हिंदू हैरिटेज सेंटर, ओकविल मंदिर, विष्णु मंदिर, हिंदू सभा मंदिर आदि ऐसे बड़े मंदिर हैं जहां प्रतिवर्ष अनेक विद्यार्थी हिंदी पढ़ने आते हैं। इसके अतिरिक्त 1994 से 'हिंदू लर्निंग इंस्टीट्यूट' के जगदीश शारदा शास्त्री और डॉ. रत्नाकर नराले, डॉ. भारतेंदु श्रीवास्तव रामायण-गान के माध्यम से हिंदी समझने की प्रवीणता को बनाए रखने में मदद दे रहे हैं। 1990 के आसपास हिंदी प्रेमी डॉ. शिवनंदन यादव ने भी घर में प्राइवेट हिंदी की कक्षाएं देनी शुरू की थीं। यह स्कूल कुछ वर्षों तक चला। इसमें यहां के हिंदी के कुछ कवि और कवियित्रियों ने (जैसे आशा बर्मन, दीप्ति अचला कुमार, शैल शर्मा) ने भी बच्चों को हिंदी पढ़ाई थी। इस तरह के और भी कई प्राइवेट स्कूल हैं जैसे संदीप कुमार त्यागी का 'फ्रीडम योगा' स्कूल है जहां वे हिंदी भाषा की शिक्षा देते हैं। कनाडा की राजधानी ऑटवा में 'मुकुल हिंदी स्कूल' है जहां सभी स्तरों पर कक्षाएं दी जाती हैं। मुकुल हिंदी स्कूल की स्थापना सन् 1971 में हुई थी और कुछ वर्षों के बाद ही इसे स्कूल बोर्ड ने मान्यता दे दी थी। अब इसमें शिक्षा का सारा व्यय स्कूल बोर्ड उठाता है और पाठ्यक्रम निर्धारण और कक्षाएं चलाने का भार स्कूल पर है। सरकारी मदद होने के कारण यह स्कूल व्यवस्थित रूप से आज भी चल रहा है।

ऐसे ही ब्रिटिश कोलंबिया में बर्नबी में विश्व हिंदू परिषद ने 1975 से वैदिक हिंदू सोसायटी ऑफ़ कैलगरी ने 1980 से, कैलगरी रामायण भजन मंडली ने 1982 से, वैंकुवर के महालक्ष्मी मंदिर ने 1991 से, सरी की वैदिक हिंदू कल्चरल सोसाइटी ने 1997 से और रिचमंड की वैदिक कल्चरल सोसाइटी ने 2004 से हिंदी की शिक्षा देनी प्रारंभ की।[1] इन शहरों में भी प्राइवेट हिंदी कक्षाएं और सरकारी हैरिटेज कक्षाएं दी जाती हैं। अल्बर्टा की 'हिंदू सोसाइटी' में भी कक्षाएं दी जाती हैं। इसके अलावा वहां 'अल्बर्टा हिंदी परिषद' का हिंदी स्कूल एक ऐसा हिंदी स्कूल है जिसके पास अपनी इमारत है। वहां 1985 से हिंदी कक्षाएं चलती हैं। इसी तरह सेंट

जॉन्स में प्रो. एस.पी. सिंह के साथ कुछ इच्छुक माता-पिता ने मिलकर हिंदी कक्षाएं 1980 से प्रारंभ कीं। प्रो. सिंह ये कक्षाएं मैमोरियल कॉलेज में लेते थे पर 1992 में ये कक्षाएं रोक दी गईं। मैनीटोबा में पहले ये कक्षाएं मंदिर में ली जाती थीं परंतु 1998 में ये वहां के भारतीय भवन में पढ़ाई जाती हैं। नोवास्कोशिया के हैलीफ़ैक्स शहर में कुछ हिंदी प्रेमियों ने हिंदी की कक्षाएं 1972 से 1983 तक चलाईं।

विश्वविद्यालय के स्तर पर हिंदी

कनाडा के कुछ विश्वविद्यालयों में हिंदी पढ़ाई जाती है जैसे ओंटारियो में यूनिवर्सिटी ऑफ़ टोरोंटो, यॉर्क यूनिवर्सिटी, और वैस्टर्न यूनिवर्सिटी। ब्रिटिश कोलंबिया की यूनिवर्सिटी ऑफ़ ब्रिटिश कोलंबिया में ईस्ट एण्ड साउथ एशियन लैंगुएजिज़ विभाग के अंतर्गत बी.ए. हिंदी की डिग्री प्राप्त की जा सकती है। यूनिवर्सिटी ऑफ़ ब्रिटिश कोलंबिया ने 1970 में हिंदी का बी.ए. के स्तर पर कोर्स डिग्री रूप में प्रारंभ किया था। डॉ. एस. कर्ल पहले हिंदी प्राध्यापक के रूप में नियुक्त किए गए। 1972 में यूनिवर्सिटी ऑफ़ टोरोंटो ने हिंदी के कोर्स देने प्रारंभ किए जो आज तक चल रहे हैं। प्रो. बी.एम सिन्हा ने मैकगिल यूनिवर्सिटी में 1984-85 में हिंदी पढ़ाई। मॉन्ट्रियल स्थित मैकगिल यूनिवर्सिटी बहुत प्रसिद्ध है और वहां एक कोर्स रिलिजियस स्टडीज़ के अंतर्गत हिंदुइज़्म पढ़ाया जाता है परंतु हिंदी भाषा पर कोई कोर्स अलग से उपलब्ध नहीं है। 2015 से अल्बर्टा यूनिवर्सिटी हिंदी का कोर्स देना प्रारंभ करने वाली थी।

हिंदी की शैक्षिक स्तर पर यह धीमी कार्यवाही कनाडा में हिंदी के भविष्य को चोट पहुंचा रही है। जो विद्यार्थी हिंदी सीखते हैं वे इसे अपने परिवार से बातचीत करने के लिए सीखते हैं। व्यावसायिक स्तर पर हिंदी का उपयोग लोगों को अधिक नहीं दिखाई देता। हां, पंजाबी लोगों की संख्या अधिक होने से और अपनी भाषा के प्रति प्रतिबद्धता होने के कारण पंजाबी सीखने पर ज़ोर दिखाई देता है। कनाडा की सरकार इन भाषाओं के प्रति उस प्रकार का उत्साह नहीं दिखाती जिस प्रकार का अमरीकी सरकार दिखा रही है।

स्कूलों के अतिरिक्त सांस्कृतिक कार्यक्रमों का माध्यम प्रायः हिंदी भाषा होती है। हिंदी साहित्यकारों ने साहित्य सृजन के माध्यम से हिंदी-भाषियों को हिंदी साहित्य और संस्कृति से जोड़े रखने की चेष्टा की है।

हिंदी की पत्र-पत्रिकाएं

पहला हिंदी पाक्षिक 'विश्वभारती' नाम से सरदार रघुवीर सिंह ने 1976-77 में टोरोंटो में प्रारंभ किया था।[3] यह पत्र धार्मिक और सांस्कृतिक सूचनाएं देने के साथ

ही हिंदी भाषा सिखाने का काम भी करता था। इसमें डॉ. भारतेंदु श्रीवास्तव ने हिंदी भाषा-शिक्षा से संबंधित बहुत लेख लिखे। एक अन्य पत्र 'नवभारत टाइम्स' भी इसी समय निकला था जो कुछ समय बाद बंद हो गया। इस संस्था ने 1985 में 'हिंदी संवाद' नामक त्रैमासिक पत्रिका छापी जो लगभग 15 वर्षों तक नियमित रूप से प्रकाशित हुई।[4] साथ ही 1990 के आसपास 'संगम' नाम का एक पाक्षिक पत्र टोरोंटो से उमेश विजय ने निकालना शुरू किया जो कई वर्षों तक चला। इसी समय ज्ञान राज हंस ने रेडियो स्टेशन से 'भजनमाला' का प्रसारण शुरू किया जो बहुत अधिक लोकप्रिय हुआ। ए.टी.एन. का टी.वी. चैनल प्रारंभ हुआ जिसे चंद्रशेखर चलाते हैं, यह चैनल आज भी बहुत लोकप्रिय है। 'हिंदी चेतना' त्रैमासिक पत्रिका का संपादन श्री श्याम त्रिपाठी ने मार्च, 1998 में प्रारंभ किया। इसके प्रथम अंक का मुख्यपृष्ठ संलग्न है।[5]

इस पत्रिका ने कनाडा के हिंदी कवियों को प्रकाशन के लिए एक मंच दिया। यह पत्रिका आज भी चल रही है और डॉ. सुधा ओम ढींगरा के सहसंपादन में यह आज उत्तरी अमेरिका की इतनी महत्त्वपूर्ण पत्रिका बन गई है कि इसमें प्रकाशित होने के लिए भारत के प्रतिष्ठित लेखक भी इच्छुक रहते हैं।

जगमोहन होमर ने 1982 में 'अंकुर' नाम से हिंदी और अंग्रेज़ी की पत्रिका निकाली जो कुछ वर्षों तक चली। इसी तरह त्रिलोचन सिंह गिल ने 'भारती' पत्रिका निकाली जो अधिक नहीं चल पाई। ब्रिटिश कोलंबिया में डॉ. नीलम वर्मा नवंबर, 2005 से एक अंग्रेज़ी और हिंदी की मासिक पत्रिका 'एशियन आउटलुक' निकालती

हैं जिसका पाठक-वर्ग काफ़ी बड़ा है। डॉ. जाइद लाइक पोर्ट मूडी से द्वैमासिक अंग्रेज़ी-हिंदी का पत्र निकालते हैं जिसमें हिंदी लेखों का स्वागत होता है। यह पत्रिका 'शहपरा' नाम से 2001 से चल रही है। एडमंडन से दुष्यंत सारस्वत 'सरस्वती पत्र' नाम से मासिक पत्र जुलाई, 2004 से चला रहे हैं। हिंदी लिट्रेरी सोसाइटी ऑफ़ कैनेडा की पत्रिका 'संवाद' 1984 से डॉ. ओ. पी. द्विवेदी (गुऐल्फ़) और डॉ. बी. एन. तिवारी (भारत) के सहयोग से निकलनी प्रारंभ हुई थी और आज भी यह आचार्य श्रीनाथ द्विवेदी के संपादन में चल रही है।

कनाडा में टोरोंटो से कई हिंदी समाचार पत्र आज भी निकलते हैं—जैसे, 'इण्डिया अब्रौड' (संपादन-रवि रंजन पांडे), 'समय इंडो-कनैडियन' (कंवलजीत सिंह कंवल), 'हिंदी टाइम्स' (राकेश तिवारी) आदि। टोरोंटो से कनाडा की पहली हिंदी वेब पत्रिका 'साहित्यकुंज' भी निकली जिसके संपादक सुमन कुमार घई हैं। इस पत्रिका से भारत और दुनिया के बहुत से नामी लेखक जुड़े हुए हैं। कुछ ही समय पहले टोरोंटो से 'प्रयास' ई-पत्रिका का संपादन 'विश्व हिंदी संस्था' के निदेशक सरन घई ने प्रारंभ किया है। इस तरह इंटरनेट का लाभ उठा कर दुनिया परस्पर जुड़ रही है।

साहित्य सृजन और साहित्यकार

हिंदी प्रेमियों ने घरों में कवि-सम्मेलन करने से अपनी साहित्यिक गतिविधियां प्रारंभ की थीं पर आज ये गतिविधियां इतनी बढ़ गई हैं कि शहरों में कवि-सम्मेलन, नाटक, संगोष्ठियां आदि होती हैं। सन् 1982 में टोरोंटो में 'हिंदी परिषद टोरोंटो' का निर्माण हुआ, जिसके प्रथम अध्यक्ष सरदार रघुबीर सिंह थे। इस संस्था में कई हिंदी प्रेमी सक्रिय थे जैसे रघुवीर सिंह, डॉ. भारतेंदु श्रीवास्तव, प्रो. हरिशंकर आदेश, श्याम त्रिपाठी, शैल शर्मा आदि। सन् 1983 में 'हिंदी लिट्रेरी सोसाइटी ऑफ़ कैनेडा' की स्थापना की गई। इसके प्रथम अध्यक्ष (स्वर्गीय) डॉ. त्र्यंबकेश्वर द्विवेदी मॉन्ट्रियाल से थे और फिर इसके अध्यक्ष ब्रिटिश कोलंबिया के आचार्य श्रीनाथ द्विवेदी हुए। श्रीनाथ द्विवेदी की अध्यक्षता में यह संस्था अब कनैडियन एशियन स्टडीज़ एसोसियेशन से संबद्ध हो गई है। हर दो वर्ष में ये किसी न किसी यूनिवर्सिटी में हिंदी भाषा और साहित्य पर संगोष्ठी कराते हैं। सन् 1999 में 'हिंदी साहित्य सभा' का गठन हुआ। यह सभा 12 हिंदी प्रेमी परिवारों ने मिलकर शुरू की और यह अभी भी सक्रिय है। इस संस्था ने टोरोंटो में कई कवि गोष्ठियां और नाटक आयोजित किए। इस संस्था के माध्यम से भारत और इंग्लैंड के कई कवियों को सुनने का अवसर भी टोरोंटो शहर को प्राप्त हुआ। इस संस्था के मुख्य सदस्य और सक्रिय लेखक थे या हैं—डॉ. भारतेंदु श्रीवास्तव, अरुणा भटनागर, डॉ. ब्रजकिशोर

कश्यप, राज कश्यप, विजय विक्रांत, आशा बर्मन, अचला दीप्ति कुमार, शैल शर्मा, डॉ. कैलाश भटनागर, सरोज भटनागर, सुरेश भार्गव, प्रमिला भार्गव, डॉ. ओंकार प्रसाद द्विवेदी, भगवत शरण श्रीवास्तव। 1998 में टोरोंटो में ही 'हिंदी प्रचारिणी सभा' का गठन हुआ जिसके अध्यक्ष श्याम त्रिपाठी हुए। इसी के अंतर्गत 'हिंदी चेतना' का प्रकाशन होता है।

2008 में टोरोंटो में सुमन कुमार घई, विजय विक्रांत और डॉ. शैलजा सक्सेना ने 'हिंदी राइटर्स गिल्ड' संस्था प्रारंभ की जिसका उद्देश्य साहित्य-स्तर में सुधार के लिए मासिक गोष्ठियां करना और हिंदी की पुस्तकों का कनाडा में ही प्रकाशन और प्रचार करना है। इस संस्था ने अब तक 11 पुस्तकों और पुस्तिकाओं का प्रकाशन किया है। इस संस्था में डॉ. शैलजा सक्सेना ने हिंदी साहित्य के कई प्रसिद्ध नाटकों जैसे 'अंधायुग', 'रश्मिरथी', 'मित्रो मरजानी', 'सूरदास', 'संत जनाबाई' आदि नाटकों का निर्देशन/मंचन करके हिंदी भाषा और हिंदी साहित्य के प्रति लोकरुचि उत्पन्न करने के सफल प्रयास किए हैं। यह संस्था अब तक छह नाटकों का मंचन कर चुकी है। हिंदी राइटर्स गिल्ड और टोरोंटो के प्रकाशित एवं सक्रिय लेखक हैं : कृष्णा वर्मा (अम्बर बांचे पाती-हाइकू संग्रह), मानोशी चटर्जी (उन्मेष), आशा बर्मन (कही-अनकही), पूनम चंद्रा 'मनु' (जज़्बात), दीप्ति अचला कुमार (विविध रंग), जसबीर कालरवि (रबाब, अमृत (उपन्यास), निर्मल सिद्दू (निर्मल भाव), शरण श्रीवास्तव (मृगतृष्णा), पाराशर गौड़ (उकाल-उन्दार), डॉ. शैलजा सक्सेना (क्या तुम को भी ऐसा लगा?), पंकज शर्मा (आवाज़, गज़ल, सफ़र), अनिल पुरोहित (शहर की पगडंडी, अंत:पुर की व्यथा कथा), रीनू पुरोहित (सिंदूर की वक्र रेखा (उपन्यास), मीना चोपड़ा (सुबह का सूरज अब मेरा नहीं है), आचार्य संदीप कुमार 'त्यागी दीप' (साँझ, चंद्र शेखर आज़ाद 'शतक', डॉ. रेणुका शर्मा (एक धुला आसमान), आदि। सभी कवियों और कवयित्रियों का नाम यहां नहीं लिया जा सकता पर टोरोंटो शहर के स्तंभ कहे जाने वाले तीन कवि हैं : डॉ. भारतेन्दु श्रीवास्तव जो 'उस पार से', 'शब्द मधुबन', 'भगवद्गीता ज्ञान और गान', 'महाभारत हिंदी गान' आदि अनेक किताबें लिख चुके हैं। दूसरे हैं डॉ. शिवनंदन यादव जिनका चार सौ कविताओं से अधिक का काव्य-संग्रह है 'चंदनवन'। तीसरे हैं डॉ. प्रो. हरिशंकर 'आदेश'। सत्यनारायण मोटुरि पुरस्कार विजेता आदेश जी ने 5 महाकाव्यों—(शंकुतला, निर्वाण, नल दमयंती के साथ ही लगभग 300 से अधिक काव्य और संगीत की पुस्तकें प्रकाशित की हैं। आदेश जी ने 'भारतीय विद्या संस्थान' नामक संस्था भी चलाई जिसमें हिंदी, संगीत, संस्कृत और धार्मिक शिक्षा दी जाती थी। 'कुबैक हिंदी संघ' 1975 में बना। मैनीटोबा में प्रो. वेदानंद, विधु झा और शरद चंद्र ने 'मैनीटोबा हिंदी परिषद' 1982 में बनाई जो केवल थोड़ा समय

चलकर बंद हो गई।

कनाडा से कई काव्य-संग्रह भी निकले। श्रीनाथ प्रसाद द्विवेदी ने 1988 में 'कैनेडियन' शीर्षक नाम से कनाडा के कवियों का काव्य-संकलन संपादित किया था। डॉ. निर्मला आदेश ने 1995 में 'किंजल्क' नाम से एक काव्य-संग्रह संपादित किया। 1997 में डॉ. भारतेन्दु श्रीवास्तव और श्याम त्रिपाठी ने 'प्रवासी काव्य' शीर्षक से टोरोंटो के कवियों का काव्यसंकलन निकाला। श्रीनाथ द्विवेदी ने हिंदी, पंजाबी, उर्दू और बंगला भाषा के कवियों का संकलन 'रावी के अहसास फ्रेज़र के तट पर' और 2006 में 'उत्तरी अमेरिका के हिंदी साहित्यकार' संकलन प्रकाशित किया। इस संकलन में अमेरिका और कनाडा के 52 हिंदी कवियों और कवियित्रियों की 121 कविताएं संकलित हैं। 2009 में डॉ. भारतेंदु श्रीवास्तव, अचला दीप्तिकुमार और डॉ. शैलजा सक्सेना के संपादन में 'काव्योत्पल' प्रकाशित हुआ जिसमें टोरोंटो के 38 कवियों की रचनाएं संगृहीत हैं।

इसके साथ ही कवि सम्मेलनों का प्रारंभ भी हुआ और धीरे धीरे इनकी लोकप्रियता बढ़ती गई है। पहला कवि सम्मेलन टोरोंटो की हिंदी परिषद ने 1982 में आयोजित किया जिसके संचालक श्याम त्रिपाठी थे। हिंदी लिट्रेरी सोसाइटी ऑफ़ कनाडा ने पहला अंतर्राष्ट्रीय कवि-सम्मेलन कराया। ये कवि-सम्मेलन कनाडा के हर बड़े शहर में हुए।

कनाडा में टोरोंटो शहर के अलावा ऑटोवा, मॉन्ट्रियल, सरी, विक्टोरिया आदि शहरों में भी साहित्य-सृजन का कार्य हो रहा है। जनरुचि को देखते हुए हास्य कवियों और लेखकों के सार्वजनिक कार्यक्रमों की संख्या बढ़ रही है। भारत से भी कवि बुलाए जाते हैं। अतिथि कवि एक साथ कनाडा के 6 और अमरीका के 10 शहरों में जाने का कार्यक्रम बनाकर आते हैं और उत्तरी अमरीका में हिंदी प्रेम को बढ़ाते हैं। इस तरह से हिंदी के प्रति प्रेम और साहित्य के प्रति रुझान को बढ़ाने की चेष्टा की जा रही है, परंतु इस देश में शिक्षण के स्तर पर बहुत कम सरकारी प्रयास किए जाने के कारण प्रवासी भारतीय समुदाय के स्तर पर जो कुछ किया जा सकता है वह करने की चेष्टा अनेक लोग करते हैं। हिंदी के विश्व-मानचित्र पर कनाडा की स्थिति उतनी सशक्त नहीं है जितनी कि मॉरीशस, अमरीका या इंग्लैंड की है। किंतु कनाडा हिंदी भाषा और साहित्यिक गतिविधियों को बढ़ाने और दुनिया के सामने लाने के लिए निरंतर चेष्टारत है।

युवा और बाल पीढ़ियों में हैरिटेज भारतीय भाषाओं का प्रयोग

इस लेख में हमने देखा कि कनाडा में हिंदी की गतिविधियां बहुविध रही हैं और अभी भी हैं। ये गतिविधियां अपनी संस्कृति और भाषा के प्रति बढ़ते सम्मान के

साथ साथ बढ़ रही हैं। कनाडा में आने वाले प्रवासीजन अंग्रेज़ी और फ्रेंच के साथ-साथ हिंदी भी अपने बच्चों को सिखा रहे हैं। पंजाबी और उर्दू को कई स्कूलों में स्थान दिया जा चुका है। अन्य सरकारी स्कूलों में भी इन भाषाओं को पढ़ाने की चर्चा की जा रही है। हिंदी की स्थिति इस संदर्भ में अभी उतनी सुदृढ़ नहीं है। भारत से आने के कुछ वर्षों तक तो माता पिता बच्चों को हिंदी सिखाने की चेष्टा करते हैं और बच्चे सामान्य स्तर की हिंदी समझते हैं और थोड़ा बहुत हिंदी बोलते भी हैं। परंतु धीरे धीरे स्कूल में हिंदी का शिक्षण और घर के बाहर हमउम्र साथियों के साथ इस भाषा में बात न होने के कारण धीरे धीरे यह पीढ़ी हिंदी बोलने में संकोच करने लगती है। पंजाबी और गुजराती-भाषी बच्चे अपनी भाषा का प्रयोग अधिक करते हैं पर हिंदी के साथ यह स्थिति अलग है और तीसरी पीढ़ी तक आते आते हिंदी घर में लगभग न के बराबर बोली जाती है।

यहां पंजाबी भाषा का बहुत प्रभाव है और हिंदी पंजाबी के चौबीस घंटे के रेडियो भी हैं जिन पर दिन भर फ़िल्मी गाने बजते हैं। फ़िल्म थियेटरों में हिंदी फ़िल्में भी आती हैं जिन्हें अंग्रेज़ी उपशीर्षकों (सबटाइटल) की सहायता से बच्चे माता पिता के साथ देखते हैं। इस तरह हिंदी उन्हें अक्सर सुनाई देती रहती है और फिर धीरे धीरे वे हिंदी समझने भी लगते हैं। हिंदी के प्रचार प्रसार में फ़िल्मों का यह सहयोग नकारा नहीं जा सकता। अपने अन्य भारतीय साथी बच्चों को अपनी प्रांतीय भाषा में बोलते हुए देखकर हिंदी-भाषी परिवारों के बच्चे भी हिंदी सीखने को उत्सुक होते हैं। साथ ही भारतीय संगीत और शास्त्रीय नृत्य सीखने की ललक में भी वे कुछ हिंदी सीखते हैं।

इसके अतिरिक्त भारतीय खाना बहुत प्रचलित है। यहां भारतीय खाने के अनेक रेस्टोरेंट और अनेक हिंदू मंदिर हैं। ये सब बातें हिंदी के प्रचार और प्रसार से सीधे सीधे नहीं जुड़ती हैं पर भारतीय संस्कृति से जुड़े होने के कारण ये बातें धीरे धीरे बच्चों बड़ों को भाषा से जोड़ती हैं। इससे बच्चे कुछ-कुछ हिंदी सीखते हैं और बड़े होकर भी नौकरी करते हुए ये लोग भारतीय साथी मिलने पर हिंदी बोलने की चेष्टा करते हैं। अपने बच्चों यानी तीसरी पीढ़ी को भी ये लोग हिंदी पढ़ाने की चेष्टा करते हैं। इंटरनेट इस काम में बहुत सहायक सिद्ध हो रहा है। हिंदी का प्रयोग व्यवसाय के स्तर पर भी अब लाभकारी लगता है क्योंकि अनेक मल्टी नेशनल कंपनियां भारत में हैं और काम के संदर्भ में यहां के लोग भारत भी जाते रहते हैं। इस तरह अब बढ़ते हुए 'ग्लोबलिज़्म' के संदर्भ में उनकी यात्रा का उद्देश्य हिंदी की सहायता से बेहतर तरीके से पूरा होता है। दुनिया के दूसरे नम्बर के आबादी वाले देश को और उसकी भाषा को बिल्कुल अनदेखा करके चलना शेष दुनिया के लिए असंभव है। इस प्रकार हिंदी का अस्तित्व कुछ संदर्भों में कुछ न कुछ मात्रा में बना

रहेगा—इसमें संदेह नहीं किया जा सकता।

आशा है कि भारत में हिंदी के प्रति बदलते हुए रवैये से भारत के बाहर भी हिंदी के सम्मान में वृद्धि होगी और उसके प्रचार प्रसार के कामों में तेज़ी आएगी। अभी इस दिशा में अनेक प्रयास होने शेष हैं जैसे स्कूल के स्तर पर हिंदी आने से हिंदी-भाषियों को अपने बच्चों को हिंदी से जोड़े रखने का दृढ़ माध्यम मिल जाएगा। अंततः कह सकते हैं कि कनाडा में हिंदी का भविष्य बहुत उज्ज्वल नहीं तो निराशापूर्ण भी नहीं है। हिंदी-भाषियों को आशा है कि बदलती तकनीक और बढ़ते व्यावसायिक संबंधों के कारण हिंदी सीखने का वातावरण बनेगा और आने वाली पीढ़ियों की रुचि इस ओर बढ़ेगी।

shailjassaksena@gmail.com

पार्श्व -टिप्पपणी

1. साभार—श्रीनाथ द्विवेदी, Hindi activities in Canada.
2. साभार—Image (गूगल) James Luke Quiney fonds/City of Vancouver Archives/AM 1954 : CAV 7-22
3. साभार—श्री श्याम त्रिपाठी
4. श्री ओंकारनाथ द्विवेदी, 'काव्योत्पल', पृष्ठ 31
5. साभार—श्री श्याम त्रिपाठी

सुनीता नारायण (न्यूज़ीलैंड)

न्यूज़ीलैंड में हिंदी भाषा और संस्कृति की स्थिति

सुनीता नारायण मूलतः फ़ीजी से, अब न्यूज़ीलैंड में; पेशे से मानव संसाधन विशेषज्ञ; वेलिंगटन हिंदी स्कूल में आपरेशन मैनेजर, शिक्षक; लैंगवेज एसोसिएशन ऑफ़ न्यूज़ीलैंड की अध्यक्ष; बच्चों के हिंदी शिक्षण के लिए सामग्री–निर्माण; हैरिटेज भाषा के विकास और अनुरक्षण और प्रभावी ढंग से भाषा–अधिग्रहण की पद्धतियों के विकास पर कार्यरत

न्यूज़ीलैंड का भाषाई वातावरण

हिंदी न्यूज़ीलैंड में बोली जाने वाली लगभग 200 भाषाओं में से एक है। न्यूज़ीलैंड में राजकीय कामकाज की भाषा अंग्रेज़ी, टी रियो माओरी तथा न्यूज़ीलैंड की अपनी संकेत–भाषा है। हाल के वर्षों में न्यूज़ीलैंड में भारतीय लोगों की जनसंख्या में निरंतर वृद्धि हुई है। अधिकांश भारतीय फ़ीजी और भारत से हैं। अन्य केनिया, दक्षिण अफ्रीका, यूनाइटेड किंगडम से हैं, और कुछ थोड़े से तंज़ानिया और पूर्वी अफ्रीका से आए हैं। इस प्रकार हिंदी–भाषी लोगों की संख्या बढ़ी है। वर्ष 2013 की जनगणना से पता चलता है कि 2006 की जनगणना के बाद हिंदी–भाषियों की संख्या में 22,000 की वृद्धि हुई जिससे हिंदी–भाषियों की कुल संख्या 66,312 हो गई और इससे न्यूज़ीलैंड में सबसे अधिक बोली जाने वाली भाषाओं में हिंदी चौथे स्थान पर पहुंच गई। इनमें से 49518 हिंदी–भाषी लोग न्यूज़ीलैंड के सबसे बड़े तथा सर्वाधिक सांस्कृतिक विविधता वाले शहर ऑकलैंड में रहते हैं। भारतीय मूल के लोगों के बीच हिंदी सबसे अधिक बोली जाने वाली भाषाओं में दूसरे स्थान पर थी। 2006 की तुलना में यह आनुपातिक वृद्धि 41.3% थी। जनगणना से यह भी पता चलता है कि हिंदी बोलने के मामले में न्यूज़ीलैंड में पैदा हुए लोग बाहर के देशों से आने वाले लोगों की तुलना में हिंदी का प्रयोग कम करते थे। जहां एक तरफ़ बाहर से आए लोगों में हिंदी बोलने वालों की संख्या 48.6% थी वहां न्यूज़ीलैंड में पैदा हुए लोगों में हिंदी का प्रयोग करने वालों की संख्या 18.5% थी।

न्यूज़ीलैंड में हिंदी

बेशक हिंदी के संपर्क में आने के अनेक अवसर हैं, किंतु भाषा एवं संस्कृति के संरक्षण का दायित्व मुख्यतः परिवार पर ही होता है। इस महत्कार्य में भूमिका अदा करने वाले सामाजिक, सांस्कृतिक एवं धार्मिक संगठन हैं, समाज में चल रहे हिंदी-भाषा सिखाने वाले विद्यालय हैं, और कुछ हद तक भारतीय उच्चायोग का सीमित योगदान रहता है। कुछ प्रमुख कॉरपोरेट जैसे ए-एन-ज़ेड बैंक, रेडियो तराना और एशिया न्यूज़ीलैंड फाउंडेशन वेलिंगटन, ऑकलैंड तथा क्राइस्टचर्च नामक बड़े शहरों में दिवाली मेले के मुख्य प्रायोजक या आयोजक रहे हैं। कुछ व्यापारी लोग होली जैसे अन्य भारतीय त्योहारों का आयोजन भी करते हैं। प्रमुख नगर परिषदें सांस्कृतिक कार्यक्रमों के आयोजन में अपने सामाजिक समुदायों का नियमित रूप से सहयोग करती हैं।

न्यूज़ीलैंड के हिंदी-भाषी लोग विभिन्न टीवी-रेडियो कार्यक्रमों के माध्यम से आपस में जुड़े हुए हैं। इन माध्यमों में हैं रेडियो 'तराना' (जो 24 घंटे स्थानीय रेडियो कार्यक्रम प्रस्तुत करता है), 'अपना 990 एफ़-एम', ज़ी-टीवी, स्टार-प्लस,. फ़ेस-टीवी (हिंदी-फिल्में दिखाने वाला चैनल), हिंदी प्रस्तुतकर्ताओं एवं माइथोलॉजीज़ द्वारा दिखाए जाने वाले नियमित शो तथा अपना-टीवी। सरकारी ब्रॉडकास्ट फंडिंग एजेंसी न्यूज़ीलैंड-ऑन-एयर द्वारा आंशिक रूप से वित्तीय सहायता-प्राप्त सामाजिक रेडियो साप्ताहिक छोटे छोटे हिंदी कार्यक्रम आयोजित करते हैं। रेडियो न्यूज़ीलैंड इंटरनेशनल सप्ताह में दो बार 10-10 मिनट के हिंदी समाचार प्रस्तुत करता है। इसके अलावा इंटरनेट से चलने वाले रेडियो कार्यक्रम, जिसमें अंतर्राष्ट्रीय रेडियो भी शामिल हैं, सप्ताह में सातों दिन चौबीस घंटे उपलब्ध रहते हैं। वर्तमान में वहां कोई हिंदी समाचारपत्र उपलब्ध नहीं है, लेकिन हाल में शुरू हुए प्रकाशन इन्डियन एक्सप्रेस ने कुछ पृष्ठ हिंदी में प्रकाशित करने शुरू किए हैं।

न्यूज़ीलैंड के समस्त भारतीय सामाजिक, सांस्कृतिक एवं धार्मिक संगठन रामनवमी, शिवरात्रि, श्रीकृष्ण-जन्माष्टमी, गणेश चतुर्थी, नवरात्रि, होली, रक्षाबंधन, दिवाली और अन्य धार्मिक त्योहार मनाने के लिए विभिन्न कार्यक्रमों का आयोजन करते हैं। न्यूज़ीलैंड की हिंदू परिषद 'योगाथान' जैसे राष्ट्रीय महत्त्व के कार्यक्रम का आयोजन करती है। फ़ीजी के भारतीय समुदाय की समस्त न्यूज़ीलैंड में 'मंडलियां' हैं। इन 'मंडलियों' की एक प्रमुख विशेषता उनकी धर्मोन्मुखता है। वे समय समय पर नियमित रूप से रामायण, श्रीमद्भगवद्गीता तथा रामकथा के पाठ का आयोजन करती हैं। बुजुर्ग लोगों द्वारा संस्कृत, हिंदी, अवधी में इनका पाठ किया जाता है। युवा पीढ़ी का भी भजन कीर्तन रोमन लिपि में पढ़कर गायन करना ख़ूब देखने को मिलता है।

देश में चलाए जा रहे नृत्य विद्यालयों में भारतीय शास्त्रीय नृत्य सिखाया जाता है। नृत्य प्रतियोगिताओं की बढ़ती संख्या के कारण युवा पीढ़ी में बॉलीवुड काफ़ी लोकप्रिय हो चुका है। कलाकारों की सृजनशीलता, उनकी क्षमता तथा उनके नृत्य-निर्देशन का स्तर काफ़ी उन्नत हो चुका है।

विश्व हिंदी दिवस आज व्यापक पैमाने पर मनाया जाता है। न्यूज़ीलैंड के विस्तृत क्षेत्र में नागरिकों की हिंदी के प्रति जागरूकता बढ़ रही है। भारतीय वर्ग के सभी हिंदी विद्यालय इस दिन विशेष कार्यक्रमों का आयोजन करते हैं जैसे खेल,वाक्-प्रतियोगिता, लिखित कार्यक्रम, संगीत आदि। ऑकलैंड में भाषा और संस्कृति ट्रस्ट पूरे एक सप्ताह के कार्यक्रम का आयोजन करता है। विक्टोरिया यूनिवर्सिटी ऑफ़ वेलिंगटन का भारतीय बहु-सांस्कृतिक क्लब (आई.एम.सी.) भी इस कार्यक्रम में शामिल हुआ है।

हिंदी और शिक्षा-प्रणाली

न्यूज़ीलैंड के संविधान में भाषा एवं संस्कृति के संरक्षण एवं संवर्धन का प्रावधान है। वर्ष 2006 में लागू राष्ट्रीय शिक्षा पाठ्यक्रम में भाषाओं को दो श्रेणियों में बांटा गया— अंग्रेज़ी जिसे शिक्षा का माध्यम बनाया गया और दूसरी 'भाषाएं' जिनमें विद्यालयों को दूसरी भाषा के शिक्षण का जनादेश दिया गया। जर्मन, मंदारिन, फ्रेंच, स्पेनिश, कोरियाई, जापानी जैसी आठवीं कक्षा से पढ़ाई जाने वाली अंतर्राष्ट्रीय भाषाएं कुछ समय से विद्यालयों के पाठ्यक्रम में शामिल थीं। इन्हें विश्वविद्यालयों में भी पढ़ाया जाता है। भले धीमी गति से ही सही न्यूज़ीलैंड की ऐतिहासिक एवं प्राशासनिक बाध्यताओं के चलते कुछ प्रशांत-सागर क्षेत्र की भाषाएं भी इस दौड़ में शामिल हो गई हैं। मिनिस्ट्री ऑफ़ पैसिफ़िक आईलैंड अफ़ेयर्स इन भाषाओं के विकास के लिए सरकारी सहायता प्रदान करती है। उन भाषाओं को किसी प्रकार का

सरकारी सहयोग प्राप्त नहीं होता है जिनका अध्ययन–अध्यापन विद्यालयी स्तर पर नहीं होता। इन भाषाओं के शिक्षण के लिए विद्यालयों को अपने साधन जुटाने होते हैं। हिंदी इसी श्रेणी में आती है।

अपेक्षा यह की जाती है कि हिंदी समेत ऐसी भाषाओं के संरक्षण का दायित्व परिवार और उनके सामाजिक वर्ग पर है। इसी उद्देश्य को पूरा करने के लिए कई समुदायों ने शिक्षण–केंद्र स्थापित करने की ज़िम्मेदारी ली है। उनके लिए यह उनकी अस्मिता की बुनियाद है क्योंकि उनकी भाषा में उनका विशेष सांस्कृतिक दृष्टिकोण झलकता है। ये वर्ग अपनी भाषा के प्रशिक्षण की व्यवस्था को बनाए रखने और बाल पीढ़ी को द्विभाषी बनाने में अनेक चुनौतियों का सामना कर रहे हैं जिन पर विजय पाना उनके लिए अत्यंत कठिन हो रहा है। इनमें से कुछ प्रमुख चुनौतियां निम्नलिखित हैं—

- भाषा–शिक्षण के लिए उपयुक्त जगह और ऐसे योग्य शिक्षक ढूंढ़ना जो न्यूज़ीलैंड के वातावरण और वहां के स्थानीय तरीकों से अध्यापन कार्य में कुशल हों।
- ऐसे उच्चस्तरीय संसाधन जुटाना जो न्यूज़ीलैंड में शिक्षार्थियों के लिए उपयुक्त हों और जो भाषा सीखने वालों की क्षमताओं में और उनकी आयु में पर्याप्त भिन्नता होने पर भी उन सभी के लिए उपयुक्त हों।
- कक्षा–प्रबंधन और संसाधन विकास में विशेषज्ञता का अभाव।
- पाठ्यक्रम से इतर अन्य गतिविधियों के चलते भाषा–शिक्षण पर समुचित ध्यान न दे पाना।
- प्रवासी–समुदाय का अंग्रेज़ी सीखने और खुद को सामाजिक माहौल में

ढालने की अपनी प्रबल इच्छा के चलते अपनी भाषाओं से कटना।

- राष्ट्रीय पाठ्यक्रम में अपनी भाषा को समुचित मान्यता का न प्राप्त होना।

अतः एक सामाजिक वर्ग द्वारा चलाया जा रहा स्कूल एक ऐसी जगह होता है जहां बहुत सारे बच्चे एक साथ आते हैं और एक साथ सीखते हैं। आम तौर पर ये कक्षाएं शाम को या सप्ताहांत में मंदिरों में, गिरजाघरों में, कम्युनिटी केंद्रों में, मुख्यधारा से संबंधित सरकारी स्कूलों में, और घरों में होती हैं। ये सब 'किराए की जगह' हैं, अपनी नहीं। इस सारी कोशिश का केंद्रीय उद्देश्य एक ही है कि न्यूज़ीलैंड में पलते बढ़ते बच्चे अपनी मूल भाषा और संस्कृति से रूबरू हो सकें।

प्रत्येक 'स्कूल' में विशेष रूप से उसके छात्र समुदाय की भाषाई और सांस्कृतिक पृष्ठभूमि झलकती है। इन स्कूलों में—

- न्यूज़ीलैंड की संस्कृतियों और भाषाओं को संरक्षित और प्रोत्साहित किया जाता है।
- भाषा और सांस्कृतिक शिक्षण के लिए प्रामाणिक सांस्कृतिक परिवेश प्रदान किया जाता है।
- भाषा सीखने के विविध अवसर उपलब्ध कराए जाते हैं।

न्यूज़ीलैंड में भारत-मूलीय समाज के लगभग दस हिंदी स्कूल हैं जिनमें छात्रों की संख्या लगभग 600 है। ऑकलैंड में मुख्यधारा के तीन माध्यमिक विद्यालयों ने अपने पाठ्यक्रम में हिंदी को वैकल्पिक विषय के रूप में शामिल किया है परंतु इसका उच्चशिक्षा-संबंधी योग्यता में कोई योगदान नहीं होता। वेलिंगटन में 2014 में दोपहर के भोजनसत्र में एक घंटे हिंदी पढ़ाने वाला एक स्कूल 2015 में इसे एक वैकल्पिक विषय के रूप में पाठ्यक्रम में शामिल किए जाने के लिए प्रयासरत था। पाठ्यक्रम नीति के अनुसार कोई भी स्कूल किसी भाषा को पाठ्यक्रम में एक वैकल्पिक भाषा के रूप में तभी शामिल कर सकता है जब उस भाषा को सीखने के लिए कम से कम 15 विद्यार्थियों ने नामांकन करवाया हो।

विषयवस्तु, शिक्षण और शिक्षा प्राप्ति के उपादान और संसाधन

न्यूज़ीलैंड में हिंदी स्कूलों के शिक्षार्थियों में ऐसे बच्चे शामिल हैं जो या तो न्यूज़ीलैंड में ही पैदा हुए हैं या अपने माता-पिता के साथ यहां आए थे या जिनके माता या पिता की सांस्कृतिक पृष्ठभूमि भिन्न है, और या फिर ऐसे युवा या वयस्क जिन्हें बचपन में हिंदी सीखने का मौक़ा नहीं मिल पाया।

सभी हिंदी स्कूल अपना काम नियत रूपरेखा और दिशा-निर्देशों के आधार पर करते हैं। कुछ स्कूल विशेषज्ञों की सेवाओं का लाभ उठाते हैं और उन्होंने अपना पाठ्यक्रम सामान्य शिक्षा मानकों के अनुसार तथा न्यूज़ीलैंड के परिवेश को ध्यान में

रखकर तैयार किया है। अलग अलग पाठ्यक्रमों की अपेक्षाओं के अनुरूप संसाधनों की प्राप्ति एक बड़ी चुनौती है, वह भी ऐसे माहौल में जहां ये स्कूल पूरी तरह से स्वैच्छिक आधार पर चलाए जा रहे हैं। हालांकि हमें भारत और फ़ीजी से पुस्तकें प्राप्त हो जाती हैं, परंतु हमारे लिए यह बहुत ज़रूरी है कि हम अपने कुछ बुनियादी संसाधन भी विकसित करें ताकि अपने उद्‌भव-देशों से प्राप्त होने वाली मुद्रित सामग्री में रह जाने वाली कमी को पूरा किया जा सके। भारत सरकार भी अपने उच्चायोग के माध्यम से स्कूल में हर कक्षा के स्तर के लिए पुस्तकें उपलब्ध कराती है।

आम तौर पर ज़्यादातर शिक्षक स्कूलों से सेवानिवृत्त हो चुके शिक्षक हैं। इसके अलावा ऐसे लोगों को भी अध्यापन में मदद करने के लिए याचना की जाती है जिनकी हिंदी पर अच्छी पकड़ है, लेकिन जिन्हें शिक्षण के लिए कोई औपचारिक अनुभव प्राप्त नहीं है। ये शिक्षक स्वेच्छा से कार्य करते हैं। जो स्कूल प्रायोजित राशि, दानराशि, मामूली शुल्क या अनुदान के माध्यम से धन जुटा पाते हैं वे अपने शिक्षकों को मानदेय दे पाते हैं। हालांकि ऐसा कम ही हो पाता है।

इन स्कूलों में दाख़िला लेने वाले छात्रों के माता पिता काफ़ी मदद करते हैं। कुछ स्कूलों में एक रोस्टर प्रणाली बनाई गई है जिसमें माता पिता को सिखाने और सीखने दोनों कार्यों में रुचि लेने के लिए प्रोत्साहित किया जाता है। इसलिए कुछ माता पिता सहयोगी शिक्षक की तरह भी काम करते हैं।

कक्षाओं में आने वाले छात्रों में न केवल भाषा की जानकारी के स्तर में काफ़ी अंतर होता है बल्कि उनकी उम्र में भी फ़र्क होता है। ऐसी स्थिति में 'परिणामों और उद्‌देश्यों' की बहुत अच्छी प्राप्ति की उम्मीद लगाना एक शिक्षक से बहुत ज़्यादा अपेक्षा करने जैसा है। प्रोत्साहन और समर्थन की कमी और उस पर माता पिता की अत्यधिक अपेक्षाओं के बोझ ने शिक्षकों की राह को और भी चुनौतीपूर्ण बना दिया है। इसका छात्रों की पढ़ाई पर प्रतिकूल प्रभाव पड़ता है।

आगे की राह

न्यूज़ीलैंड का हिंदी भाषी समुदाय हिंदी शिक्षण के परिदृश्य को बेहतर बनाने का हिमायती है और इसे औपचारिक मान्यता दिलवाने के लिए प्रयासरत है। इसके लिए ऑस्ट्रेलियाई मॉडल को अपनी ज़रूरत के अनुकूल परिवर्तित करके अपनाए जाने पर विचार किया जा रहा है जिसके तहत विशिष्ट सामाजिक वर्ग के स्कूलों में कराई जाने वाली पढ़ाई के लिए हायर स्कूल सर्टीफ़िकेट दिए जाते हैं।

वर्तमान में 'भाषा-शिक्षक योग्यता' की समीक्षा करके इसमें आवश्यक बदलाव किया जा रहा है ताकि स्तर 4 और 5 के लिए भाषाओं के विशिष्ट सामाजिक वर्ग के शिक्षकों को भी राष्ट्रीय योग्यता फ़्रेमवर्क में शामिल किया जा सके। हिंदी शिक्षकों

और हिंदी शिक्षण के क्षेत्र में आने वाले नए लोगों के लिए योग्यता के संबंध में किए गए मौजूदा बदलाव और जारी व्यावसायिक विकास के फलस्वरूप न केवल हिंदी अध्यापन और अध्ययन के स्तर में सुधार होगा बल्कि हिंदी स्कूलों पर माता पिता का विश्वास भी बढ़ेगा।

हिंदी भाषा और संस्कृति की शिक्षा के लिए अंतरराष्ट्रीय स्तर पर एक समग्र दृष्टिकोण विकसित किया जाना बच्चों के मानसिक और सांस्कृतिक स्वास्थ्य के लिए आवश्यक है हालांकि ऐसा उस देश के परिवेश को ध्यान में रखकर ही किया जाना चाहिए जिसमें उनकी परवरिश हो रही है।

sundev@paradise.net.nz

संदर्भ-सूची

Census Report. 2013. Ethnic Group Profiles. http://www.stats.govt.nz/Census/2013-census/profile-and-summary-reports/ethnic-profiles.aspx?request_value =24743&tabname=Languagesspoken

Census 2013. Statistics New
Narayan, S. 2010, 2011, 2015. Vishwa Hindi Patrika.
New Zealand Curriculum 2007. Ministry of Education. Wellington New Zealand

Zealand http://www.stats.govt.nz/searchresults.aspx?q=2013%20census

एशिया के देश

पूर्णिमा वर्मन (संयुक्त अरब इमारात)

संयुक्त अरब इमारात में हिंदी

पूर्णिमा वर्मन का नाम वेब पर हिंदी की स्थापना करने वालों में अग्रगण्य; वेब पत्रिका अनुभूति और अभिव्यक्ति की संपादक; जलरंग, रंगमंच, संगीत तथा हिंदी के अंतर्राष्ट्रीय विकास के अनेक कार्यों में रत; अनेक पुरस्कारों और मानद उपाधियों से विभूषित; अनेक प्रकाशित कृतियां— कविता संग्रह, और ब्लागों की प्रणेत्री

भारतीय मूल के लोगों का इतिहास

यूनाइटिड अरब ऐमीरेट (यू ए ई) में भारतीय मूल के लोगों के आवागमन का इतिहास बहुत पुराना है। इतना पुराना कि कुछ इतिहासकार उसे ईसा से 4000 वर्ष तक पीछे ले जाते हैं और दक्षिण इराक की मेसोपोटामिया सभ्यता से जोड़ते हैं।[1] लेकिन जिस समय ईरान, इराक और मिस्र जैसी सभ्यताएं विकसित हो चुकी थीं और भारत तथा सुदूर पूर्व के साथ उनका समृद्ध व्यापार था, मध्यपूर्व का यह भाग लगभग निर्जन था। सदियों तक यह क्षेत्र वंशाधिकार झगड़ों में उलझा रहा। 1498 में पुर्तगाल के नाविक यहां पहुंचे और 1515 तक उन्होंने रस-अल-खैमा के जुल्फार नगर पर कब्ज़ा कर लिया। यहां उन्होंने सीमा-शुल्क का एक कार्यालय स्थापित कर दिया और नियम बनाकर भारत तथा सुदूर पूर्व के व्यापार से कर वसूलना शुरू किया।[2]

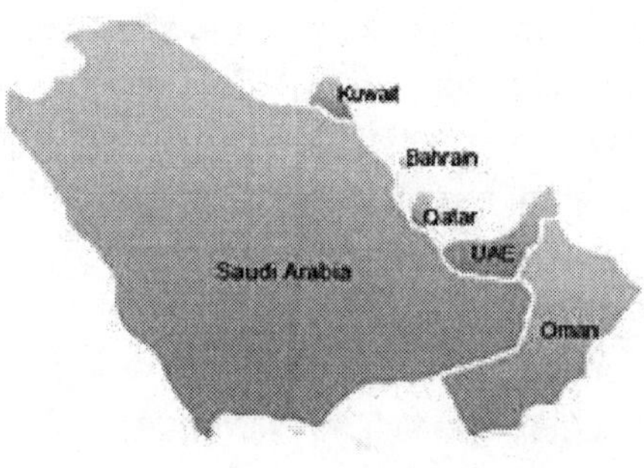

खाड़ी के समृद्ध देशों को जाने वाले भारतीय जहाज़ भी यू ए ई के इस प्रांत में (जिसे उस समय ट्रूशियल ओमान कहते थे) रुकते या समुद्री तटों के पास से गुज़रते थे जिस कारण भाषा और बोली का आपसी मेलजोल बढ़ा। अठारहवीं शती के प्रारंभ में ब्रिटिश व्यापारियों का ध्यान भारत के सामुद्रिक मार्ग पर खाड़ी के सामरिक महत्त्व पर गया। 1820 में ब्रिटिश सेना ने दुबई के शासक शेख मोहम्मद बिन हाड़ा के सामरिक संरक्षण से इस क्षेत्र में स्थिरता आई तो 19वीं शती के प्रारंभ में दुबई में मोती का व्यापार ख़ूब फला फूला। इस समय इसके समुद्री तटों पर अनेक भारतीय व्यापारी आ बसे। व्यापार और बैंकिंग का सारा काम भारतीय खोजा और कच्छी समुदाय के हाथों में था। भारतीय रुपया स्थानीय मुद्रा के रूप में और पत्राचार के लिए भारतीय डाक टिकट प्रचलन में आए। बस इन पर यू ए ई ऊपर से छाप दिया जाता था[3]। इससे भाषा के विकास के अवसर बढ़े। इसके बावजूद 1950 के दशक तक जब कि दुबई कपड़े, सोने, और मछली के लिए खाड़ी का छोटा किंतु सफल व्यापारिक केंद्र बन चुका था। इस शहर की जनसंख्या 5000 से अधिक नहीं थी।[4] अत: भाषा के विकास की गति धीमी ही रही।

1960 में तेल की खोज ने भारतीय मजदूरों के लिए यहां रोज़गार के रास्ते खोले। साठवें दशक के अंत तक यहां हिंदू मंदिर और भारतीय परिवारों के बच्चों के लिए एक भारतीय स्कूल की स्थापना हो गई। इसके साथ ही यहां भारतीय संस्कृति की प्रतिष्ठा और हिंदी के अध्यापन का युग शुरू हुआ। तेल उद्योग के विकास और दुबई में मुक्त व्यापार से आकर्षित होकर 1970 से 80 के बीच बड़ी संख्या में भारतीय यहां पहुंचे। 1975 में जहां इमारात में भारतीयों की संख्या 4,600 थी, वह 1985 में 125,000 और 1999 में बढ़कर दो लाख पार कर गई[5]।

देश में अन्य भाषाएं

संयुक्त अरब इमारात की शासकीय भाषा अरबी है। लिखित या मौखिक दोनों रूपों में सभी सरकारी कार्यालयों, संवैधानिक नियमों, न्यायालयों तथा संबंधित कार्यालयों में अरबी भाषा का ही प्रयोग होता है। कुछ सार्वजनिक स्थानों पर जैसे पोस्ट आफ़िस, हवाई अड्डे आदि हिंदी या अंग्रेज़ी बोलने वालों की व्यवस्था भी होती है। स्थानीय लोग जिन्हें इमाराती कहते हैं वे भी मुख्य रूप से इसी भाषा का प्रयोग करते हैं। अरबी के अतिरिक्त दुबई में अंग्रेजी व्यापक रूप से बोली जाती है, विशेष रूप से व्यापार के क्षेत्र में। दुबई में लगभग 75 प्रतिशत लोग, जो आप्रवासी हैं अंग्रेज़ी भाषा का बहुत प्रयोग करते हैं।

भारतीय भाषाओं की बात करें तो यहां प्रमुख रूप से हिंदी-उर्दू, मलयालम, बंगाली, तेलुगु और तमिल भाषा-भाषी भी यहां आसानी से मिल जाते हैं। इसके

अतिरिक्त तगालग जो फ़िलिपीन की भाषा है और सिंहली जो श्रीलंका की भाषा है, उनके बोलने वाले भी यहां हैं।

यहां के सार्वजनिक निर्देश अधिकतर अरबी और अंग्रेज़ी दोनों भाषाओं में लिखे जाते हैं लेकिन अनेक स्थानों पर, विशेष रूप से छोटे शहरों में, ये निर्देश केवल अरबी में ही मिलते हैं। इसके विपरीत कुछ सार्वजनिक निर्देश अरबी के साथ साथ हिंदी में भी लिखे जाते हैं। विशेष रूप से कचरे के डिब्बों के प्रयोग के विषय में। यह भी कहा जा सकता है कि अगर आप हिंदी जानते हैं तो संयुक्त अरब इमारात में आपका काम चल सकता है। हवाई अड्डे और टैक्सी चालकों में लगभग सभी लोग हिंदी समझते और बोलते हैं।

हिंदी बोलने वालों की संख्या

संयुक्त अरब इमारात के प्रवासियों में हिंदी बोलने और समझने वालों की संख्या सबसे ज़्यादा है। वर्ष 2010 के आंकड़ों के अनुसार इस देश में 17 लाख से अधिक भारतीय रहते हैं जो समस्त यू ए ई जनसंख्या का 30 प्रतिशत हैं। इन भारतीयों में से 12 प्रतिशत (लगभग 2.1 लाख) राजस्थान, उत्तर प्रदेश, बिहार, गुजरात, गोआ और महाराष्ट्र के निवासी हैं। जो अधिकतर तरह तरह के व्यापार में संलग्न हैं, पूरी तरह से हिंदी लिख, पढ़, बोल और समझ सकते हैं। गोआ के निवासी अधिकतर होटल के व्यवसाय में हैं और महिलाएं विशेष रूप से सौंदर्य-प्रसाधन के व्यवसाय में हैं। आम जन से जुड़े ऐसे व्यापारों के कारण इन सभी प्रवासियों को हिंदी लिखने, पढ़ने, बोलने और समझने की जानकारी होती है। 8 प्रतिशत (लगभग 1.4 लाख) पंजाबी, जो भवन निर्माण के व्यवसाय में हैं, भारी वाहनों के चालक हैं, अल्यूमिनियम या स्टील फेब्रिकेशन के काम में हैं, वे भी हिंदी ठीक से लिखना, पढ़ना, बोलना और समझना जानते हैं। दक्षिण भारतीय आप्रवासियों में केरल के 50 प्रतिशत (लगभग 8.75 लाख) आप्रवासी जिनकी मातृभाषा मलयालम है, तमिलनाडु के 15 प्रतिशत (लगभग 2.6 लाख) आप्रवासी जिनकी मातृभाषा तमिल है, और 10 प्रतिशत (लगभग 1.7 लाख) आंध्रप्रदेश के आप्रवासी जिनकी मातृभाषा तेलुगु है, वे भी यहां निवास करते हैं। इनमें से सभी लोग हिंदी लिखना, पढ़ना, बोलना और समझना जानते हैं।[6]

लगभग सवा लाख जनसंख्या नेपालियों की इस देश में है जो हिंदी लिखना, पढ़ना बोलना और समझना जानते हैं। नेपाली आप्रवासी अधिकतर सुरक्षा कर्मियों के

व्यवसाय में हैं। कुछ नेपाली श्रमिक भी हैं। नेपाली महिलाएं भारतीय परिवारों में गृह-परिचारिका या सौंदर्य प्रसाधन के व्यवसायों में हैं। इन सभी कामों में हिंदी की आवश्यकता को समझते हुए वे स्वाभाविक रूप से हिंदी बोलते, समझते, लिखते, पढ़ते हैं।[7]

लगभग 12 लाख पाकिस्तानी यहां उर्दू-हिंदी बोलते और समझते हैं जो यू ए ई की जनसंख्या का 21 प्रतिशत हैं।[8] भले ही उनकी लिखने और पढ़ने में अलग लिपि का प्रयोग होने के कारण वे हिंदी लिखना पढ़ना नहीं जानते हैं। पाकिस्तान से आए पंजाबी, पश्तो, सिंधी, बलूची आदि अन्य भाषाएं बोलने वाले भी हिंदी को ठीक से समझते और बोलते हैं।

इसके अतिरिक्त यहां रहने वाले लगभग 3 लाख अफ़गानिस्तान, 6 लाख बंगलादेश और 3 लाख श्रीलंका के आप्रवासियों में से जो लोग प्लंबिंग, मज़दूरी, गृह-परिचारिका, होटल या इस प्रकार के व्यवसायों में हैं जिनमें जन-साधारण से निरंतर संपर्क होने के कारण वे सब हिंदी बोलते और समझते हैं।[9]

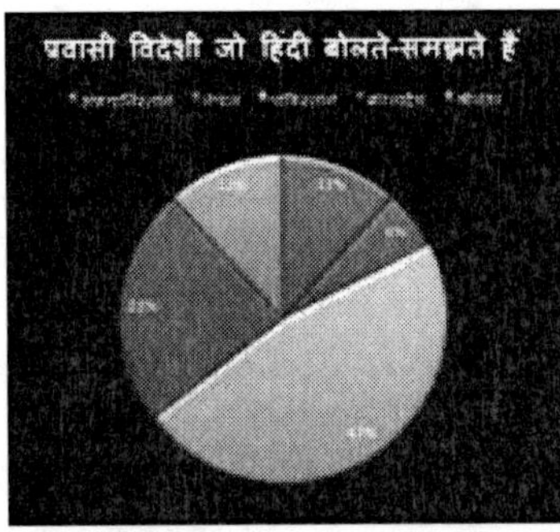

इस प्रकार संयुक्त अरब इमारात में हिंदी बोलने और समझने वालों की संख्या कुल जनसंख्या का 60 प्रतिशत से अधिक है। हालांकि लिखने पढ़ने वालों की संख्या लगभग 30 प्रतिशत से कम है।

हिंदी तथा अन्य भारतीय भाषाओं का प्रयोग

हिंदी के अतिरिक्त अन्य भारतीय भाषाओं के प्रयोग की आवश्यकता सांस्कृतिक और साहित्यिक आयोजनों में ही होती है। जबकि सभी मलयाली लोग विशू आदि के अवसर पर या गुजराती लोग डांडिया गरबा आदि के अवसर पर आपस में मिलते हैं तब अपनी भाषा बोलने का सुख उन्हें प्राप्त होता है।

इसके अतिरिक्त सांस्कृतिक पाठ्यक्रमों में जैसे भरतनाट्यम सीखने के लिए तमिल, संस्कृत या रवीन्द्र संगीत सीखने के लिए बंगाली भाषा की सीमित आवश्यकता भी कुछ लोगों को होती है। कुछ व्यावसायिक या व्यापार संस्थान जिनकी भारतीय शाखाएं महाराष्ट्र, गुजरात या केरल या अन्य किसी भारतीय प्रांत से हैं वे अपने कर्मचारियों के चुनाव में इस बात का ध्यान रखते हैं कि उसे उस प्रांत की भाषा का ज्ञान हो जहां उनके कार्यालय की शाखा है। घर में नौकरानी का काम करने वाली महिलाओं के लिए जिस परिवार में वे काम करती हैं उन्हें उस परिवार की भाषा सीखने की आवश्यकता होती है।

साहित्य और साहित्यकार

यू ए ई में भाषाई लोकप्रियता का सबसे पुराना और स्थायी प्रयत्न इंडो-पाक मुशायरे का है, जिसमें भारत और पाकिस्तान के चुने हुए रचनाकार भाग लेते हैं। यह नियमित रूप से जनवरी में ही होता है और इसकी अध्यक्षता अधिकतर भारतीय दूतावास के वरिष्ठ अधिकारी करते हैं। इसके सिवा कुछ छोटे मोटे मुशायरों और कवि सम्मेलनों का आयोजन भी हर शहर में होता रहता है।

कहानी के क्षेत्र में एक प्रमुख नाम कृष्ण बिहारी का है जिन्होंने 1987 से इमारात में रहते हुए चार कहानी संग्रह— *दो औरतें, पूरी हकीकत, पूरा फ़साना, नातूर*; तीन एकांकी नाटक— *यह बहस जारी रहेगी, एक दिन ऐसा होगा, गांधी के देश में*; एक नाटक— *संगठन के टुकड़े*; चार कविता संग्रह—*मेरे मुक्तक, मेरे गीत, मेरे गीत तुम्हारे हैं, मेरी लंबी कविताएं*; चार उपन्यास—*रेखा उर्फ़ नौलखिया, पथराई आंखों वाला, पारदर्शिता*; और एक यात्रा वृतांत लिखकर इमारात के जीवन को हिंदी में उतारने का एक सफल और सच्चा प्रयास किया है।[10] वे निकट नाम से एक अर्धवार्षिक साहित्यिक पत्रिका भी तीन सालों से प्रकाशित कर रहे हैं। यह यू ए ई में प्रकाशित होने वाली हिंदी की पहली और एकमात्र साहित्यिक पत्रिका है।

1995 से शारजाह में रहते हुए पूर्णिमा वर्मन ने 1996 में जियोसिटीज़ नाम की वेब होस्टिंग सर्विस पर हिंदी की पहली वेब पत्रिका स्थापित की थी जो वर्ष 2000 से नियमित रूप से आज भी हर सप्ताह सोमवार को प्रकाशित होती है। पूर्णिमा वर्मन के तीन कविता संग्रह *पूर्वा, वक्त के साथ तथा चोंच में आकाश* नाम से प्रकाशित हुए हैं। नवगीत की अंतरराष्ट्रीय लोकप्रियता स्थापित करने के उनके प्रयत्नों को भी काफ़ी सराहना मिली है। थियेटरवालों के साथ मिलकर उन्होंने कुछ हिंदी कहानियों के मंचन के प्रयत्न भी किए जिनमें प्रेमचंद का '*बड़े भाई साहब*' और कामतानाथ का '*संक्रमण*' काफ़ी सफल रहे।

1969 से दुबई में रहने वाले गंगाधर जसवानी का कविता संग्रह *देह दुबई दिल देश* जो काफ़ी चर्चित रहा था 2005 में प्रकाशित हुआ था। 2013 में मुंबई में उनका असामयिक निधन हो गया। रेडियो से जुड़ी मधु नोएल और गजाला फ़ारुकी के नाम रेडियो नाटकों के लिए जाने जाते हैं, नरेन्द्र साधवानी और प्रकाश सोनी ने हिंदी नाटकों के क्षेत्र में कुछ महत्त्वपूर्ण प्रस्तुतियां दी हैं। नूर मोहम्मद नूर हास्य व्यंग्य लेखन के लिए जाने जाते हैं, कांता भाटिया ने मोती प्रकाश के सिंधी में प्रकाशित यात्रा संस्मरणों का हिंदी में '*यादों के काफ़िले*' शीर्षक से रूपांतर किया है। इसके अतिरिक्त गीतांजलि सक्सेना, जगमोहन कौर, अफ़सर खान, प्रदीप लालजानी हिंदी लेखन के क्षेत्र में योगदान करते रहे हैं।[11]

हिंदी-प्रयोग के क्षेत्र

क्योंकि यहां श्रमिकों में सबसे अधिक भारतीय हैं इसलिए निर्देश और बातचीत की भाषा मुख्य रूप से हिंदी होती है। यहां तक कि कुछ तकनीकी संस्थानों में जैसे ड्राइविंग टेस्ट के लिए हिंदी भाषा का चयन किया जा सकता है। होटल और खानपान, सौंदर्य-प्रसाधन, मैकेनिक, भवन निर्माण और मरम्मत, मनोरंजन, फ़िल्म, नाटक, रेडियो और अनेक प्रकार की मंच प्रस्तुतियों में हिंदी लिखने पढ़ने का प्रयोग होता है। बड़ी संख्या में हिंदी अध्यापक यू ए ई में काम करते हैं जो भारतीय विद्यालयों में सी बी एस ई (CBSE-Central Board of Secondary Education) का पाठ्यक्रम पढ़ाते हैं, जिसमें दसवीं कक्षा पास करने से पहले कम से कम चार वर्ष तक हिंदी पढ़ना अनिवार्य है। लगभग 150 विद्यालयों की सैकड़ों शाखाओं में हिंदी में बी ए., बी एड अध्यापक/अध्यापिकाओं की आवश्यकता सदा बनी रहती है। विशेष रूप से उत्तर भारतीय हिंदी अध्यापक/अध्यापिकाओं की जिनकी मातृभाषा हिंदी हो।[12]

हिंदी योग्यता का स्तर

हिंदी योग्यता का स्तर यहां रहने वाले भारतीयों की स्थिति पर निर्भर करता है। इस देश के कानून के अनुसार आप्रवासी यहां तभी तक रह सकते हैं जब तक उनके पास यहां काम करने का वीसा हो। अवकाश प्राप्त करने के बाद कोई यहां नहीं रह सकता है। इसलिए जिसने जीवन भर यहां काम किया है उसे भी एक न एक दिन वापस भारत लौटना होता है। इस प्रकार के लोग जो यू ए ई में काम करने आए हैं और सोचते हैं कि एक न एक दिन उन्हें भारत लौट जाना है, अपने बच्चों को भारतीय विद्यालयों में भेजते हैं जहां हिंदी एक अनिवार्य विषय के रूप में पढ़ाई जाती है। फिर वे चाहे दक्षिण भारतीय हों या उत्तर भारतीय सभी सामान्य रूप से हिंदी आठवीं कक्षा तक पढ़ते हैं। क्योंकि केंद्रीय माध्यमिक शिक्षा बोर्ड (सी बी एस ई) का पाठ्यक्रम ऐसा है कि 8वीं कक्षा पास करते करते विद्यार्थी ठीक से हिंदी लिखना पढ़ना समझना और बोलना सीख जाते हैं। इनमें से अनेक बच्चे 12वीं कक्षा तक भी हिंदी पढ़ते हैं।

दूसरी प्रकार के भारतीय ऐसे हैं जो यू ए ई यह सोचकर आते हैं कि वे यहां से भारत नहीं लौटेंगे और हो सके तो अमेरिका, इंग्लैंड या आस्ट्रेलिया की ओर प्रस्थान कर जाएंगे इस प्रकार के आप्रवासी अपने बच्चों को यू.के., अमेरिका या आस्ट्रेलिया के स्कूलों में पढ़ाते हैं जहां बच्चे हिंदी बिलकुल नहीं सीखते। हिंदी-भाषी परिवारों के बच्चे अंग्रेज़ी और हिंदी की मिली जुली भाषा बोलते हैं, लेकिन लिखना पढ़ना केवल उन्हीं परिवारों के बच्चे सीख पाते हैं जिन परिवारों में हिंदी सिखाने पर काफ़ी ज़ोर हो। अक्सर ऐसा होता है कि माता पिता दोनों काम करते हैं वे दफ़्तर में अंग्रेज़ी

बोलते हैं और बच्चा भी जब एक साल स्कूल में जाते हुए ठीक से अंग्रेज़ी बोलने [illegible] [illegible] है तो घर में हिंदी बोलने की आवश्यता लगभग नहीं के बराबर रह जाती है। इन परिवारों में से बहुत से लोग अंग्रेज़ी-भाषी देशों में जाकर बस जाते हैं। बहुत से ऐसे आप्रवासी जो अपने जीवन में अंग्रेज़ी-भाषी देशों में नहीं जा पाते वे अपने बच्चों को विदेश भेजकर उन्हें वहां बसाने के बाद उनके सहारे पश्चिमी देशों में स्वयं भी बस जाते हैं। इन परिवारों में हिंदी का विकास लगभग बिलकुल नहीं होता।

हिंदी जानने की आवश्यकता

यू ए ई में हिंदी जानने की आवश्यकता मुख्य रूप से सामाजिक है। आपसी मेल-मिलाप के लिए हिंदी मुख्य भाषा है, दूसरी बड़ी आवश्यकता हिंदी स्कूलों में पढ़ाई करते समय होती है। साहित्य संस्कृति, जिसमें कविता, कहानी, संगीत, नृत्य आदि सम्मिलित हैं, उनको सीखने के लिए हिंदी जानने की आवश्यकता होती है। होटल और रेस्तरां के व्यवसाय में हिंदी की आवश्यकता होती है। मनोरंजन के व्यवसाय में रेडियो जॉकी, टीवी एंकर, या मंच पर कार्यक्रम प्रस्तुत करने के लिए अच्छी हिंदी जानने वालों की आवश्यकता यू ए ई में होती है। इसके अतिरिक्त विज्ञापन के व्यवसाय में भी हिंदी की बहुत आवश्यकता समझी जाती है।

चारों योग्यताओं में हिंदी-प्रयोग के अवसर

यू ए ई में हिंदी बोलने सुनने के अवसर काफ़ी ज़्यादा हैं लेकिन लिखने पढ़ने के अवसर अपेक्षाकृत काफ़ी कम। ऐसा केवल हिंदी ही नहीं अन्य भाषाओं के लिए भी कहा जा सकता है। लिखने और पढ़ने के अवसर तभी ज़्यादा होते हैं जब या तो उस भाषा का सरकारी उपयोग हो या फिर साहित्यिक उपयोग हो। यू ए ई में इन दोनों में ही अवसरों का अभाव है। कुछ समूह आपस में मिलकर हिंदी साहित्य के विषय में लिखने पढ़ने में रुचि लेते हैं, लेकिन हिंदी-भाषियों की विशाल जनसंख्या को देखते हुए उनकी उपस्थिति नगण्य ही है।

हिंदी सीखने सिखाने के ऐतिहासिक और समकालीन प्रयत्न

हालांकि यू ए ई में हिंदी भाषा और भारतीय उपस्थिति का इतिहास स्वयं खड़ी बोली से अधिक पुराना है तो भी आप्रवासी के रूप में यहां परिवार सहित बसने की प्रक्रिया 70 के दशक से ही शुरू हुई, जो 1967 में यहां तेल प्राप्ति के बाद बने विकास की नई संभावनाओं के कारण बनी। प्रारंभ में भारतीय परिवार यहां नहीं आते थे, केवल कमाने वाला सदस्य ही आता था, इसलिए भाषा को सिखाने का महत्त्व या उपयोगिता इतनी नहीं समझी गई। 1990 के आसपास जब अचानक आप्रवासी

जनसंख्या बढ़ी और अनेक परिवार यहां बसने लगे तब कुछ परिवारों की सांस्कृतिक पृष्ठभूमि वाली महिलाओं ने अपने घरों में संगीत नृत्य आदि की कक्षाएं प्रारंभ कीं, जिसे भारतीय संस्कृति से जुड़ते हुए हिंदी सीखने के रूप में देखा जा सकता है।

2009 में आबूधाबी में भारतीय दूतावास के सांस्कृतिक पक्ष की स्थापना हुई जिसमें हिंदी सिखाने की व्यवस्था की गई। इसके साथ ही एक पुस्तकालय भी बना, इंडियन काउंसिल आफ़ कल्चरल रिलेशन (ICCR) के कार्यक्रमों को भी इसमें जोड़ा गया। ये सब प्रयत्न अभी नए हैं और बहुत सक्रिय नहीं हो पाए हैं।[13]

स्कूल व कालेज स्तर पर हिंदी शिक्षा की व्यवस्था

कालेज के स्तर पर यूएई में किसी भी संस्था में हिंदी पढ़ने या पढ़ाने की व्यवस्था नहीं है। यू ए ई के स्कूलों में हिंदी से परिचय करवाने की कोई सरकारी नीति अभी तक नहीं है, न ही यहां स्थित अन्य देशों के स्कूलों में हिंदी सिखाने का प्रबंध है। इसका एक कारण यह भी है कि अरबी या विदेशी स्कूलों में भारतीय बच्चे बहुत ही कम प्रवेश लेते हैं। यदि उनकी संख्या अधिक हो और यह भय हो कि बच्चे अपनी भाषा सीखने से वंचित रह जाएंगे तभी अभिभावक स्कूलों पर अपनी भाषा सिखाने का दबाव बनाते हैं। दूसरे, इतनी अधिक संख्या में भारतीय स्कूलों में बच्चे हिंदी पढ़ते हैं कि हर ओर हिंदी पर्याप्त रूप में सुनाई देती है। यहां तक कि भारतीय बच्चों के साथ खेलने वाले विदेशी बच्चे भी हिंदी बोलते दिखाई देते हैं। पाकिस्तानी स्कूलों में उर्दू अनिवार्य होने के कारण उनकी उर्दू-नुमा हिंदी बोलने और समझने की क्षमता बहुत अच्छी होती है। अनेक व्यक्तिगत ट्यूशनों से भी हिंदी सीखने सिखाने की व्यवस्था है।

भाषा को बनाए रखने के लिए इच्छा और प्रेरणा

यह बात लगभग सभी आप्रवासी नागरिकों में देखने में आती है कि जब तक आप्रवासी परिवार नए देश में स्थापित होने का संघर्ष कर रहा होता है तब तक अपनी भाषा या संस्कृति की ओर उसका ध्यान कम ही जाता है। लेकिन जैसे जैसे वे स्थापित होने लगते हैं और उन्हें अपना भविष्य सुरक्षित दिखाई पड़ता है, वे अपनी संस्कृति और भाषा की ओर काम करने की शक्ति और समय जुटाने लगते हैं। यू ए ई में भी अनेक भारतीय जो सत्तर या अस्सी के दशक में आए थे, अत्यंत समृद्ध हैं और हिंदी के विकास व यू ए ई में उसकी स्थापना की ओर प्रयत्नशील होने की इच्छा रखते हैं। स्वाभाविक रूप से हिंदी के विकास की ओर जब लोगों का ध्यान जाता है तो सबसे पहले बॉलीवुड पर ज़ोर रहता है, फिर कवि सम्मेलनों की ओर, और फिर धीरे धीरे क्लासिक रुचि की ओर लोग आगे बढ़ते हैं जिसमें पहले नाटक

और फिर रचनात्मक साहित्य की ओर झुकाव होता है।

यू ए ई में भी बालीवुड, कवि सम्मेलनों और बालीवुड के सितारों वाले कार्यक्रमों पर ही जनसामान्य अधिक रुचि ले रहा है। लेकिन हिंदी के क्लासिक नाटकों और साहित्यिक गोष्ठियों के प्रयत्न शुरू हो चुके हैं। हिंदी दिवस के अवसरों पर हिंदी नाटक प्रस्तुत करने की परंपरा भी यहां बन चुकी है। दुबई के एक अत्यंत प्रतिष्ठित काव्य-उत्सव *एस.जी.आई. पोयटिक हार्ट* में भी हिंदी की उपस्थिति 2014 से हो गई है। कुल मिलाकर यू ए ई में हिंदी के विकास का आरंभ अभी हुआ ही है। ऐसी आशा करनी चाहिये कि भविष्य में इस ओर सार्थक प्रयत्न तेज़ होंगे।

purnima.verman@gmail.com

पार्श्व-टिप्पणी

1. http://www.government.ae/en/web/guest/uae-history
2. http://www.lonelyplanet.com/united-arab-emirates/history
3. R Perry, B Maurer, 2003. 0-8166-3966-3&sig=AFJQ0vBnfTnYnYtV9GEgAPfY7qI#PPA142, M1Globalization Under Construction: Governmentality, Law, and Identity (page 142). University of Minnesota Press
4. Forommer's Dubai by Christensen, page 14
5. G Singh, B Parekh, et al. Culture and Economy in the Indian Diaspora. Routledge. 2003
6. भारतीय दूतावास यूएई. http://uaeindians.org/profile.aspx
7. http://www.thaindian.com/newsportal/india-news/new-uae-visa-rules-likely-to-affect-indians-pakistanis-and-nepalis_10075731.html
8. (United Arab Emirates: Demography". Encyclopædia Britannica World Data, Encyclopædia Britannica Online)
9. Expatriates_in_the_United_Arab_Emirates. http://en.wikipedia.org/wiki/
10. http://www.abhivyakti-hindi.org/lekhak/k/krishnabehari.htm
11. अशोक कुमार श्रीवास्तव. 2003. यूएई में हिंदी. भाषा. मार्च-अप्रैल. पृष्ठ 103. केंद्रीय हिंदी निदेशालय
12. http://academy.over-blog.net/pages/list-of-indian-schools-in-uae-3525549.htmll
13. http://indembassyuae.org/culturalwing.html

डॉ. मृदुला शर्मा (नेपाल)

नेपाल में हिंदी की स्थिति और संभावनाएं

त्रिभुवन विश्वविद्यालय में हिंदी विभाग की पूर्वाध्यक्ष; शिक्षा एम.ए., बी.एड., पीएच.डी.; राष्ट्रीय और अंतर्राष्ट्रीय शोध-पत्रिकाओं में अनेक प्रकाशन; ग्यारह साहित्य कृतियां, गुंजन लिट्रेरी सोसाइटी; हिंदी कला साहित्य संगम, मैत्री नेपाल सोशल एंड लिट्रेरी ऑर्गनाइज़ेशन आदि अनेक साहित्यिक संस्थाओं में सक्रियता; नेपाल में राष्ट्रीय हिंदी पुरस्कार, महेन्द्र विद्या भूषण आदि अनेक पुरस्कारों से अलंकृत

नेपाल की भाषिक स्थिति

नेपाल की राजभाषा नेपाली है। 2011 की जनगणना के अनुसार नेपाल में 123 भाषाएं बोली जाती हैं और ये सभी भाषाएं नेपाल की राष्ट्रभाषाएं हैं। इन भाषाओं की सूची में छः भाषाएं भारत-मूल की हैं। ये हैं—मैथिली, अवधी, भोजपुरी, हिंदी, बज्जिका और उर्दू। नेपाल में हिंदी का इतिहास पुराना है और उसकी वर्तमान उपस्थिति भी नगण्य नहीं है। नेपाल में हिंदी भाषा के ऐतिहासिक पक्ष को समझने के लिए हिंदी साहित्य का इतिहास समझना होगा। भाषा और साहित्य का संबंध अन्योन्याश्रित है—भाषा साहित्य की वाहिका है और साहित्य भाषा को समृद्ध करता है।

नेपाल में हिंदी साहित्य का इतिहास

एशिया महादेश के एक किनारे पर अवस्थित 'नेपाल' विश्व के सर्वोच्च शिखर द्वारा सुशोभित बहुधर्म, भाषा सम्मिश्रित एक स्वतंत्र राष्ट्र है। भौगोलिक दृष्टि से छोटा होते हुए भी सांस्कृतिक संपर्क और समान स्रोत की दृष्टि से भारत और नेपाल जैसा देश विश्व में शायद ही कोई हो। लेखन की दृष्टि से नेपाल और भारत का लेखन स्रोत एक ही है। दोनों भाषाएं इंडो-आर्यन हैं और हिंदी और नेपाली दोनों भाषाओं का उद्‌गम स्रोत संस्कृत है और लिपि देवनागरी है। नेपाल और भारत के सहित्यकारों का संबंध भी प्राचीन और अटूट है। भाषिक सन्निकटता के कारण दोनों राष्ट्रों के

नागरिकों को अन्य भाषा की तरह विचारों के आदान प्रदान में भी उतनी कठिनाई नहीं होती। ऐतिहासिक तथ्यों के आधार पर यह प्रमाणित हो चुका है कि मानव जाति की आंतरिक भावनात्मक संवेदनाओं को यथार्थता से जोड़कर सार्वभौमिक मानवता के वैश्विक वितान तले रखने का कार्य शुरू से ही साहित्यकारों ने ही किया है। नेपाली और भारतीय साहित्यकार भी इसमें पीछे नहीं।

नेपाल में हिंदी का प्रयोग काव्य रूप में लगभग 300 वर्षों से होता आया है। पश्चिम नेपाल के दाङ ज़िले के सिद्ध रत्ननाथ मठ से प्राप्त प्राकृत भाषा में लिखी 'रतनबोध' नामक अभिलेख की रचना जिसे गोरखनाथ के शिष्य 'रत्ननाथ' ने की थी उसकी खोज हरप्रसाद शास्त्री ने नेपाल में की। हिंदी साहित्य के प्रथम कवि 'कुक्करीया' का जन्म भी 840 ईसवी में नेपाल के कपिलवस्तु ज़िला के तौलिहवा में हुआ था। तत्कालीन हिंदी साहित्य की सुदीर्घ परंपरा आज तक नेपाल में विकसित है। हज़ार वर्ष पुरानी बज्रयानी सिद्धों और नाथ योगियों द्वारा अपभ्रंश भाषा में की गई रचनाएं नेपाल में 'चचागीत' (चर्यागीत) के रूप में गाए जाते हैं। इसकी खोज भी सर्वप्रथम हरप्रसाद शास्त्री ने नेपाल में ही की थी। नाथ संतों की अनेक रचनाएं नेपाल के अनेक मठों में अभी भी सुरक्षित हैं। हिंदी की आदिकालीन महत्त्वपूर्ण कृति 'वर्णरत्नाकार' की रचना ज्योतिश्वर ठाकुर ने नेपाल में की थी। संस्कृत भाषा में लिखे गए विक्रम संवत् 1886 के अभिलेख नेपाल की राजधानी काठमांडू की गुहेश्वरी नामक शक्तिपीठ के मुख्य द्वार के दाएं बाएं देखने को मिलते हैं। आज भी शिलालेख में खुदे हिंदी के दोहे और चौपाइयां काठमांडू के कोलटोल, नारायणहिटी (राजदबोर) आदि स्थानों में देखने को मिलते हैं।

मध्यकाल में नेपाल में मल्लराजाओं का शासन था। इन मल्लराजाओं का भारत के कर्नाटक वंश से संबंध था। संस्कृत लेखन की परंपरा के समय में भी इन मल्ल राजाओं ने हिंदी और मैथिली नाटक के लेखन और मंचन को महत्त्व दिया था। तत्कालीन नाटककारों में— सुमतिजयजितमित्र मल्ल, रणजीत मल्ल, भूपतीन्द्र मल्ल, बल्लभ जोशी तथा शम्भु प्रसाद ढुंगेल का नाम विशेष रूप से लिया जाता है।

उत्तर मध्यकाल में विभिन्न धार्मिक संप्रदायों का सूत्रपात नेपाल में हुआ। जैसे–जोशमणि निर्गुण सन्त संप्रदाय, राम तथा कृष्ण प्रणामी संप्रदाय आदि। जोशमणि निर्गुण संत संप्रदाय के कवियों ने प्रचुर मात्रा में हिंदी रचनाएं कीं। राम और कृष्ण काव्य के रूप में हिंदी कवियों की भी रचना हुई। 17वीं शताब्दी के उत्तरार्द्ध में रामप्रिय शरण जी ने 'सीतायन' की रचना जनकपुर में की और 'गोपिकास्तुति' की रचना पंडित विद्यारण्य केशरी ने की थी। मध्यकाल के भक्ति साहित्य के अंतर्गत उत्तर भारत में जब भक्ति उदात्त परंपरा तेजस्वी रूप में रीतिकालीन दरबारी कवियों में व्याप्त थी उस समय नेपाल के संत कविगण अपनी निर्मल वाणी में भक्ति काव्य

गंगा को लौकिक काव्य के रूप में प्रवाहित कर रहे थे। इस लौकिक काव्य के प्रमुख प्रणेता चारण कविगण थे, जिसकी पुष्टि काठमांडू के शिलालेखों से स्वत: हो जाती है। इतना ही नहीं राजधानी वीरगाथाओं के आल्हाखंड मिथिला और नेपाल के तराई क्षेत्र के कृषक अभी भी खेतों में जो गीत उमंग भरे स्वर में गाते हैं उसमें हमें हिंदी के शब्द मिलते हैं।

हिंदी भाषा का प्रयोग

नेपाल के पुरातत्व पत्र संग्रह से यह प्रमाणित होता है कि सन् 1768 में शाहवंशीय राजा पृथ्वीनारायण शाह के शासनकाल में प्रशासनिक कार्य हिंदी में हुआ करता था। नेपाल के राणा शासनकाल में भी किसी प्रकार की भाषिक समस्या नहीं थी। विक्रम संवत् 2007 के पश्चात् शिक्षा के क्षेत्र में तीव्र प्रगति तो हुई पर राष्ट्रभाषा-राजभाषा संबंधी विवाद भी उठ खड़ा हुआ। हिंदी को विदेशी भाषा कहा गया। भाषा संबंधी इस भाषा विवाद को खत्म करने के उद्देश्य से ही पंचायती व्यवस्था के प्रथम प्रधानमंत्री तुलसीगिरी ने स्पष्ट शब्दों में हिंदी को विदेशी भाषा मानने से इनकार किया। क्योंकि प्रारंभिक अवस्था से ही नेपाल में हिंदी सामाजिक आवश्यकताओं को पूरा करते हुए विभिन्न भाषा-भाषियों के बीच सम्पर्क भाषा के रूप में व्यवहृत होती आयी थी। शैक्षिक स्तर पर आज भी नेपाल में हिंदी भाषा की पढ़ाई और लिखाई ऐच्छिक विषय के रूप में विद्यालय से लेकर विश्वविद्यालय तथा पी-एच.डी. तक होती है। समय समय पर हिंदी की राष्ट्रीय और अंतर्राष्ट्रीय गोष्ठी तथा सेमिनार का आयोजन होता है। हिंदी संस्था द्वारा नेपाल-भारत द्विदेशीय भाषा साहित्य सम्मेलन विभिन्न शहरों में आयोजित किया जाता है। हिंदी पत्रिका प्रकाशन का जहां तक प्रश्न है उसका इतिहास भी काफ़ी पुराना है। विक्रम संवत् 2008 की 'तरंग' हिंदी की प्रथम साप्ताहिक पत्रिका है। नेपाल के विभिन्न क्षेत्र से दैनिक, साप्ताहिक, पाक्षिक, द्वैमासिक और त्रैमासिक हिंदी पत्रिकाएं प्रकाशित हुई हैं। अब तक पचास से भी अधिक शीर्षकों में हिंदी पत्रिकाएं प्रकाशित हो चुकी हैं। हिंदी की पत्रिकाएं यहां प्रचुर मात्रा में बिकती हैं। त्रिभुवन विश्वविद्यालय तथा अन्य पुस्तकालयों में भी सबसे अधिक हिंदी की पुस्तकें पढ़ी जाती हैं। 1947 ईसवी के श्रावण मास में रेडियो नेपाल से हिंदी में समाचार प्रसारित हुआ था। बीच में यह प्रसारण बंद हुआ, परंतु अब फिर से प्रतिदिन रेडियो नेपाल से हिंदी समाचार प्रसारित होने लगा है। बी.पी. कोइराला नेपाल-भारत प्रतिष्ठान तथा भारतीय सांस्कृतिक संबंध परिषद दोनो राष्ट्रों के बीच साहित्य और संस्कृति को सुदृढ़ करने में सेतु का कार्य कर रहे हैं। 1984 ईसवी में भारत के भूतपूर्व प्रधानमंत्री स्व. राजीव गाँधी ने 'भारतीय सांस्कृतिक निधि' की स्थापना की थी। उस निधि के फलस्वरूप आज भी दोनों

राष्ट्रों के बीच साहित्यिक और सांस्कृतिक संबंध बना हुआ है। साहित्यिक और सांस्कृतिक आदान प्रदान के क्रम में संगीत, नाट्यमंच, औषध विज्ञान, शिक्षा, पत्राचार तथा प्रसार आदि की कड़ी बनी हुई है।

यूँ तो नेपाली लेखक अंग्रेज़ी, फ्रेंच और स्पेनिश आदि में लिखकर अधिक धन और प्रसिद्धि पा सकते हैं पर वे प्राय: ऐसा नहीं करते। क्योंकि इन लेखकों की धमनियों में आज भी नेपाली भाषा के अतिरिक्त हिंदी ही बहती है। शायद इसीलिए ये पूर्ण आत्मविश्वास और स्नेह से हिंदी पढ़ना लिखना चाहते हैं। वैसे भी सहस्राब्दियों और शताब्दियों के दौरान जो आर्यभाषा का प्रवाह दक्षिण एशिया में चलता आया है उन सबों में एक दूसरे के प्रति स्वजनों सा आदर और प्रेम की भावना रही है। नेपाल और भारत की धार्मिक, सामाजिक तथा सांस्कृतिक पर्व त्योहार में समानता है। इसीलिए पर्यटकों को नेपाल में लघु भारत का एहसास होता है। नेपाल में नेपाली के अतिरिक्त हिंदी, मैथिली, भोजपुरी, अवधी और उर्दू बोलने वालों की संख्या भी पर्याप्त है। आज भी तराई के कस्बों और गांवों में प्रतिदिन संध्याकाल के प्रथम और द्वितीय प्रहर में किसी मंदिर के परिसर और चौपालों में ढोल, मजीरे तथा हारमोनियम के साथ मधुर स्वर में तुलसीकृत रामायण तथा भगवत्-संकीर्तन सुनने को मिलता है।

आधुनिक नेपाल में हिंदी के लिए संभावनाएं

नेपाल में लगभग सभी लोग न्यूनाधिक मात्रा में हिंदी समझते हैं। शहरों से दूर पहाड़ी क्षेत्रों में रहने वालों की कुछ सीमाएं हो सकती हैं। जहां तक लोगों में हिंदी में बोलने की क्षमता का प्रश्न है वह लोगों की निजी आवश्यकताओं पर निर्भर करती है। नेपाली नागरिकों के हिंदी के साथ संपर्क का मुख्य कारण बॉलीवुड का सिनेमा और भारतीय टी.वी. चैनलों के सीरियल हैं। नेपाली बच्चे भी भारतीय टी.वी. चैनलों और कार्टून देखते हैं। ये कार्यक्रम नेपाल में बड़े लोकप्रिय हैं। अनेक लोगों का भारत आना-जाना भी लगा रहता है। नेपाली और हिंदी में अनेकानेक शब्द भी समान हैं। दोनों की लिपि भी एक जैसी है। धार्मिक त्योहारों और कृत्यों में भी खूब समानता है। इन कारणों से हिंदी की उपस्थिति नेपाल में सीमित होना तो स्वाभाविक है परंतु इतना निश्चित है कि नेपाल के दैनंदिन व्यवहार में हिंदी का स्थान स्थायी है। समय के साथ हिंदी की स्थिति यहां बढ़ सकती है परंतु कम होने की कोई गुंजाइश नहीं है।

नेपाल भौतिक दृष्टि से भले ही पीछे हो पर प्राचीन ग्रंथ और सांस्कृतिक परंपरा की रक्षणी शुरू से ही रही है। शायद इसीलिए यह विश्व के लिए ही रहस्यलोक और आकर्षण का केंद्र है। शुरू से ही नेपाल और भारत के साहित्यकारों

का साहित्यिक और सांस्कृतिक भावनाओं के पारस्परिक आदान प्रदान के क्रम में जनजीवन, धर्म, संस्कृति और एकता को बनाए रखने में पूर्ण योगदान रहा है। अतः यह विश्वास किया जा सकता है कि भविष्य में भी दोनों राष्ट्र एक-दूसरे के ज्ञान क्षितिज को विस्तृत करेंगे और उसे उच्चतम उपलब्धि के शिखर पर अवश्य ले जाएँगे।

drmridulas@gmil.com

संदर्भ-सूची

1. आचार्य, सुषमा, विक्रम संवत 2058. नेपाली कविता को विकास वीरकाल वाट भक्तिकाल तिर. महालक्ष्मी प्रकाशन, ललितपुर
2. गोप, डॉ. सूर्य नाथ, 1994. नेपाल में हिंदी और हिंदी साहित्य, किताब महल, इलाहाबाद
3. मिश्र डॉ., कृष्णाचन्द्र, 1995. नेपाल में हिंदी, विद्याविहार, नई दिल्ली
4. साहित्यलोक त्रिभुवन विश्वविद्यालय, हिंदी विभाग का मुख पत्र, अंक-1

परिशिष्ट

भारत

डॉ. विजय कुमार मल्होत्रा (भारत)

हिंदी की संवैधानिक स्थिति और उसका कार्यान्वयन

हिंदी भाषा-जगत् के अप्रतिम चिंतक, लेखक; पीएच.डी. (कंप्यूटर साधित हिंदी अनुवाद); पूर्वनिदेशक (राजभाषा) रेल मंत्रालय भारत सरकार; माइक्रोसॉफ़्ट इंडिया और सीडैक पुणे में भाषा-सलाहकार; यार्क विश्वविद्यालय (यूके) और पेंसिल्वेनिया विश्वविद्यालय में अध्यापन और शोधकार्य; पेन्सिल्वेनिया विश्वविद्यालय Center for the Advanced Study of India के लिए भारत के विभिन्न आयामों के शोधपूर्ण लेखों का नियमित हिंदी अनुवाद; माइक्रोसॉफ़्ट द्वारा सम्मानित; संप्रति केंद्रीय हिंदी संस्थान में व्यावहारिक अनुवाद का अध्यापन

1961 की जनगणना में भारतीय भाषाएं

भारत एक बहुभाषिक देश है। सन् 1961 की जनगणना के अनुसार भारत में कुल 1652 मातृभाषाओं के नाम जनगणना में दिए गए थे। 1652 की संख्या में एक ही मातृभाषा के एक से अधिक नाम पाए गए। 2001 की जनगणना में भाषावैज्ञानिक अध्ययन के आधार पर इन मातृभाषाओं को 234 मातृभाषाओं के अधीन और इन 234 मातृभाषाओं को 122 भाषाओं के अंतर्गत वर्गीकृत किया गया। इन 122 भाषाओं के चयन का आधार था कि इन भाषाओं में से प्रत्येक भाषा के बोलने समझने वाले 10000 से ऊपर थे। 10000 की संख्या एक महत्त्वपूर्ण संख्या का स्वैच्छिक चयन था। 10000 से कम की संख्या वाली भाषाओं को भी इसमें सम्मिलित करते तो भाषाओं की संख्या 400 से अधिक हो जाती।

भाषा-बहुल भारत में सबसे अधिक बोली और समझी जाने के कारण देवनागरी में लिखी हिंदी को संविधान में राजभाषा का दर्जा दिया गया। उत्तर भारत के दस प्रदेशों के जो लोग अपनी प्रादेशिक बोलियों के साथ मानक हिंदी को अपनी औपचारिक भाषा स्वीकार करते हैं और विशेषकर औपचारिक और कुछ अनौपचारिक संदर्भों में उसका प्रयोग करते हैं ऐसे लोगों की संख्या 41% है। संख्या की दृष्टि से

दूसरे नंबर पर बंगला का नंबर आता है जिसके बोलने वालों की संख्या लगभग 8% है। शेष सब भाषा-भाषियों की संख्या 8% से कम है। चिरकाल से भारत की संपर्क भाषा होने के कारण हिंदी को दूसरी भाषा के रूप में जानने वाले भाषियों की संख्या यदि 41% में जोड़ दी जाए तो हिंदी को समझने और बोलने वालों की संख्या 55% से भी अधिक हो जाती है।

भारतीय संविधान में भारतीय भाषाओं के लिए प्रावधान

भारतीय संविधान की आठवीं अनुसूची में 22 भाषाओं को अनुसूचित भाषाओं के रूप में मान्यता दी गई है। ये भाषाएं हैं, बंगला, बोड़ो, डोगरी, गुजराती, हिंदी, कन्नड़, कश्मीरी, कोंकणी, मैथिली, मलयालम, मणिपुरी, मराठी, नेपाली, ओड़िया, पंजाबी, संस्कृत, संथाली, सिंधी, तमिल, तेलुगु, उर्दू और असमिया। इनमें से कुछ भाषाएं संबंधित राज्यों की प्रथम राजभाषाएं हैं और कुछ भाषाओं को द्वितीय राजभाषा का दर्जा दिया गया है, लेकिन आठवीं अनुसूची के अलावा कुछ भाषाएं ऐसी भी हैं, जिन्हें अनुसूचित भाषाओं के रूप में मान्यता तो नहीं मिली है फिर भी उनका प्रयोग कुछ राज्यों में जनभाषा के रूप में होता है, जैसे मिज़ोरम में मिज़ो भाषा और मेघालय में गारो भाषा, पश्चिम बंगाल के गोरखालैंड में गोरखाली और फ्रांसीसी उपनिवेश का भाग रहने के कारण पुडुचेरी में फ्रेंच भाषा। उर्दू को बिहार, उत्तर प्रदेश, दिल्ली और आंध्र प्रदेश के कुछ अंचलों में द्वितीय राजभाषा के रूप में मान्यता मिली हुई है। अंडमान निकोबार द्वीप समूह में बंगला, हिंदी और तमिल को, लक्षद्वीप में मलयालम को और दादरा व नगर हवेली में गुजराती और हिंदी को द्वितीय राजभाषा का दर्जा दिया गया है। हाल ही में संस्कृत को भी उत्तराखंड में द्वितीय राजभाषा के रूप में स्वीकार किया गया है। यद्यपि अंग्रेज़ी का प्रयोग सभी राज्यों में सह-राजभाषा के रूप में होता है। नागालैंड, अरुणाचल प्रदेश, मेघालय, अंडमान निकोबार द्वीप समूह, लक्षद्वीप और दादरा व नगर हवेली ऐसे राज्य और संघशासित क्षेत्र हैं, जहां अंग्रेज़ी को प्रमुख राजभाषा के रूप में स्वीकार किया गया है। जिन राज्यों और संघशासित क्षेत्रों की प्रमुख राजभाषा हिंदी है, वे हैं बिहार, दिल्ली, हरियाणा, हिमाचल प्रदेश, झारखंड, मध्य प्रदेश, राजस्थान, उत्तर प्रदेश, छत्तीसगढ़ और उत्तराखंड।

भारतीय संविधान और हिंदी

26 जनवरी, 1950 को भारत का संविधान लागू होने के साथ ही हिंदी संवैधानिक रूप में भारतीय संघ की प्रमुख राजभाषा बन गई, लेकिन तीन ऐसे कारण थे, जिनकी वजह से यह व्यवस्था की गई कि इस संविधान के प्रारंभ होने से पंद्रह वर्षों तक

अर्थात् सन् 1965 तक संघ के सभी राजकीय प्रयोजनों के लिए अंग्रेज़ी का प्रयोग जारी रहेगा, परंतु राष्ट्रपति उक्त कालावधि में आदेश द्वारा अंग्रेज़ी के साथ साथ हिंदी के प्रयोग की अनुमति भी दे सकेंगे। जिन तीन प्रमुख कारणों से अंग्रेज़ी का प्रयोग जारी रखने की बात संविधान में की गई थी, उनमें पहला कारण यह था कि केंद्र सरकार के सभी कर्मचारियों को हिंदी का कार्यसाधक ज्ञान नहीं था। इसके लिए गृह मंत्रालय के अंतर्गत हिंदी शिक्षण योजना चलायी गई। आरंभ में यह योजना स्वैच्छिक थी, लेकिन बाद में इसे अनिवार्य कर दिया गया और प्रशिक्षण पाने वाले कर्मचारियों और अधिकारियों को प्रोत्साहन देने के लिए एक वेतनवृद्धि देने की व्यवस्था कर दी गई। दूसरा प्रमुख कारण यह था कि हिंदी में राजकीय प्रयोजनों के लिए अपेक्षित पारिभाषिक शब्दावली का अभाव था। यही कारण है कि भारत का संविधान भी पहले अंग्रेज़ी में ही तैयार किया गया और बाद में इसका प्रामाणिक हिंदी अनुवाद जारी किया गया। इसलिए हिंदी में पारिभाषिक शब्दावली के निर्माण के लिए शिक्षा मंत्रालय (अब मानव संसाधन मंत्रालय) के अंतर्गत वैज्ञानिक व तकनीकी शब्दावली आयोग गठित किया गया। इस आयोग ने सन् 1962 में 'समेकित अंग्रेज़ी-हिंदी पारिभाषिक शब्द-संग्रह' प्रकाशित किया। तीसरा प्रमुख कारण था, संघ की न्यायपालिका, कार्यपालिका और विधायिका में प्रयुक्त सांविधिक/असांविधिक प्रलेखों और नियम पुस्तकों के प्रामाणिक हिंदी अनुवाद का अभाव। सांविधिक प्रलेखों, विधेयकों और अधिनियमों आदि के प्रामाणिक हिंदी अनुवाद के लिए विधि मंत्रालय के अंतर्गत राजभाषा (विधायी) आयोग बनाया गया, जिसने न केवल विधि शब्दावली तैयार की, बल्कि सभी सांविधिक प्रलेखों का प्रामाणिक हिंदी अनुवाद भी किया। इसी प्रकार विभिन्न मंत्रालयों में प्रयुक्त असांविधिक प्रलेखों और नियम पुस्तकों आदि के प्रामाणिक हिंदी अनुवाद के लिए गृहमंत्रालय के अंतर्गत केंद्रीय अनुवाद ब्यूरो की स्थापना की गई।

हिंदी बनाम अन्य भारतीय भाषाएं

जैसे-जैसे 15 वर्ष की कालावधि समाप्त हो रही थी, देश का राजनैतिक वातावरण बदलने लगा था। राष्ट्रीय भावनाओं के स्थान पर क्षेत्रीय आकांक्षाएं ज़ोर पकड़ने लगी थीं। कहां तो संविधान सभा में तमिल नेता गोपालस्वामी आयंगर हिंदी को भारत की राजभाषा बनाने का प्रस्ताव रख रहे थे और अब अनेक अहिंदी-भाषी प्रदेशों में, विशेषकर तमिलनाडु में हिंदी का विरोध शुरू हो गया था। वही राजगोपालाचारी जो आज़ादी से पहले तमिलनाडु के लोगों को हिंदी सीखने के लिए कह रहे थे, अब हिंदी को थोपने का विरोध कर रहे थे। हिंदी-भाषी प्रदेशों में भी सेठ गोविंददास के नेतृत्व में हिंदी सेना गठित कर ली गई थी ताकि सन् 1965 को 15 वर्ष की

कालावधि समाप्त होते ही भारत सरकार का सारा काम हिंदी में शुरू कर दिया जाए। इस बीच अंग्रेज़ी में प्रवीण नौकरशाह भी अनेक प्रकार के तर्क देकर अंग्रेज़ी का प्रयोग जारी रखने का आग्रह कर रहे थे। कुछ लोग तो यह मानते थे कि हिंदी अभी इस हद तक विकसित नहीं हुई है कि उसमें मूल रूप में सरकारी काम किया जा सके। कुछ लोगों का कहना था कि अंग्रेज़ी एक अंतर्राष्ट्रीय भाषा है और उसे छोड़ने से भारत को नुकसान हो सकता है। और कुछ लोग तो ऐसे भी थे जो अंग्रेज़ी को भारतीय भाषा ही मानने लगे थे। ऐसी स्थिति में भारत सरकार ने राजभाषा अधिनियम 1963 लागू कर दिया, जिसमें यह व्यवस्था की गई कि भारत सरकार के स्थायी स्वरूप के सभी प्रलेख हिंदी और अंग्रेज़ी दोनों भाषाओं में साथ साथ जारी किए जाएंगे। इस अधिनियम को लागू करने के लिए केंद्र सरकार के सभी कार्यालयों में हिंदी कक्ष स्थापित किए जाने लगे।

सन् 1967 में जब नागालैंड ने अंग्रेज़ी को अपनी राजभाषा घोषित कर दिया और भारत सरकार को भी महसूस होने लगा कि अब देश का वातावरण ऐसा नहीं है कि अंग्रेज़ी के प्रयोग को बंद किया जा सके तो तत्कालीन प्रधानमंत्री श्री लाल बहादुर शास्त्री ने अहिंदीभाषी लोगों को यह आश्वासन दिया कि वे जब तक चाहेंगे अंग्रेज़ी का प्रयोग जारी रहेगा और इस आश्वासन को पूरा करने के लिए राजभाषा अधिनियम 1967 (यथासंशोधित) लागू कर दिया, जिसमें यह व्यवस्था की गई कि जब तक देश की सभी विधानसभाएं इस आशय का प्रस्ताव पारित नहीं कर देतीं कि अंग्रेज़ी का प्रयोग बंद कर दिया जाए, तब तक अंग्रेज़ी का प्रयोग जारी रहेगा। इन तमाम आदेशों में हिंदी और अंग्रेज़ी की तो चर्चा हो रही थी लेकिन भारतीय भाषाओं का मात्र आठवीं अनुसूची में ही उल्लेख किया गया था। अब राज्यों की तरफ़ से भी मांग होने लगी थी कि राज्यों में भी क्षेत्रीय भाषाओं को राजभाषा का दर्जा दिया जाए और धीरे धीरे सभी प्रदेशों में उनकी भाषाओं को राजभाषा बनाने के अधिनियम पारित किए जाने लगे। हालांकि वहां भी वही स्थिति थी जो केंद्र में थी अर्थात् अंग्रेज़ी का वर्चस्व सभी जगह कायम था। यह बात सरकारी काम में भारतीय भाषाओं के प्रयोग तक सीमित नहीं थी।

भाषा-आधारित राज्यों का पुनर्गठन और त्रिभाषा-सूत्र

कुछ राज्य मांग करने लगे थे कि उनके राज्यों का पुनर्गठन भाषा के आधार पर किया जाए। इसकी शुरुआत सन् 1953 में तेलुगु भाषा के आधार पर आंध्रप्रदेश के पुनर्गठन की मांग से शुरू हो गई थी। अपनी इस मांग को मनवाने के लिए पोट्टि श्रीरामुलु ने 56 दिनों तक भूख हड़ताल की जिसके कारण उनकी मृत्यु हो गई। जनता के दबाव में भाषा के आधार पर आंध्रप्रदेश राज्य का पुनर्गठन करना पड़ा। बस उसके

बाद तो सभी क्षेत्रों से मांग उठने लगी और विवश होकर पं. जवाहर लाल नेहरू ने भाषावार राज्यों के पुनर्गठन के लिए एक आयोग गठित कर दिया और आयोग की सिफ़ारिशों के अनुरूप सन् 1956 में भाषा के आधार पर 14 राज्यों और 6 संघशासित क्षेत्रों में देश को पुनर्गठित कर दिया गया। अब हिंदी और अंग्रेज़ी के अलावा भारतीय भाषाओं को न केवल प्रशासन में बल्कि शिक्षा के क्षेत्र में भी लागू करने की बात उठने लगी। इसी आधार पर संविधान के अनुच्छेद 351 के अनुसार संसद के दोनों सदनों में राजभाषा संकल्प 1968 पारित कर दिया गया। इस संकल्प के अनुसार शिक्षा के क्षेत्र में त्रिभाषा सूत्र को लागू कर दिया गया, जिसके अनुसार अहिंदीभाषी क्षेत्रों में स्थित स्कूलों में हिंदी और अंग्रेज़ी के अलावा क्षेत्रीय भाषा की पढ़ाई करने की बात की गई थी और हिंदीभाषी क्षेत्रों में स्थित स्कूलों में हिंदी और अंग्रेज़ी के अलावा दक्षिण की कोई भाषा पढ़ाने की बात की गई थी। कई अहिंदीभाषी राज्यों ने इसे बहुत ईमानदारी से लागू किया, लेकिन हिंदीभाषी क्षेत्रों में हिंदी और अंग्रेज़ी के अलावा किसी दक्षिण भारतीय तीसरी भाषा की पढ़ाई की व्यवस्था नहीं की गई। इसके अलावा राजभाषा संकल्प 1968 में यह व्यवस्था भी की गई कि संघ लोक सेवा आयोग की परीक्षाओं में आठवीं अनुसूची में उल्लिखित भाषाओं को वैकल्पिक माध्यम के रूप में लागू करने के आदेश जारी किए जाएं। किंतु गोपनीयता के नाम पर प्रश्नपत्र केवल हिंदी और अंग्रेज़ी में ही रखने की व्यवस्था की गई। संघ लोक सेवा आयोग की परीक्षाओं में भारतीय भाषाओं के वैकल्पिक माध्यम के फलस्वरूप अनेक हिंदीभाषी और अन्य भाषाभाषी छात्र सरकारी सेवाओं में प्रवेश पाने लगे। लेकिन अंग्रेज़ी की अनिवार्यता सबके लिए बनी रही।

कार्यपालिका में हिंदी का प्रयोग

इसके अलावा राजभाषा संकल्प 1968 के अनुसार कार्यपालिका में हिंदी के प्रयोग को उत्तरोत्तर बढ़ाने के लिए राजभाषा का वार्षिक कार्यक्रम भी बनाया गया और यह निर्णय किया गया कि इसमें निर्धारित लक्ष्यों के अनुपालन से संबंधित रिपोर्ट प्रति वर्ष वार्षिक मूल्यांकन रिपोर्ट के रूप में संसद के पटल पर रखी जाए। इसके बाद सन् 1976 में आपात् काल के दौरान तमिलनाडु को छोड़कर देश के शेष सभी भागों में राजभाषा नियम 1976 लागू कर दिए गए, जिसमें वार्षिक कार्यक्रम में निर्धारित पत्राचार के लक्ष्य को प्राप्त करने के लिए सारे भारत को तीन क्षेत्रों में विभाजित कर दिया गया : 'क' क्षेत्र, 'ख' क्षेत्र और 'ग' क्षेत्र। 'क' क्षेत्र के अंतर्गत वे राज्य आते हैं जिनकी राजभाषा हिंदी है, 'ख' क्षेत्र के अंतर्गत वे राज्य आते हैं, जिनकी राजभाषा मराठी, गुजराती या पंजाबी है। शेष सभी राज्यों को 'ग' क्षेत्रों के अंतर्गत रखा गया है। 'क' क्षेत्र के अंतर्गत आने वाले केंद्र सरकार के कार्यालयों के लिए आवश्यक है

कि वे हिंदीभाषी राज्यों की राज्य सरकारों के साथ, हिंदीभाषी राज्यों में स्थित केंद्र सरकार के कार्यालयों और वहां की जनता के साथ शतप्रतिशत पत्राचार हिंदी में ही करें। 'ख' क्षेत्र और 'ग' क्षेत्र के लिए अलग से लक्ष्य निर्धारित किए गए। विदेशों में स्थित भारत सरकार के मिशनों और कार्यालयों के लिए भी इस कार्यक्रम में अलग से लक्ष्य निर्धारित किए गए।

राजभाषा नियम 1976 में यह व्यवस्था भी की गई है कि जो कर्मचारी या अधिकारी हिंदी में प्रवीण हैं वे अपना सरकारी काम यथासंभव हिंदी में ही करें। इसके अलावा जिन कार्यालयों में 80 प्रतिशत कर्मचारियों को हिंदी का कार्यसाधक ज्ञान है, उसे भारत के राजपत्र में अधिसूचित किया जाए ताकि वहां पर अधिकाधिक काम मूल रूप में हिंदी में ही किया जाए। सभी कंप्यूटरों में हिंदी में यूनिकोड की एनकोडिंग सुनिश्चित की जाए। सरकारी परिसरों में लगाए जाने वाले सभी बोर्ड हिंदी और अंग्रेज़ी में प्रदर्शित किए जाएं और अहिंदीभाषी क्षेत्रों में स्थित कार्यालयों में सभी बोर्ड हिंदी और अंग्रेज़ी के अलावा संबंधित क्षेत्रीय भाषा में भी प्रदर्शित किए जाएं। हर प्रकार की स्टेशनरी, फ़ॉर्म. मोहरें, बैज आदि द्विभाषिक रूप में तैयार किए जाएं। साथ ही राजभाषा नियम 1963 (यथासंशोधित 1967) की धारा 3 (3) में उल्लिखित प्रलेखों को हिंदी और अंग्रेज़ी में साथ साथ जारी कराया जाए और इन सभी उपबंधों को सुनिश्चित कराने का दायित्व प्रशासनिक प्रमुख का रहेगा। राजभाषा विभाग, गृहमंत्रालय, भारत सरकार को इसके लिए नोडल विभाग बनाया गया। वार्षिक कार्यक्रम में निर्धारित लक्ष्यों के अनुपालन के लिए कर्मचारियों को प्रोत्साहित करने के लिए भारत सरकार ने साम और दाम की नीति ही अपनाई है और इस क्षेत्र में उत्कृष्ट कार्य करने वाले कर्मचारियों और अधिकारियों को पुरस्कृत करने के लिए हिंदी दिवस पर अखिल भारतीय स्तर पर राष्ट्रपति द्वारा और कार्यालय स्तर पर प्रशासनिक प्रमुख द्वारा सम्मानित किया जाता है।

संसदीय राजभाषा समिति, केंद्रीय हिंदी समिति और अन्य समितियों का गठन

भारत सरकार की राजभाषा नीति के अनुपालन पर निगरानी रखने, उसकी समीक्षा करने और उसके लिए अपेक्षित उपायों पर समय समय पर विचार करने के लिए संसदीय राजभाषा समिति का गठन किया गया है। इस समिति की तीन उपसमितियां हैं जो भारत सरकार के विभिन्न कार्यालयों और उपक्रमों का समय समय पर निरीक्षण करती हैं और अपनी रिपोर्ट सीधे राष्ट्रपति को प्रस्तुत करती हैं। यह समिति विदेशों के लिए वार्षिक कार्यक्रम में निर्धारित लक्ष्यों के अनुपालन की समीक्षा के लिए समय समय पर विदेशों में जाकर भारत सरकार के मिशनों और कार्यालयों का निरीक्षण भी करती है। इसके अलावा प्रधानमंत्री की अध्यक्षता में भी केंद्रीय हिंदी

समिति का गठन किया गया है। इस समिति में कुछ राज्यों के मुख्यमंत्रियों और केंद्रीय मंत्रियों के अलावा हिंदी के प्रतिष्ठित लेखक और पत्रकार भी रहते हैं। हर मंत्रालय में संबंधित मंत्री की अध्यक्षता में हिंदी सलाहकार समितियों का गठन किया गया। देश के प्रमुख शहरों में सरकारी कार्यालयों, सार्वजनिक क्षेत्र के बैंकों और उपक्रमों के लिए नगर राजभाषा कार्यान्वयन समितियों का गठन किया गया। इनके अलावा हर कार्यालय में राजभाषा कार्यान्वयन समितियों का गठन भी किया गया। हर तिमाही में इन सभी समितियों की बैठकें आयोजित की जाती हैं और संबंधित कार्यालयों में हिंदी की प्रगति की समीक्षा की जाती है। साथ ही देश विदेश में समय समय पर विश्व हिंदी सम्मेलनों और क्षेत्रीय हिंदी सम्मेलनों का आयोजन किया जाता है, जिसमें न केवल विश्वभाषा के रूप में विकसित होती हिंदी के प्रयोग प्रसार को विदेशों में बढ़ाने के लिए धुआंधार कार्यक्रम बनाए जाते हैं, बल्कि संयुक्त राष्ट्रसंघ में हिंदी का परचम लहराने के लिए प्रस्ताव भी पारित किए जाते हैं।

हिंदी-प्रयोग के कार्यान्वयन की संभावनाएं

संवैधानिक परिप्रेक्ष्य में हिंदी की स्थिति इतनी लुभावनी लगती है कि अगर हम इसी मृगमरीचिका में खोए रहें तो यह मानना भी कतई मुश्किल नहीं लगता कि विश्व में सर्वाधिक बोली जाने वाली भाषा बस हिंदी ही है, लेकिन आइए अब हम अपने रंगीन चश्मे को थोड़ी देर के लिए उतार दें और ज़मीनी सचाई को देखें तो पाएंगे कि कार्यान्वयन के स्तर पर हमने अपनी इस सार्वदेशिक भाषा के साथ संविधान के नाम पर कितना छल किया है। क्या यह विडंबना नहीं कि आज तक देश के अनेक राजनीतिक नेता और बुद्धिजीवी चुनाव या हिंदी दिवस को छोड़कर किसी भी मंच पर अपने ही देश में हिंदी में भाषण नहीं देते रहे।

वस्तुतः संविधान के बोझ तले हिंदी मात्र अनुवाद की भाषा बनकर रह गई है। हिंदी अनुवादकों की बैसाखियों के सहारे हिंदी इतनी कृत्रिम सी लगने लगी है कि हिंदी भाषी भी अनूदित हिंदी के बजाय अंग्रेज़ी के मूल दस्तावेज़ की मांग करने लगे हैं। यह ठीक है कि राजभाषा अधिनियम की धारा 3 (3) के तहत जारी होने वाले प्रलेख पहले अंग्रेज़ी में जारी किए जाते हैं और उनके नीचे स्थायी रूप में एक पंक्ति जोड़ दी जाती है : "हिंदी पाठ बाद में जारी कर दिया जाएगा।" अब तो कानूनी प्रलेखों में यह पंक्ति भी जोड़ दी जाती है : "विवाद होने पर अंग्रेज़ी के पाठ को प्रामाणिक और अंतिम माना जाएगा।" इसमें संदेह नहीं कि हिंदीभाषी क्षेत्रों में श्रेणी 3 के कर्मचारी अपना सरकारी कार्य मूल रूप से हिंदी में करने लगे हैं। संघ लोक सेवा आयोग के माध्यम से प्रशासनिक सेवा में आने वाले अधिकारी भी हिंदी क्षेत्रों में तैनाती होने पर मूल रूप से हिंदी में काम करने में सुविधा महसूस करते हैं,

लेकिन जैसे ही उनकी तैनाती अहिंदीभाषी क्षेत्र में हो जाती है, वे अंग्रेज़ी में ही काम करना पसंद करते हैं ताकि उनके वरिष्ठ अधिकारियों को यह न लगे कि वे अंग्रेज़ी नहीं जानते।

एक और क्षेत्र ऐसा है जहां अभी तक कार्यान्वयन के स्तर पर हिंदी के दर्शन नहीं होते और वह है कंप्यूटर की दुनिया। कंप्यूटर के आगमन से पूर्व जिन क्षेत्रों में कमोबेश हिंदी का प्रयोग होता भी था, वहां भी कंप्यूटर के आने के बाद हिंदी का प्रयोग बंद हो गया है। जिस तरह से सरकारी कार्यालयों का कंप्यूटरीकरण हो रहा है, उससे तो यह लगता है कि जिन क्षेत्रों में हाथ से हिंदी में काम कर लिया जाता था, उन क्षेत्रों में भी कंप्यूटर के आने के बाद हिंदी का प्रयोग क्रमशः बंद होता जाएगा। यदि हम कुछ ऐसे सॉफ़्टवेयर विकसित कर लेते हैं जिनसे कर्मचारियों के नाम, पदनाम, स्टेशन आदि का नाम हिंदी में स्वतः ही अंकित हो जाएं तो कम से कम आम आदमियों को अपना नाम हिंदी में देखने का सौभाग्य ज़रूर मिल जाएगा। उदाहरण के लिए रेलवे आरक्षण के फ़ॉर्म पर आप नाम और विवरण किसी भी भाषा में लिखें, लेकिन कंप्यूटर में उनकी प्रविष्टि अंग्रेज़ी में ही की जाएगी, लेकिन यात्रियों की सुविधा और धारा 3 (3) के आग्रह के कारण अब एक ऐसा सॉफ़्टवेयर विकसित कर लिया गया है, जिसकी सहायता से आरक्षण चार्ट पर यात्रियों के नाम हिंदी में मुद्रित हो जाते हैं और टिकट पर स्टेशनों के नाम अंग्रेज़ी के साथ साथ हिंदी में मुद्रित हो जाते हैं। इससे कानून का पालन भी हो जाता है और जनता के लिए सुविधा भी हो जाती है। मंत्रालयों के स्वागतकक्ष में मुलाकातियों के नाम संबंधित क्लर्क पहले कभी कभी कम से कम हिंदी पखवाड़े के दिनों में हिंदी में लिख भी देते थे, लेकिन कंप्यूटर के आने के बाद सब कुछ अंग्रेज़ी में ही होने लगा है। भारत सरकार के आदेश हैं कि सभी मंत्रालयों की वैबसाइट अंग्रेज़ी के साथ साथ हिंदी में भी अर्थात् द्विभाषिक रूप में बनाई जाए। संसदीय समिति के आग्रह पर हिंदी संस्करण बनने भी लगे हैं, परंतु फिर भी उन्हें अद्यतन करने का झंझट कोई मोल नहीं लेता। कहीं कहीं तो केवल पहला पृष्ठ ही हिंदी में होता है।

इससे यह स्पष्ट है कि राजभाषा हिंदी का संवैधानिक पक्ष हाथी के उन दांतों की तरह काम आते केवल संसदीय समिति के निरीक्षण के समय सिर्फ़ दिखाने का काम आते हैं। किसी भी प्रभुसत्ता संपन्न लोकतांत्रिक राष्ट्र की राजभाषा के साथ ऐसा छद्म करना न केवल संविधान के साथ बल्कि लोकतांत्रिक मूल्यों के साथ भी खिलवाड़ करना है। आशा है कि कोई ऐसा कर्णधार आएगा जो राष्ट्रीय भाषाओं के संवैधानिक और व्यावहारिक महत्त्व को पहचानेगा और भारतीय भाषाओं की नैया को पार लगाएगा।

malhotravk@gmail.com

संदर्भ-सूची

1. एकबोटे, गोपाल राव, 1987. राष्ट्रभाषा विहीन राष्ट्र। मैसर्स, एकबोटे ब्रदर्स, 24, वीर सावरकार मार्ग, हैदराबाद—500 027
2. भाटिया, डॉ. कैलाशचंद्र, 2003. राजभाषा हिंदी. वाणी प्रकाशन, दिल्ली
3. मोहम्मद, डॉ. मलिक, 1999. राजभाषा हिंदी विकास के विविध आयाम. प्रवीण प्रकाशन, दिल्ली
4. वासवानी, डॉ. किशोर, 2003. राजभाषा हिंदी विवेचन और प्रयुक्ति. वाणी प्रकाशन, दिल्ली

डॉ. वशिनी शर्मा (भारत)

भारतीय व्यवसाय में हिंदी

प्रो. वशिनी शर्मा केंद्रीय हिंदी संस्थान आगरा से सेवा–निवृत्त; तीन दशक विदेशी भाषा के रूप में हिंदी का अध्यापन; भाषा–विज्ञान में पीएच.डी.; बालभाषाविकास, वाक्–चिकित्सा, भाषा–प्रौद्योगिकी, ई–लर्निंग, मीडिया, व्यावसायिक हिंदी में शोधपरक कार्य; हिंदी, तेलुगु, अंग्रेज़ी भाषाओं का ज्ञान; साहित्यिक और सांस्कृतिक गतिविधियों में अभिरुचि; हिंदी शिक्षक बंधु— गूगल समूह एडमिन

भारत के व्यावसायिक जगत में भाषाएं

भारत के हिंदी प्रदेशों में व्यवसाय के क्षेत्र में दो भाषाओं का प्रयोग सामान्य रूप से प्रचलित है—हिंदी और अंग्रेज़ी। जहां महानगरों में अंग्रेज़ी का प्रभुत्व है वहां छोटे नगरों में हिंदी का बोलबोला है। दस्तावेज़ों की भाषा में हिंदी की तुलना में अंग्रेज़ी का प्रयोग अधिक दिखाई देता है।

व्यावसायिक हिंदी—लिखित और मौखिक

हिंदी क्षेत्रों में व्यावसायिक हिंदी प्रयोग के दो रूप मिलते हैं— लिखित और मौखिक। लिखित रूप में विभिन्न हिंदी पत्र–पत्रिकाओं में एक पूरा पृष्ठ कारोबार के समाचारों का होता है जिनमें देश विदेश के व्यावसायिक समाचार होते हैं। कुछ बिज़नेस पत्रिकाएं अंग्रेज़ी के साथ साथ हिंदी में भी निकलती हैं जैसे— बिज़नेस टुडे, बिज़नेस स्टैंडर्ड और मनीमंत्र आदि। इनको ई–पत्रिका बनाने के साथ साथ यू–ट्यूब पर भी पोस्ट किया जाता है। वाणिज्यिक हिंदी राजभाषा और लोकभाषा दोनों से जुड़ी हुई है। साथ ही व्यापार तथा उसकी वितरण व्यवस्था को सुचारु बनाने में समाचारों की भाषा का महत्त्वपूर्ण योगदान रहता है। इस दृष्टि से व्यापार वाणिज्य के क्षेत्र में प्रयुक्त हिंदी का स्वरूप मिला जुला होते हुए भी अपने आप में विशिष्ट और संदर्भानुकूल होता है। वाणिज्य के क्षेत्र में प्रयुक्त हिंदी की अपनी विशिष्ट शब्दावली है तथा उद्योग, व्यापार, बैंकिंग, परिवहन, विज्ञान आदि क्षेत्रों में प्रयुक्त शब्दावली के अनुरूप उसकी संरचना भी विशिष्ट अपने ढंग की हो जाती है।

हिंदी–प्रधान और अंग्रेज़ी–प्रधान श्रोताओं को ध्यान में रखते हुए टीवी चैनलों पर भी व्यवसाय संबंधी चर्चा के लिए अंग्रेज़ी और हिंदी के अलग अलग कार्यक्रम होते हैं। मौखिक रूप में तो हिंदी का प्रयोग बहुत व्यापक है। टीवी चैनलों पर हिंदी में व्यावसायिक चर्चाएं बहुत लोकप्रिय हैं। छोटे व्यवसायों में लोकभाषा हिंदी का प्रयोग हिंदी क्षेत्रों में बड़े स्वाभाविक रूप से होता है। महानगरों की तुलना में छोटे नगरों में हिंदी का प्रयोग अपेक्षाकृत अधिक दिखाई देता है। राष्ट्रीय और अंतर्राष्ट्रीय स्तर के बड़े बड़े कारपोरेट स्थलों पर भी मौखिक भाषा का प्रयोग लिखित भाषा की तुलना में कहीं अधिक है। आपसी बातचीत में हिंदी स्वाभाविक रूप से सहज ही प्रयुक्त होती है। विभिन्न भाषा–भाषियों के बीच संपर्क–भाषा हिंदी के प्रयोग के अवसर और भी बढ़ जाते हैं।

महानगरों को छोड़कर बाकी स्थानों पर और कारपोरेट से इतर व्यवसायों के क्षेत्र में कुल मिलाकर हिंदी का प्रयोग अधिक देखने को मिलता है। कर्मचारियों के लिए जो नोटिस आदि निकाले जाते हैं या नोटिस बोर्ड पर चिपकाए जाते हैं वे भी प्रायः हिंदी में होते हैं। ऐसी स्थितियों में भारत की अन्य भाषा–क्षेत्रों में प्रादेशिक भाषाओं का प्रयोग अंग्रेज़ी की तुलना में अधिक होता है। भारत में पारंपरिक व्यापार ने अभी तक बहीखातों को पूरी तरह त्यागा नहीं है और वहां हिंदी व अन्य प्रादेशिक भाषाओं का प्रयोग ही अधिक है। यह ठीक है कि बहीखातों का प्रयोग समय के साथ धीरे धीरे संकुचित हो रहा है। ज्यों ज्यों व्यवसाय का आकार बढ़ता जाता है और आधुनिक रूप धारण करता जाता है त्यों त्यों उनमें हिंदी का मौखिक प्रयोग कम होने लगता है।

अंतर्राष्ट्रीय और राष्ट्रीय खेल

देश में एशियाड, कॉमनवेल्थ और ओलंपिक खेलों के दौरान हर चैनल पर समाचारों के अलावा ढेर सारे चैनलों के खेल संबंधी कार्यक्रम लगातार सीधा प्रसारण, पुनःप्रसारण, परिचर्चा, साक्षात्कार के हिंदी कार्यक्रम प्रसारित होते हैं। अंतर्राष्ट्रीय और राष्ट्रीय विभिन्न खेलों मे विशेषज्ञ वक्ता, कमेंट्रेटर और परिचर्चा आदि के लिए कार्यक्रमों की हिंदी उत्साह, जोश और मनोरंजन से भरपूर विशेष तरह की होती है। भारतीय खेलों में क्रिकेट का बोलबाला है। 'स्टार क्रिकेट' पर हिंदी कमेंटेटर के रूप में नई पारी शुरू करने जा रहे पूर्व कप्तान कपिलदेव का मानना है कि भारत में क्रिकेट को जीवित रखने के लिए हिंदी में कमेंट्री बहुत ज़रूरी है। स्टार क्रिकेट ने अपने जुमलों के लिए मशहूर नवजोत सिंह सिद्धू को भी हिंदी कमेंट्री के लिए अनुबंधित किया जिससे इस खेल के दर्शकों की संख्या में और कमाई में भी अत्यधिक बढ़ोत्तरी हुई।

योग और भारत के पारंपरिक चिंतन से संबंधित कार्य

बाबा रामदेव के विश्व व्यापी योग-शिविरों, अभ्यास और स्वास्थ्य संबंधी हिंदी कार्यक्रमों ने भी हिंदी को व्यावसायिक और लोकप्रिय बनाया। कई लोकप्रिय फ़िल्मी सितारों ने विभिन्न चैनलों के लिए अपने योग के व्यावसायिक विडियोज़ बनाए। इनमें विभिन्न आसनों और योगिक क्रियाओं का प्रशिक्षण हिंदी में दिया जाता है और हिंदी की लोकप्रियता के कारण इनकी बिक्री से खूब कमाई भी होती है। जहां एक ओर योग के शिक्षण और प्रशिक्षण के कारण भारत की प्राचीन शब्दावली हिंदी में अधिक प्रचलित हुई है वहां पारंपरिक चिकित्सा-पद्धति के अन्य माध्यमों से अन्य संस्कृतनिष्ठ शुद्ध हिंदी के शब्द भी लोकभाषा में पुनर्जीवित हुए हैं। योग के व्यापक प्रशिक्षण के माध्यम से आसन, पद्मासन, मयूरासन, वज्रासन, ताडासन, शवासन, भ्रमरासन, प्राणायाम, अनुलोम, विलोम, कपालभाति, मुद्रा आदि शब्दों को पुनर्जीवन मिला है। चिकित्सा पद्धतियों के प्रचार-प्रसार से आयुर्वेद, सात्विक, राजसिक, तामसिक, भोजन, चिकित्सा आदि शब्दों के प्रयोग में लोग पहले से अधिक मात्रा में अभ्यस्त हुए हैं। ऐसे कार्यक्रमों को प्रसारित करने वाले चैनलों के माध्यम से अध्यात्म, साधना, ध्यान, नमन, प्रणाम आदि शब्दों के प्रयोग में भी वृद्धि हुई है।

अनुवाद और अनुसृजन : विदेशी कार्यक्रमों का भाषिक संदर्भ

आज भारत के विदेशी चैनल भी हिंदी में कार्यक्रमों की अनिवार्यता को बखूबी समझते हैं। अत: सभी चैनल अपने कार्यक्रमों के हिंदी में अनुसृजन के विभिन्न प्रयास करते नज़र आ रहे हैं। हिंदी अनुसृजन में विदेशी कार्यक्रमों का मौलिक परिवेश, वेशभूषा, कथानक सभी हिंदी में प्रस्तुत किए जा रहे हैं। यहां तक कि शीर्षक गीत, मुहावरे, लोकप्रिय कथाओं का भी रोचक अनुसृजन हो रहा है। डिस्कवरी चैनल, नेशनल ज्याग्राफ़िक चैनल, एनीमल प्लैनेट, हिस्ट्री चैनल और फ़ॉक्स ट्रावेलर के अतिरिक्त कई विदेशी चैनलों पर प्रसारित फिल्में, कार्टून और धारावाहिक हिंदी में अनुसृजन के कारण अब लोकप्रिय व्यावसायिक क्षेत्र बन चुके हैं और साथ ही साथ हिंदी प्रयोग की नई संभावनाओं को भी जन्म दे रहे हैं। कुछ चैनल अंतर्राष्ट्रीय स्तर के विदेशी भाषाई फिल्मों और कार्यक्रमों को हिंदी में डब करके भी प्रस्तुत कर रहे हैं।

अनुवाद और अनुसृजन : भारतीय भाषाएं

सभी भारतीय भाषाओं की फिल्मों, विज्ञापनों और अन्य मनोरंजक कार्यक्रमों के हिंदी में प्रसारण को अनदेखा नहीं किया जा सकता। भारत में लगभग सभी भारतीय भाषाओं

की फिल्में हिंदी में डब होकर प्रसारित हो रही हैं और खूब व्यवसाय कर रही हैं।

नेट पर व्यावसायिक हिंदी

वेब पर फ़िल्म, गीत और संवाद के अनेक स्थलों के अलावा अनुवाद के वैयक्तिक और संस्थागत निजी प्रयास हो रहे हैं और हिंदी फिल्मों की प्रादेशिक और वैश्विक भूमिका इसे एक उर्वर व्यावसायिक कार्यभूमि बना रही है। हिंदी वेब पत्रकारिता ने हिंदी के कारोबार को अच्छा खासा बढ़ावा दिया है और ब्लॉग के रूप में नए लेखकों को अभिव्यक्ति का एक मंच भी प्रदान किया है।

ऑनलाइन व्यवसाय में हिंदी

आज ऑनलाइन व्यवसाय ने काम करने की अपनी प्रकृति के अनुकूल भाषा का माध्यम काफ़ी हद तक बदला है। ऑनलाइन व्यवसाय ने उपभोक्ता को सुविधाएं दी हैं। जब चाहे कोई भी व्यक्ति कंप्यूटर हो या मोबाइल—एक क्लिक पर घर बैठे अपनी भाषा में कुछ भी खरीद या बेच सकता है। क्विकर और ओलेक्स पर अपनी पुरानी चीज़ें बेच या खरीद सकते हैं। ऑनलाइन यात्रा के पैकेज़ेस ने पर्यटन व्यवसाय और होटल व्यवसाय में क्रांति ला दी है। ऑनलाइन बैंकिंग, क्रेडिट कार्ड, ए.टी.एम. कार्ड के प्रयोग द्वारा बिल भरने, टैक्स जमा करने और नया खाता खोलने की सुविधा ने कितना कुछ बदल दिया है। बैंकों के ग्रामीण क्षेत्रों में बढ़ते चरण हिंदी के प्रयोग को बढ़ावा दे रहे हैं। अनेक बैंकों की वैबसाइट, बैंकों की पासबुक और विशेषकर मौखिक संवाद हिंदी में उत्तरोत्तर बढ़ रहे हैं। बैंकों में हिंदी का प्रयोग कारपोरेट वर्ल्ड के शेष सभी क्षेत्रों से आगे है।

मोबाइल पर व्यावसायिक हिंदी

हिंदी की रोज़गार संबंधी सूचनाएं एफ.एम. रेडियो चैनल पर बहुत अच्छे ढंग से संप्रेषणीय होती हैं बेशक कुछ अनिवार्य अंग्रेज़ी तकनीकी शब्दों के प्रयोग के साथ। ×ôÕ&gÜ ÂÙüÇÂÖæl æõ·ðô â×Ø â×Ø ÂÙüÌ è AææßæÚè SMS सूचनाएं अब रोमन लिपि में लिखी हिंदी में भी दी जाती हैं।

मीडिया की हिंदी

हिंदी की व्यावसायिक लोकप्रियता का सबसे अधिक श्रेय हिंदी फिल्मों और गीतों और उनसे जुड़े अन्य सभी कार्यक्रमों को है चाहे वे नृत्य-संगीत से जुड़े रीयलिटी शो हों या अन्य प्रतियोगी कार्यक्रम। संचालक, निर्णायक और प्रतियोगी ही नहीं स्क्रिप्ट लेखक का भी हिंदी जानना ज़रूरी है और इनकी भूमिका व्यावसायिक हिंदी भाषा की प्रकृति तय करती है।

फ़िल्मी गीतों में अंग्रेज़ी कोड-मिश्रण के अलावा पंजाबी, गुजराती, तेलुगु आदि भाषाओं का कोड मिश्रण अब आम बात है। कभी कभी पूरा गीत ही इनमें से किसी एक भाषा का हो जाता है जैसे आजकल के कुछ फ़िल्मी गीत और संवाद। जन /लोक भाषा के नाम पर फ़िल्मी गीत और संवाद में द्वि-अर्थी वाक्य और गाली-गलौज भी पर्याप्त मात्रा में प्रयोग में आ रहे हैं जैसे इश्क़ कमीना है तो दिल बदतमीज़ है। तुकबंदी के लिए तो छोरा और छिरोरा, घंटी और एंट्री भी धडल्ले से लिखा जा रहा है और बिक भी रहा है। पर कुछ गीतकारों द्वारा गीतों में हिंदी की साहित्यिक गुणवत्ता बरकरार रखने का प्रयास भी चल ही रहा है जैसे— नीरज, प्रदीप, गुलज़ार, जावेद और प्रसून जोशी के द्वारा।

विज्ञापन की हिंदी

हिंदी विज्ञापनों में हिंदी का स्थानीय रूप विकसित हुआ है। विज्ञापन में हिंदी का व्याकरणिक स्खलन भी हुआ है। विदेशी शब्दों के मेल से बने शब्द-प्रयोग हिंदी में आज बहुत आए हैं। हिंदी में विज्ञापन विभिन्न वाक्य-संगठनों से किया जाता है। सरल वाक्य, मिश्र वाक्य, संयुक्त वाक्यों का हिंदी विज्ञापन में प्रयोग प्रभावकारी हो चला है। उपमा-अलंकारों का प्रयोग विज्ञापनों में जान डाल देता है। पहले उर्दू शब्दों का प्रयोग बढ़ा पर अब अंग्रेज़ी शब्दों की बहुलता है और साथ ही प्रादेशिकता की सुगंध भी बढ़ी है। एक उदाहरण देखिए—

द ग्रेट × चेंज़— कबाड़ लाओ, एक्स्चेंज वैल्यू लोड करो, किसी भी नए प्रोडक्ट की खरीदारी के लिए रीडीम करो (बिग बाज़ार) हैंड बिल्स

टीवी के एक विज्ञापन में हिंदी का रोमन रूप देखिए—

- Hangar achchhe achchho^ ko badal deta hai? (Snicker chocolates)

टेलीमार्केटिंग में इंफोमर्शियल्स का प्रयोग

टेलीमार्केटिंग अर्थात टेलीफ़ोन/मोबाइल या टीवी या इंटरनेट जैसे किसी अंतर्क्रियात्मक माध्यम द्वारा उत्पाद के विक्रय को बढ़ाना। इसकी भाषा उत्पाद के प्रकार, उपभोक्ता की आर्थिक स्थिति और लिंग आयु वर्ग के अनुसार बदलती जाती है। जैसे बच्चों के लिए खिलौने, बिस्किट्स और चॉकलेट्स, घरेलू महिलाओं के लिए रसोई की सामग्री और सौंदर्य संबंधित उपकरण, युवा-वर्ग के लिए मोबाइल कंप्यूटर, कार स्कूटर, और बुजुर्गों के लिए सक्रिय व स्वस्थ रहने की दवाइयां। ऐसी स्थितियों में संस्कृतनिष्ठ हिंदी से हटकर सरल हिंदी और हिंदी-अंग्रेज़ी मिश्रित हिंग्लिश का प्रयोग देखने को मिलता है।

लोकप्रिय व्यक्तियों का विज्ञापन में व्यावसायिक उपयोग

डॉक्टर, वैज्ञानिक या लोकप्रिय अभिनेता को अपने माल के विज्ञापन–कर्ता के रूप में पेश किया जाता है। अब तो नई पुरानी सभी फिल्मी कलाकार और खिलाड़ी विविध उत्पादों के ब्रांड–एंबेसेडर बनकर करोड़ों कमा रहे हैं। खेलों के विज्ञापन के लिए खिलाड़ियों की लोकप्रियता का उपयोग हो रहा है। इसी तरह पर्यटन के लिए बड़े सितारों को प्रेरणा देते देखा जा सकता है। जैसे गुजरात के लिए अमिताभ की आवाज़ और उनके व्यक्तित्व का उपयोग वखूबी हो रहा है। रियलिटी शो अब आगामी प्रदर्शित होनेवाली फ़िल्म के प्रमोशन के लिए एक प्रभावी मंच बन गए हैं जिसका सीधा प्रभाव फ़िल्म की कमाई पर देखा जा सकता है। इन सब गतिविधियों में हिंदी का वर्चस्व निश्चित दिखाई पड़ता है।

हिंदी–अंग्रेज़ी का भाषागत सम्मिश्रण

यह बात सही है कि हिंदी के प्रयोग में अंग्रेज़ी के शब्दों और प्रयोगों का सम्मिश्रण आज की सहज भाषा का अंग सा बन गया है। चिरकाल से अंग्रेज़ी शब्दों के अतिरिक्त कुछ नए शब्द भी प्रयोग में आ गए हैं। जैसे एसएमएस, ई बुक, फ़ेसबुक, ट्विटर, साइबर कैफ़े, ट्वीट, अपलोड, डाउनलोड, कार्टून, रिकॉर्ड, बंपर ऑफ़र, ऑफ़बीट फ़िल्म, अवार्ड सेरेमनी, क्रेडिट कार्ड आदि अनेकानेक शब्द। इनमें से कुछ शब्द हिंदी शब्दों के साथ मिलकर नए नए प्रयोगों का निर्माण भी देखने में आ रहा है। उदाहरण हैं—ई–पत्रिका, फ़ेसबुक संवाद, ट्वीट करना, अपलोड करना, डाउनलोड करना, वेब विनोद, पोस्ट करना, रिकार्ड तोड़ना, लांच करना आदि। इन प्रयोगों में अनेक शब्द आज की बदलती संस्कृति में हिंदी के लिए अनिवार्य हो गए हैं और इसमें संदेह नहीं कि ये शब्द समय के साथ हिंदी भाषा के कलेवर का अभिन्न अंग बन जाएंगे।

व्यावसायिक भाषा में नई भाषिक प्रवृत्तियां

भाषा की दृष्टि से कुछ नई प्रवृत्तियां हिंदी में आ रही हैं। अंग्रेज़ी के संक्षिप्त रूप अपने व्यापक प्रयोग के कारण हूबहू हिंदी में प्रयुक्त हो रहे हैं। नामों, पदों और तकनीकी शब्दावली के संक्षिप्त रूप हिंदी में प्रयोग में आ रहे हैं। उदाहरण हैं - भाजपा, सपा, बसपा, आप, पीएम, सीएम, डीएम, आईएएस, आईपीएस, सीबीआई, आईडीबीआई, एसबीआई, ओबीआई, आरबीएस, आरबीआई, रेडार, लेज़र, नेटो, यूनिसैफ़ आदि।

दूसरी प्रवृत्ति है योग का योगा, मंत्र का मंत्रा, शिव का शिवा, वेद का वेदा, आंध्र का आंध्रा और केरल का केरला। ये अंग्रेज़ी की वर्तनी का देवनागरीकरण है—

लेखन में कम पर बोलने में अधिक। अंग्रेज़ी के व्यापक प्रयोग में आने वाले शब्दों का देवनागरीकरण भी हिंदी में बढ़ रहा है। टेलीफ़ोन, बैंक, कार, बस, स्कूल, कालेज, पैन, पैंसिल आदि सैकड़ों शब्द तो पहले ही हिंदी में आत्मसात् हो चुके हैं। अब टेलीमार्केटिंग, टेलीशॉपिंग, ऑनलाइन बैंकिंग, क्रेडिट कार्ड, अपलोड, डाउनलोड, साफ़्टवेयर, हार्डवेयर, आफ़बीट, अपबीट, फ़ेसबुक, फ़ेसबुकी मित्र, ट्वीट आदि अनेकानेक नए नए शब्द नई आवश्यकताओं के अनुरूप हिंदी भाषा में तेज़ी से आ रहे हैं।

कारपोरेट वर्ल्ड में हिंदी के प्रसार की संभावना

आज भारतीय व्यवसाय के आधुनिक संदर्भों में अंग्रेज़ी का प्रभुत्व है। उसका कारण स्पष्ट है कि व्यवसाय संबंधी पढ़ाई अंग्रेज़ी में होती है और उस पढ़ाई में व्यावसायिक अवधारणाएं अंग्रेज़ी देशों से आयातित होती हैं। यदि भारत में भाषाई वातावरण बदलता है तो संभव है कि भारत के कारपोरेट वर्ल्ड में हिंदी का प्रसार बढ़े। उनकी वेबसाइट द्विभाषी हो सकती हैं और उनके लिखित और मौखिक पर्यावरण में भारतीय भाषाओं का प्रयोग बढ़ सकता है। अंग्रेज़ी बोलने और समझने वाले लोगों की संख्या भारत में बहुत नगण्य है और इस तथ्य को ध्यान में रखते हुए भाषाई संतुलन की अपेक्षा उदीयमान भारत से की जा सकती है। अंततोगत्वा हिंदी की व्यावसायिक ताकत का भविष्य होगा—उत्पाद, उपभोक्ता, मांग, वितरण और लेखन में हिंदी की प्रस्तुति।

vashinisharma@gmail.com

संदर्भ-सूची

1. ''आदित्य'', डॉ. मोतीलाल गुप्ता, 2013. सिद्धू की हिंदी में जनमानस की हिंदी, स्वतंत्र आवाज़. अक्तूबर वेब अंक
2. गोस्वामी, के.के. 2011. व्यावसायिक हिंदी. गवेषणा, केंद्रीय हिंदी संस्थान, आगरा
3. पाण्डेय, मनोज, 2011. वैश्वीकरण के दौर में हिंदी. गवेषणा, पृष्ठ 104, केंद्रीय हिंदी संस्थान, आगरा
4. पतंजलि, प्रेमचंद, 2009. व्यावसायिक हिंदी. वाणी प्रकाशन, नई दिल्ली
5. शर्मा, वशिनी, 2009. टेलीमार्केटिंग और टेलीशॉपिंग, ppt. खालसा कालेज़, नई दिल्ली में विशेष व्याख्यान
6. शर्मा, वशिनी, 2012. व्यावसायिक हिंदी: वैश्विक रोज़गार की संभावनाएं. 9वें विश्व हिंदी सम्मेलन में प्रस्तुत आलेख, जोहान्सबर्ग
7. शर्मा, वशिनी, 2016. विदेशी कार्यक्रमों का हिंदी में अनुसृजन, अनुवाद—अतीत, वर्तमान और भविष्य. राष्ट्रीय संगोष्ठी, केंद्रीय हिंदी संस्थान, नई दिल्ली

बालेन्दु शर्मा दाधीच (भारत)

हिंदी से जुड़ी तकनीकें और उनका प्रयोग

भारत के राष्ट्रपति से 'आत्माराम पुरस्कार' सम्मानित; जाने माने तकनीकविद्; माइक्रोसॉफ़्ट में भारतीय भाषाओं का कार्यभार; 'माध्यम', 'स्पर्श', 'वर्चुअल हिंदी टाइपराइटर', 'सटीक', 'हिंदी ज़िप', 'छाया' आदि हिंदी सॉफ़्टवेयरों का विकास; विशद लेखन समाचारपत्रों और पुस्तकों में उपलब्ध; विविध सम्मानों से अलंकृत; नवाचारी प्रयोगों के लिए चर्चित; यूट्यूब पर 'साइबर शो' के प्रस्तुतकर्ता; कार्यसंबंधी विश्व-भ्रमण; मॉरिशस दक्षिण अफ़्रीका आदि देशों में तकनीकी अनुप्रयोगों का प्रशिक्षण

तकनीकी विकास में हिंदी की पृष्ठभूमि

तकनीकी क्षेत्र में हिंदी की शक्ति उसकी सामाजिक, आर्थिक पृष्ठभूमि और तकनीकी विकास में निहित है। हिंदी बोलने समझने वालों की बड़ी संख्या और मोबाइल फ़ोन, कंप्यूटर, इंटरनेट जैसे सूचना तथा दूरसंचार माध्यमों के साथ उनका बढ़ता जुड़ाव तकनीकी क्षेत्र में हिंदी के विकास की आदर्श पृष्ठभूमि तैयार कर रहा है। यूनिकोड नामक टेक्स्ट एनकोडिंग के आगमन और लोकप्रियता ने तकनीकी माध्यमों में अधिकांश भाषाओं के प्रयोग से जुड़ी बुनियादी समस्याओं का समाधान कर दिया है। हिंदी भी इससे लाभान्वित हुई है। इस बीच नए तकनीकी माध्यम, विशेषकर इंटरनेट और स्मार्टफ़ोन, ऐसे लोगों को भी हिंदी के निकट ला रहे हैं जिनके औपचारिक कामकाज में तो हिंदी की कोई भूमिका थी ही नहीं, समुचित तकनीकी साधनों के अभाव में अनौपचारिक कामकाज में भी उसके प्रति उदासीन थे।

हिंदी का तकनीकी विकास

सन् 2000 के बाद से हिंदी के तकनीकी विकास ने गति पकड़ी है। तकनीक की दुनिया में उसकी लोकप्रियता और दर्जा भी बेहतर हुआ है। सबसे बड़ा परिवर्तन यह है कि अब तकनीकी माध्यमों पर हिंदी का निर्बाध प्रयोग करना संभव है, विशेषकर उन सभी प्लेटफ़ॉर्मों पर, जहां यूनिकोड-समर्थन मौजूद है। आज जबकि कंपनियों

को नए बाजारों की तलाश है और भौगोलिक दूरियां ख़त्म होती जा रही हैं, तकनीकी उत्पादों को वैश्विक ज़रूरतों के लिहाज़ से विकसित किया जा रहा है। यूनिकोड का समर्थन देने से तकनीकी प्लेटफ़ार्मों में बहुभाषीय, बहुलिपीय क्षमता स्वत: आ जाती है। ऐसे में उसका प्रयोग न सिर्फ़ उपयोक्ताओं की ज़रूरतों के लिहाज़ से बल्कि कारोबारी आधार पर भी ज़रूरी हो गया है। इससे लाभ हिंदी जैसी भाषाओं का हो रहा है।

विंडोज़, मैक और लिनक्स के साथ-साथ एंड्रोइड, आईओएस, विंडोज़ 8 मोबाइल और ब्लैकबेरी जैसे ऑपरेटिंग सिस्टमों में यूनिकोड हिंदी का समर्थन मौजूद होने का अर्थ है, हर आमो-खास तक हिंदी की तकनीकी सक्षमता का पहुंच जाना। उपभोक्ताओं की संख्या बढ़ने पर मांग उठती है और कंपनियों के लिए आकर्षक बाज़ार उभरता है। ऑफ़िस सुइट्स से लेकर प्रकाशन-ग्राफ़िक्स स्टूडियो, इंटरनेट खोज से लेकर ईमेल सेवाओं तक, डेटाबेस से लेकर क्लाउड कंप्यूटिंग, एप्लीकेशन्स से लेकर इंटरफ़ेस (सॉफ़्टवेयरों का चेहरा-मोहरा), ब्लॉग से लेकर सोशल नेटवर्किंग, समाचार वेबसाइटों से लेकर साहित्यिक कोशों तक हिंदी का विकास और प्रसार जारी है। ऑनलाइन शब्दकोश, ईबुक्स, विश्वकोश, ऑनलाइन पुस्तकें मौजूद हैं। छोटे-छोटे शहरों से ई-पत्रिकाओं की बाढ़ आई हुई है। लगभग सभी अच्छे अख़बार और टेलीविज़न चैनल इंटरनेट पर मौजूद हैं— समाचार पोर्टलों के रूप में या यूट्यूब चैनलों के रूप में। मोबाइल गैज़ेट्स पर उनके ऐप्स भी लोकप्रिय हो रहे हैं।

विकास के और भी कई आयाम हैं। ध्वनि से पाठ, मशीन अनुवाद, ऑप्टिकल कैरेक्टर रिकगनीशन (ओसीआर), हस्तलिपि पहचान जैसे आधुनिक अनुप्रयोग आ गए हैं। कुछ सफल हैं तो कुछ विकास के दौर में। हिंदी में टेक्स्ट इनपुट के लिए अनेक किस्मों के कीबोर्ड तथा आईएमई उपलब्ध हैं। मोबाइल गैज़ेट्स पर भी हिंदी में लिखना-पढ़ना आसान हो गया है। निष्कर्ष यह कि तकनीकी दृष्टि से हिंदी के प्रयोग और विकास के संदर्भ में विशेष बाधा शेष नहीं है।

अब इन सुविधाओं और तकनीकी सक्षमताओं के प्रयोग का प्रश्न अधिक महत्त्वपूर्ण हो गया है। कंप्यूटर, स्मार्टफोन और इंटरनेट पर हिंदी का प्रयोग बढ़ा है, क्योंकि सुविधा उपलब्ध हो जाने पर लोग उनका थोड़ा-बहुत प्रयोग करने लगते हैं। बहुत से लोग अंग्रेज़ी का प्रयोग इसलिए करते हैं क्योंकि हिंदी में खुद को अभिव्यक्त करने की सुविधा नहीं थी या फिर वे खुद इसमें तकनीकी लिहाज़ से सक्षम नहीं थे। यह बाधा हट जाने के सकारात्मक परिणाम दिख रहे हैं। हिंदी में एसएमएस, ईमेल, सोशल नेटवर्किंग, इंटरनेट खोज, समाचार वेबसाइटों, यूट्यूब के हिंदी वीडियो, ब्लॉगों आदि का इस्तेमाल हो रहा है। हिंदी में काम करने के लिए

खास किस्म के सॉफ़्टवेयर खरीदने की अनिवार्यता खत्म हो जाने से दफ़्तरों के कामकाज में भी हिंदी की स्थिति सुधरी है। जिनके लिए अंग्रेज़ी में काम करने की अनिवार्यता है, उनके बीच भी तकनीकी युक्तियों पर हिंदी के प्रति जिज्ञासा पैदा हुई है। यदि वे खुद टाइप नहीं कर सकते तो कॉपी-पेस्ट कर यदा कदा हिंदी में संदेश भेजने लगे हैं। तकनीक ने हिंदी का प्रचलन और प्रयोग बढ़ाने में योगदान दिया है, खासकर ब्लॉगिंग, सोशल नेटवर्किंग और सोशल मैसेजिंग प्लेटफ़ॉर्मों ने, क्योंकि मित्रों और रिश्तेदारों के साथ अपनी भाषा में बात करने का आनंद ही कुछ और रहता है।

हिंदी तकनीकी क्षेत्र में सीमाएं और संभावनाएं

लेकिन सब कुछ सुखद, सकारात्मक और आदर्श नहीं है। हिंदी में यूनिकोड एनकोडिंग और इनस्क्रिप्ट के जरिए टेक्स्ट इनपुट, भंडारण आदि के क्षेत्र में मानकीकरण सुनिश्चित हो जाना चाहिए था, जो नहीं हो सका। विभिन्न ऑपरेटिंग सिस्टमों में यूनिकोड में अंकित हिंदी शब्दों, विशेषकर संयुक्ताक्षर आधारित शब्दों में पूर्ण एकरूपता नहीं है। आईएमई की बाढ़ लगी है जिससे टाइपिंग के बहुत सारे तरीके प्रचलित हो गए हैं, खासकर रोमन में टाइप कर हिंदी में परिणाम प्राप्त करने की दर्जनों पद्धतियां मौजूद हैं। कीबोर्ड हार्डवेयर पर देवनागरी के चिह्न आज भी अंकित नहीं होते, और दस्तावेजों में फ़ॉन्ट कनवर्यन की ज़रूरत अब तक खत्म नहीं हुई है। [illegible] विविधता [illegible] की विशेषता या शक्ति नहीं, बल्कि एक समस्या है। इसका बड़ा कारण मानकीकरण के प्रति आम लोगों के बीच जागरूकता का अभाव है, जिसे बढ़ाने के लिए सरकारों तथा तकनीकी कंपनियों को पहल करने की ज़रूरत है।

हिंदी में वेबसाइटों की संख्या में काफ़ी वृद्धि हुई है, लेकिन अंग्रेज़ी वेबसाइटों की तुलना में उनकी संख्या बमुश्किल एक प्रतिशत होगी। अनेक कंपनियों ने द्विभाषीय (अंग्रेज़ी-हिंदी) वेबसाइटें और एप्लीकेशन विकसित किए हैं। ई-कॉमर्स वेबसाइटें इसमें बढ़त बनाए हुए हैं। सामान्य व्यवसायों को अभी हिंदीकरण की आवश्यकता महसूस नहीं हो रही, भले ही वे ऐसे उत्पाद और सेवाएं मुहैया कराती हैं जिनका प्रयोग आम हिंदी-भाषी लोग करते हैं। भविष्य के लिहाज़ से सोशल नेटवर्किंग, सोशल मैसेजिंग और मोबाइल गैज़ेट्स की क्रांति से काफ़ी उम्मीदें हैं। अब अपने गैज़ेट्स में हिंदी टेक्स्ट को देखना असहज नहीं लगता। यह दिखाता है कि एक बड़ी दीवार ज़रूर टूटी है। यह सिलसिला बढ़ेगा ही, ऐसा लगता है। किंतु यह सोचकर तसल्ली कर लेना घातक होगा कि अनुकूल परिस्थितियों के चलते हिंदी की यह धारा स्वयं गति पकड़ लेगी।

सन् 2010 के बाद हिंदी कंटेंट और सुविधाओं के विकास की वृद्धि दर में ठहराव के संकेत थे। हिंदी को बाहरी उत्प्रेरकों और समर्थन की ज़रूरत है। हिंदी में

तकनीकी शिक्षा, विविध क्षेत्रों में सस्ते तथा मुफ़्त सॉफ़्टवेयरों और 'आकाश' जैसे सस्ते हार्डवेयरों के विकास, मानकीकरण सुनिश्चित करने, तकनीकी लेखन को बढ़ावा देने, विविधतापूर्ण कंटेंट तथा देसी तकनीकों के विकास और कारोबारी क्षेत्र के कामकाज में हिंदी को प्रोत्साहन देने की ज़रूरत है। स्थिति दस साल पहले की तुलना में बेहतर हुई है। अनुकूल कदम उठाए जाने पर वह और भी बेहतर हो सकती है।

balendu@gmail.com

❑❑❑

श्रेष्ठ भारतीय साहित्य

भारतीय ज्ञानपीठ